稷山年鉴

2018

《稷山年鉴》编纂委员会　编

山西出版传媒集团
山西经济出版社

《稷山年鉴》编纂委员会

名誉主任：廉广锋

主　　任：吴　宣

常务副主任：南选智

副 主 任：尚国桦　王　钊　赵高云　赵永刚　费克仁　王纪峰

姜存师　王德谋　张寒梅　代本忠

委　　员：辛福集　卫燕红　杨成有　王红新　张喜平　张建婷

史新忠　周旭泽　牛东海　侯俊峰　张建设　赵景龙

编纂人员

主　　编：赵景龙

副 主 编：张　维　杨　浪

编　　辑：聂社成　段美云　贾伟英　兰露露　辛慧玲　李敏杰

杨彩萍　宁建东　宁　敏　罗　丹　薛　琳

文字排版：辛慧玲

美术设计：王小芳

目录翻译：杨　颖

编纂说明

●《稷山年鉴》是中国共产党稷山县委、县政府组织编纂，系统记述稷山县自然、政治、经济、文化、社会等方面内容的年度资料性文献，是全县唯一的综合性年鉴，为广大读者和群众了解稷山、认识稷山、建设稷山服务。

●《稷山年鉴·2018》记事范围为2017年内容，上下限为所记年度的1月1日至12月31日。另外，在特载栏目中选载了2018年的内容。本版年鉴全面、系统记述2017年稷山县各项事业发展概况和各个领域的新思路、新举措、新进展、新成就及新经验。

●《稷山年鉴·2018》采用载、述、记、录等体裁，以栏目（类目）、分目、条目为结构，分设特载、大事记、综述、政治、军事、法治、农业、住建环保、工业、交通邮政电力、石油烟草、财税金融保险、经济管理、科学、教育、文化文物旅游、卫生、社会生活等。

●《稷山年鉴》于1984年编纂，是全国最早出版的县级年鉴之一，1987年开始内部出版发行。《稷山年鉴·2018》系第18部。

●《稷山年鉴·2018》资料均来自各个基层单位，有关国民经济统计数字均由县统计局提供。

●《稷山年鉴·2018》注重时效性，编纂时间紧、任务重，如有不妥之处，恭请各界人士批评指正。

▲ 县委书记廉广锋在翟店镇调研扶贫工作

▲ 县委副书记、县长吴宣在晋武煤焦有限公司调研新项目建设

▲ 县人大主任王钊在西社镇调研人大代表活动室建设

▲ 县政协主席赵高云视察重点工程建设

▲ 基层理论宣讲员深入企业宣讲党的十九大精神

▲ 县委、县政府为庆祝中国共产党成立96周年、喜迎党的十九大胜利召开推出献礼剧目——大型蒲剧现代戏《党的女儿》

▲ 山东高端科技工程研究院稷山博士工作站揭牌仪式和山西蓝越新能源有限公司电动汽车项目开工仪式在县翟店工业园区举行

▲ 已投入运行的农村日间照料中心

▲ 中韩友好文化交流暨祈福世界和平活动在县大佛寺举行

▲ 稷山“花海清河·非遗之乡”首届桃花节开幕式

▲稷山螺钿漆器参加第三届山西文博会展销

▲农民种植的4万余亩鲜桃陆续上市

▲泥塑艺人梁宏志根据麻花制作技艺捏制“麻花”泥塑

目　录

特　载

大事记

综　述

政　治

军　　事

法　　治

农　　业

住建　环保

工　　业

交通　邮政　电力

石油　烟草

财税　金融　保险

经济管理

科　　学

教　　育

文化　文物　旅游

卫　　生

社会生活

CONTENTS

SPECIAL REPORTS

EVENTS

GENERAL REMARKS

POLITICS

MILITARY

LEGAL SYSTERM

AGRICULTURE

URBAN CONSTRUCTION & ENVIRENMENTAL PROTECTION

INDUSTRY

TRANSPORTATION & POSTAL & ELECTRICITY

PETROLEUM & TOBACCO

FINANCE TAXATION & BANKING INSURANCE

ECONOMIC MANAGEMENT

SCIENCE

EDUCATION

CULTURE' HISTORICAL & RELIC TOURISM

PUBLIC HEALTH

SOCIAL LIFE

特 载

担当负责 攻坚突破 奋力谱写稷山高质量发展的崭新篇章

——在县委经济工作会议上的讲话

廉广锋

（2018年1月31日）

同志们：

这次县委经济工作会议，是进入2018年后县委召开的第一个全县大会。大会的主要任务是，深入学习贯彻习近平新时代中国特色社会主义经济思想，认真贯彻落实党的十九大精神和中央、省委、市委经济工作会议精神，总结2017年经济工作，部署2018年经济工作，动员全县上下担当负责、攻坚突破，奋力谱写稷山经济社会高质量发展的崭新篇章。下面，我讲四点意见。

一、对2017年经济工作的回顾总结

2017年，是我县经济社会发展加快转型升级、持续砥砺奋进的一年。一年来，县委、县政府以习近平新时代中国特色社会主义思想为指引，坚决贯彻落实党的十九大精神和中央省市决策部署，团结带领全县上下坚持稳中求进总基调，着力稳当前、谋长远、打基础、惠民生，县域经济社会发展呈现稳中向好、活力增强的良好态势。主要体现在以下五个方面：

一是整体形势更稳。政治上稳，无论是我们的四大班子还是各乡镇、各单位的班子，无论是干部调整，还是农村（社区）两委换届，处处都是正能量，人人都为稷山发展聚合力。经济上稳，去年经济工作会，县委有一个基本判断：2016年是我们终止低迷、走出低谷之年，2017年我们将进入稳步向好的合理区间。今天回头看，我们不仅进入了这个区间，而且全面巩固了这一良好态势。截至12月底，我们的九大主要经济指标全部稳步增长。尤其是事关县情民生的两项财政指标，都是大幅增长，财政总收入完成4.55亿元，增长14.1%；一般公共预算收入首次突破2亿元大关，增长16.3%。如果我们每年都能保持这样的增速，那么再有5到6年，我们的财政总收入就能突破10亿元大关，到那时，我们的日子就会相对宽裕一些。一年来的实践证明：持续的政治稳定、经济稳定是一个地方发展的最基本条件。我们全县上下,我们每一位同志都必须格外珍惜稷山这种来之不易的政通人和、稳中有进的良好发展态势,尽最大努力巩固这一良好态势。

二是支柱产业更强。一年来,我们倾力帮扶骨干企业做大做强。东方资源实现销售收入28.57亿元(2016年是18.98亿元,增长将近10亿元),锰铁市场份额占到全国50%,新投资13亿元的48万吨矿棉项目已有两条生产线投产。永东化工实现销售收入19.23亿元(2016年是11.08亿,增长8亿元),投资3.7亿元的30万吨煤焦油深加工、联产8万吨炭黑项目进展顺利,今年上半年就能投产。阳煤泉稷生产正常,进入盈利阶段。晋龙集团顶住了鸡蛋价格波动的巨大压力,化危为机,市场份额不断扩大,新上的西位300万只蛋鸡养殖基地项目,技术规模全球领先,仅仅用140天就建成投产,创造了养殖行业的"深圳速度"。永祥焦化、铭福钢铁等生产正常,效益提升。一年来的实践证明:煤焦化冶、蛋鸡养殖、以及纸包装、板枣种植等传统产业,就是确保我们经济大船平稳前行的压舱石。我们每一位同志都必须对稷山的支柱产业、骨干企业倍加呵护,共同推动其更大更强。

三是发展环境更优。县委旗帜鲜明为企业撑腰,凡是阻碍企业正常生产的,一律严厉打击;凡是有参与阻碍企业生产行为的,一律不得作为村两委换届候选人。动不动就堵企业大门的恶劣行为在稷山成为历史,搞小动作鼓动村民闹事的人和事在稷山成为过街老鼠。各级领导干部、各个职能部门积极打造"六最"营商环境,为企业发展、大众创业排忧解难、保驾护航。我们稷山被评为"全国社会治理创新优秀县""省级平安县",我们的翟店镇入选全国特色小镇,翟店园区被评为省级"双创"示范基地。良好的环境,促进了骨干企业相继上马新项目,促进了外来项目不断入驻。一年来的实践证明:好的发展环境就是生产力、竞争力,只要我们大家人人都为打造好环境尽一份力,我们稷山就一定能够成为外来投资、企业发展的一方热土。

四是民生保障更好。财政资金用于民生领域支出全年达到11亿元。脱贫攻坚让贫困户的日子一天天好起来,"四治六化"让我们的城乡环境一处处美起来,汾河生态修复稷山段项目的全面开工,将使我们的母亲河成为一道亮丽的风景线。持续的节能减排,让稷山这个冬天少了雾霾,多了蓝天白云。城东水系民悦园、滨河文化广场等相继完工,民乐园提升改造和康复街、稷峰街翻修等城建工程加紧建设,这些都让老百姓实实在在感受到了我们县城环境的新变化。顺利通过全国义务教育发展基本均衡县验收,我县分值省市最高。2017年高考,在参考人数减少的情况下,我县达线人数还有增加。日间照料中心工作走到了全市前列,代表运城市接受全省观摩。荣获运城唯一的"省级食品安全县"、再次蝉联"省级文明县城"荣誉称号、成功创建"省级卫生县城",等等,这些都为我们稷山争了光、添了彩。尤其是我们始终坚持"民生无小事"的理念,在这个冬天全国范围内天然气供应非常紧张的情况下,县委、县政府高度关注学校、医院和老百姓的天然气取暖做饭问题,多次专门到省政府有关部门进行协调,为稷山争取用气指标,基本上保障了我县的民生用气。一年来的实践证明:只要我们真正把老百姓的事放到心上,尽心尽力去做,就一定能够赢得群众的支持和信赖。

五是干部干劲更足。我们大力弘扬市委提出的"改革抢先机、发展站前列、各项工作创一流"的三句话总要求,聚精会神抓党建,亲力亲为抓改革,公平公正用干部,从严从细抓作风。始终秉持为负责的干部负责,为担当的干部担当的理念,对推诿扯皮、夸夸其谈、无所作为的干部严厉批评、严肃处理;对踏实苦干、默默奉献、成绩突出的干部大力表彰并提拔重用。全县上下重实情、讲实话、办实事的浓厚氛围初步形成,政通人和、人心思干的良好局面不断巩固。干部作风的持续好转，为加快县域经济发展提供了有力的政治支撑、思想支撑、人力支撑。一年来的实践证明：只要我们的党员干部凝心聚力、拼搏进取，担当负责、勇于作为，加快稷山发展就一定能够冲破难关，有新的收获。

回首盘点，我县经济稳步向好的局面，确确实实来之不易。能够取得这样的结果，关键是我们始终坚持正确的政治方向，以习近平新时代中国特色社会主义思想统领全局；关键是我们始终坚持新发展理念，持续推进县域经济高质量发展；关键是我们始终坚持"以人民为中心"的发展思想，时时处处把增进稷山百姓福祉放在心上。能够取得这样的成绩，得益于中央和省委、市委的坚强领导，得益于全县干部群众的团结拼搏，也得益于社会各界的鼎力支持。在此，我谨代表县委、县政府向全县广大干部群众，向所有关心支持稷山经济社会发展的各界人士，表示衷心的感谢！

在总结成绩的同时，我们也必须对稷山经济社会发展存在的问题和不足有清醒的认识。一是经济总量仍然偏小。经济体量小，财政收入低，有限的财力直接导致我们许多想办的民生实事办不好、办得慢。我们必须认识到，光靠转移支付过日子，光靠别人给我们平均，不是长久之计，我们不能心安理得、不以为然，必须奋力改变，使我们经济进一步繁荣起来、财力进一步雄厚起来。二是转型升级的步子太慢。全省谋转型、全市谋转型，虽然我们准确把握县情实际，把稷山转型的侧重点放在了产业升级上，虽然我们的煤焦化冶已经处于行业中高端，但是用发展的眼光看，光凭着煤焦化冶独木支撑总不是办法，我们必须在新兴产业发展上有所作为，为县域经济的持续健康发展谋出路、寻找新的增长点。三是项目建设成效不够好。谋的思路不清，不会从国发 42 号文件等大政策中寻找项目空间；争的劲头不足，没有做到卯足劲从省市大盘子中为稷山多分一杯羹；干的成效不好，个别项目年头说到年尾至今落不下来，有些项目年头干到年尾，至今还没有收官。四是少数干部作风还是不优。说起来夸夸其谈，干起来束手无策，谋不好事、领不好人，交代的工作不见回音，指出的问题迟迟不改，既没有能力，也没有激情，浑浑噩噩过日子，做一天和尚撞一天钟，等等。对此，我们务必高度重视，既要看到优势所在，更要正视和妥善解决存在的困难和问题，坚定信心，改进不足，努力推动稷山经济社会发展行稳致远。

二、对县内外经济形势的分析研判

做好今年的经济工作，推动稷山长远发展，首先必须科学分析研判形势，把准方向、精准施策。

一要把握国际国内大趋势，拓展新思维。2018 年世界经济将进一步整体复苏，而中国经济还将继续沿着稳中有进的趋势坚定前行。但同时，我们也必须清醒地看到，全球新一轮科技革命和产业变革迅猛演进，中央提出"高质量发展"将成为我国当前和今后一个时期经济工作的核心要义。因此，我们一方面要充分利用外部大局稳定的难得机遇，大踏步前进，另一方面必须拓展新思维，坚决摒弃以往以资源换发展、以污染环境换发展的粗放经济模式，把"创新、协调、绿色、开放、共享"五大发展理念学深悟透、化为实践。二要吃透中央省市大政策，抢抓新机遇。中央的大政方针，省委、市委的新要求、新部署，不仅是我们做好工作的指路明灯，更是我们争取政策红利的依据依靠。中央经济工作会明确提出，必须长期坚持习近平新时代中国特色社会主义经济思想，其核心就是"七个坚持"：一是坚持加强党对经济工作的集中统一领导。二是坚持以人民为中心的发展思想。三是坚持适应把握引领经济发展新常态。四是坚持使市场在资源配置中起决定性作用，更好发挥政府作用。五是坚持适应我国经济发展主要矛盾变化完善宏观调控。六是坚持问题导向部署经济发展新战略。七是坚持正确工作策略和方法。并明确提出2018年要围绕推动高质量发展，做好8项重点工作，今后3年要打好防范化解重大风险、精准脱贫、污染防治三大攻坚战。省委经济工作会明确提出，要聚焦“建成资源型经济转型发展示范区、争当全国能源革命排头兵、打造内陆地区对外开放新高地”三大目标集中发力，并把2018年确定为“转型项目建设年”。市委经济工作会指出，今年要紧紧扭住“转型综改、改革开放、实体经济、项目建设”四个重点，推动全市经济增长保持中高速、全省排位保持中上游、产业发展迈上中高端。我们一定要善于从这些新精神、新部署中，科学把握前进方向和基本遵循，捕捉一切有利于稷山发展的政策机遇，抢抓转型升级、提质增效、富民强县的先机。*三要瞄准加快推进“四基地一名城”建设大目标，展现新作为。*2016年县十三次党代会，我们提出了加快推进“四基地一名城”建设的总目标、加快转型升级的“三条路径”，2017年县委十三届四次全会，我们找准大运城建设稷山站位，提出“打造七大制高点，挺起汾河经济带稷山脊梁”的新要求，对全县发展的目标路径进一步丰富完善。七大制高点：一是以东方资源为依托，打造全球锰铁冶炼制高点。二是以永东化工为依托，打造全国以炭黑为主的精细化工产业制高点。三是以晋龙集团为依托，打造全国蛋鸡养殖制高点。四是以15.3万亩（1亩≈666.67平方米）板枣为依托，打造全国优质板枣生产销售制高点。五是以翟店工业园区为依托，打造中西部纸包装文化产业制高点。六是以县医院和各专科医院为依托，打造区域医疗大健康产业制高点。七是以各乡镇特色产业为基础，打造全市乡村振兴制高点。一个总目标、三条发展路径、七大制高点，共同构成了当前乃至今后一段时期引领稷山发展的总思路。这样的总思路，既承上启下，符合中央省市新精神，又创先争优，体现我们稷山的新担当。尤其是“七大制高点”，就是要在全市范围打出我们的特色，彰显我们的作为。县委再次申明这样的总思路，就是要求我们全县上下一定要咬定目标不放松，实干苦干、久久为功，奋力谱写新时代稷山经济社会高质量发展的新篇章。

三、2018年经济工作的总体要求和关键重点

2018年是贯彻党的十九大精神的开局之年，是改革开放40周年，是决胜全面建成小康社会的关键一年。基于对县内外经济形势的分析考量，做好今年的经济工作，县委的总体要求是：以习近平新时代中国特色社会主义思想为指导，全面贯彻党的十九大精神和中央、省委、市委经济工作会议精神，加强党对经济工作的领导，坚持稳中求进工作总基调，坚持新发展理念，坚持高质量发展，围绕加快推进“四基地一名城”建设、努力打造“七大制高点”、坚决打好“三大攻坚战”，突出“项目建设、实体经济、产业升级、改革开放、创优环境、城乡建设、民生改善”七大重点，统筹推进稳增长、促改革、调结构、惠民生、防风险各项工作，促进县域经济社会持续健康发展。县委对全县党员干部的核心要求是：担当负责、攻坚突破。

做好2018年全县经济工作，我们要坚持以下四条原则：

*一要坚持稳中求进抓发展。*就是要真正把稳中求进的总基调贯彻到经济社会发展的方方面面，在经济增长、充分就业、物价运行、社会大局上求“稳”，在结构调整、方式转变、改革开放、质量效益、人民生活上求“进”，确保稳得牢靠、进得有力。尤其是在今年主要经济指标的安排上，县委坚持稳中有进，把地区生产总值增长确定为7%左右（全省是6.5%），一般公共预算收入增长确定为7%，财政总收入确定为力争突破5亿元，城镇居民收入增长确定为7%，农村居民收入增长确定为7%以上。这样定盘子，主要是基于两方面考虑，一方面，今年我们的骨干企业都有新的大项目投产，目标适当调高，我们有底

气。另一方面，我县经济总量不大、人均水平低，按照常规发展速度，不仅跟不上全国、全省、全市的步伐，差距还会越来越大，只有适当调高目标，加快发展步伐，我们才能在全面建成小康社会的进程中不落伍、不掉队。

二要坚持质量优先抓发展。就是要真正把推进高质量发展作为中心要务，力求经济的结构更优、发展的质量更优、发展的环境更优、生产的各种产品品质更优，努力实现有质量、有效益、可持续的发展。

三要坚持一以贯之抓发展。就是要真正把坚持一个总目标、走好“三条路径”、打造“七大制高点”的发展思路作为战略指南、化为实际行动，统一思想、保持定力，一张蓝图干到底。

四要坚持守住底线抓发展。就是要真正把问题导向、底线思维和风险意识树好树牢，全力抓实化解重大风险、精准脱贫、污染防治、安全生产等底线工作，真正做到风险可控、底线不碰、大局稳定。

在具体工作上，我们重点要在以下七个方面攻坚突破：

(一)解决“三个问题”，在项目建设上攻坚突破。要解决好争项目的问题。新年伊始，中央省市都会布局各类项目，谁跑得快、盯得紧，项目就会花落谁家。因此，这一块就是我们各单位一把手的第一任务，大家都不要无动于衷，都不要坐等天上掉馅饼，赶紧联系、赶紧沟通、赶紧去争去抢。我有一个想法，明年咱们主要职能部门述职，第一条就讲你从省市争取到了多少项目、多少资金。口口声声说为“四基地一名城”建设贡献力量，真金白银拿回来，那才叫贡献。要解决好引项目的问题。动员和发挥全社会方方面面的力量为稷山发展招商引资，以企招企、以商招商，沿着特色产业链招商，突出自然人文资源招商，用好稷山籍在外人士的人脉关系招商。无论是县级领导、还是县直部门、乡镇村的干部，大家的心里都要有为稷山发展招商引资这一条。上亿元的项目不嫌大，几百万的项目不嫌小，传统项目我们有西社园区承载，新兴项目我们有翟店“双创”示范基地，与稷山合资也好，人家独资也好，我们都欢迎。只要项目投到稷山就是咱们的财源税源，就是咱们稷山人的饭碗。在眼睛向外的同时，我们还要眼睛向内，下大力气为我们的本土企业家搭建创业平台，给予更大支持，把我们的民间沉睡资金唤醒，促进投资兴业。要解决好干项目的问题。2018 年全县新建、续建、规划项目共计 78 项，其中新建项目总投资 81.5 亿元，年度计划完成 47.7 亿元。这 78 个项目就是我们今年经济工作的核心关键。我们全县上下一定要坚定大干项目、快干项目的决心，拿出大干项目、快干项目的举措，促进招商项目早签约、新建项目早开工、续建项目早投产。我为什么反复强调 2018 年我们经济工作的核心是“担当负责、攻坚突破”，因为 2017 年，我们在项目争取、项目建设上一个最大的问题就是拖拖拉拉、推诿扯皮，说起来头头是道，干起来难见成效，问起来是干着，落实起来还是干着，就是难题突破不了，就是项目完成不了。2018 年我们一定要解决这个问题。所有的干部都要在项目建设上担当负责、攻坚突破，定好的时限，到时候一定要完成。尤其是我们正在争取的阳煤泉稷 100 万吨甲醇项目要想方设法拿下，东方、永东等重大工业续建项目一定要尽快竣工投产，正在建设的大佛文化园、汾河公园等重大项目一定要按进度高质量推进。

(二)突出“三个计划”，在壮大实体经济上攻坚突破。一是大力实施“龙腾虎跃”计划，促进骨干企业更强。要牢固树立“帮扶一个企业快于、好于引进一个企业”的思想意识，切实用好倾斜政策，促进我们的企业做大做强。2018 年全县争取登上市“龙虎榜”企业达到 6 家，东方要向产值 40 亿元的目标迈进，永东争取达到 30 亿元，铭福争取达到 30 亿元，永祥、晋龙、阳煤泉稷达到 10 亿元。一会，我们要对已经荣登全市"虎榜"的企业进行表彰,不仅今年表彰,明年还要大表彰,不仅对新进"虎榜"的企业要表彰,对跨上一个大台阶的也要大表彰。我们就是要通过大张旗鼓的表彰,给企业家鼓劲加油,在我们稷山全社会营造重企护企兴企的浓厚氛围。二是大力实施"群星灿烂"计划,促进小微企业更精。就是要持续引导扶持我们的蜜枣加工、纸箱加工、超硬材料加工、灯笼制作、仿古工艺制作等特色产业精细化管理、规范化经营、品牌化提升、规模化发展。三是大力实施"凤还巢"计划,服务外出务工和返乡创业更实。要做实在外务工保障体系,让我们的广大群众外出务工有门路,在外挣钱有依靠。要做实特色产业发展推进体系,对稷山饼子、麻花等特色产业统一管理、统一培训、统一经营模式,使我们的特色产业也能像兰州拉面、沙县小吃那样在全国挣大钱。要做实返乡创业平台体系,制定出台各类优惠政策,让老乡回来创业有良好环境、有大力支持。牵头部门要给相关单位、相关乡镇定目标、定任务,真正把这项工作实实在在做起来。

(三)走好"三条路径",在提升产业发展质量上攻坚突破。中央经济工作会提出的"高质量发展",是一个包含"五位一体"的整体要求。作为我们稷山来说,首先要解决的还是产业发展要向高质量迈进的问题。我们提出并一直坚持的"一产提品质创品牌、二产促升级增效益、三产挖潜力壮规模",本质上就是紧扣稷山实际,推进三次产业高质量发展的有效举措。所以,这"三条路径"我们一定要坚定不移走下去。要紧扣一产提品质创品牌。紧盯稷山板枣、蛋鸡养殖、中药材、葡萄、核桃、双季槐、鲜桃等特色富民产业,提升产品品质,扩大品牌影响。1月5日,省农业厅、林业厅公示了山西省首批20个现代农业产业园创建名单,稷山县板枣省级现代农业产业园名列其中。县农委、林业局以及枣业中心等相关部门首先要迅速行动、优化方案,保障这个项目顺利批下来,进而用足政策,通过创建推进我们的板枣产业有一个大的提升、枣农收入有一个大的提升。要紧扣二产促升级增效益。推动骨干企业扩大规模、提升技术、延伸产业链条、占领高端市场。要紧扣三产挖潜力壮规模。全力推进大佛文化园、汾河公园、健康医疗城等重大项目建设,在龙头景区、龙头项目带动下,深挖潜在资源,推进稷山文化旅游产业开篇启航。

(四)打好"五张牌",在深化改革扩大开放上攻坚突破。要全力落实开发区改革、医疗体制改革、商事制度改革等重大改革事项,激发发展的活力和动力。尤其是在开发区改革方面要加大工作力度,加快工作节奏,尽快把我们的省级开发区批下来。同时,要充分发挥我县的独特优势,重点打好"五张牌",不断提升稷山对外开放的深度和广度。一是打好农耕文化牌。进一步增强稷山农耕文化的穿透力和影响力。二是打好特色产业牌。紧紧围绕我县的煤焦化冶、纸包装、板枣、蛋鸡等产业,包装项目、招商引资。三是打好区域医疗牌。充分利用县医院、中医院以及精神病院、痔瘘医院、骨髓炎医院等专科医院的固有优势,用改革创新的办法,内引外联,不断增强在同行业的竞争力。其中一项重要工作就是县医院的改制新建,从现在开始各项工作都要提速,今年下半年一定要开工。四是打好翟店出口工业产品质量安全示范区牌。有了这张牌,我们就有了对外贸易的绿色通道,这个示范区我们一定要建设好、利用好。五是打好中斯友好文化交流牌。这张牌是我们稷山独有的,是我们融入国家"一带一路"建设的出海口,我们一定要珍惜并用好这张牌,把中斯友好合作从文化领域扩展到商贸领域等各个方面。

(五)紧扣"四个到位",在创优发展环境上攻坚突破。没有好的发展环境,搞经济步步难行。2017年,县委致力于打造好的发展环境,取得了一定的成效,今年,我们仍然要持续发力,在这方面狠抓严管。引领帮扶要到位。县四大班子领导要带头与企业家、创业者沟通联系,积极为他们排忧解难，用我们的实际行动释放一个强烈信号：县委、县政府就是大众创业、万众创新的坚强后盾。要素支撑要到位。土地、金融、水电、交通等职能部门要积极为企业发展提供支撑。尤其是金融部门，去年经济工作会，我提出了要求，2017年有变化，但还是差距很大，2018年在这方面要有大的突破。哪个商业银行对地方贡献大，我们就对哪个行大力支持。保驾护航要到位。凡是阻挠企业发展的坚决打击，凡是对企业"吃拿卡要"的严肃处理。今天，县乡村干部都在，咱们就讲清楚，今后在稷山只要是围堵企业大门的，涉及哪个乡镇村，就严肃追究哪个乡镇的书记镇长和村干部的责任，该负组织责任的组织处理、该负法律责任的依法处理、该调整工作的就要调整。对打着群众诉求幌子，恶意敲诈勒索的，政法部门要迅速出手，采取果断措施，坚决依法严惩。营造氛围要到位。我们每一个稷山人都要开放包容、诚实守信，让企业家、创业者、外地客商与咱们打交道舒心、放心。对那些不守信用、欺诈企业、损害稷山形象的行为，我们要严厉打击。宣传部门要大力宣传稷山的好形势、好环境。对一些非法经营、给稷山发展环境抹黑的事情要坚决防止。前一段时间，媒体曝光了我们的黑加油站，黑加油站本身就存在很大的安全隐患，同时这样的事情也反映了我们在经济治理方面存在的漏洞，相关部门一定要依法严肃处理，并以此为戒，举一反三，严防此类事情再发生。

（六）做到"三级联动"，在城乡建设提质上攻坚突破。大县城建设要在加大基础设施建设力度上下功夫，县城内部要做到道路顺畅、整洁有序、生活便利、商贸发达，县城外围要做到三面环水、四面有林、景点纷呈、生态优美。7个中心镇要在完善功能、彰显特色、打造环境上下功夫。尤其是稷峰镇既要为全县发展大局服好务，也要在产业发展、乡村治理、精神文明创建等方面走在前列。西社镇要全力服务开发区建设，为新型煤化工产业发展提供有力支撑。翟店镇要紧扣特色小镇建设要求，在特色产业发展、小城镇建设等方面成为标杆。全县200个村要在实施乡村振兴战略上下功夫，按照党的十九大提出的"产业兴旺、生态宜居、乡风文明、治理有效、生活富裕"的总要求，以"打造好两委班子、发展好特色产业、整治好村容村貌、完善好村规民约、建设好保障体系""五个好"为切入点，加快推进农业现代化和农村现代化。

（七）突出共建共享，在增进民生福祉上攻坚突破。我们要始终坚持以人民为中心的发展思想，带领全县干部群众共建共享幸福稷山。一要打好精准脱贫"攻坚战"。要坚持认真细致扶贫，逐一对照贫困村退出13项指标和贫困户退出"两不愁三保障"及人均收入指标，做好产业扶贫等相关工作；要坚持以良好的纪律作风扶贫，任何人不得碰触底线；要坚持用心用情扶贫，从引导群众养成"衣被叠好、柴草堆好、畜禽管好、卫生搞好"等良好习惯做起，让我们的贫困户不仅光景好起来，精神面貌也好起来。二要织好公共服务"保障网"。统筹做好教育、医疗、社保等各项民生工作，让人民群众获得更多实惠。尤其是要坚持教育优先发展，高效率高质量建好我们的城区小学、初中，积极谋划县城幼儿园建设，让更多孩子能享受到高质量的教育。三要构建绿水青山"大屏障"。坚决取缔"散乱污"企业，强力推进煤改气、煤改电工作，强化大气、水和土壤保护力度。着力实施好汾河生态修复工程，大规模高密度造林绿化，确保稷山天更蓝、水更清、空气更清新，环境更宜人。四要筑牢社会安全"防护墙"。以防控金融风险为重点，严厉打击各类违法违规金融活动。严格落实政府的监管责任和企业主体责任，推动我县安全生产工作持续向好。加强治安防控体系建设，不断提升人民群众的安全感。

四、切实提高做好经济工作的能力和水平

习近平总书记指出，经济工作是党治国理政的中心工作，党中央必须对经济工作负总责、实施全面领导。我们全县各级党组织都必须把党对经济工作的领导责任落到实处,全县党员领导干部都必须切实提高能力水平,锤炼良好作风,确保我县2018年各项工作任务圆满完成。

一要本领过硬会干事。过去一年的实践中,我们一些领导干部,包括少数县级领导干部、乡镇县直的一把手,对党忠诚没问题,作风纪律也没问题,也有心劲,也有激情,但就是班子带不好、工作干不好,为什么,本领不过硬。新的一年,我们大家一定要把提升工作本领作为自身建设第一位要求。全县各级党组织书记都要在领导能力上有大提升,带头用习近平新时代中国特色社会主义思想武装头脑、指导实践,善于把方向、谋全局、管班子、抓大事。全县所有领导干部都要在专业能力上有大提升,学习先进经验,加强实践锻炼,真正成为经济工作的行家里手。尤其是乡村干部要干一行爱一行,真正成为懂农业、爱农村、爱农民的好干部。全县所有新当选的村"两委"主干都要在谋事干事能力上有大提升,积极参加"村干部讲习所"等各类培训,积极学习加快乡村发展、做好乡村治理的各类知识,积极谋划并强力推进本村的各项事业发展。

二要攻坚突破实干事。关于抓落实,我多次强调,不落实半点马列主义都没有,不落实半点能力水平都没有,不落实半点人品都没有。2018年我们抓落实,就讲"担当负责、攻坚突破",就讲问题解决了没有,任务完成了没有。我们每一位同志在各自岗位上,都要做到行动迅速、雷厉风行,定下来的事马上办、抓紧办、锲而不舍办、迎难而上办,用出色的业绩说话,用在全市全省乃至全国争先创优的奖项说话。为了确保我们的各项工作都有新突破,2018年县委、县政府要加大工作考核力度,参照市委模式实行以下三大制度:一是考核指标和重点工作末位分析解剖制度,就是对每季度在全市主要指标排名末位的职能部门、对在全县重点工作推进不力的乡镇,要采取自我剖析、督查剖析、在县委常委会上剖析、在全县干部大会上剖析等四种形式,督促找原因、想对策、定措施。二是重点工作承诺制度,就是各乡镇各部门要围绕事关稷山发展的重点指标、重大事项、重要工作,在年初做出书面承诺,年底向县委交账。三是重大事项报告制度,就是各乡镇各单位要将贯彻落实县委重大决策部署情况,及时向县委呈送书面报告,确保政令畅通。

三要严守纪律清干事。党的十九大提出要"保证干部清正、政府清廉、政治清明",一个"清"字,寄托了中华民族几千年来对为官者的期许,身处这样一个新时代,我们的干部更要严格自律。坚决遵守党章党规党纪,知敬畏、存戒惧、守底线;坚决贯彻落实中央八项规定,绝不允许"四风"问题,尤其是形式主义、官僚主义在稷山反弹;坚决以永远在路上的坚韧和执着,保持反腐败高压态势,为县域经济高质量发展提供坚强有力的纪律保证。

四要聚集合力齐干事。县级领导要"一马当先",对重大任务和重点工作要带头抓、深入抓、持续抓,以真督实查的魄力推动落实。县直部门要密切协作,努力营造行业协调、部门联动的工作格局。各乡镇要主动作为,千方百计干出本乡镇的特色亮点。所有的村"两委"干部,都要脚踏实地、实干苦干,展现新班子的新气象、新风采、新作为。社会各界要广泛参与,尤其是我们的企业家和在外成功人士,要发挥主力军作用,为稷山发展干事创业、再立新功。

同志们,做好今年的经济工作,任务艰巨、责任重大。让我们紧密团结在以习近平同志为核心的党中央周围,按照中央和省委、市委的决策部署,振奋精神、真抓实干,担当负责、攻坚突破,奋力谱写稷山经济社会高质量发展的崭新篇章!

政府工作报告

——在稷山县第十六届人民代表大会第三次会议上

吴 宣

（2018 年 3 月 22 日）

各位代表：

现在，我代表县人民政府，向大会报告工作，请予审议，并请各位委员和其他列席人员提出意见。

一、2017 年工作回顾

2017 年是我县加快转型发展进程中不平凡的一年。在党的十九大精神和习近平新时代中国特色社会主义思想的指引下，在县委的坚强领导和县人大、县政协的监督支持下，县政府坚决贯彻落实中央省市决策部署，克难攻坚、砥砺奋进，有力保持了县域经济社会发展持续向好态势，全县上下政治稳定、社会稳定、大局稳定。全年地区生产总值完成 82 亿元，增长 6. 0%；固定资产投资完成 44. 1 亿元，增长 24%；社会消费品零售总额完成 31 亿元，增长 7. 4%；规模以上工业增加值完成 18. 7 亿元，增长 6. 0%；财政总收入完成 4. 55 亿元，增长 14. 1%；一般公共预算收入首次突破 2 亿元，完成 2. 03 亿元，增长 16. 3%；外贸进出口总额完成 11. 26 亿元，增长 14. 3%；城镇居民人均可支配收入完成 2. 53 万元，增长 6. 4%；农村居民人均可支配收入完成 1. 03 万元，增长 6. 5%。九大经济指标全部实现稳步增长，有力促进了转型发展。主要体现在以下几个方面：

农业发展取得新成效。粮食总产稳定在 2. 4 亿千克，完成目标责任。基础设施持续改善。农村电网改造、机井通电、高标准农田建设年度工程全面完工；禹门口灌区节水改造、西范东扩等引黄灌溉工程持续实施，全县水浇地面积达到 84%。农田水利设施产权制度改革和创新运行管护机制试点县工作通过验收。特色农业彰显魅力。稷山“国家板枣公园”获批，成为全省首个国家林木（花卉）专类公园；板枣生产系统入选第四批中国重要农业文化遗产，也是全省第一个。蛋鸡养殖经受多年来不曾有过的市场清冷，恒心坚守，渡过难关，2017 年年底存栏恢复年初并突破 1350 万只，继续保持全省前列。晋龙集团年底前又新上 300 万只蛋鸡养殖项目，表明对市场和自身技术的坚定信心。全县畜牧业产值达到 10. 17 亿元，占农业总产值的 40%，稳居全市第一。农产品加工销售收入达到 24. 7 亿余元，同比增长 7. 6%。农村改革成效显现。农村土地承包经营权确权登记颁证数据库成果通过国家和省市验收，全县土地流转 9. 1 万亩，农民专业合作社总数达到 799 家，家庭农场 58 家，辐射带动 2. 8 万个农户。加庄、荆平等七个省级美丽乡村建设项目顺利实施。

工业转型实现新突破。开发区改革顺利推进。积极筹建省级稷山经济技术开发区，可研报告已通过专家评审，待省政府批复。西社园区振西大街西延东延、消防站建设投入使用，居民搬迁区配套持续提升。翟店园区公租房竣工验收，工农路改造进展顺利，山东高科博士站成功入驻，天圣制药口服固体制剂生产线项目完工，福菊纺织品公司绣花线生产项目投产运营。“三个发展计划”强力实施。东方资源、永东化工、铭福钢铁三个企业荣登全市“虎榜”。东方资源80平方米烧结项目投产运营，48万吨岩棉项目建成两条生产线。永东化工18兆瓦炭黑尾气发电项目主体完工，30万吨煤焦油深加工联产8万吨炭黑项目建设进展顺利。翟店印刷包装产业基地被确定为首批省级小微企业“双创”示范基地。全县新孵化小微企业249家，完成“小升规”3家。成立了稷山县在外务工人员服务中心，举办了山西稷山晋商晋才（贵阳）恳谈会，促进稷商稷才返乡创业。招商引资成效明显。全年完成招商引资签约项目18项，总投资119.6亿元，落地率100%；到位资金32.65亿元，完成全年任务142%，全市综合排名第二。合盛工贸破产重整取得实效，10万吨瓦楞纸项目试产运行。

城乡统筹取得新进展。规划编制不断完善。城市总体规划、县城城镇体系规划修编工作基本完成，为“大县城”建设奠定了坚实基础。重点工程进展顺利。大佛文化园建设项目正式启动，稷山塔建到二层，千佛阁基础土方已完成，配套的职工新村棚户区拆迁已近尾声。稷峰街、康复街改造提升工程顺利实施，108国道城西入口拆迁、滨河文化广场建设等工程进展顺利。全县“四好农村路”建成40余千米，群众出行更为便捷。难点项目取得突破。破解了稷峰国际、法院审判业务用房、残疾人康复中心、妇幼院、综检中心等一批重点项目的落地建设问题；落实了县城供排水PPP（政府和社会资本合作）项目、城乡生活垃圾综合治理PPP项目、育英小学等项目的规划、设计、招投标、拆迁等前期工作，近期就可实施建设；启动了城区初中、智慧治安、智慧城管等前期工作，“大县城”建设进入快车道。“五城同创”成效显著。蝉联2016—2017年“山西省文明县城”荣誉称号；省级卫生县城通过验收；省级食品安全县全省首批进入，全市唯一。翟店镇被确定为第二批全国特色小镇，顺利通过全国卫生乡镇省级验收。清河镇马家庄村、蔡村乡段家堡村分别被确定为省、市级美丽宜居示范村。

文旅融合释放新活力。青龙寺、法王庙、范家庄关帝庙、李老庄玉帝庙等4处文物保护项目基本完工。蒲剧电影《枣儿谣》完成拍摄，正在后期制作。《党的女儿》作为晋南地区唯一的县级剧团剧目参加山西省首届艺术节调演，许巧凤获得全国戏剧红梅奖金奖，席武英获得全省戏曲杏花奖。李爱珍、王杰忠被评为国家级非遗项目代表性传承人。全县文化产业普查工作圆满完成，名列全省县级类第二名。“我有拿手戏”群众文艺大展演，分别获得市级决赛一二三等奖。“花海清河·非遗之乡”首届桃花节活动成功举办。全年旅游总收入完成15亿余元，同比增长28%以上。

生态建设迈出新步伐。“四治六化”城乡环境集中整治效果明显。全年造林绿化9000余亩，全县森林覆盖率22.75%。汾河生态修复治理工程全面开工；城东水系民悦园一期工程顺利完工。中央、省环保督察整改任务基本完成；“铁腕治污”深入实施，煤改气、煤改电工作稳步推进。县城集中式饮用水源地水质定期检测结果稳定达标；全年二级以上良好天气295天，良好率超过市定任务。

民生福祉注入新内涵。县财政用于民生支出达11.2亿元，占一般公共预算支出75%以上。高质量完成7个贫困村摘帽和1111名农村贫困人口退出。新建改建47个农村老年人日间照料中心，全县达到92个，且都运行良好，省市媒体做了典型报道。康宁护理院二期居家养老项目投入使用。荣获首批全国健康促进县、省级妇幼健康优质服务示范县。城镇新增就业4842人，转移农村劳动力5547人，均超额完成全年任务。高标准通过“全国义务教育发展基本均衡县”国家督导评估认定，高考文理两大类二本B类以上达线人数达到832人；公开招聘中小学教师和医务人员124人。农村信用社改制顺利完成，河东村镇银行落户稷山。“平安稷山”建设深入开展，荣获2017年度“全国社会治理创新优秀县”“地质灾害防治高标准‘十有县’”“全市社会治安综合治理先进县”，农村“两委”和居委会换届选举工作顺利完成，全县和谐稳定局面进一步巩固。

自身建设树立新形象。深入学习贯彻党的十九大精神和习近平新时代中国特色社会主义思想，进一步坚定理想信念，提升党性修养，强化使命担当，增进为民情怀。深入推进“放管服效”改革，承接行政职权事项5项，取消54项，清理规范中介服务事项和证明材料4项。认真做好议案提案和各方意见办理。高度重视党风廉政建设，严格执行中央“八项规定”和《廉洁自律准则》。坚持以法治引领发展，进一步优化法治环境，助推依法行政。与此同时，武装、信访、统计、县志、人防、治超、档案、气象、地震、老龄、妇幼、民族宗教等各项工作均取得新成效。

各位代表，这些成绩的取得，是县委总揽全局、坚强领导、科学决策的结果，是县人大、县政协倾力支持、有效监督的结果，是全县干部群众同心同德、团结拼搏的结果，是各级人大代表、政协委员、离退休老干部和社会各界真诚理解、关心支持的结果。在此，我代表县人民政府，向全县广大干部群众，向大力支持政府工作的人大代表、政协委员、各民主党派、无党派人士、工商联和人民团体，向驻稷部队、武警官兵和公安干警，向所有支持关心稷山发展的社会各界人士，表示衷心的感谢和崇高的敬意！

在肯定成绩的同时，我们也清醒地看到，我县经济社会发展中还存在一些问题和不足：一是产业结构不合理。传统产业占比还很重，新兴产业项目不足，贡献不大。产业分布和发展水平总体还处于中低端，转型发展的路子还很长。二是项目储备支撑不足。具有行业领先水平的好项目、大项目总体偏少，因土地、审批和效率等制约，项目落地难、建设慢问题还比较突出。三是营商环境不优，承载功能不够。现有园区承载功能还不强，潜力还没有充分发挥；金融支持实体经济的力度还很弱，中小企业融资难、融资贵等问题依然存在。四是农民增收渠道还不宽。土地产出效益有限，农产品价格受市场波动影响较大，农民保持持续增收的手段不多，特别是脱贫攻坚任务仍十分艰巨。五是干事创业积极性主动性还不强。个别干部在研判经济形势、谋划发展出路、弥补发展短板等方面缺乏主动性，推进工作的紧迫感、危机感不够强等。我们要正确认识这些问题，下定决心，在今后的工作中积极加以解决。

二、2018年工作安排

2018年是贯彻党的十九大精神的开局之年，是改革开放40周年，是决胜全面建成小康社会、实施“十三五”规划承上启下的关键一年。做好今年的各项工作意义重大，责任重大，任务更加艰巨。我们要以习近平新时代中国特色社会主义思想为指导，全面贯彻党的十九大精神和中央、省市各项决策部署，在县委坚强领导下，坚持稳中求进工作总基调，坚持新发展理念，紧扣社会主要矛盾变化，按照高质量发展的要求，围绕加快推进“四基地一名城”建设、努力打造“七大制高点”、坚决打好“三大攻坚战”，团结带领全县干部群众担当负责、攻坚突破，突出“项目建设、实体经济、产业升级、改革开放、创优环境、城乡建设、民生改善”七大重点，统筹推进稳增长、促改革、调结构、惠民生、防风险各项工作，促进县域经济社会持续健康发展。

主要预期指标：地区生产总值增长7%左右；一般预算收入增长7%，财政总收入突破5亿元；固定资产投资增长9%；规模以上工业增加值增长8.5%；外贸进出口总额增长7%；社会消费品零售总额增长7%以上；城镇居民人均可支配收入增长7%左右；农村居民人均可支配收入增长7%以上；居民消费价格水平涨幅控制在3%左右；城镇调查失业率、城镇登记失业率分别控制在6%、4.2%以内。各项约束性指标不折不扣完成省市下达任务。

完成今年的工作任务，我们必须做到“四个坚持”：

一是坚持“四基地一名城”战略目标。打造“四基地一名城”是我们“十三五”规划的既定目标，事关全县经济社会发展大局和全县人民的福祉，我们必须咬定青山不放松，一张蓝图绘到底，以功成不必在我的气度和担当，苦干加实干，力争早日实现。

二是坚持走好“三条路径”。“一产提品质创品牌，二产促升级增效益，三产挖潜力壮规模”是县委提出推动稷山经济社会高质量发展的三条路径，我们必须深刻理解，认真谋划，着力在实施乡村振兴战略、推进“三个发展计划”“大县城”建设、文化旅游产业发展等方面下功夫，不断促进一、二、三产深度融合，全面完成决胜小康稷山各项工作任务。

三是坚持实施“三个发展计划”。要聚焦实体经济转型发展，狠抓骨干企业做强做大、中小企业遍地开花和稷商稷才返乡创业，加快产业结构转型升级，不断提升县域经济综合实力，在“大运城”建设中展示稷山作为，彰显稷山担当。

四是坚持推动“高质量发展”。要以推进供给侧结构性改革为抓手，以满足人民对美好生活的需要为目标，强化质量立县，推动经济发展质量变革、效率变革、动力变革，助推稷山经济社会综合实力提升，实现高质量发展。

按照上述要求，2018年重点抓好以下七方面工作：

（一）聚焦实体经济，加快转型发展

坚持转型综改，创新驱动，着力向实体经济聚焦发力，不断优化产业结构布局，突出转型项目建设，重点抓好总投资70多亿元的15个工业转型项目，推动现有企业做大做强，全力构建现代产业体系。

做实做细“三个发展计划”。实施“龙腾虎跃”计划，助推永祥、泉稷、晋龙等企业尽快进入全市“虎榜”行列，扶持东方、永东、铭福等企业发展再上新台阶，以东方资源为依托，着力打造全球锰铁冶炼制高点，加快实施投资13.8亿元的48万吨岩棉项目；以永东化工为依托，着力打造全国以炭黑为主的精细化工产业制高点，全面完成投资3.7亿元的30万吨煤焦油深加工联产8万吨炭黑项目，实施诺博科技总投资1.6亿元的年产4万吨萘法制苯酐项目；全力争取阳煤丰喜投资36亿元的60万吨乙醇项目尽早落地；推进铭福钢铁投资3亿元的煤气和余热回收发电、一万立方制氧、新型环保节能石灰、料场棚化等项目开工建设；实施晋武煤焦投资1.2亿元的10万吨碳素项目，进一步壮大经济实力，优化产业结构，提升发展质量和效益。实施“群星灿烂”计划，打好翟店出口工业产品质量安全示范区牌，打造中西部纸包装文化产业制高点。落实鼓励中小微企业创新创业发展的各项政策，推动纸包装、螺钿漆器、金银器精细加工、金刚石玻璃刀具加工、蜜枣加工、灯笼编制等小微企业走“专精特新”发展之路，重点抓好稷峰镇桐上村超硬材料加工“双创”基地建设。全县新孵化培育“五小企业”225户，新增“小升规”企业3户。实施“凤还巢”计划，充分发挥稷山县在外务工人员服务中心平台作用，持续跟进对外出务工人员的关心关爱，营造尊重企业家、支持企业家、服务企业家社会氛围，为稷商稷才返乡创业、企业家投资兴业打造优质环境，提供全程服务。全年完成转移就业5000人，技能培训1000人，吸引返乡创办小微企业40个以上。

优化升级传统产业。围绕煤焦化冶、建材、纸包装等传统主导产业，持续整合淘汰落后产能，推动企业技术改造，积极主动争取省市财政设立的技术改造专项资金，大力实施重点技改项目。着力抓好阳煤丰喜泉稷公司投资2.4亿元的节能技术改造项目，推动企业节约成本，优化升级，高效发展。

培育壮大新兴产业。牢牢把握新兴产业对县域经济结构转型的支撑和推动作用，树立战略性、前瞻性思维，持续抓好新兴产业项目实施。一是翟店园区汇鑫浩特纤新材料公司投资3.2亿元的年产3万吨复合纺低熔点4080纤维项目；二是山西艾瑞孚投资7000万元的年产5万吨精密铸造件项目；三是唐晋纺织投资5700万元的高速纺加弹机生产线项目；四是皓晖工贸投资6000万元的次氧化锌项目；五是山西普莱克投资6000万元的年产1.2万吨硫化黑及配套化产项目；六是广富新能源投资2.6亿元的33MW分散式风力发电项目；七是福菊纺织投资2000万元的二期扩建项目；八是新嘉源纸业年产10万吨再生瓦楞纸生产线项目。

各位代表，实体经济是县域经济社会发展的压舱石，“三个发展计划”是推进转型发展的驱动器，企业家是搞好经济活动的生力军，我们要以百倍的信心和勇气，向实体经济聚焦发力，着力强龙头、增总量、优结构，在“大运城”建设中彰显稷山作为，体现稷山担当，挺起汾河经济带稷山的硬脊梁！

（二）深化改革开放，创优发展环境

积极抢抓国发42号文件、《山西省鼓励投资政策（2017年版）》等文件政策利好机遇，落实好企业项目投资承诺制改革试点工作。深入贯彻《中共中央关于深化党和国家机构改革的决定》精神，根据中央、省、市和县委安排部署，严明纪律，有序推进，确保政府机构改革顺利进行。通过深化改革，致力建设更好的政策环境、更顺的体制机制、更高的服务水平，积极营造经济发展良好环境，推动高质量发展。

持续打造优势平台。按照“一区两园”总体布局，结合开发区产业批复意见，围绕“汾河经济带”稷山定位和“四基地一名城”建设规划，突出产业优势，着力打造山西南部分布式现代精细化工、铁合金冶炼和中西部纸制品彩印包装等产业。全面落实好“三化三制”各项改革任务，加快建立专业化、市场化、国际化的开发区管理运行机制，吸引人才、科技、资金等要素资源向开发区集中集聚。加快完善基础配套设施，提升西社园区搬迁区整体功能。修编好园区土地利用总体规划，确保入驻项目一律“熟地”供应。

全力集聚发展后劲。不断拓宽招商引资宣传渠道，大力宣传推介稷山，充分发挥现有产业优势，聚焦精细化工、纸包装、合金冶炼、板枣、蛋鸡、医疗健康、文化旅游等产业谋划一批招商项目。积极开展小分队招商、以企招企、以情招商、中介招商、网络招商、活动招商等多种招商形式，重点加大“以企招企”力度，推进国家电力投资集团投资20.8亿元的200MW风光互补发电和北京世纪优优公司与关公酒厂改制合作等重点项目落地稷山。

不断优化营商环境。进一步创优政策环境、服务环境、营商环境、社会环境，按照“1+9”专项行动总要求，推动政府部门协调配合，对所有项目的行政审批事项实行“零障碍”，认真落实各项奖励优惠政策，着力打造“六最”营商环境；坚持入企服务常态化，土地金融电力等要素部门积极为企业发展提供服务支撑，在全县营造尊商、重商、优商、亲商、护商的浓厚氛围。

着力强化金融支撑。建立金融行业服务经济发展奖励机制，提供更多金融服务产品，把更多金融资源配置到经济发展的重点领域和薄弱环节，更好满足全县实体经济转型发展需求，重点做好超硬材料产业“助保贷”服务工作，加快推进山西晋龙养殖股份有限公司“新三板”挂牌步伐；坚持市场导向，完善金融服务体系，进一步巩固农商行改制成果，提升经营水平，支持河东村镇银行健康运行；强化金融监管，完善金融机构法人治理结构，加大宣传力度，严厉打击非法信贷，提高防范化解金融风险能力，确保金融市场运行安全稳定。

各位代表,改革是推动高质量发展的制胜法宝,开放是快速发展的必由之路。我们要持续深化改革,扩大开放,着力破解难题,激发内生动力,确保稷山在迈向高质量发展的征程中,占得先机,赢得主动!

(三)扭住“三大任务”,助力乡村振兴

按照中央实施乡村振兴战略“产业兴旺、生态宜居、乡风文明、治理有效、生活富裕”的总要求和省市战略部署,紧紧扭住现代农业发展、农民增收和社会主义新农村建设“三大任务”,规划先行、夯实基础、加大投入、深化改革、做实项目,实施好总投资3.8亿多元的12个“三农”项目,打造全市乡村振兴制高点。

高标准做好各项规划。深入领会中央省市大政方针政策要求,结合我县“三农”工作实际,坚持高标准、高起点、严要求,突出科学性、前瞻性、实践性,明确目标任务和时间节点,完善工作思路和推进措施,编制出台我县乡村振兴战略实施“5+1”规划,做到工作有遵循,前进有方向。

持续完善基础设施。启动粮食生产功能区划定工作。完成投资1000万元的农业水价综合改革和农村饮水安全提质增效工程,完成投资1000万元的太阳乡高标准农田建设和投资400万元的稷峰镇等六个乡镇土地整理复垦项目,启动投资1000余万元的翟店镇高标准农田建设项目;实施投资3500万元的陶梁等村低压台区、10千伏845翟店线改造,10千伏107A等台区和10千伏5321大佛Ⅱ回线振兴路支线等农村电网升级改造工程;完成禹门口灌区汾南片区节水改造工程,实施汾北引黄提水灌区七条支渠和两条管涵修复改造,进一步夯实农业发展基础。

加大农业科技投入。大力推进科技下乡,着力培育新型职业农民,提高农业科技在农业生产上的贡献率。重点实施投资800万元的板枣、核桃、山楂、双季槐等干果经济林提质增效项目,一生情枣业投资600万元的农业综合开发名优经济林稷山板枣示范项目,提升农产品科技含量。设立畜牧技术推广站,探索建立公益性农机推广与经营性技术服务共同发展的新机制。

推进农村改革进程。全面完成农村土地承包经营权确权登记颁证工作,进一步引导农民依法、规范进行土地流转;启动推进农村集体产权制度改革试点,保障农民财产权益;壮大农村集体经济,争取全县50%以上的村年收入达5万元以上;深入推进供销社改革,规范提升农村基层合作组织。开展全县示范专业合作社带头人的培训工作,新培育农民专业合作社示范社10家,新培育示范性家庭农场5家。

加快农业产业化发展。努力打造全国优质板枣生产销售制高点和全国蛋鸡养殖制高点。围绕板枣、蛋鸡、菌菇、核桃、山楂、葡萄、鲜桃、中药材等优势特色产业,打好特色产业牌,大力推进农业供给侧结构性改革,壮大实施一批现代农业示范园区和农业产业化项目建设,倡导互联网+农业,发展农业电子商务,打造品牌,引领发展。建设农产品和畜产品交易市场。高质量实施好稷山县板枣省级现代农业产业园创建、晋龙集团投资2.7亿元的西位300万只蛋鸡养殖扩建、峨嵋岭药业投资500万元的柴胡种植资源保护开发和滨河葡萄观光示范园建设等项目。

各位代表,新时代的农村是大有作为的广阔天地,乡村振兴战略开启了“三农”工作的新征程。我们要举全县之力,以更大的决心、更明确的目标、更有力的举措,推动农业全面升级、农村全面进步、农民全面发展,向着农业强、农村美、农民富的目标阔步前进,谱写新时代稷山乡村振兴的美好篇章!

(四)围绕“大县城”建设,加快城乡统筹

按照全市“走进新时代,建设大运城”“一主三副七个大县城71个建制镇”城镇化格局要求,围绕我县“一城两翼四星”的城镇布局,加快总投资18亿多元的23个城乡统筹项目建设,持续推进“大县城”提档升级。

完善规划编制。重点完成县城总体规划和控制性详细规划修编，翟店特色小镇和各乡镇总体规划编制、美丽乡村示范村建设规划和传统古村落保护开发规划编制；进一步明确城镇功能定位，完善布局体系，规划一幅涵盖城乡、特色明显、科学合理的县域经济社会发展新蓝图。

提升城市品位。按照城市总体规划，加快实施一批基础类、民生类城乡建设项目。全面完成稷峰街、大佛北路、康复街改造提升；加快劳动路拓通，职工新村、县城官社巷、清河正南甲城中村棚户区改造，法院审判法庭建设，电力业务生产综合楼等城乡建设重点工程；启动实施县委党校建设，稷王庙广场拆建，大佛路南延及东环路翻修改造，城西入城口改造及汾河老桥加宽加固亮化，火车站、汽车站站前广场，便民市场建设等工程，进一步完善城市功能，提升服务能力，打造宜居宜业城市。

加强城乡管理。立足稷王文化名城定位，彰显稷王文化内涵特色，切实加强城市管理。严格落实城市规划综合监管，配套实施智慧城管项目。坚决防止乱规划、乱审批、乱建设行为；加强市容市貌及环境卫生整治，落实“门前三包”制度，杜绝乱停乱放、乱堆乱占、乱抛乱撒、乱涂乱画等行为。持续开展城乡环境集中整治，围绕“脏、乱、差、污、绿”五方面问题，扎实推进农村集中“改水、改路、改能、改房、改厕”，健全农村生活垃圾收运处置体系，合理布局并逐步推进各种模式的农村污水处理，逐步改善农民生产生活条件。

加快城乡统筹。着力补齐农村基础设施短板，大力改善农村水、电、路、气等基础设施，打造全市乡村振兴制高点。启动总投资4.3亿元的翟店特色小镇综合规划建设项目前期筹备工作，支持翟店镇全力创建国家卫生乡镇，持续推进7个省级美丽乡村建设工程；实施南位35千伏和寺庄220千伏输变电工程；加快“四好农村路”建设，完成84千米建制村通村路新建改建及82千米安全生命防护工程；实施县城供排水管网改造及配套设施建设PPP工程；推进天然气管网向农村延伸，完成总投资1.34亿元的城乡供气工程。

各位代表，城乡统筹是实现协调发展的重要举措，“大县城”建设是推进城乡统筹的强力抓手，我们要围绕“稷王文化名城”定位，进一步优化布局、完善功能、丰富内涵、提升品位，着力打造一座充满活力、文明和谐、特色鲜明、幸福宜居的时代新城！

（五）推进文旅融合，打造文化强县

立足后稷农耕文化源头，坚持“三产挖潜力壮规模”，积极对标市委、市政府提出的“六大文化”类别，打好农耕文化牌，进一步丰富后稷文化内涵，打造一批叫得响的“稷”字号文化品牌。

深挖文化资源。聚焦国保文物、非遗传承、民间传说、历史遗存、风土民俗等文化资源，深入挖掘我县农耕文化、板枣文化、羲和文化、紫金山文化、姚天福廉政文化、吴绍先孝悌文化等独有的宝贵文化遗产，创造性转化，创新性发展，持续开展好后稷农耕文化研讨，在艺术表演、实景体验、产业融合等方面找准切入点，不断丰富载体、丰富内涵，让更多的人知道后稷农耕文化，以此带动相关产业发展。

打造文化精品。依托地方文化资源优势，推进文化资源产业化发展，引导印刷包装、螺钿漆器、金银器精细加工、灯笼制作、根雕木雕等文化产业集聚发展，壮大规模。深入挖掘和大力弘扬地方优秀传统文化，选用合适题材，打造一批思想精深、艺术精湛、制作精良的文化作品。扩大电影《枣儿谣》、鼓舞剧《农祖·稷风》等精品力作的影响力；抓好蒲剧《铁面御史姚天福》、大型鼓乐实景剧《古中国·食为天》等文艺作品的创作生产，着力打造多幅展示稷山形象的文化名片。

开展文化惠民。继续加大“戏剧惠民·欢乐百姓”送戏下乡力度，全年演出要在去年120

场次的基础上增加到200场次;农村数字电影放映不少于2400场次,让群众共享文化发展成果。加大全县农村文化活动室建管力度,规范农家书屋管护工作,加强文化市场监管,净化网络文化环境。

推进文旅融合。规划实施一批文化旅游产业重点项目,加快推进大佛文化园建设,打好中斯友好文化交流牌;加强文物保护,启动博物馆馆藏文物修复工程,实施青龙寺壁画数字化勘测和环境监测项目;办好第二届"花海清河·非遗之乡"桃花节活动;加大传统古村落保护开发力度;做好蟠龙山省级森林公园申报和青龙滩、稷王山、紫金山等文化景区的开发规划工作。

各位代表,文化自信是一个国家、一个民族发展中更基本、更深沉、更持久的力量。我们要坚定文化自信,深入挖掘传统文化根源和资源,让稷山县独有的后稷农耕文化更具穿透力,更有影响力,推动稷山文化旅游产业实现大发展、大繁荣!

(六)建设生态文明,共享美丽稷山

牢固树立"绿水青山就是金山银山"的绿色发展理念,深刻认识解决不好环境污染问题,稷山发展就没有出路。要下最大决心一手抓节能减排,一手抓植树增绿,让绿色、生态、美丽、和谐成为稷山高质量发展的"底色",着力抓好总投资3亿多元的6项生态建设工程。

坚决打赢蓝天保卫战。深入开展大气污染防治专项行动,强化"散乱污"企业整治,全力抓好"控煤、治污、管车、降尘"措施落实。以企业为主体,大力实施企业节能技术改造和污染减排,严厉打击工业企业违法排污,集中爆破一批企业废弃烟囱;扎实开展散煤治理专项行动,严格规范散煤储运、销售监管,杜绝劣质煤流入市场,杜绝"三烧"现象;通过摸底排查,彻底清理城区内燃煤锅炉,稳妥有效推进"煤改气""煤改电"工作;加大建筑工地扬尘治理,落实"六个百分百"要求,严格管控黄标车、渣土车、冒黑烟车上路行驶。

毫不放松抓好水土治理。坚持饮用水、地下水、流域水、黑臭水、污废水"五水同治"。严格落实"河长制",全面排查汾河流域非法排污口,采取封堵、引流、治理等措施,坚决控制污水直排。启动县城生活污水处理厂提标改造工程。加大对饮用水源地周围污染源的全面清理,积极开展县城饮用水源地保护工作。实施投资1000万元的下费、荆平、苑曲等汾河沿线村污水处理站和西社工业园区搬迁区污水处理站项目,投资3000万元的城市雨污分流改造项目,实现境内工业废水、生活污水达标排放。以农用地和重点行业企业用地为重点,配合国家、省市开展土壤污染状况详查。完成第二次污染源普查和生态红线划定工作。强化土壤污染源头管控,按照"谁污染、谁治理"原则,明确治理与修复主体,投资1300万元实施废弃厂矿企业污染土壤整治项目。持之以恒抓好"四治六化"城乡环境集中整治,巩固扩大美丽乡村建设成效,加快实施总投资1亿多元的城乡生活垃圾综合治理PPP项目。

持续加大生态修复及造林绿化力度。完成三北防护林和天保工程封山育林3000亩,人工造林3000亩,新一轮退耕还林1389亩;实施好总投资1.28亿元的汾河流域生态修复汾河干流稷山城区段综合治理项目;加快推进山西稷山汾河国家湿地公园建设,争取2019年通过国家验收。实施好城西水系民乐园提升和城东民悦园二期建设工程。继续推进城郊国家板枣公园、城市小游园等项目建设,进一步打造省级生态园林城市,尽快把县城建成三面环水、四边有林、生态宜居、幸福和谐的稷王文化名城。

各位代表,686平方千米的后稷大地是我们共同的家园,倡导绿色发展、共建生态文明是全县人民对美好生活的最大期盼,我们要大力度强化污染防治,大手笔增添生态底色,让稷山的天更蓝、水更清、空气更清新、环境更优美!

（七）狠抓民生改善，建设幸福稷山

牢固树立"一切以人民为中心"的发展理念，让改革成果更多更公平地惠及人民，高质量实施好总投资7亿余元的13个民生项目，持续提升稷山人民的幸福指数。

坚决打好精准脱贫攻坚战。聚焦深度贫困，坚持精准扶贫精准脱贫方略，找准致贫原因，因村因户因人施策，制定精准脱贫方案，全力以赴，确保2018年6个贫困村摘帽、高质量完成2000人以上脱贫任务。着力推进以"五有"为载体的产业脱贫振兴工程，实施村集体经济组织扶持资金光伏发电项目，支持贫困村建设村级光伏电站。积极推进"一村一品"特色产业扶贫，建立"企业＋合作社＋贫困户"的模式，实现50%以上的贫困村有股份合作经济组织，30%以上的贫困村建立农民股份合作经济资产收益扶贫模式，带动有劳动能力的贫困人口脱贫。

优先办好人民满意教育。全面推进义务教育集团化办学模式改革，促进城乡教育一体化发展，巩固义务教育基本均衡发展成果。加大教师招聘和培训力度，保障校园及周边安全，突出职业教育特色，关注特殊教育群体，规范民办非学历教育机构，全面提高教育教学质量。实施好连续三年的义务教育优质均衡发展工程。加快推进总投资1.6亿元的城区育英小学和初中项目建设进度。

着力做好创业就业工作。就业是民生之本。高度关注社会就业困难群体，落实高校毕业生就业促进计划、大学生创业引领计划，支持新兴产业创业。整合资源，加强创业（孵化）基地建设，提高创业（孵化）成功率，以创业带动就业，在全面完成上级下达的各项就业目标任务基础上，促进更多就业困难人员和高校毕业生实现就业，推动更多的农村劳动力转向非农产业。

全力打造"健康稷山"。加快公立医院综合改革，扎实推进县乡医疗卫生机构一体化改革任务，全面落实分级诊疗制度，促进优质医疗资源下沉，切实做好家庭医生签约服务，落实健康扶贫各项优惠政策。提升国家级健康促进示范县建设标准；确保国家级农村中医药工作先进县第二轮创建顺利通过。加快区域医疗大健康产业基地建设，完成健康医疗城修建性详细规划编制并逐步实施推进，加快总投资3700万元的妇幼院大楼建设进程，启动实施投资3—5亿元的稷山县人民医院PPP项目，打造区域医疗大健康产业制高点。

提升社会保障水平。完成保障性住房和农村危房改造任务，再新建改建50个以上农村社区老年人日间照料中心，使全县农村日间照料中心覆盖率达到70%以上；新建残疾人康复中心和公共田径体育场；加快区域食品安全检验检测项目建设。

维护社会和谐稳定。强化社会治安综合治理，深入开展扫黑除恶、禁种铲毒专项斗争。坚决打好防范化解重大风险攻坚战，做好应对各类重大问题的应急预案。狠抓安全生产，完善"党政同责、一岗双责、齐抓共管、失职追责"的工作格局，坚持"管行业必须管安全，管业务必须管安全，管生产经营必须管安全"的原则，严格落实企业主体责任。强化各行业各领域隐患排查治理，高度重视弱势群体信访诉求和社会兜底保障工作，坚决防止重特大生产安全事故、重大群体性事件、重大舆情事件的发生，深入推进县乡村公共法律服务体系建设，完成公安基层业务用房、消防站建设和社会治安综合治理"雪亮工程"，全力维护社会和谐稳定。启动第四次全国经济普查工作。

各位代表，人民对美好生活的向往，就是我们的奋斗目标。要坚持把人民的利益放在首位，坚持在发展中保障和改善民生，坚持用一件件的民生实事谋求36万人民的福祉，团结带领全县人民朝着共同富裕的目标向前迈进。2018年，在统筹抓好各项工作的同时，我们一定要举全县之力，重点抓好四大工作任务：

一要全力以赴攻坚克难，加快汾河生态修复治理。汾河是我们的母亲河，修复好汾河生态既是中央、省市的政治要求，更是我们责无旁贷的应尽义务。我们经过艰辛努力，目前工程全面开工。要争分夺秒，保质保量，确保主汛期前完成河道修整主体工程；要牢记“绿水青山就是金山银山”，结合国家汾河湿地公园和滨河葡萄观光示范园建设，高标准规划好相关配套提升工程，把汾河生态修复治理城区段打造成稷山高质量发展的时代引擎，打造成区域生态建设的时代标杆，打造成人民群众获得更多幸福感的理想场所，让汾河在稷山再现碧水荡漾、鱼跃鸟飞的秀美盛景。

二要全力以赴攻坚克难，推进健康医疗城建设。打造区域医疗大健康产业基地，推进健康医疗城建设，是县委、县政府的既定目标，是全县人民的所思所盼。我们要以时不我待的责任感、紧迫感，加快健康医疗城实质性进展，重点抓好新建县人民医院规划建设，统筹推进妇幼院综合大楼加快进度、各专科医院加快整合、健康养老产业规划加快完善，打造区域乃至全省硬件设施一流、配套功能一流、医技水平一流的现代化综合健康医疗城，让区域医疗大健康产业基地实至名归，让健康稷山深入人心，让全县人民引以为荣。

三要全力以赴攻坚克难，加快大佛文化园建设。大佛寺是稷山的国保单位，大佛文化是后稷文化的重要组成部分，建设大佛文化园是我们实现文化兴县和三产崛起的重大举措，人民群众持续关注。今年要完成稷山塔主体工程，启动内外装饰工程和千佛阁主体工程建设；同时做好二期东南亚风情区的规划建设前期工作，登高望远，不遗余力，早日把大佛文化园打造成引领全市乃至全省文化旅游产业发展的一大亮点，助推稷山三产服务业发展强力迈上新台阶。

四要全力以赴攻坚克难，大招商、招大商。没有动力的发展注定走不长远。稷山经济社会综合实力的提升，需要更多的好项目、大项目支撑。省市确定今年为转型项目建设年，我们要下最大的决心，尽百分百的努力，集聚36万后稷儿女的聪明才智，瞄准国内外高端产业和行业前沿，瞄准与稷山产业发展最为契合、实力最为雄厚的大型企业，以钉钉子精神，多形式、多渠道，招引一批能够带动稷山转型发展的大项目、好项目，不断集聚发展动力，促进县域经济高质量发展。

三、全面加强政府自身建设

各位代表，新时代开启新起点，新稷山迈向新征程。全面加强政府自身建设，是我们做好各项工作的根本保障，更是我们全心全意为人民服务的内在要求。

深化学习，提升本领。只有好学，才能善政。中国特色社会主义进入新时代，要做好崭新的思想准备，持续加强学习型政府建设。要学懂、弄通、做实党的十九大精神和习近平新时代中国特色社会主义思想，进一步牢固树立“四个意识”、坚定“四个自信”；强化党的各项方针政策学习，加强行业专业知识学习和执政能力建设，不断提升认知、拓宽视野，增强本领。

担当负责，攻坚突破。新时代要有新气象，更要有新作为。要以永不懈怠的精神状态和一往无前的奋斗姿态，坚决按照县委对全县党员干部“担当负责、攻坚突破”的核心要求，落实县委考核指标和重点工作末位分析解剖制、重点工作承诺制、重大事项报告制三大制度，锲而不舍，迎难而上，勇挑重担，敢啃硬骨头，当改革促进派、发展实干家，坚决整治不担当、不作为和“中梗阻”现象，推动各项工作高质量完成。

倾力为民，高效服务。以造福人民为最大的政绩，坚持发展依靠人民，发展为了人民。以人民群众对美好生活的需要为总目标，牢牢把握新时代民生工作的新情况、新特点，始终把群众的衣食住行、安危冷暖放在心上、抓在手中、落在实处，把更多的工作和精力投向民生领域，扎扎实实做好乡村振兴、脱贫攻坚等惠及广大人民群众的民生工作；加快政府服务体系建设，深入推进“互联网+政务服务”，让数据多跑路，让群众少跑腿，加快实现“只进一扇门，最多跑一次”，提升政务服务水平和效率。

尊崇法治，依法行政。牢固树立职权法定观念，坚持法无授权不可为、法定职责必须为。充分发挥政府法律顾问作用，积极听取人大代表、政协委员、民主党派、工商联、人民团体和社会各界的意见建议，推动社会公众参与重大决策，进一步健全依法决策机制；全面开展“七五”普法教育，大力提升全民法治意识和行政执法人员法治思维，提高依法办事、依法行政能力；深入推进“双随机、一公开”，确保行政执法严格规范、公正文明，持续打造法治政府，推进依法治县。

明德守纪，廉洁奉公。坚持从政德为先，明大德、守公德、严私德，始终把纪律和规矩挺在前面，强化底线思维和红线意识，深入贯彻落实中央“八项规定”等正风肃纪各项要求，坚决落实《准则》和《条例》，驰而不息纠正四风。认真履行党风廉政建设“一岗双责”，聚焦权力运行风险点，自觉接受县人大及其常委会的法律监督和工作监督，自觉接受人民政协的民主监督，强化审计监督、社会监督和舆论监督，实现“权力在阳光下运行”，进一步树立政府干净干事、清正廉洁的良好形象。

各位代表，雄关漫道真如铁，而今迈步从头越。“走进新时代，建设新稷山”的号角已经吹响，踏上新征程的步伐已经迈开。让我们在县委的坚强领导下，以更加饱满的热情，以更加务实的作风，担当负责、攻坚突破，奋力谱写新时代稷山经济社会高质量发展的壮美篇章，为加快推进我县“四基地一名城建设”，持续打造“七大制高点”，坚决打好“三大攻坚战”，全面建成小康稷山而努力奋斗！

注释：

1.“三个发展计划”（报告第3页）：是指运城市委四届三次全会上市委刘志宏书记提出的工业企业“五五五”发展计划（也叫“龙腾虎跃”发展计划）、“五小企业”培育计划（也叫“群星灿烂”育苗计划）和外出务工人员关心关爱计划（也叫“凤还巢”计划）。其中，“五五五”是指，力争到“十三五”末，全市年产值百亿元以上企业达到5户，10亿元以上企业达到50户，规模以上工业增加值达到500亿元；“五小企业”是指，小手工、小作坊、小制造、小加工、小食品等企业。

2.“四好农村路”（报告第4页）：是指习近平总书记提出的要把农村公路建好、管好、护好、运营好。

3. PPP（报告第4页）：是指政府与社会资本之间，为了合作建设城市基础设施项目，或为了提供某种公共物品和服务，以特许权协议为基础，彼此之间形成一种伙伴式的合作关系，并通过签署合同来明确双方的权利和义务，以确保合作的顺利完成，最终使合作各方达到比预期单独行动更为有利的结果。

4.“五城同创”（报告第4页）：是指我县以文明城市创建为抓手，协同推进卫生城市、生态园林城市、食品安全城市、优秀旅游城市创建工作。

5.“四治六化”（报告第5页）：是指山西省开展农村环境集中整治的治乱、治垃圾、治污水、治农业面源污染和街道硬化、村庄绿化、环境净化、路灯亮化、村容美化、弘扬文化。

6.“十有县”（报告第5页）：是指地质灾害防治达到了国家规定的“有制度、有机构、有经费、有监测、有预警、有评估、有避让、有宣传、有演练、有效果”的要求。

7.“七大制高点”（报告第7页）：是指县委廉广锋书记在县委十三届四次全会上提出的七大产业制高点。一是以东方资源为依托，打造全球锰铁冶炼制高点；二是以永东化工为依托，打造全国以炭黑为主的精细化工产业制高点；三是以晋龙集团为依托，打造全国蛋鸡养殖制高点；四是以15.3万亩板枣为依托，打造全国优质板枣生产销售制高点；五是以翟店工业园区为依托，打造中西部纸包装文化产业制高点；六是以县医院和各专科医院为依托，打造区域医疗大健康产业制高点；七是以各乡镇特色产业为基础，打造全市乡村振兴制高点。

8.“三大攻坚战”（报告第8页）：是指党的十九大报告提出的防范化解重大风险攻坚战、精准脱贫攻坚战、污染防治攻坚战。

9.“国发42号”（报告第11页）：是指《国务院关于

支持山西省进一步深化改革促进资源型经济转型发展的意见》文件。

10."一区两园"(报告第12页):是指我县依托西社工业园区和翟店工业园区筹建省级稷山经济技术开发区。

11. 汾河经济带(报告第12页):是指运城市委四届三次全会提出的实施"一区五带"的发展布局。其中汾河经济带包括稷山、新绛、河津三个县市在内的以煤焦化循环、冶金、建材产业为主的经济带。

12."三化三制"(报告第12页):是指全省经济开发区建设实现专业化、市场化、国际化;开发区党工委、管委会实行领导班子任期制、全员岗位聘任制和绩效工资制。

13."熟地"(报告第12页):是指已完成了土地开发等基础设施建设,具备建设条件的土地。

14."1+9"专项行动(报告第13页):是指全省优化营商环境的10个专项行动。"1"是《山西省企业投资项目试行承诺制实行无审批管理试点工作方案》;"9"是招商项目落地、在建项目无障碍、入企服务常态化、打击恶意逃废金融企业债务、减证便民、整治涉企合同执行难、化解企业担保链风险、企业周边治安环境治理、仿制药质量疗效一致性评价等9项优化营商环境专项行动。

15."六最"(报告第13页):是指全省在优化营商环境方面实现审批最少、流程最优、体制最顺、机制最活、效率最高、服务最好。

16."助保贷"(报告第13页):是指由地方政府和银行共同筛选企业组成"中小微企业池",由政府提供的风险补偿资金和企业缴纳的助保金共同组成"助保金池",作为风险缓释方式的信贷业务。

17."新三板"(报告第13页):是指由中国证监会、科技部发起和组织,并经国务院批准设立的专为国家级科技园区非上市科技公司提供的代办股份转让平台,即非上市股份有限公司代办股份报价转让系统。

18."5+1"规划(报告第14页):是指2018年市委农村工作暨脱贫攻坚会上提出,按照乡村振兴战略的总要求,编制产业兴旺、生态宜居、乡风文明、治理有效、生活富裕五个专项规划和一个体制机制创新专项规划。

19."一主三副七个大县城71个建制镇"(报告第16页):是指运城全市城镇化格局。"一主"指盐湖、临猗、夏县主城区;"三副"指永济、河津、闻喜;"七个大县城"指万荣、新绛、稷山、绛县、平陆、芮城;"71个建制镇"指全市一共71个建制镇。

20."六大文化"(报告第18页):是指运城市委四届三次全会提出,要全面挖掘和整理运城所具有的"人类远古文化、农耕源头文化、黄河根祖文化、宗教信仰文化、河东民俗文化和红色革命文化"。

21."三烧"(报告第20页):是指烧垃圾、烧秸秆、烧落叶。

22."六个百分百"(报告第20页):是指建筑施工场所扬尘治理要求,即施工工地周边100%围挡、物料堆放100%覆盖、出入车辆100%冲洗、施工现场地面100%硬化、拆迁工地100%湿法作业、渣土车辆100%密闭运输。

23."五有"(报告第22页):是指全省贫困村有产业、有带动企业、有合作社、贫困户有项目、有劳动能力的有技能。

24."雪亮工程"(报告第23页):是指以县、乡、村三级综治中心为指挥平台、以综治信息化为支撑、以网格化管理为基础、以公共安全视频监控联网应用为重点的"群众性治安防控工程"。

25."双随机、一公开"(报告第27页):是指在监管过程中随机抽取检查对象,随机选派执法检查人员,抽查情况及查处结果及时向社会公开。

稷山县四大班子领导名录(2017 年)

中共稷山县委员会

书　记　廉广锋

副书记　吴　宣　尚国桦

常　委　廉广锋　吴　宣　尚国桦　赵永刚
费克仁　王纪峰　姜存师　王德谋
张寒梅　代本忠

稷山县人大常委会

主　任　王　钊

副主任　辛福集　赵天寿　郅新锁　杨丙坤

稷山县人民政府

县　长　吴　宣

副县长　费克仁　薛克学　史志国　郝　冰
赵　军　南选智

政协稷山县委员会

主　席　赵高云

副主席　卫燕红　郭大斌　刘旭生　张国兴

大事记

1月

3日，县委召开中心组学习会议，传达学习贯彻省委十一届二次全会暨经济工作会议精神。县委书记廉广锋主持会议并讲话。县委副书记、县长吴宣，县委副书记尚国桦，县政协主席赵高云等县委中心组成员参加会议。

同日，县委副书记、县长吴宣，县政协主席赵高云到大佛文化园项目建设工地，就工程进展情况进行调研。

4日，市民族宗教局局长乔贵林到县指导民族宗教工作。县委常委、副县长费克仁，县委常委、统战部部长张寒梅陪同。

5日，县委书记廉广锋、县委副书记尚国桦先后到太阳乡庙岔村贫困户王春岭、王明选和翟店镇东大有村贫困户杨勇、黄因虎家中调研扶贫攻坚工作。

同日，腊八节，大佛寺景区和县佛教协会联合举行发放八宝粥活动，共为在岗环卫工人、敬老院老人和现场群众免费发放八宝粥3000余份。

6日，县委常委会议召开，讨论推荐提名山西省出席党的十九大代表初步候选人名单和脱贫攻坚驻村工作队各乡镇大队长人选，县委书记廉广锋主持会议。县委副书记、县长吴宣，县委副书记尚国桦，县委常委、政法委书记赵永刚，县委常委、副县长费克仁，县委常委、宣传部部长姜存师，县委常委、统战部部长张寒梅，县委常委、武装部政委代本忠参加会议。县人大常委会主任王钊、县政协主席赵高云列席会议。

11日，县委书记廉广锋主持召开县委常委会议，传达市委四届二次全会暨经济工作会议精神，听取和审定全县经济工作会议、迎新春茶话会等实施方案。县委副书记、县长吴宣，县委副书记尚国桦，县委常委赵永刚、费克仁、王纪峰、姜存师、张寒梅、代本忠参加会议。县人大常委会主任王钊、县政协主席赵高云列席会议。

同日，县委召开常委班子专题民主生活会。以深入学习领会党的十八届六中全会精神为主题，围绕“两学一做”学习教育的要求，重点对照《关于新形势下党内政治生活的若干准则》《中国共产党党内监督条例》，结合思想和工作实际，进行自我检查、党性分析，开展批评和自我批评，进一步加强作风建设和严肃党内政治生活。市委常委、宣传部部长王志峰，市纪委副书记秦跟安，市委组织部副部长丁玺全等到会指导。县委书记廉广锋主持会议。县委副书记、县长吴宣，县委副书记尚国桦，县委常委赵永刚、费克仁、王纪峰、姜存师、张寒梅、代本忠参加会议。县人大常委会主任王钊、县政协主席赵高云列席会议。会议对县委常委班子对照检查提出意见和建议。

同日，县政协召开领导班子专题民主生活

会。县政协主席赵高云主持会议。副主席刘旭生参加会议。副主席卫燕红、郭大斌列席会议。县纪委常委、监察局副局长郭荷娟,县委组织部组织组组长张宁霞到会指导。

12日,在运城市第四届道德模范颁奖典礼上,县学雷锋志愿者协会会长潘春虎被授予"运城市道德模范"荣誉称号。

同日,县政府召开领导班子专题民主生活会。县委副书记、县长吴宣主持会议。县委常委、副县长费克仁,副县长薛克学、郝冰、赵军、南选智参加会议。副县长史志国及县纪委监察局、县委组织部有关人员列席会议。

13日,县委副书记、县长吴宣,副县长郝冰先后到稷峰镇和西社镇走访慰问部分百岁老人,并为其送上米、面、油和慰问金,祝福老人们安享晚年,健康长寿。

17日,县委书记廉广锋一行代表县委、县政府和全县人民先后到人武部、消防大队,部分离退休老干部、新中国成立前老党员、伤残军人、困难职工、市拔尖人才家中及利税大户和潜力企业走访慰问。

同日,县委副书记、县长吴宣一行代表县委、县政府及全县人民先后到部分离退休干部、军休干部、市拔尖人才家中及部分利税大户和潜力企业、国网稷山县供电公司、武警中队走访慰问。

19日,中共稷山县委十三届二次全体会议暨经济工作会议召开。县委书记廉广锋总结全县经济工作,分析面临的经济形势,提出全年经济工作总体要求、主要目标和重大任务,对做好工作需要把握的问题提出要求。县委副书记、县长吴宣对2017年经济工作做出具体安排。县委副书记尚国桦,县人大常委会主任王钊,县政协主席赵高云等县四大班子领导出席会议。

20日,县委宣传部组织县文化局、卫计局、司法局、科协、农委、畜牧中心、新华书店等单位的专家和文艺工作者到翟店镇西位村开展文化、科技、卫生、法律"四下乡"活动。

23日,2017年迎新春茶话会在县委六楼会议室举行。县委、县政府邀请各界人士欢聚一堂,共享新春之乐,共话友谊之情,共商发展之事。县委书记廉广锋发表讲话。县委副书记、县长吴宣主持茶话会。县人大常委会主任王钊、县政协主席赵高云等县四大班子领导出席茶话会。

同日,稷山农村商业银行股份有限公司成立大会暨第一次股东大会召开。该公司是稷山第一家股份制地方性银行机构,其前身是稷山农村信用联社。县委书记廉广锋,运城市联社党委书记、理事长张保安出席会议。县委副书记、县长吴宣讲话,县委常委、副县长费克仁主持会议。

24日,县委副书记、县长吴宣,副县长、县公安局局长赵军检查企业环保、安全生产和食品安全工作。

同日,县委副书记、县长吴宣,副县长郝冰到稷峰镇杨赵灯笼产业园区调研。

2月

6日,县委副书记、县长吴宣到太阳乡白池村、翟店镇东小翟村和西社工业园区搬迁区,调研小麦春浇和搬迁区绿化工作。

9日,稷山县2017"文明之春"社火表演活动在县城举行。市委常委、宣传部部长王志峰,县委书记廉广锋,县委副书记、县长吴宣,县委副书记尚国桦,县人大常委会主任王钊,县政协主席赵高云等市、县领导同全县广大群众一起观看社火表演。

同日,市委常委、宣传部部长王志峰在县委常委、宣传部部长姜存师陪同下,到稷山螺钿漆器厂、西社工业园区永祥焦化、山西阳煤丰喜泉稷能源有限公司就文化产业发展、"三个一百"工作进行调研。

同日,县委书记廉广锋主持召开县委常委会议。县委副书记、县长吴宣,县委副书记尚国桦,县委常委赵永刚、费克仁、王纪峰、姜存师、张寒梅、代本忠参加会议。县人大常委会主任王钊、县政协主席赵高云列席会议。会议听取县纪委十三届二次全会筹备情况及工作报告主要内容的汇报，传达省、市组织部长会议精神及全市2016年度目标责任制考核安排，讨论审议县委、县政府班子2016年工作总结和县委书记廉广锋，县委副书记、县长吴宣2016年度述职报告。讨论通过《中共稷山县委常委会工作规则》《中共稷山县委书记专题会议工作规则》《关于加强领导干部外出请假报备工作的通知》。

13日，中共稷山县纪委十三届二次全会举行。会议回顾总结2016年全县纪检监察工作，分析党风廉政建设和反腐败斗争形势，安排2017年工作的任务。县委书记廉广锋参加会议并讲话。县委副书记、县长吴宣，县委副书记尚国桦，县政协主席赵高云等四大班子领导出席会议。会议由县委常委、纪委书记王纪峰主持。

同日，县委副书记、县长吴宣，县委常委、副县长费克仁，副县长史志国先后到稷峰镇加庄村、姚村、陶梁村、荆平村、苑曲村了解乡村主导产业、房屋改造、垃圾处理、用水安全、村庄道路硬化、河道治理、村庄绿化、乡村文化建设等情况。

14日，县委书记廉广锋、副县长史志国到太阳乡太阳村和清河镇稷王现代农业示范园，就小麦春浇和现代农业发展工作进行调研。

16日，中国佛教协会副秘书长、北京灵光寺方丈常藏法师到县实地查看大佛文化园项目建设情况。县委书记廉广锋，县委副书记、县长吴宣，县政协主席赵高云，副县长郝冰陪同。

19日，县学雷锋志愿者协会组织60余名志愿者，在稷峰镇文化广场开展助力“五城同创”为主题的学雷锋志愿服务活动。

20日，市管领导班子和领导干部考核大会召开。市委第三考核组组长、市委组织部副部长、市委老干部局局长霍雨苏和考核组成员出席会议。县委书记廉广锋主持会议，县委副书记、县长吴宣，县委副书记尚国桦，县人大常委会主任王钊，县政协主席赵高云等县四大班子领导参加会议。会上，廉广锋代表县委、县政府领导班子做2016年度工作报告和个人述职述廉述学报告。霍雨苏代表市委考核组对稷山县2016年度各项工作取得的成绩给予肯定，就做好考核工作提出要求。与会人员对市管领导班子和领导干部2016年度工作进行民主测评，并推荐县处级正职和副职优秀干部。

同日，县委副书记、县长吴宣，县委常委、副县长费克仁先后到财政局、国税局、地税局调研“一财两税”工作。

21日，四届运城市委巡察四组巡察稷山县动员会在县委六楼会议室召开。市交通运输执法局党委书记、市委巡察四组组长杨宏伟，市委巡察办副主任牛文华及巡察组成员出席会议。县委书记廉广锋主持会议并做表态发言。县委副书记、县长吴宣等县四大班子领导参加会议。根据四届运城市委第二轮巡察工作安排，市委巡察四组从2月20日至3月31日对稷山县开展巡察工作。

23日，县委第二轮巡察工作动员会召开。县委常委、纪委书记王纪峰出席会议并讲话。根据县委安排，本轮巡察共分四个组，巡察对象为：稷峰镇、西社镇、西社园区管委会、翟店园区管委会、疾控中心、质量和市场监督管理局、农机服务中心、住房保障和城乡建设管理局。巡察时间从2月下旬开始至4月底结束。

27日，四川川投峨眉铁合金（集团）有限责任公司党委书记、总经理唐华应一行到山西东方资源发展有限公司，就双方合作有关事项考察洽谈。县委副书记、县长吴宣，县政协主席赵高云，副县长薛克学出席洽谈会。

同日，县委副书记、县长吴宣到大佛文化园施工现场，就项目建设情况进行调研。

28日，县公安局刑侦大队重案中队、刑侦四中队民警联合行动，成功打掉一个跨省流窜作案盗窃保险柜犯罪团伙，并将长治、河南3名罪犯抓获。

同日，在2017健康中国新春联欢晚会暨第三届全球互联网十大健康产业科技创新成果年度表彰会上，马趵泉村被授予“千年古村落长寿文化村”称号。

3月

1日，县委书记廉广锋主持召开县委中心组(扩大)学习会议，传达贯彻中央、省、市会议精神，安排项目建设、春耕生产、植树造林、森林防火、民生改善、安全生产、环保整治、扶贫攻坚等工作。县委副书记、县长吴宣，县委副书记尚国桦，县人大常委会主任王钊，县政协主席赵高云等县委中心组成员及其他副县级以上干部，县直相关单位负责人，各乡镇党委书记、乡镇长等参加会议。

同日，县工商联召开第十二次会员代表大会。县委书记廉广锋出席会议并讲话。县委副书记、县长吴宣致辞。县委常委、统战部部长张寒梅主持会议。县人大副主任郅新锁出席会议。会议回顾总结了工商联过去几年的工作，对未来五年的工作提出规划和建议，选举产生新一届领导班子。李超周当选为县工商联(总商会)第十二届主席、会长。

2日，县委书记廉广锋，县委副书记、县长吴宣，县委副书记尚国桦，县人大常委会主任王钊，县政协主席赵高云等县四大班子领导到稷峰镇桐上村参加义务植树活动。县林业局组织县直88个单位4000余人，共栽植法桐、国槐等苗木1万余株。

同日，县委书记廉广锋、副县长薛克学到化峪镇晋武公司调研。

5日，中国民间艺术协会到县考察调研传统文化。副县长郝冰陪同考察。

7日，县委书记廉广锋，县委常委、纪委书记王纪峰到县广播电视台调研新闻宣传工作。

8日，县委书记廉广锋到山西金环涂装有限公司调研企业发展情况。

9日，县委副书记、县长吴宣主持召开县政府常务会议，研究讨论农村垃圾处理工程、重点环保工作和《关于稷山县2016年国民经济和社会发展计划执行情况与2017年国民经济和社会发展计划草案》、2017年财政预算编制情况、《政府工作报告》等相关事项。县委常委、副县长费克仁，副县长薛克学、郝冰、南选智出席会议。县人大常委会副主任赵天寿、县政协副主席刘旭生列席会议。

15—17日，政协第十三届稷山县委员会第二次会议召开。会议应到委员143名，实到委员135名，符合规定人数。会议听取和审议赵高云向大会做的政协工作报告和刘旭生向大会做的提案工作情况的报告。十三届一次会议以来，共提交提案119件，经审查立案109件，作为来信转送有关部门研究参考的10件。在立案的109件提案中，交县委办复的6件，交县政府办复的103件。

16—18日，稷山县第十六届人民代表大会第二次会议召开。会议应到代表179人，实到代表174人，符合法定人数。会议听取和审议并通过各项工作报告，会议选举王纪峰为稷山县监察委员会主任；王伟子为稷山县人民法院院长。

16日，省文化厅副厅长赵银邦到县调研文化产业发展情况。

20日，县委副书记、县长吴宣，县人大常委会主任王钊，副县长薛克学、郝冰先后到新建学校选址、城东水系、民悦公园建设项目、城东防洪渠箱涵建设项目、新建汽车站项目及滨河文化广场建设项目等重点工程建设工地现场办公。

21日，县委书记廉广锋先后到西社镇马趵泉村和清河镇阳城村，就传统古村落保护开发工作进行调研。

23日，县委书记廉广锋，县委副书记、县长吴宣分别到国有林场马家沟管护站和陈家山管护站，就森林防火工作进行调研。

同日，国家统计局山西调查总队总队长刘顺国到县调研稷山调查队党建及党风廉政建设工作。

24日，尧城金融总裁、加拿大晋商联谊会会长张钟玺带领晋商联谊会代表团到县考察投资创业。县领导廉广锋、吴宣、费克仁陪同考察。

29日，市委副书记、市长陈振亮带队赴阳煤集团，就该集团60万吨烯烃项目落地稷山与阳煤集团董事长翟红洽谈。县委书记廉广锋，县委副书记、县长吴宣等参加洽谈。

30日，临猗县县长李明带领该县考察团到县参观山西国耀新能源有限公司稷山县生物资发电项目。

31日，市人大常委会副主任贾爱珍带领督察组，先后到永东公司、晋龙公司督查第一季度“三个一百”工作开展情况。

同日，县委副书记、县长吴宣，副县长郝冰、南选智先后到清河镇吴壁村和翟店工业园区调研电网工程建设情况。

同月，在全省农机化工作暨党风廉政建设会议上，稷山县被命名为“山西省率先实现农业机械化综合示范县”。县农机局被授予“2016年度全省农机化工作目标责任制考核优秀单位”称号。

4月

1日，全县日间照料中心建设运行推进会召开。副县长南选智主持会议，全县将投资500余万元，新建和改建45—50个农村日间照料中心，使全县日间照料中心覆盖率达到一半以上。

5日，市委常委、副市长王瑞宝带领环保等部门负责人先后到东方资源发展有限公司、永东化工、永祥焦化等企业检查环保工作。县委副书记、县长吴宣，县委常委、副县长费克仁陪同检查。

同日，县委书记廉广锋主持召开县委中心组（扩大）学习会议，传达学习全国“两会”精神、省、市农村工作暨脱贫攻坚工作会议精神及全市环境保护工作推进会议精神，研究落实举措。县政协主席赵高云等中心组成员及各乡镇党委书记、县直有关单位负责人参加会议。

5—7日，稷山“花海清河·非遗之乡”首届桃花节举行。县委书记廉广锋，县委副书记、县长吴宣，县政协主席赵高云等县领导及运城市外事侨务和文物旅游局副局长杨连中，山西日报社运城分社社长李宁波等出席开幕式。

6日，县委书记廉广锋、副县长郝冰带领县卫计局有关人员对全县医疗卫生产业发展情况进行调研。

10日，县委副书记、县长吴宣，县委常委、副县长费克仁到县住建局，就城市建设工作进行座谈调研。

11、13日，县委副书记、县长吴宣，副县长薛克学先后到化峪镇、西社镇调研指导项目建设工作。

16日，县公安局各派出所联合县安监局、县消防大队开展统一行动，依法打击取缔黑加油站点26个。

17日，县委副书记、县长吴宣先后就清河正南甲城中村改造项目和县城官社巷棚户区改造项目进行调研。

同日晚10点30分，央视一套《我有传家宝》栏目播出国家级非遗传承人、太阳乡坞堆村杰忠鎏金细工技艺大师王杰忠、马星媛夫妇现场展示的传统金银细工技艺以及创业历史讲述，著名专家王立群、王春城予以精彩点评。

18日，县委副书记、县长吴宣，副县长郝冰就特色医疗健康城项目建设进行调研。

21日,市创建办督导二组组长范有生带领督导组人员,先后到大佛文化园、民乐园、桥西游园、美食城、县城主要街道实地察看,督导"五城同创"工作推进情况。

22日,《运城日报》刊登县委书记廉广锋的署名文章《围绕一条主线,突出五个重点,奋力开创宣传思想文化工作新局面》。

26日,县委书记廉广锋主持召开县委中心组(扩大)学习会议,传达学习中央、省、市文件会议精神,研究落实举措。县委副书记、县长吴宣,县委副书记尚国桦,县人大常委会主任王钊等中心组成员及各乡镇、县直相关部门负责人参加会议。

同日,县人大常委会主任王钊、副主任辛福集带领部分市、县人大代表,先后到大佛文化园、拟建小学中学选址、城东水系民悦公园建设工程、城东医疗产业园、滨河文化广场等地查看,听取相关情况汇报,对贯彻落实《中华人民共和国城乡规划法》情况进行执法检查。

24—28日,市级复核督导团到县,通过实地查看、查阅档案及现场询问教师、学生等方式,对全县义务教育阶段107所学校的均衡发展工作进行全面督导评估。

5月

2日,贵州省山西商会"回乡创业考察学习"团在会长刘学珍的带领下,先后到翟店纸包装文化产业园、西社煤焦化循环经济示范园、大佛文化园和万亩板枣观光园等地考察了解工业园区规划建设情况及工业、农业和文化旅游产业发展情况。县委书记廉广锋、副县长薛克学陪同考察。

同日,县委副书记、县长吴宣先后到东方资源、永祥煤焦和永东化工等企业,了解指导各企业环保治理工作。

4日,山东高端科技工程研究院稷山博士工作站揭牌和山西蓝越新能源电动汽车项目开工仪式在翟店园区举行。山东高端科技工程研究院院长黄治中、运城分院院长吴菊仙出席仪式并分别讲话。山西中合(蓝越)新能源控股有限公司董事长、总经理李根宏介绍项目情况。县委书记廉广锋出席仪式并和黄治中共同揭牌。县委副书记、县长吴宣代表县委、县政府致辞,副县长郝冰主持仪式。

10日,县人大召开会议,对《中华人民共和国城乡规划法》执法检查进行"回头看"。县人大常委会副主任辛福集主持会议。县人大常委会副主任赵天寿、杨丙坤和参加执法检查的市、县人大代表参加会议。

11日,全市招商引资现场会在稷山召开。市委常委、统战部部长荆青莲,县委副书记、县长吴宣,副县长薛克学及市发改、经信等有关部门负责人,各县(市、区)长、分管招商引资工作的副县(市、区)长、招商局负责人等参加会议。

12日,县委书记廉广锋,县委副书记、县长吴宣,县委副书记尚国桦,县人大常委会主任王钊,县政协主席赵高云同市文物局副局长李佰勤一行到稷王山一带就文物保护和旅游开发工作进行调研。

16日,县委书记廉广锋看望慰问残疾人创业模范董欢乐和王云杰,并为他们送去慰问金和慰问品。

17日,市委常委、组织部部长齐海斌到县调研基层党建和"两学一做"学习教育常态化、制度化推进工作。

同日,县委书记廉广锋、副县长史志国到化峪镇李家庄村、四合庄村、李马吴村,就精准扶贫工作进行调研。

18日,县残联在全国助残日到来之际,在稷峰文化广场举行第27次全国助残日系列活动暨辅助器具发放仪式活动。共发放各种辅具300余件,其中轮椅100件、手杖72件、四脚手杖17

件、腋杖39件、助行器33件、盲杖16件、助听器18件,其他,如坐便器、听书机、褥疮垫、站立架等30余件。

同日,在市政府召开的2017年全市人口和计划生育领导组(扩大)会议上,稷山县被市政府授予"全市人口计生目标责任制考核先进县"称号。

18—19日,省卫计委新闻中心主任谭飞带领采访团一行11人到县,开展"媒体走基层"采访活动。市卫计委副主任王芳、副县长郝冰陪同采访。

21日,全省各市县50余家口腔医院、诊所的负责人,到县现代口腔医院参观。山西省口腔医学会会长张并生、山西医科大口腔医院主任田力、运城市口腔医院院长肖希娟以及北京大学口腔医院主任教授郑树国等一大批专家学者,针对现代口腔医院的发展模式、管理思路、技术进步给予充分肯定和高度评价。该院还与北京大学口腔医院、山西医科大口腔医院、运城市口腔医院达成三项人员培养协议,三院均表示将大力支持现代口腔医院的发展。

22日,在稷峰文化广场举行万名党员建功稷山十大主题实践活动誓师大会。县委书记廉广锋出席大会并讲话。县委副书记、县长吴宣主持大会。县委副书记尚国桦、县人大常委会主任王钊、县政协主席赵高云等县四大班子党员领导干部及各系统选派的党员代表参加大会。

22—25日,省督导评估团团长、省督学李全生带领省督导评估团一行,到县就迎接"全国义务教育基本均衡县"有关工作进行督导。县委副书记、县长吴宣,副县长郝冰参加汇报会。市教育局党组成员、总督学张俊耀主持汇报会。

25—26日,县委书记廉广锋先后到翟店镇、太阳乡和地税局、国税局、财政局,就精准扶贫和"一财两税"工作进行调研,县委常委、副县长费克仁,副县长史志国分别参加调研。

26日,县委中心组(扩大)学习会议召开,传达学习全市领导干部大会精神和市委常委(扩大)会议精神,研究稷山贯彻落实意见。市委常委、宣传部部长王志峰出席会议并讲话。县委书记廉广锋主持会议并讲话。县委副书记,县长吴宣,县委副书记尚国桦,县人大常委会主任王钊等县委中心组成员和各乡镇党委书记、县直有关单位负责人参加会议。

27日,中韩文化交流暨祈福世界和平活动在大佛寺举行。中国佛教协会副秘书长、北京灵光寺方丈常藏大和尚,韩国太古宗安心精舍住持法眼法师及代表团成员,临汾市佛教协会会长常修法师,副市长陈竹琴,市政协副主席刘国义,县委书记廉广锋,县委副书记、县长吴宣,县委副书记尚国桦,县人大常委会主任王钊,县政协主席赵高云等出席活动。

31日,县委书记廉广锋、县委副书记尚国桦、副县长史志国一同参观在县委大院举办的"发现湿地之美——稷山汾河国家湿地公园"主题摄影展。

6月

2日,全省夏粮收购工作会议在稷山召开。会议传达贯彻全国夏粮收购工作电视电话会议精神,分析研判购销形势和价格走势,并对全省夏粮收购作出全面部署。省粮食局党组成员、副局长马珩出席会议并讲话。县委副书记、县长吴宣致欢迎辞。省农发行处长刘学强就夏粮收购的信贷政策和收购资金作讲解和安排。

同日,县委副书记、县长吴宣先后到蔡村乡和翟店镇调研老年人日间照料中心和夏收工作。

3日,由经济日报报业集团《经济》杂志社、经济中国文化金融研究院共同发起的"首届中经论坛·文化金融融合发展暨中国非遗文化金融50人论坛"在北京举行。国家级非物质文化遗产传承人、稷山县杰忠金银铜器传统制作技艺研究中心主任王杰忠作为全国非遗文化优秀传承人代表之一，应邀出席论坛，并在会上被北京文化产权交易中心、国家级非物质文化遗产运营平台确定为“战略合作伙伴”，在会上接受授牌。

6日，市人大常委会副主任贾爱珍带领市人大常委会专题调研组，到稷山就汾河综合整治和重点项目建设进行调研。县委副书记、县长吴宣，县人大常委会主任王钊、副主任辛福集陪同调研。

8日，省政协经济委员会副主任杨晋生带领省政协“加强食品药品安全监管”调研组到稷山就食品药品监管工作进行专题调研。市政协副主席张东婷，县委书记廉广锋，县委副书记、县长吴宣，县政协主席赵高云等陪同调研。

同日，县委书记廉广锋、副县长史志国到太阳乡西王村、东王村和杨家庄村调研脱贫攻坚和夏收工作。

9日，县委书记廉广锋主持召开四大班子联席会议，专题研究深化医疗卫生体制改革、加快区域医疗大健康产业相关问题，县委副书记、县长吴宣，县委副书记尚国桦，县人大常委会主任王钊，县政协主席赵高云等县四大班子领导及卫生系统各单位负责人、相关职能部门负责人参加会议。

12日，省水利厅副厅长李力带领省政府安全生产大排查大整改专项行动第六督察组来县督察安全生产工作。县委副书记、县长吴宣，副县长、县公安局局长赵军及安委会成员单位负责人参加汇报会。

13日，省委政法委综治一处处长贺芳到县调研易肇事肇祸精神病人一站式服务工作。市委政法委副书记、综治办主任张开高，县委常委、政法委书记赵永刚陪同调研。

13—14日，农业部农机推广总站副站长王桂显带领农业部农业机械化督导组到县督导“三夏”农机化生产工作，县委副书记、县长吴宣，副县长史志国及省市农机部门负责陪同。

20日，市委书记刘志宏到县调研工业运行、园区建设等工作。市委秘书长王胜，县委书记廉广锋，县委副书记、县长吴宣等市县领导陪同调研。

21日，县委书记廉广锋先后到大佛文化园项目、城东水系工程、汾河坝排涝防洪项目、滨河文化广场项目、污泥处理项目等在建重点工程建设工地，了解项目进展情况，并就施工过程中出现的困难和问题现场办公。

23日，县委副书记、县长吴宣，副县长史志国带领扶贫办、水利、林业、交通等部门负责人，先后到化峪镇李家庄村、李马吴村、四合庄村就脱贫攻坚工作进行调研指导。

26日，市委常委、宣传部部长王志峰，县委书记廉广锋，县委副书记、县长吴宣等市县领导分别走访慰问老党员和困难群众，并送去慰问品、慰问金和党组织的关怀。

28日，县委书记廉广锋主持召开全县干部大会。学习传达习近平总书记视察山西重要讲话精神。县委副书记、县长吴宣，县委副书记尚国桦，县人大常委会主任王钊，县政协主席赵高云等县四大班子领导出席会议。各乡镇党委书记、乡镇长，各园区管委会主任，县直各单位一把手，县扶贫办全体干部，所有驻村第一书记，扶贫工作队全体成员参加会议。

同日晚，由县蒲剧团改编的红色经典现代戏《党的女儿》在“县四馆一中心”举行首演，市文化局局长黄勋会带领有关专家观看并对剧目进行点评。县委副书记、县长吴宣，县委常委、宣传部部长姜存师等县领导同千余名观众观看。

30日，稷山非公经济组织和社会组织工作委员会成立暨第一次委员会召开，由县委组织部副部长赵启勇任非公经济组织和社会组织工作委员会书记。

同日，按照省委和市委关于做好农村第一书记轮换工作要求，稷山县继续选派40名农村第一书记驻村开展工作。

7月

3日，市环保局局长刘景锋带领相关科室负责人到县就蜜饯、造纸等企业环保整治工作进行调研。县委副书记、县长吴宣，县委常委、副县长费克仁陪同调研。

5日，县委副书记、县长吴宣，副县长史志国先后到太阳乡下王尹村、石佛沟村、刘家坪村、上王尹村等贫困村，就脱贫攻坚工作开展调研。

6日，市人大常委会副主任张守相带领相关部门负责人到县就城乡环境集中整治工作开展调研。县委副书记、县长吴宣汇报稷山环境集中整治工作推进情况并陪同调研。

同日，县委书记廉广锋主持召开县委中心组（扩大），围绕习近平总书记视察山西两个重要讲话精神和省委书记骆惠宁在全省干部大会上的讲话精神及市委中心组（扩大）学习会议精神，讨论、交流、统一思想、凝聚共识、制定措施、狠抓落实，推动落实中央、省、市重大决策在稷山落地生根、开花结果。县委副书记、县长吴宣，县委副书记尚国桦，县人大常委会主任王钊，县政协主席赵高云等县委中心组成员及各乡镇党委书记参加会议。

7日，市政协主席张润喜带领市环保局、住建局、农委、水务局等部门负责人到稷山，就"四流文化"城乡环境集中攻坚行动开展情况进行调研指导。县委书记廉广锋，县委副书记、县长吴宣等市、县领导陪同调研。

同日，市审计局副局长姚向国带领市审计组，到稷山就政策措施落实、财政决算等情况进行审计。

10日，市委第四巡察组巡察稷山情况反馈会召开。市委巡察副主任牛文华到会讲话，市交通运输执法局党委书记、市委第四巡察组组长杨宏伟对巡察稷山总体情况进行反馈。县委书记廉广锋主持会议并做表态发言。吴宣、尚国桦、王钊等县四大班子领导，法检两院院长，各乡镇党政负责人，县直各单位负责人，县纪委监委和县委组织部领导班子成员，县委巡察办负责人，县委巡察工作联络员参加会议。

11日，市委常委、常务副市长王瑞宝先后到永东化工、稷山农村商业银行等地就营商环境、开发区建设、农村信用社改制落实情况进行调研。县委书记廉广锋，县委副书记、县长吴宣等陪同调研。

12日，山西稷山农村商业银行股份有限公司开业暨"助力脱贫攻坚"主题活动启动仪式举行。省信用联社纪委书记李亮军，人行运城中支党委书记、行长王东红，县委副书记尚国桦出席启动仪式并分别讲话。

20日，县委书记廉广锋主持召开县委常委（扩大）会议，传达学习省委十一届四次全会精神和市委常委（扩大）会议精神，研究贯彻落实习总书记视察山西重要讲话和省委两个意见、市委两个会议精神的具体举措。

23—26日，由运城市委宣传部和运城市文化局主办运城市群众艺术馆承办的运城市2017年"我有拿手戏"群众文艺大展演总决赛在南风广场举行。稷山选送的《五谷香自稷山来》获得一等奖，《拳板舞》获得二等奖，歌伴舞《稷山美》获得三等奖。县委宣传部和文化局分获"优秀组织奖"。

26日，县委书记廉广锋，县委副书记、县长吴宣分别看望慰问驻稷官兵、抗日老八路和驻稷武警官兵、伤残军人、军休干部，并为其送去节日祝福。

同日，省委政法委四处副处长石拥军到县考察综治中心规范化建设情况。县委常委、政法委书记赵永刚陪同考察。

28日，国家卫计委宣传司通报首批全国健康促进县区技术评估结果，稷山顺利通过评估，成为首批全国健康促进县。

31日，县委书记廉广锋主持召开县委常委（扩大）会议，传达学习省委书记骆惠宁运城座谈会讲话精神和全市上半年经济工作会议精神。

8月

2日，县委召开“学以致用，以用促学”把学习贯彻习总书记系列重要讲话精神引向深入交流会。县委书记廉广锋主持交流会并讲话。吴宣、尚国桦、王钊、赵高云等县四大班子领导、各乡镇党委书记、县直各单位负责人参加交流会。

4日，县公安局成功破获一起长达22年的命案积案，并将犯罪嫌疑人王某（太阳乡西里村人）抓捕归案。

5日，县委副书记、县长吴宣主持召开县委中心组（扩大）学习会议，集体学习习近平总书记在省部级主要领导干部专题研讨班上的重要讲话精神、省委书记骆惠宁有关讲话精神和市委四届三次全会精神。县委副书记尚国桦、县人大常委会主任王钊等县委中心组成员及各乡镇书记、县直有关部门负责人参加会议。

8日，县委副书记、县长吴宣，副县长史志国、南选智到太阳乡调研脱贫攻坚工作、农村老年人日间照料中心建设和城乡环境集中整治工作。

9日，全市贯彻落实中央环境保护督察反馈意见整改动员电视电话会议召开。县委副书记、县长吴宣，县委副书记尚国桦等县四大班子领导及各乡镇长、县直有关部门负责人在县分会场参加会议。

10日，市住建局副处级干部刘庆虎带领市督查二组，到县督查农村环境集中整治违章建筑治理工作。

6—10日，由市委常委、宣传部部长王志峰为团长，县委书记廉广锋、县政协主席赵高云、副县长郝冰为代表的公务出访团，对斯里兰卡进行友好访问。并与该国乌沃省莫讷勒格勒县签定友好城市意向书。

14日，全县环保整治暨安全生产大会召开。传达贯彻省、市环保整治和安全生产工作会议精神，分析县环保整治和安全生产形势，推动中央环保督察反馈问题高质量整改到位和安全生产形势持续稳定好转，为全县经济社会发展创造良好的社会环境。县委书记廉广锋出席会议并讲话。县委副书记、县长吴宣主持会议。县人大常委会主任王钊、县政协主席赵高云等领导出席会议。

15日，全省城乡居民医疗保险制度改革和全面推进县乡医疗卫生机构一体化改革工作电视电话会议召开。县委副书记、县长吴宣，副县长郝冰及相关职能部门负责人在县分会场参加会议。

16日，省中小企业局创新创业服务处处长李建刚带领专家组，到县考察调研“双创”基地示范县建设工作。市中小企业局长张堂民，县委副书记、县长吴宣等陪同考察。

21日，市政府办政务中心政改科科长邵永清带领督查组到县督查“双随机一公开”工作开展情况。

22日，县委常委班子召开巡察整改专题民主生活会，县委书记廉广锋主持会议。县委副书记、县长吴宣，县委副书记尚国桦，县委常委赵永刚、王纪峰、姜存师、王德谋、张寒梅、代本忠参加会议。县人大常委会主任王钊、县政协主席赵高云列席会议。

23日，全县纪律作风大整顿动员大会召开。县委书记廉广锋出席会议并讲话。县委副书记、县长吴宣主持大会。县委副书记尚国桦、县人大常委会主任王钊、县政协主席赵高云等县四大班子领导出席会议。县委常委、纪委书记、监委主任王纪峰宣读《关于在全县开展纪律作风大整顿活动的实施方案》。

28日，县委书记廉广锋主持召开县委中心

组学习会，专题学习《学习时报》特约评论员文章《习近平总书记的成长之路》。

同日，住房城乡建设部公布第二批全国特色小镇名单，翟店镇是全市唯一入选乡镇。

29日，中共稷山县委十三届三次全体会议召开。出席会议的县委委员、候补委员应到40人，因事因病请假7人，实到33人，符合规定人数。县委书记廉广锋代表县委常委会就贯彻落实习近平总书记视察山西重要讲话精神和做好下半年工作发表重要讲话。县委常委、副县长费克仁传达市委四届三次全会精神。

29—30日晚，由县蒲剧团编演的《党的女儿》，作为山西省首届艺术节暨第十五届全省“杏花奖”参评剧目，在太原工人文化宫演出，受到有关领导、专家和广大观众好评。

30日，县四大班子联席会议召开，传达贯彻市委常委会议精神，对1—7月份经济运行情况和信访维稳工作情况进行通报。市委常委、宣传部部长王志峰出席会议并讲话。县委副书记、县长吴宣主持会议。县政协主席赵高云等县四大班子领导参加会议。

9月

3日，稷山“国家义务教育发展基本平衡县”省级领导评估汇报会召开。省督导评估团团长、省督学李全生等省级督导评估专家出席会议并肯定稷山工作。市教育局党组成员、总督学张俊耀主持会议。县委副书记、县长吴宣，副县长郝冰参加会议。

8日，全县教育工作会议暨庆祝第33个教师节表彰大会召开。会议表彰一批教育工作先进集体。县委副书记、县长吴宣出席会议并讲话。县委副书记尚国桦主持会议。县人大常委会主任王钊、县政协主席赵高云等县四大班子领导出席会议。

11日，县委副书记、县长吴宣，副县长薛克学到西社工业园区调研以企招商项目建设情况。

13日，中金国泰建设集团常务副总裁孙杰、中金国泰文旅集团副总裁徐国青到县就文化旅游产业进行考察。市委常委、宣传部部长王志峰，县委副书记、县长吴宣，县政协主席赵高云等市、县领导陪同考察。

同日，副市长乔登州到汾河稷山段西堤坝调研环保整改工作。县委副书记、县长吴宣陪同调研。

14日，西社工业园区消防站揭牌仪式举行。市消防支队长张新平，县委副书记、县长吴宣出席揭牌仪式，并共同为西社工业园区消防站揭牌。

同日，北京灵光寺投资方代表范向辉到县查看大佛文化园工程进展情况。县政协主席赵高云陪同。

同日，市政府秘书长王奋勇带领市调研组到县督导调研中央环保督察交办问题整改情况。

16日，稷山举行板枣专业合作社联合社成立揭牌大会。县委书记廉广锋代表县委、县政府致辞并为稷山板枣专业合作社联合社揭牌。县委副书记、县长吴宣主持成立大会。尚国桦、王钊、赵高云等县领导出席成立大会。

16—17日，稷山举办“提高板枣品质、创优板枣品牌、组织联合创业、促进枣农丰收”为专题的稷山板枣产业发展论坛。邀请全国各地枣业专家、客商齐聚一堂，共商稷山板枣发展大计，为稷山板枣产业发展出谋划策，建言献计。

18日，全省深化改革促进资源型经济转型发展视频会召开。尚国桦、王钊、赵高云等县四大班子领导及各乡镇党委书记、县直有关单位负责人在县分会场参加会议。

19日，省委推进县乡人大建设电视电话会议召开。县委副书记尚国桦、县人大常委会主任王钊等县领导在县分会场参加会议。

25日，全省中央环保督察反馈意见整改落

实动员电视电话会召开。吴宣、尚国桦等县领导在县分会场参加会议。

同日，县蒲剧团演员许巧凤荣获中国戏曲“红梅奖”金奖。

26日，全市创建国家食品安全示范城市现场推进会在稷山召开。副市长崔元斌出席会议并讲话。市食安委办主任姚蔚通报全市创建食品安全示范城市工作开展情况。市食安委各成员单位、各县（市、区）政府和开发区管安会相关负责人参加会议。

30日，在县烈士陵园举行公祭活动，缅怀先烈丰功伟绩，弘扬先烈崇高精神。吴宣、尚国桦、王钊、赵高云等县四大班子领导及县公安局、检察院、法院、司法局、武警、消防官兵代表和学校师生代表参加活动。

10月

10日，由省工商联主办、民生银行太原分行承办的“2017山西民营企业100强”发布会在太原召开。会议发布2017山西民营企业100强榜单，稷山东方资源发展有限公司名列全省民营企业100强第21位，全省民企制造业20强第19位。

11日，县委副书记、县长吴宣，县委副书记尚国桦，县委常委、副县长费克仁，县人大常委会副主任杨丙坤到运稷一级路沿线的翟店镇、太阳乡、蔡村乡、清河镇、稷峰镇督查环境卫生、占道经营、交通秩序、乱停乱放、乱贴乱挂、垃圾处理等综合治理工作。

12日，中国佛教协会副秘书长、北京灵光寺方丈常藏大和尚到县就大佛文化园建设进展情况与县委副书记、县长吴宣，县委副书记尚国桦，县政协主席赵高云，副县长郝冰等座谈。

同日，县委副书记、县长吴宣主持召开县委中心组（扩大）学习会议。县委副书记尚国桦、县人大常委会主任王钊、县政协主席赵高云等县委中心组成员及各乡镇党委书记、县直有关单位负责人参加会议。

14日，市委副书记、代市长朱鹏带领全市观摩团到稷山观摩农村环境集中整治行动和环保治理项目进展情况。市人大常委会副主任侯伟健、副市长乔登州、市政协副主席张学会及各县（市、区）长、市直有关部门负责人参加观摩。

16日，省脱贫攻坚指导组稷山督导反馈会召开。省脱贫攻坚第七督导组副组长、省供销社副主任王彤宇出席会议并对稷山督导情况进行反馈。县委副书记、县长吴宣汇报稷山脱贫攻坚工作开展情况。县委副书记尚国桦主持反馈会。

同日，省委、省政府第四环境保护督察组督察运城电视电话会召开。县委副书记、县长吴宣，县委副书记尚国桦，县政协主席赵高云等县领导在县分会场参加会议。

同日，江苏三棱科技集团董事长岳建明一行6人到县就经济社会发展情况进行考察，并召开座谈会。斯里兰卡华助中心主任樊金跃，县委副书记、县长吴宣等陪同考察和参加座谈会。

18日，县委副书记、县长吴宣，县委副书记尚国桦，县人大常委会主任王钊，县政协主席赵高云等在家的县委中心组成员集中收看党的十九大开幕会盛况。

20日，县委副书记、县长吴宣主持召开县党政联席会议，研究讨论全县聚焦实体经济“三个发展计划”草案、农村社区党组织换届方案，《稷山县第11届村民委员会换届选举工作实施方案》《关于完善乡镇机关事业单位工作人员乡镇工作补贴制度的意见》和关于公务人员年度奖励有关事项、《稷山县2017～2018秋冬季大气污染综合治理攻坚行动实施方案》以及配套的问责规定。县委副书记尚国桦等县党政班子成员参加会议。县人大常委会主任王钊、县政协主席赵高云列席会议。

22日，市委副书记、代市长朱鹏，副市长乔登州带领市相关部门负责人到稷山，就汾河流域生态治理工作进行专题调研。

24 日，全县村（社区）“两委”换届工作动员会召开。在外学习的县委书记、县村（社区）“两委”换届选举工作领导小组组长廉广锋对全县村（社区）“两委”换届工作提出五点要求。县委副书记、县长、县村（社区）“两委”换届选举工作领导小组常务副组长吴宣出席会议并讲话。县委副书记、县村（社区）“两委”换届选举工作小组副组长尚国桦主持会议。县领导王钊、赵高云、费克仁、姜存师、王德谋、代本忠、赵军、南选智出席会议。

26 日，县委副书记、县长吴宣，县委常委、组织部部长王德谋，副县长南选智到稷峰镇、西社镇调研指导村（社区）“两委”换届选举工作。

30 日，省委、省政府第四环境保护督察组副组长李先之带领督察组到稷山开展环境保护督察工作。县委副书记、县长吴宣，县委常委、副县长费克仁陪同督察。

同月，县康宁护理院被授予“全国敬老文明号”荣誉称号。

11 月

4 日，由八位“梅花奖”获得者共同演出的蒲剧电影《枣儿谣》举行开机仪式。市委常委、宣传部部长王志峰出席开机仪式并讲话。副市长陈竹琴主持开机仪式。市政协原主席柴林山，山西省文化厅艺术处处长陈燕萍，县委书记廉广锋，县委副书记、县长吴宣等市县领导及山西影视集团董事长高晓江、山西电影制片厂厂长黄建民出席开机仪式。

5 日，第二届山西（运城）国际果品交易博览会开幕。县委书记廉广锋在稷山展厅推介板枣、苹果、山楂等农产品。

7 日，市委常委、宣传部部长王志峰带领有关人员到稷山宣讲党的十九大精神，并就十九大精神的学习贯彻等情况进行调研。

7—8 日，国家督导、陕西省督导委专职副主任、省政府督导团总督导马万清带领“全国义务教育发展基本平衡县”国家督导评估团到稷山验收全县义务教育均衡发展工作。县委书记廉广锋，县委副书记、县长吴宣等县领导及县教育局有关负责人陪同督导并参加汇报会。

9 日，县委书记廉广锋到稷峰镇东街村、西街村、姚村就村“两委”换届工作进行调研。

同日，县委召开全县干部大会，全面传达学习党的十九大、省委十一届五次全会和全市干部大会精神。县委书记廉广锋主持会议并讲话。县委副书记、县长吴宣，县委副书记尚国桦分别传达省有关决议和会议精神。县人大常委会主任王钊、县政协主席赵高云等县领导出席会议。

12 日，国家、省、市地震局派专家 20 余人到稷山考察调研地震灾害评估工作。

14 日，省委老干部局副局长岳卫东一行 3 人到稷山调研老干部党组织建设工作，并就老干部学习宣传贯彻党的十九大精神进行指导。市委组织部副部长、市委老干部局局长霍雨苏，县委书记廉广锋等市、县领导陪同调研。

15 日，县委书记廉广锋到太阳乡庙岔村和小阳村宣讲党的十九大精神。

16 日，全县推进实体经济转型发展大会召开。县委书记廉广锋出席会议并讲话。县委副书记、县长吴宣做动员报告。县人大常委会主任王钊、县政协主席赵高云等县四大班子领导出席会议。县委常委、副县长费克仁主持大会。

同日，县委副书记、县长吴宣主持召开县乡医疗机构一体化改革重点工作推进会。副县长郝冰就县乡医疗卫生机构一体化改革任务进行安排。

20 日，全县扶贫领域不正之风和腐败问题专项治理工作会议召开。县专项治理工作领导小组组长、县委副书记尚国桦出席会议并讲话。

县专项治理工作领导小组副组长、县委常委、纪委主任、监委主任王纪峰主持会议。县专性治理工作领导小组副组长、县委组织部部长王德谋做工作安排。县专项治理工作领导小组副组长、副县长史志国解读《关于在全县开展扶贫领域不正之风和腐败问题专项治理的工作方案》。

同日，县公安局破获一起涉农诈骗案，并将犯罪嫌疑人李某（湖北省枣阳市人）抓捕归案。

21日，稷山县被命名为“山西省食品安全示范县”。

22日，县委书记廉广锋带领相关部门负责人先后到东方资源发展有限公司、永东化工公司，就企业生产和项目建设中存在的困难和问题进行现场办公。

23日，省人大常委会副主任胡苏平在市人大常委会主任安雅文，市政协副主席胡宝，县委书记廉广锋，县委副书记、县长吴宣，县人大常委会主任王钊，县政协主席赵高云等市、县领导陪同下，先后到永东化工公司、阳煤丰喜泉稷公司、大佛文化园等地，就安全生产和项目建设等工作进行调研。

24日，省档案局副局长孔凡春到稷山档案局，就档案馆库馆建设、档案收集、整理、保管、利用、编研等基础性工作进行调研指导。

28日，市政协副主席张冬婷、胡宝分别带领部分政协委员到稷山，就食品安全生产监管工作和医养结合建设工作进行调研。

29日，市委副书记、代市长朱鹏，市政府秘书长张保安到稷山，在县委书记廉广锋，县委副书记、县长吴宣陪同下，就工业经济发展情况进行调研。

30日，市人大常委会副主任杜自立带领部分委室负责人到稷山，就法制环境工作进行调研。

同月，稷峰镇兴斌农机服务专业合作社购买一台100吨粮食烘干机，这是稷山县第一台粮食烘干机。

12月

1日，中共稷山县委十三届四次全体会议召开。出席会议的县委委员、候补委员应到40人，因事请假4人，实到36人，符合规定人数。会议听取县委书记廉广锋受县委常委会委托做的工作报告，提出2018年县委常委会工作建议和要求。

4日，县委书记廉广锋带领县委办、县民政局等有关部门负责人，到稷峰镇管村、下费村指导村委会换届选举工作。

5日，县委书记廉广锋到天丰达燃气公司，针对天然气公司限气、分时段供气的问题现场办公。

同日，县委副书记、县长吴宣到西社镇宣讲党的十九大精神。

11日，市监委委员薛帅军带领市委督查组到稷山，就全面从严治党主体责任落实情况进行调研。

15日，由省政协副主席张璞带队，省政协经济委员会牵头组成调研组，到稷山永东化工公司、永祥煤焦公司、阳煤泉稷公司开展“以能源革命为突破，助力全省资源型经济转型”调研活动。市政协主席张润善、副主席张东婷，县委副书记、县长吴宣，县政协主席赵高云等市、县领导陪同调研。

同日，市委常委、宣传部部长王志峰先后到翟店卫生院、耳病专科医院、康宁护理院、县人民医院就县、乡医疗卫生机构一体化改革工作进行调研。

16日，县公安局成功破获系列入室盗窃案，并将犯罪嫌疑人（两名临猗人）抓捕归案。

18日，副市长卫再学到稷山晋龙集团就企业运营情况进行调研。

19日，全县干部大会召开，全面传达学习习近平总书记关于进一步纠正“四风”加强作风建设重要批示精神。县委书记廉广锋主持会议并讲话。县人大常委会主任王钊、县政协主席赵高云等四大班子领导出席会议。

同日,2017年党委(总支)书记抓基层党建工作专项述职评议会召开。县委书记廉广峰主持会议并讲话。会上,各乡镇党委书记就抓基层党建工作进行述职,其他党(工)委(总支)书记做书面述职,与会人员对各乡镇党委和其他党(工)委(总支)进行民主评议。

同日,县委书记廉广锋到太阳乡坞堆坡村和庙岔村,就脱贫攻坚和村“两委”班子建设工作进行调研。

22日,市政府办公厅副调研员王向平一行到稷山,就学习贯彻市委四届四次会议精神情况进行专项督查。

综　述

气候　人口

【气候】　2017年,全县年平均气温为14.9℃,年极端最高气温为41.6℃(7月11日),年极端最低气温为—10.2℃(1月20日)。年日照时数为2097.7小时,年总降雨量为398.2毫米。初雪日为上年12月13日,终雪日为2月21日,最大积雪深度为2厘米(2月21日)。最深冻土层为9厘米(1月21日)。初霜日为上年11月2日,终霜日为3月18日,年无霜期为238天。

【人口】　2017年末全县总人口36.14万人。其中,城镇人口14.76万人,乡村人口21.38万人;男性18.36万人,女性17.78万人,人口性别比103.28。人口出生率11.15‰,人口死亡率5.79‰,人口自然增长率5.36‰。

经济建设

【概述】　2017年,全县实现生产总值(GDP)82.03亿元,按可比价计算,增长6%。其中,第一产业实现增加值13.33亿元,增长4.8%,占生产总值的比重为16.3%;第二产业实现增加值30.5亿元,增长6.4%,占生产总值的比重为37.2%;第三产业实现增加值38.19亿元,增长6%,占生产总值的比重为46.5%。人均地区生产总值2.28万元,按2017年平均汇率折算为3370美元。城镇新增就业4842人,转移农村劳动力5547人,创业就业人数826人,技能人才培养410人,公开招聘中小学教师和医务人员124人。

居民消费价格指数(CPI)比上年上涨1.8%,商品零售价格指数上涨1.6%,农业生产资料价格总指数上涨1.7%。工业生产者价格指数下降3.3%。

表1　全县居民消费价格比上年涨跌幅度

指标	比上年增长(%)
居民消费价格指数	1.8
其中:食品	3.1
衣着	3.5
生活用品及服务	1.8
医疗保健和个人用品	3.1
交通和通信	1.3
教育娱乐和文化	3.5
居住	-8.3
其他用品和服务	8.2

全县财政总收入完成4.55亿元,增长14.09%。其中,国税完成2.86亿元,增长20.73%;地税完成1.05亿元,增长-8.34%;财政完成0.63亿元,增长35.48%。一般公共预算收入完成2.03亿元,增长16.28%。一般公共预算支出15.00亿元,增长1.87%,用于民生相关投入达到11.84亿元,占总支出的78.96%。其中,教育支出3.85亿元,增长7.06%;科学技术支出761万元,增长64.72%;农林水事务支出2.03亿元,增长6.53%;医疗卫生与计划生育支出1.52亿元,增长-42.89%;社会保障和就业支出2.66亿元,增长19.4%;文化和体育支出0.33亿元,增长-17.5%。全县共引进各类项目20个,到位资金32.65亿元,签约项目18个,签约资金119.6亿元。

【农业】　2017年全县粮食产量24.05万吨。其中,夏粮12.89万吨,秋粮11.16万吨。全县粮食种植面积65.29万亩。其中,秋粮种植面积29.45万亩,夏粮种植面积35.84万亩。全年全县水浇地面积达84%,土地流转9.1万亩。全县畜牧业产值达10.17亿元,占农业总产值的40.0%。农产品加工销售收入达24.7亿余元,同比增长7.6%。全县农民专业合作社总数达到799家,家庭农场58家,辐射带动2.80万个农户。

表2　全县主要农产品产量

产品名称	单位	产量	比上年增长(%)
红枣	吨	48228	-9.39
葡萄	吨	15069	-9.02
蔬菜	吨	26807.9	-12.0
苹果	吨	31779.4	3.45
桃	吨	50306	4.36
柿子	吨	2153.5	-20.33

续表：

禽蛋	吨	129519	6.07
鸡存栏	万只	909.9	19.62
鸡出栏	万只	471.9	6.82
猪存栏	头	73144	-6.75
猪出栏	头	25906	46.88
肉类总产量	吨	13791	22.1

【工业】　2017年全县21家规模以上工业企业增加值完成18.67亿元，增长6.0%。分类别看，重工业实现增加值17.82亿元，增长8.91%；轻工业实现增加值0.85亿元，增长-25.46%。分行业看，农副产品加工业增加值0.34亿元，增长-42.5%；纺织业增加值0.16亿元，增长-22.41%；造纸和纸制品业增加值0.15亿元，增长-27.66%；医药制造业增加值0.12亿元，增长128.26%；其他制造业增加值794万元，增长7.33%。六大高耗能行业中，非金属矿物制品业增加值3.86亿元，增长6.02%；石油加工、炼焦和核燃料加工业增加值2.04亿元，增长-26.76%；黑色金属冶炼和压延加工业增加值1亿元，增长14.31%；有色金属冶炼和压延加工业增加值661万元，增长3.58%；电力、热力生产和供应业增加值0.40亿元，增长26.51%。全县规模以上工业企业实现利润4.72亿元，增长704.5%；税金总额2.28亿元，增长1.7%。全县新孵化小微企业249家，完成“小升规”3家，东方资源、永东化工、铭福钢铁三个企业荣登全市“虎榜”。

表3　全县主要工业产品产量及其增长速度

产品名称	单位	产量	比上年增长(%)
粗钢	吨	249909	-0.44
铁合金	吨	321989	60.22
中成药	吨	744.5	0
饲料	吨	279286.1	20.70
发电量	万千瓦小时	20206	3.82
石墨及碳素制品	吨	154285	24.21
纸制品	吨	9222	124.85
布	万米	343	-76.67
纱	吨	4370.5	13.93
焦炭	吨	1231947.5	-0.40
人造板	立方米	3980	0
生铁	吨	274691	-0.38
机制纸及纸板	吨	10506	-84.42
水泥	吨	104239	-1.54
钢材	吨	581711	-0.44
镁	吨	12768	0

【能源】 2017年全社会用电总计(含省返线损)16.26亿千瓦时,全社会用电总计15.08亿千瓦时。其中,第一产业用电1.04亿千瓦时,占全部用电量6.9%;第二产业用电11.49亿千瓦时,占全部用电量76.2%,其中,工业用电11.45亿千瓦时;第三产业用电0.73亿千瓦时,占全部用电量4.8%。城乡居民生活用电1.83亿千瓦时,占全部用电量12.1%。全县规模以上工业企业综合能源消费量为234.46万吨标准煤,增长8.65%。其中,重工业综合能源消费量为233.89万吨标准煤,增长8.75%;轻工业综合能源消费量为0.58万吨标准煤,下降21.06%。高耗能行业综合能源消费量为233.27万吨标准煤,增长9.06%。其中,黑色金属冶炼和压延加工业综合能源消费量为104.14万吨标准煤,增长10.61%;非金属矿物制品业综合能源消费量为66.91万吨标准煤,增长18.08%;石油加工、炼焦和核燃料加工业综合能源消费量为9.98万吨标准煤,增长7.35%;有色金属冶炼和压延加工业综合能源消费量为0.32万吨标准煤,下降12.77%。

【固定资产投资】 2017年全县共完成固定资产投资44.15亿元,增长24.0%。其中,5000万元以上项目投资完成19.60亿元,增长124.4%,5000万元以下项目投资完成24.25亿元,增长-5.6%。在固定资产投资中,国有投资2.93亿元,增长2.3%;非国有投资41.18亿元,增长27.1%。其中,民间投资41.52亿元,增长28.1%。分产业看,第一产业投资11.03亿元,增长115.7%;第二产业投资23.11亿元,增长5.0%;第三产业投资10.01亿元,增长-8.7%。全县固定资产投资施工项目111个,新开工项目89个,本年竣工项目92个。其中,5000万元以上项目17个,计划总投资48.71亿元,完成投资15.62亿元。全县房地产开发投资0.30亿元,增长-74.9%。其中,住宅投资0.29亿元,增长-75.5%。全县建筑业总产值完成2.73亿元,增长43.9%。

表4 全县分行业固定资产投资及其增长速度

行业	投资额(万元)	比上年增长(%)
总计	441492	24
农林牧渔业	124130	123.4
制造业	216306	32.9
电力、热力、燃气及水的生产和供应业	10036	-62.3
批发和零售业	46256	145.8
交通运输、仓储和邮政业	4491	-9.1
房地产业	12147	-79.2
水利、环境和公共设施管理业	19280	-5.5
采矿业	4730	59.8
教育	0	0
租赁和商务服务业	0	0

【国内外贸易】 2017年全县社会消费品零售总额31.05亿元,增长7.4%。按经营地统计,城镇消费品零售额20.41亿元,增长6.76%;乡村消费品零售额10.64亿元,增长8.66%。按消费形态统计,商品零售额25.88亿元,增长7.44%;住宿和餐饮业餐饮收入5.17亿元,增长7.19%。全县外贸进出口总额11.26亿元,增长14.34%。其中,进口额7.65亿元,增长-0.76%;出口额3.61亿元,增

长68.64%。

【交通邮电旅游】 2017年末全县公路总里程837.16千米。其中,国道59.17千米(高速公路35.03千米),省道54.25千米,县道145.89千米,乡道289.60千米,村道284.98千米,专用公路3.28千米。全县营运性公路运输客运量累计完成153.57万人,增长1.3%;货运量累计完成764.28万吨,增长21.2%。旅客周转量累计完成0.79亿人/千米,增长5.2%;货物周转量累计完成18.82亿吨/千米,全县邮政业务总收入0.29亿元,增长47.3%。年末移动电话用户27.5万户,4G用户19.2万户,宽带接入用户6.4万户。全县旅游总收入15亿元,增长27.8%。

【金融】 2017年末全县金融机构存款余额97.38亿元,比年初增加12.15亿元,增长14.3%。金融机构贷款余额30.81亿元,比年初增加7.95亿元,增长34.8%。全县农村信用社人民币存款余额42.18亿元,比年初增加4.53亿元,增长12.0%;人民币贷款余额20.26亿元,比年初增加2.28亿元,增长12.7%。全县人寿保险业务保费收入1.18亿元,增长16.8%;支付赔款及给付232.7万元,增长11.0%。全县财产险业务保费收入0.31亿元,增长5.5%;支付赔款及给付0.18亿元,增长11.0%。

【教育科技】 2017年末全县共有幼儿园133所,小学97所,普通初中16所,普通高中5所,特殊教育学校1所。全县普通高中招生1963人,在校生6808人,毕业生2297人。初中招生3358人,在校生1.05万人,毕业生3713人。普通小学招生4033人,在校生2.18万人,毕业生3531人。幼儿园招生4007人,在园幼儿1.23万人,毕业幼儿4327人。全县中等职业学校在校学生实现免费全覆盖,惠及学生2912人。全县学前三年教育毛入园率达97.7%,初中三年保留率达98.6%,高中阶段毛入学率达98.0%。高考全县文理两大类二本B类达线超824人,达线率34.1%。全县发明专利申请量15件,申报成功科技计划项目11项。其中,市级7项,县级4项。全县共有产品质量监督检验和计量检定技术机构1个,全年强制检定产品和商品1400批次,完成强制检定计量器1246台。全县新增注册商标25件。新增个体工商户1840户。新增企业数523户。其中,有限责任公司377户,个人独资企业44户,个人独资企业分支24户,农民专业合作社78户。全县共有气象台站14个,开展电话天气自动答询台站13个(通过手机传送),预警信息发布平台1个,卫星云图接收站1个(电脑内网传送),电子显示屏7个。天气预报喇叭128个,覆盖全县64%的乡村。全年开展人工影响天气业务1.2次。全县共有专业综合地震台站1个。全年全县无感地震次数0次,M3.0—M3.9级地震0次,M4.0—M4.9级地震0次,最大震级0次。西社镇肖家庄村地下水深井观测站及临震预警前兆“痕量氢”监测设备完成安装,并入省局监测数据库,运转正常。

【文化卫生体育】 2017年末全县共有文化馆1个,文化站7个,农村文化活动场所200个,专业艺术表演团体1个,公共图书馆1个,广播电视台1座,电台1座,调频转播发射台1座,一百瓦以上电视转播发射台1座。有线电视用户1.97万户,电视人口覆盖率达96%以上。全年共计放映电影2589场。其中,农村电影2400场,农村寄宿制学校电影189场,观众人数达25万人次。全县共拥有国家级非物质文化遗产5项(高跷走兽、高台花鼓、麻花传统制作技艺、螺钿漆器技艺、金银细工制作技艺)。2017年,李珍爱、王杰忠分别被评为国家级非遗螺钿漆器髹饰和金银细工项目代表性传承人。在参加运城市举办的“我有拿手戏”群众文化活动的总决赛中,《五谷香自稷山来》获得一等奖,《拳板舞》获得二等奖,《稷山美》获得三等奖;蒲剧电影《枣儿谣》完成拍摄,正在后期制作;《党的女儿》作为晋南地区唯一的县级剧团剧目参加山西省首届艺术节调演,许巧凤获得全国戏剧红梅奖金奖,席武英获得全省戏曲杏花奖。县电视台共采编新闻2472余条,稷山报社共刊发《稷山新闻》54期,稿件1500篇。年末全县共有医疗卫生机构293个。其中,医院15个,乡镇卫生院12个,分院4个,诊所(医务室)62 个,村(街办)卫生室 204 个。全县卫生技术人员 1726 人,其中,执业医师和执业助理医师 549 人,在岗注册护士 680 人。医疗卫生机构床位 2616 张。其中,公立医院 1143 张,乡镇卫生院 509 张,民营医院 964 张。全县参加新型农村合作医疗的农民 29.15 万人,参合率达 99.98%。新农合全年受益 60.27 万次。其中,乡村门诊受益 54.93 万人次,住院受益 5.34 万人次。累计拨付补偿款 14.25 亿元。全县有体育场 1 个,体育馆 1 个。本县运动员在省内外重大比赛中获金、铜牌分别为 4 枚和 3 枚。

【人民生活和社会保障】 2017 年,全县共投入扶贫资金 832.23 万元。其中,省级财政拨付扶贫资金 611 万元,县级拨付 221.23 万元。截至年末,全县高质量完成 7 个贫困村摘帽,共脱贫 351 户 1111 人,剩余贫困人口 1960 户 4743 人。全县新改建农村老年人日间照料中心 47 个,年末全县共有 92 个。全县居民人均可支配收入 1.53 万元,增长 6.7%。按常住地分,城镇常住居民人均可支配收入 2.53 万元,增长 6.4%;农村常住居民人均可支配收入 1.03 万元,增长 6.5%。年末全县城镇基本养老保险参保人数 2.60 万人;城镇职工基本养老保险参保人数 2.53 万人;企业基本养老保险参保职工人数 1.65 万人;城镇居民养老保险参保人数 692 人;新型农村社会养老保险参保人数 17.42 万人;城镇基本医疗保险参保人数 3.57 万人;失业保险参保人数 1.55 万人;工伤保险参保人数 5.07 万人;生育保险参保人数 1.91 万人。全县共审定城市低保对象 439 户 883 人,共发放城市低保金 467 万元。审定农村低保对象 2363 户 4711 人,共发放农村低保金 1372 万元。共发放五保供养经费 244 万元。全年共救助 925 人次,发放医疗救助 235 万元。国家抚恤、补助各类优抚对象 2500 余人,共发放补助款 1200 余万元。

【资源、环境和安全生产】 2017 年全县完成造林面积 0.9 万亩。其中,人工造林 0.9 万亩。全县森林覆盖率达 22.75%。全县公园绿化总面积达到 63.24 万平方米,新增绿化面积 10.2 万平方米,人均公园绿地面积达到 6.03 平方米。县城绿地总面积达到 293.02 万平方米。绿地率达 32.54%;绿化覆盖总面积达到 339.65 万平方米,绿化覆盖率达 37.72%。全县城镇生活用水量 387 万立方米,农村生活用水量 405 万立方米,工业用水量 540.7 万立方米。万元工业增加值用水量 21.06 立方米。全年农田灌溉面积完成 45.69 万亩,水土流失综合治理面积完成 33.81 万亩,新增水土流失治理面积 2.6 万亩。全县城市生活污水处理 447 万吨,城市污水处理率达 91.0%。县城环境空气 PM2.5 实现自动监测,2 级以上良好天数稳定在 295 天以上。汾河柴村桥断面达到五类水质标准。全县共有两个空气质量自动监测站,全年连续自动监测。全县各类自然灾害造成直接经济损失 740 余万元,减少 63.4%;农作物受灾面积 8.4 万亩,增加 86.7%。全县工矿商贸行业发生生产安全事故 1 起,死亡 1 人。道路交通事故 6 起,死亡 7 人。其中,生产经营性道路交通事故 0 起,死亡 0 人。消防火灾事故 0 起,死亡 0 人。

注:

1. 本公报部分数据为初步统计数据,正式数据以《稷山统计年鉴 2017》为准。部分数据因四舍五入的原因,存在与分项合计不等的情况。

2. 地区生产总值,各产业增加值绝对数按现价计算,增长速度按不变价格计算。

3. 公报中财政、林业、邮政、电信、金融、旅游、保险、教育、科技、文化、卫生、体育、交通运输、对外贸易、环境保护、安全生产、人民生活和社会保障等数据来源于相关部门。

乡镇概况

稷峰镇

【主要经济指标完成】 2017 年,稷峰镇固定资产投资完成 6.8 亿元,招商引资完成 2.1 亿元,确保全镇经济发展稳中有进。

【环境整治】　稷峰镇把“四治六化”攻坚行动作为全镇52个村环境大改观的一次大好机遇，大刀阔斧，不折不扣抓整治，全镇共悬挂横标500余幅，发放倡议书2万余份，刷写标语200余条，签定“三包”责任书2.8万余份，拆除违章建筑3955处，清理“五堆”2.1万余处，清理陈年垃圾2.6万吨，出动人力4万余人次，整治攻坚氛围浓厚，成效显著。

【美丽乡村建设】　全镇6个省级美丽乡村在高标准规划到位的同时，围绕“四个前提、八个顺序”的建设思路，立足实际，实施硬化、净化等一系列基础设施完善工程，到年底，六个村的“四个前提”全部到位，为扎实推进省级标杆性工程起好了步子。

【为民工程实施】　年初，全镇52个村共承诺为民办实事224件，突出人居环境改善、日间照料中心建设、壮大村级集体经济等方面全面完成。街巷道排水问题突破性解决。杨赵、武城、下庄等15个村共完成排水渠、下水道、建池塘等工程，全镇52个村街巷道排水设施全面提升，村级街巷道污水横流和雨水排放困难等问题得到突破性解决。养老安全网初步建成。村级日间照料中心建设是全镇的主抓工程，18个新建改建任务全部完成。植树绿化率连年提升。西薛、店头、马家巷、关家窑4个村进行道路绿化20千米；11个园林村绿化补植补栽到位；店头、姚家庄等村发展双季槐经济林300亩，全镇绿化行动年年有成效。

【县级重点工程协调】　稷峰镇共完成滨河广场、法院、康宁护理院、城市排水羊牧头段、城南街东扩、禹门口提水、残联、妇幼院、检测中心、城南大街西延等工程的协调任务，确保县级重点工程顺利实施。

【脱贫攻坚】　2017年全镇19户85口人的年度脱贫任务全面落实，帮扶措施以产业扶持为主。同时，严格落实建档立卡动态管理工作要求，新增9户30人，贫困户出列2户6人，贫困家庭成员补录3户4人，深度贫困户30户65人，返贫人员1户2人。通过多方协调，重点完成孙家窑自然村整体搬迁任务，26家搬迁户全部落户到曙光家园，交接房屋到位。

【社会保障】　稷峰镇在抓好各项重点项目的同时，社会保障工作统筹进行，康宁护理院二期居家养老项目进展顺利；稷峰卫生院新门诊大楼配套设施完善到位，投入运行；总投资1500万元的全镇52个村142眼井的农村排灌机井电力改造项目落实到位；下迪、阳史、下柏三个村完成幼儿园建设，各小学通过国家教育均衡化验收；同时，计划生育发放独生子女父母光荣证22本，征收社会抚养费19例，金额2万元，免费孕前优生健康检查录入信息系统386人；养老保险完成34864人，707.25万元，危房改造普查上报窑洞户8户，一般贫困24户；城乡低保完成复核任务，农村低保247户，529人，城市低保59户，109人。

【村“两委”换届完成】　稷峰镇严格按照时间节点抓好村“两委”换届工作，到年底，52个村支村两委换届全部完成，新班子新气象，各村都积极投入工作，彰显新作为。

【安全稳定排查】　稷峰镇政府在常态落实“安全生产周排查”工作制的同时，全年共进行安全和环保专项排查7次，共排查上报各类安全隐患130余处，其中环境隐患66处。同时，以天眼网、一村一屏、一村一室三大网联工程的建设和运行为抓手，以网格化管理为手段，突出抓好矛盾排查、社会治安工作，矛盾化解严格实行“一周一排查一分流”制和三大化解机制，一般问题“四级网络”化解机制；重大问题专案组领导包案机制；疑难问题才排办兜底制。全程坚持一事一卷，案结事了，做到发现一起，解决一起，全年共排查矛盾隐患49起，化解46起，协助公安机关刑事拘留非访人员15人，行政拘留200人，确保全镇社会的和谐稳定。

西社镇

【主要经济指标完成】　2017年，由于受大政策环境和市场影响，西社镇工业总产值实现大幅增长，主要工业产品焦炭、钢铁、线材、锰铁、炭黑等价格均大幅上扬,工业企业呈现出企稳回升、产销两旺的喜人局面。全镇固定资产完成11亿元,完成县政府下达的任务目标。

【项目建设实现新跨越】 西社镇按照市委、县委发展实体经济"三个计划"的总要求,重点围绕永东化工30万吨煤焦油深加工联产8万吨炭黑项目和18MW炭黑尾气发电项目、东方公司80平方米烧结项目、50MW光伏发电项目、杨家庄搬迁项目、云丘山旅游路项目等重点工程项目,实行一个项目一套人马,一抓到底,吃住一线,全程服务协调,确保各个重点项目按期顺利推进。到年底,东方公司烧结项目基本完工;永东化工项目正在有序推进;禹门口提水东扩工程顺利推进,接近尾声;光伏发电项目基本完工;云丘山旅游路工程正在加紧施工;园区东延西扩工程基本完工,正在进行后期绿化、亮化;阳煤运煤通道投入正常使用。同时,东方公司投资13亿元年产48万吨岩棉项目破土动工,12月底,两条生产线投入生产。耐科威建材年产6万吨岩棉项目投产运行,基力建材PC砖项目产销两旺,供不应求。一批小微企业和新型产业呈现蓬勃发展之势。

【园区搬迁取得新进展】 西社镇在广泛征求民意、反复讨论方案、科学规划施工的基础上,园区搬迁工程基本完工交付使用。1月5日,成功举行薛家庄首批村民入住分房仪式。11月17日,镇政府、园区管委会与杨家庄村委签订搬迁协议,启动杨家庄搬迁工作,为促进园区可持续发展迈出实质性一步。

【农村发展实现新提升】 西社镇农村基础设施再提升。年初确定的10个新建、修缮的老年日间照料中心完工并投入使用,深受广大老年人和村民好评,受到上级充分肯定,多次代表县上接受上级检查观摩。麻古垛、张家庄、韩家庄新建三处村民活动中心;清水庄启动村民住宅小区建设工程;三界庄启动舞台建设工程;高渠村投资80万元改造吃水管网;东庄村投资70余万元启动排水渠工程;中社、高渠等村修建排水渠1500余米;高渠、李老庄新打井2眼、配合文物部门完成范家庄关帝庙文物工程,启动李老庄玉帝庙修缮工作。各项惠民政策全面落实。土地确权基本完成;扶贫攻坚扎实推进,新确定脱贫对象71人;粮食直补、农业保险、养老保险、农机补贴、合作医疗等惠民政策全部不折不扣予以落实。

【城乡环境实现新面貌】 西社镇按照"五城同创"、人居环境改善等市县会议要求,特别是开展的"四治六化"城乡集中整治工作要求,全党动员,全民参与,突出重点,强力督查,在全镇上下掀起整治农村环境的新热潮,镇村面貌明显改善,受到市县表扬和广大群众赞誉。截至12月底,全镇25个村更换路灯300余盏,动用机械2000余台次,参与集中清理万余人次,清运"五堆"积存垃圾万余方,"拆违治乱"500余处,修建围墙2000余平方米,涂白5万余平方米,新上文化墙1000余平方米,整治工作深入推进,长效机制逐步建立健全,综合效果初步显现。

【社会管理取得新成效】 西社镇深入开展安全生产和信访维稳大排查,保证国家、省、市、县重要节日、会议和节点没有出现任何上访问题,及时排查和化解一批信访积案。重点开展打击非法集资、集中铲毒专项活动。非法集资人员等重点人员未出现任何串联上访问题,维护全镇的社会和谐稳定。着力开展环保专项整治,取缔黑石灰窑1个,黑砖瓦窑1个,黑土炼油3个,黑木炭窑3个,苫盖料堆3000余平方米,清理积存垃圾8000余立方米,东方、永东、永祥、晋华等重点企业投资5000余万元新上一批环保设施,顺利通过国家环保专项检查验收。

【基层组织建设得到新加强】 西社镇"三基建设"有序推进;机关"五小"建设基本完成;党员管理、党费收缴、干部考核机制进一步完善;农村"两委"换届工作扎实推进,圆满完成党支部和村委换届工作。完成县委巡察工作,针对反馈问题进行积极整改。

翟店镇

【主要经济指标完成】 2017年，翟店镇完成固定资产投资9.30亿元，招商引资3.7亿元。

【创建国家级特色小镇】 翟店镇聘请省、市、县各级专家编辑翟店特色小镇申报资料，先后多次到太原、北京对接、答辩。7月21日，县长吴宣参加汇报答辩；8月22日，住建部公布第二批全国特色小镇名单，翟店镇以山西省第一名、运城市唯一一家获全国特色小镇。

【重点项目推进】 翟店镇投资1.2亿元的天圣制药口服固体剂生产线项目进行设备安装调试，公司于5月19日上市；投资4000万元的新嘉源年产10万吨瓦楞纸生产线项目进行厂房建设；投资7000万元的污水处理工程入汾管网铺设完成，正在建设提水泵站，污水处理厂正在进行PPP融资；投资1000万元的工农路路面工程完成，进行配套管网建设；投资2.7亿元的晋龙三百万只蛋鸡养殖项目进入最后攻坚阶段；投资2000万元的华明光伏发电300余亩农业板块全面完成；投资6900万元的四干渠五干渠改造工程基本结束，支渠正在进行中；投资3200万元的西范东扩翟店段工程隧洞开挖全线贯通，混凝土衬砌完成75%。在抓好各项重点项目的同时，翟店镇认真贯彻落实全县推进实体经济转型发展大会精神，成立“三个发展计划”工作领导组，制定专项实施方案，加强阵地建设，到年底，“龙腾虎跃”和“群星灿烂”计划正在有序进行，“凤还巢”计划登记摸底工作全面启动。

【小城镇建设】 翟店镇投资200万元的台运线两侧升级改造工程接近尾声；投资26万元实施镇区亮化全覆盖；投资39万元建设两座高标准水冲式公厕；投资20万元实施健康路绿化设施更新；投资46.3万元实施镇区道路、人行道、墙体、路缘石修复更新；投资11万元实施绿化升级工程；投资3.5万元完善垃圾处理设施。

【环卫综合整治】 翟店镇通过“四个到位创新机制、四个方面统筹发力”，强势推进城乡环境集中整治。党委书记、镇长总牵头，7大工作组具体抓，2次召开全镇干部大会，6次专题会议，推动开展。发放倡议书2.2万余份，设置宣传车，喇叭广播、微信群不间断宣传，形成全镇上下齐动员、男女老少齐上阵的浓厚氛围。镇区环卫队实行清扫、保洁、清运、管理、监督五位一体管理模式；专业监督队治理纸条、扬尘抛洒问题46起，处罚12起；公路专业保洁队每日对沿线垃圾杂物进行清理；各村建立职责明晰网格化管理模式。对55.2千米公路两侧实施立体式提升，清理杂草23.6万平方米、垃圾2135.3吨、乱贴乱画2032处，修剪树木5.86万株、绿化带8786平方米，苗木粉刷6.26万株，修整残垣断壁58处，粉刷文化墙98块，做到地面净化、墙面美化、公共地带有文化。党员干部带头转、帮忙转，1万余户群众主动转，先后清理房前屋后五堆3026处，杂草6180平方米。下发乱搭乱建通知书66份，集中整治43处，拆除违章建筑258平方米。

【社会管理工作加强】 翟店镇农村两委换届平稳推进，23个村支部和村委换届工作全面完成。25户90人脱贫任务和南吴坡整体脱贫全面完成；城乡低保复核认定、农村危房改造惠农政策一丝不苟推进；12个村日间照料中心运行良好；总投资134万元覆盖8个村的“一事一议”工程全面完工，享受财政奖补资金74.5万元；各村承诺的民生工程完成率达53%，南吴坡、宝泉新建道路1312米，全镇道路新增护栏4000米，安全生产排查、社会矛盾化解等社会管理工作全面开展。

太阳乡

【主要经济指标完成】 2017年，太阳乡经济运行稳中向好。固定资产投资完成3.9亿元，招商引资完成1.01亿元，全乡农业生产总值等各项经济指标全面完成，经济发展的质量和效益明显提高。

【村集体经济实现破“零”】 太阳乡31个村集体收入总计219.71万元，其中21个村一事一议收入171.84万元，针对全乡2016年9个集体经济无收入的村(均安、修善、太阳、董家庄、西里、三堡、北王、西王、长岭),全部建立台账,每个村都成立破零领导组,按照各村实际分别制定破零方案和村集体经济发展规划,到年底全部村集体经济破零,其中三堡、太阳、长岭、西王、北王、均安6个村得到国家集体经济扶持项目资金30万元。

【基础设施投资持续增长】 太阳乡新建改建农村公路15千米;完成涉及7个村30余千米的引黄渠支渠建设;均安村千亩高标准农田建设项目于6月份开工实施;董家庄村实施万亩高标准农田整治项目落地。

【推进乡镇"五小"设施建设】 太阳乡投资20余万元,进行乡镇"五小"(小食堂、小厕所、小澡堂、小图书室、小文体室)建设。建设中本着节俭、不重复、不攀比、不搞铺张浪费的方针科学施工建设。到年底,工程基本完工。

【农业现代化进程加大】 太阳乡在扩大核桃面积的同时加大核桃产业品质提升,鼓励支持两委主干、种植大户、技术能手流转土地,打造高标准的示范园区。通过示范引领,精品核桃面积达300余亩,打造西里、白池、小阳坡、下王尹、坞堆等五个高标准核桃示范园,并通过中农乐核桃研究所技术培训,对2000余亩中低产核桃园进行嫁接改良,提升核桃产量和品质。通过产业扶贫实施核桃栽植2900余亩、花椒2700余亩。引导群众发展药材1.05万余亩,为群众直接增收1000万元,同时与山西峨嵋岭药材公司合作,西里村发展230亩药源基地,加快全乡中药材产业的规模化种植、集约化生产、产业化经营。小阳村发挥向阳山楂合作社的优势,新发展山楂400余亩,建立"旱地发展核桃,水地发展山楂,核桃、山楂小苗期套种药材"的产业发展模式,多方增加群众收入。坞堆村昌宏饲料30万只蛋鸡养殖小区项目投产,带动12户贫困户20余人入驻养殖小区,每年每人可增收4000元以上。结合丰富的农产品以及坞堆仿古螺钿和金银器特色手工艺品,进一步拓宽销售渠道,开展"电商进乡村"行动,增加新就业岗位300个。启动稷王山万亩花卉药材项目。组织中药材、核桃种植户1000余人进行培训讲座十余场,组织全乡果农分三批到运城果博会参观考察,发放病虫害防治传单1万余份。配合保险公司为小麦倒伏、玉米旱灾严重的种植户挽回损失182万余元。向上级有关部门上报一个省级示范社、一个市级示范社和一个县级示范社。

【加快推进小城镇化】 太阳乡积极争取有关部门支持,进一步加强基础设施建设。在加强农村道路改造方面,投资85万元,完成坞堆村园区至幸福池通村路硬化工程1250米,面积8750平方米;投资41.8万元,实施长岭村羊才岭至稷王山顶及桥下1340米的硬化工程;投资205.5万元,完成长岭和石佛沟至上王尹两条线路的安全生命防护栏13.7千米的安装工作;投资500余万元硬化通村路5条(均和至西小郝、石佛沟至上王尹、台运线至均和、太阳至修善、小阳堡至小阳坡)共计13千米;全乡新建候车亭3个,分别是太阳村、西里村、下王尹村,同时下王尹新建小憩园1个。县农委170万元的均安村千亩高标准农田建设项目于6月份开工实施,12月底完工。在实施为民工程项目方面,全乡31个村投资360万元,实施为民工程20余件,涉及排水沟、日间照料中心等。在农田水利基础设施方面,投资6000余万元,完成涉及7个村30余千米的引黄渠支渠建设,使2万亩耕地可以提水浇灌,增加群众收入200万元。投资51万元,完成闻合高速引线修善段的排水沟建设工程。在农村电网改造方面,投资2700万元,完成全乡108眼机井及农村电网升级改造工程。在新农村建设方面,加大对下王尹、太阳、坞堆三个中心村的新城镇建设,启动实施均和村美丽乡村建设一期工程。完成杨家庄村剩余30户105人的移民搬迁工程。在土地确权工作方面,全乡31个村共完成10.3万亩耕地4.14万块地块的调查,全部完成二次公示,公示确认签字率达97%,全乡31个村完成合同签订。

【加快"四美两宜"新农村建设】 按照中央、省、市、县对农村人居环境改善以及市县对"四治六化"

工作的相关精神和要求，太阳乡以一级路、台运线及闻合高速引线为主线，沿乡道、村道，逐步向主街道、居民组、各户推进的方法，实现整治工作乡域全覆盖。一是宣传发动、营造氛围。全乡共发放环境整治集中行动倡议书1.5万余份，悬挂横幅120余条，各村自写标语560余条，下发告知1万份，出动宣传车100余台次进行全天候宣传；同时充分发动中小学生力量，为学生及家长发放1300份以“我与美丽有个约定”为主题的倡议书；各村采取广播、宣传车、倡议书等多种措施宣传发动，充分发动各方力量参与到行动中，使“四治六化”家喻户晓，人人参与，保证“四治六化”工作顺利开展。二是对“五堆”进行集中清理。全乡共计1.5万人次参与到环境集中整治工作中，动用铲车等大型机械2000余辆次，垃圾转运车4500辆次，整治非正规垃圾点40处，清理粪污堆放点11处，清理陈年垃圾2.8万余方，清理“五堆”1.8万余处，购置保洁用具30件；三是集中治理违章建筑。全乡共清理出农村违章建筑252户，2100平方米，拆除244户。四是实施美化文化工程。新修、维修围墙450余平方米，清除小广告3200余张，涂白墙体4.1万余平方米，绘制文化墙2000余平方米，修剪绿化带苗木1.6万株。修善、太阳、白池、西小郝、白辛等五个村新建排水沟5800余米。五是建立健全长效机制。按照“建管并举、重在管理”的方针，实行目标到村、整治到户、任务到人的工作机制，各村根据实际制定长效运行机制，巩固整治成果。

【加快贫困人口脱贫步伐】　太阳乡全力打好脱贫攻坚战，继续坚持精准扶贫战略，严格落实党委、政府脱贫攻坚主体责任，加快贫困人口脱贫步伐。继续实施产业扶贫，全面落实扶贫社会保障政策到村、到户、到人，确保政策不走样。全乡共完成春季经济林产业扶贫5600余亩的栽植，产业发展到户资金49万元，脱贫资金43.6万元均全部到位；申请贫困村项目建设资金166万元；开展对贫困人口为期8天的月嫂培训，输送劳务80余人；全乡贫困户共计1778人全部办理大病医疗保险和意外伤害保险及房屋保险；雨露计划补助资金11.8万元落实到位；完成下王尹、北王、西王、坞堆坡、杨家庄5个贫困村脱贫摘帽和543人的脱贫任务。

【加快全面小康进程】　太阳乡投资170余万元新建的小阳坡、西王、小阳堡、庙岔、坞堆坡、杨家庄村等村的六个日间照料中心全面竣工，投入使用。全乡享受农村低保共795户、1591人，城市低保99户、155人，五保户129人，新增退伍复员军人15人，新增集中供养19人。全年累计发放各种救济救灾资金20万元。安排部分残疾人进行体检。经对全乡高龄人员摸底、统计，全乡80周岁老人809人，全部统计上报。危房改造开工42户，竣工40户。全乡1115人享受到国家发放的独生子女奖励金共66.47万元，228人享受到国家的奖扶金21.89万元；4人享受国家特扶金2.28万元。为全乡760户计划生育家庭办理人身意外伤害险，为计划生育困难家庭安装家用净水器29户，完成孕前优生体检任务208例。全乡合作医疗参保人数为4.61万人（含建档立卡人数），比上年多544人。全面完成1.64万人的养老保险金征缴工作。

【支村两委换届完成】　全乡31个农村基层党组织和村委会，严格按照十九大精神、习近平总书记提出的从严治党要求，抓重点，严程序，严纪律，强督导，确保换届工作顺利完成。全乡新当选的村党组织班子成员共计117人，其中支部书记31人，支部副书记36人，支部委员50人，支部书记连选连任27人。

清河镇

【经济指标完成】　2017年，清河镇党委、镇政府完成固定资产投资6亿元；招商引资任务完成1亿元。

【首届桃花节举办】　清河镇按照市委、市政府“花之海·俏运城”美丽乡村游指示精神，依托丰富的资源，坚持高起点，高标准，力求突出清河特色，彰显清河非遗，宣传清河文化，扩大清河对外知名度,经过镇村各级干部的共同努力,4 月 4 日至 6 日,稷山县“花海清河非遗之乡”首届桃花节如期举行,省级乃至国家级新闻媒体 50 余家进行报道,参观桃花节的游客达 8 万余人次。同时,全镇借桃花节发放精准扶贫支农贷款 50 余万元;成功举办桃产业论坛会以及客商产销对接会,邀请河南知名果树专家对万余名果农进行技术培训;成功对非物质文化遗产传统古村落北阳城村进行推介,让更多人了解清河,扩大清河的对外知名度。

【农业现代化步伐加快】 清河镇立足提品质,创品牌,挖潜力,壮规模,抓管理,增效益,力求在规模和品质上求突破,使调产与现代农业发展相融合,新增桃果面积 2500 余亩,干果经济林 200 余亩(双季槐),新增药材 3000 亩。加大产业技术培训力度,组织药材种植户参加全县组织的中药材产业发展专题培训,并到三交、南北松鹤等村进行药材种植培训,培训人数达千余人次,发放药材种植技术指南近千本。邀请全国知名果树专家对桃、葡萄和苹果进行三场专题培训,培训人数达 700 人次,在桃花节期间,邀请专家举办清河桃产业发展论坛会、桃产业发展知识培训。举行果农果商对接洽谈会,签订果品购销意向书,为果品销售打开渠道,解决销售难问题。着力推进标准果园建设,投资 180 万元,新建秦家庄村高标准日光温室葡萄大棚 9 座,占地约 30 余亩,为提升葡萄产业标准化种植起到示范引领作用。投资 50 余万元,新建荆庄村早熟油桃大棚 7 座。

【小城镇建设步伐加快】 清河镇投资 7900 万元的清河村正南甲城中村改造项目正在实施,前期两栋居民楼主体工程开工建设。将乡镇所在地清河村作为重点开展创建“美丽清河”为主题的环境卫生综合整治,对全村大街小巷垃圾、柴堆等五堆进行彻底清理,对主街道进行乱停乱放车辆整治,划定停车位,规范车辆停放秩序。开展乱搭乱建整治、乱贴乱画专项整治,规范广告牌匾的悬挂,实行门前三包制度,从根本上解决乡镇所在地村脏乱差现状。同时刷白墙体 1 万平方米,在出村口刷写文明标语 400 余平方米,提升清河文明程度和小城镇的人居环境。专门成立镇区管委会和环卫队,制定相应的管理制度,严格落实常态化、长效化管理,保障城区环境卫生常态化清洁干净。提升各村生态建设标准。投资 12 万元,新建南阳城、北松鹤村的两个小游园,共栽植苗木 1 万余棵;清河村实施绿化提档升级工程,新建小游园两个,栽植苗木 3000 余株;对清河至北松鹤的通道进行绿化,栽植国槐、红叶李 1000 余棵;完成北辛庄村通村路绿化 1.2 千米,栽植苗木 800 余株;完成段壁至荆庄通道绿化 1 千米,栽植苗木 800 余棵,提升全镇生态林绿化覆盖率。

【宜居新农村建设】 清河镇先后印发维护环境卫生倡议书 1 万余份,制作布幅标语 40 余条,书写永久性标语 150 条,并通过宣传车进行集中宣传,营造环境整治的浓厚氛围;组织机关党员干部 40 余人,利用周六、周日休息时间,分三个突击队,深入六个重点村与干部群众共同参加整治工作,清除“五堆”1500 余处,转运陈年垃圾 200 余立方米,达到创造美好环境全民参与、全民共享效果;制作清河镇“四治六化”城乡环境整治宣传纪录片,对各村好的典型、经验进行宣传,对差的村进行曝光,并组织全体镇村干部进行观看,达到好的村继续提升标准,差的村继续改进,形成全镇共建美好环境的局面。行动中全镇 20 个村动员干部群众 1.26 万人次,其中党员干部 2176 人次,转运陈年垃圾 3.19 万方,整治大街小巷“五堆”2.31 万处。对一级路清河段、镇区大街、三条主干公路乱搭乱建下发取缔通知书 129 处。联合派出所、食药所、国土所等职能部门拆除乱搭乱建 96 处、规范治理镇区沿路商店 82 处,同时对全镇 76 家果品收购市场进行规范化整治。全镇共拆除修整残墙断壁、废弃院落等 64 处,修缮整治路面墙面 46 处。全镇 20 个村墙面刷白 4.80 万平方米,重点示范村实施文化上墙,其中秦家庄、南阳城完成文化上墙 450 平方米,南辛庄、马家庄村实施文化版面上墙 82 块,刷写固定标语 15 条,6 个村达到示范村标准,其余 14 个村均为达标村。

【新农村建设标准提升】 2017年完成清河等四个中心村电压增容和段壁等五个村低压线路整改，全镇110眼机井全部完成改造升级。投资1000余万元的汾南扬水渠实施节水灌溉4.66千米支渠斗形渠完工开始冬浇。秦家庄、北阳城、七级、荆庄四个村的日间照料中心全部建成并投入使用。投资43万元完成闻合高速引线至三交村1.5千米的通村路硬化工程。投资1392万元的七级温泉疗养区旅游路工程项目通过评审。北阳城古村落申报项目完成前期规划工作，进行财政评审。全镇各村年初承诺实事41件全面完成，共计投资550余万元。

【创新社会管理】 清河镇全面完成新农合、新农保的征缴工作。完成全镇1.03万户低收入农户冬季取暖用煤货币化补贴的登记统计工作；综治信访工作常态化，注重矛盾信访问题的处置和化解，重要节点重点把握，化解各类矛盾29起。完成全镇城乡低保五保的复核，认定2017年全镇低保对象269户696人，城市低保对象20户35人，比2016年减少12%。全面开展建档立卡贫困对象动态调整、健康扶贫双签约、贫困退出以及深度贫困人口纳入等工作，实施贫困退出41户140人，识别深度贫困人口63户96人；对全镇小麦和秋粮保险进行直补核实和保险金征缴，并对夏收6000余亩小麦倒伏面积进行统计，为小麦保险补偿奠定基础；全面完成158例孕前优生检查工作；土地确权工作基本完成，完成地块调查2.87万块，合同签订6419份；两委换届顺利完成；成功迎接市级文明村镇验收。

蔡村乡

【党员发展】 2017年，蔡村乡党委共确定入党积极分子15人，确定重点对象12人，发展预备党员12人，其中35岁以下的9人，妇女党员2人，高中以上文化程度10人，党员结构进一步优化。工作中，做到严格程序，认真把关，全程指导，确保质量。

【村集体经济破“零”】 蔡村乡20个行政村，有一半以上的村无集体经济（达11个）。乡党委、政府结合各村实际，采取集体土地入股、创建专业合作社、支持创新创业、规范完善承包合同等多种方式，千方百计发展集体经济。同时，对基础较好的东蒲、坑东、东柏等村提出新要求，鼓励其继续创新管理，提高标准，进一步壮大集体经济，发挥示范引领作用。

【三基建设完成】 蔡村乡党委、政府成立“三基建设”领导小组及办公室，明确办公室职责，制定相关工作制度，并创建示范点4个（坑东村、段家堡、复兴庄、薛家堡）。投资9.5万余元，对小食堂进行高标准改造；投资9.8万余元对小厕所进行就地翻新；投资5.5万余元对小澡堂进行改建；投资2万余元对小文体室进行修缮；投资2万余元对小图书室进行改造；投资28.3万余元建设室外篮球场。8月份提高了乡镇工作人员岗位补贴，正科每月增加200元、副科每月增加150元、科员每月增加100元，事业人员按照级别相应增加乡镇补贴，9月份岗位补贴全部发放到位。修缮机关后院房顶，配备生活用品，购置床、空调等。按照稷组通字〔2017〕2号《关于调整农村党支部书记和村委主任岗位报酬的通知》文件精神，对全乡35名“两委”主干岗位报酬调整发放到位。

【干部培训教育】 蔡村乡依托“村干部讲习所”，开展集中学习培训22次，参加人数达1650余人次。制定年度学习计划，利用媒体微信、干部在线学院、“两学一做”知识竞答、廉政教育展馆等平台学习党章党规党纪、法律法规、农业种植技术、金融、环保等知识，满足党员干部学习需求。开展专题学习讨论10次（“三问四比”中的“三问”和“两比”；“维护核心、见诸行动”主题教育；习近平总书记视察山西时的重要讲话精神；学系列讲话交流会；习总书记成长之路和七年知青岁月）。

【文书档案管理规范】 3月份，蔡村乡党委抽调2名责任心强的年轻同志进行整理机关文书和档案，共整理装订400余册，部分重要档案移交县档案馆保存，按照“12349”工作要求，每村配置专门文件柜、文件盒,专人保管。

【扎实推进党风廉政建设】 2017年,蔡村乡共受理群众来信来电来访举报5起,核查5起。乡纪委全年查办案件6件,给予党纪处分9人,其中撤销党内职务1人,严重警告1人,警告7人;开展扶贫领域不正之风和腐败问题专项治理,查办案件1件,给予党纪处分3人,收缴违纪款9088.8元,并在全乡范围内进行通报警示。组织全乡干部到廉政教育基地参观学习,上廉政党课;对县纪委交办督办的7个信访案件全部查结。机关站所对照重点整治的20种行为,结合各自实际进行自查自纠,建立"问题"台账并逐项整改,同时,把思想纪律作风建设贯穿到各项具体工作中,凸显整治成效。

【重点项目建设进展】 蔡村乡完成唐晋纺织公司三期项目建设,实现提质增效,快速发展;海通线材公司新增大型设备7台套,年产值1000万元;华明电力公司投资500万元建立120个现代农业大棚;上李菇尔康菌业公司投资100万元新建夏菇钢架大棚10个,实现全年出菇目标,带动周边群众致富;投资2910余万元在18个村实施高标准基本农田整理项目,更新机井17眼,配套水泵17台,启动柜17个,井台9个,铺设管道12.8千米,完成一级田间道路宽5米混凝土路面4条,长度2513米,剩余一级二级田间道路路基已拓宽,井房工程正在准备开工,共计完成投资约1000余万元。实施西范东扩稷山段建设工程,完成1.8千米渠系建设任务,完善水利基础设施建设;投资393万元,完成底史村、郝壁村生命安全防护栏工程2.61千米。投资6万元,完成五里井、复兴庄、东埝等三个村的候车厅建设,投资90余万元,完成郝壁村两条通村路2.5千米的硬化工程,投资0.6万元完成20个村的道路乡规民约和村规民约版面制作,投资13.5万元,完成乡道、村道75.4千米全年养护任务,共计投资154.5万元用于道路建设;投资480余万元用于全乡9所农村小学基础设施建设,配齐师生电脑、白板、仪器、图书、专用教室和办公用房,提升校园文化建设,实现教育均衡发展,顺利通过国家义务教育均衡示范县市级复核、省级督导和国家验收。投资30余万元新建南埝村公办幼儿园。

【美丽乡村建设】 按照小城镇总体规划,加大基础设施投入力度。巩固提升新农村建设标准,按照"四化四改"和"五个一"标准,全乡新农村连片达到11个。底史村荒沟绿化100亩栽植花椒7000余株,薛家堡、西埝、郝壁村通村路、田间路绿化2100米,栽植红叶李、冬青1300株,全乡以主干道、通村路、街巷道绿化为重点,以广场绿化提升、小游园绿化为亮点,全面进行提档升级、补植补栽,乡机关大院提档升级栽植日本樱花80余株,海棠10余株。特别是段家堡村成功入选国家首批"绿色村庄"(全市只有5个村),投资20余万元完成小游园一处,被市政府评为美丽宜居示范村,并成功通过验收。全乡投资25万元在108国道、沿闻苍线等主干道上新建8个既有文化气息,又能指示路标的特色村名标志牌,让路人耳目一新。

【民生实事办理】 蔡村乡乡村两级承诺为民办实事35件,全部完成。一事一议工程涉及6个村,投资64万元,段家堡的广场硬化,郝壁村的排水工程,柴村的垃圾收集点,仁义村的吃水管道更换,东蒲村修建池塘,大李村改建日间照料中心。9个村500户实施天然气进村入户工程,实现节能减排,改善人居环境。

【农业调产新成果】 蔡村乡聘请市、县农技专家对农民进行农作物病虫害防治,果树、樱桃管理培训400余人次,接受群众咨询30余次,提高农民科学化种植水平。对小麦虫害,利用植保无人机开展小麦飞防面积500余亩。组织相关合作社、种植大户80余人参观运城市果博会及周边县市果桃种植示范园区。建设香菇、樱桃、果桃三个农业产品示范园,通过标准示范园建设,提高农业新产品、新技术的推广和应用。

【环境整治常抓不懈】 蔡村乡全面落实县委、县政府"五城同创"新要求,从根本上解决农村脏、乱、差问题,加快建设美丽宜居乡村,改善全乡环境面貌,全乡开展"四治六化"农村环境卫生整治,把整治工作分为"宣传发动、示范带动""观摩推动、掀起高潮""动真碰硬、集中攻坚""对比提升、巩固成果"四个阶段。"四治六化"工作开展以来,宣传动员阶段,印发倡议书5000余份,发放告知书1100余份,制作大型户外"四治六化"宣传牌25幅(500余平方米),给各村发放音频资料25份,通过微信群转发整治工作图片600余幅,清理村外陈年垃圾5000余立方米,清理路段杂草30余千米,清理"五堆"1.10万余处。"掀起高潮阶段",清运垃圾7000余立方米,动用机械600余台次,动用车辆1800余辆次,投入人力1.2万余人次,清整街巷道600余条,清理"五堆"2.6万余处,拆除乱搭乱建400余处,整治非正规垃圾点15处,清除乱涂乱画小广告6000余处。开展攻坚阶段,联合执法发放告知书37份,清拆违建房屋11间,拆除废旧厂房、养殖鸡、猪舍15处,拆除田间地头乱搭乱建12处,拆除主街道乱搭乱建60余处。环境卫生整治共投入财力达200余万元。根据全乡实际情况,乡政府成立环境卫生督查组,每月定期监督检查各村街巷道卫生,针对不达标的通报并限期整改。各村也相应建立垃圾管理、清扫、拉运等制度。10月上旬,朱鹏市长带领各县县长及市直有关单位领导来段家堡村观摩"四治六化"环境卫生整治工作并对蔡村乡"四治六化"环卫整治给予称赞。

【惠农政策落实】　全乡小麦直补面积共6486户,3.89万亩,秋粮直补面积共6423户,3.87万亩。冬季取暖用煤货币化补贴,共发放1.10万户。全乡共有低保354户,618人,发放低保金合计178.70万元,配合县民政局对全乡205户优抚对象进行走访调查,取消3户,发放光荣之家牌436个,军属牌100个,烈属7个,退伍军牌17个。全年共发放救灾款141户,19万元,临时救助200户,5万元。涉及9个村的50人的五保住房建设全部到位,同时完成一个改建的日间照料中心,配合县残联完成1516人的残疾人登记工作,组织全乡80余名残疾人进行体检。新型农村合作医疗参合率达90%以上,新型农村养老保险参保率达92%以上。80岁以上老人416人每人200元长寿补贴全部发放。全年危房改造20户,特困户6户,一般户14户。

化峪镇

【强化"三基建设"】　2017年,化峪镇农村"两委"换届选举顺利完成。29个村,支部书记连选连任21人,新当选8人,村委主任连选连任17人,新当选12人。乡镇"五小建设"投入使用。累计投入资金46万元,新建镇机关水冲式厕所和澡堂,修缮完善文体室、图书室、食堂和22间宿舍,机关办公条件显著改善。村集体经济不断壮大。通过清理"三资"合同,建立两委议事制度,实行重大事项申报审批,澄清了底子,堵塞了漏洞,全镇收入5万元以上村达到8个,1万元以上村达到11个,1万元以下村10个。党建示范点建设水平提升。打造出市级示范点1个(西段村),县级示范点3个(开东、化峪镇村、胡家庄),4个示范点发挥了党建引领标杆作用。定期举办"村干部讲习所"培训。开展各类学习培训31次,提高了农村"两委"干部的执政能力。

【优质板枣基地建设】　化峪镇突出精细化管理,重点抓提质增效。邀请枣树专家举办技术培训10场次,筛选出15名土专家手把手传授管理技术,成立13个枣树协会,新培育10个板枣示范园。

【双季槐示范基地建设】　化峪镇采取专业队栽植、科技服务队管护、免费嫁接等方式建设2000亩双季槐科技管护示范园。通过典型引领,全年新发展双季槐3000余亩。

【养殖产业基地建设】　化峪镇支持晋龙有限公司吴嘱200万只蛋鸡养殖场健康有序发展,辐射带动周边农户发展规模化、标准化养殖,全年新增蛋鸡存栏20万只。

【重点项目建设】　化峪镇按照"二产促升级增效益"的要求,帮扶晋武煤焦公司与日本丰田、尼桑和韩国现代公司合作,扩大出口规模,做强品牌,提高产量和效益。采取有效措施,妥善解决建元水泥厂遗留问题，理顺债权债务，稳妥进行资产重组，8月份，砖厂、水泥厂分别重启投入生产，新增就业岗位120人。投资5000余万元的晋武煤焦二期扩建项目顺利实施。

【创建环卫示范乡镇】 化峪镇以“治乱”为重点，围绕稷西线、管化线、西环路三条主干公路和镇区段、路村中心村五个重点区域，全力开展违章建筑拆除工作，共计拆除违章建筑178处，整治店外经营、占道经营200余处，巩固提升镇区商户文明经营意识，沿街经营秩序大为改善；以“治垃圾”为重点，全镇29个村统一行动，按照“垃圾全拉完、‘五堆’全清除、机制全建立、责任全明确”的目标要求，利用一个多月时间，开展“四治六化”农村环境卫生集中整治大行动，解决了农村“脏乱差”的根本性问题，真正实现垃圾不落地、填埋有地方、管理网格化、教育经常化的目标。此次行动共打造出12个美丽乡村示范村。

【创建生态园林乡镇】 化峪镇见缝插绿造林绿化，投资30余万元实施主干公路过村段窗口工程和镇区道路绿化工程，在公路沿线复垦空宅基4处，新建小游园6个，栽植各类苗木5万余株。投资110余万元，硬化佛峪口、上胡、开东、路村四个村通村路；实施镇区排水系统改造工程，投资50余万元，修建下水管道、渠道1200余米，有效解决污水排放问题，提升小城镇对外新形象。持续狠抓环保整治，重点抓企业扬尘污染、公路陈年垃圾、农村“三烧”等工作，投资2万余元在公路沿线树立固定标语牌30块，针对排查出的94个环境问题，建立台账，整改销号，使化峪的山更绿、水更清、环境更宜人。

【脱贫攻坚】 化峪镇认真贯彻中央、省、市、县关于脱贫攻坚的有关精神，做到帮扶单位帮扶到位，第一书记履职到位，包村干部走访到位，不折不扣落实扶贫政策。全年下拨产业扶贫资金32万元，在3个贫困村新发展双季槐357亩，花椒950亩，投资22万元启动3个贫困村引黄提水站建设项目，与全镇因病致贫157户426人进行“双签约”，完成“五保”特困户危房改造19户，6.88万元脱贫资金全部拨付，1个贫困村25户86人的年度脱贫目标如期实现。

【民生实事】 化峪镇投资4000余万元，硬化通村路、环镇路5.98千米，高标准提升10个村庄绿化，完成3个村排水系统改造，新建和改建7个村日间照料中心。

【社会保障】 化峪镇全年发放低保金133.30万元，五保救助资金22.03万元，临时救助资金8.25万元，发放80岁以上老人长寿健康补贴资金10.56万元，发放乡村清洁工程资金56万余元，城乡居民合作医疗保险和城乡居民养老保险征缴任务全面完成。

政　治

县委工作

【中央和省市委各项决策部署落实】　2017年，在中央和省委、市委的正确领导下，中共稷山县委深入学习贯彻党的十九大精神，深入学习贯彻习近平新时代中国特色社会主义思想和习近平总书记视察山西重要讲话精神，按照省委"一个指引、两手硬"思路要求和市委"改革抢先机，发展站前列，各项工作创一流"总要求，团结带领全县干部群众，全力推进改革发展稳定和党的建设等各项工作。

全年地区生产总值完成82.02亿元，增长6.0%；财政总收入完成4.55亿元，增长14.1%；一般公共预算收入首次突破2亿元，增长16.3%；规模以上工业增加值完成18.67亿元，增长6.0%；固定资产投资完成44.1亿元，增长24%；外贸进出口总额完成11亿元，增长14.3%；社会消费品零售总额完成31亿元，增长7.4%；城镇居民人均可支配收入完成2.53万元，增长6.5%；农村居民人均可支配收入完成1.03万元，增长7%。9项主要经济指标全部稳步增长，尤其是固定资产投资增速全市排名第三，社会消费品零售总额完成全市排名第一，事关县情民生的财政总收入、一般公共预算收入两项财政指标增幅均超过10%。

深入学用习近平新时代中国特色社会主义思想，牢牢把握正确的政治方向。县委旗帜鲜明讲政治，坚持用习近平新时代中国特色社会主义思想武装头脑、指导实践、推动工作。持续推进学用习近平总书记系列讲话进基层，县委中心组带头学、各级班子深入学、"后稷讲坛"专题学、"村干部讲习所"层层学。7月份，县委在市委学用习近平总书记系列讲话学习交流会上做典型发言。县委始终把"四大讲、四增强"贯穿"两学一做"学习教育常态化制度化、维护核心见诸行动主题教育全过程，全县党员干部"四个意识"特别是核心意识、看齐意识进一步增强。县委精心安排部署，在全县掀起学习党的十九大精神热潮。先后两次召开常委(扩大)会议、全县领导干部大会和县委十三届四次全会深入学习会议，扎实开展了"十九大精神大宣讲、大培训、大调研、大落实"系列活动，推动学习贯彻党的十九大精神往深里走、往实里走、往心里走，达到武装思想、统一思想、解放思想的目的。县委紧跟中央省市节拍，相继出台《贯彻落实习近平总书记视察山西讲话精神的行动方案》《落实骆惠宁书记运城调研讲话精神责任分解意见》，以及具体落实市委四届三次全会精神的"龙腾虎跃""群星灿烂""凤还巢"三个发展计划等工作方案，并全力推进，确保中央省市各项决策部署在稷山贯彻落实。

【经济发展质量和效益提升】　加快转型升级步伐，县域经济发展的质量和效益进一步提升。县委坚持一张蓝图绘到底，咬定加快推进"四基地一名城"建设目标，以"三个发展计划"为抓手，以"一产提品质创品牌、二产促升级增效益、三产挖潜力壮规模”为路径,持续狠抓产业升级,持续狠抓项目建设,有效促进县域经济健康持续发展。县委坚持把“三个发展计划”作为加快县域经济发展的总抓手,壮大实体经济,加快转型升级。大力实施“龙腾虎跃”计划,制定出台奖励支持、金融支持、财政支持、环境支持、项目支持等10项倾斜政策,促进骨干企业做大做强。东方资源、永东化工、永祥煤焦、铭福钢铁、阳煤泉稷、晋龙集团六家虎榜培育企业总体效益良好。其中东方资源全年实现销售收入28.57亿元,永东化工实现销售收入19.23亿元。大力实施“群星灿烂”计划,组建稷山县中小微企业服务联盟和小微企业服务站,积极引导企业向“专精特新”目标迈进。累计为全县中小微企业融资3607万元。翟店园区被确定为山西省首批小微企业“双创”示范基地。大力实施“凤还巢”计划,建立在外务工保障体系、特色产业发展推进体系、返乡创业平台体系。全县城镇新增就业4802人,转移劳动力5000余人。在贵州省召开了晋商晋才助力稷山发展(贵阳)恳谈会。县委坚持把农业生产农民增收牢牢抓在手上,紧扣一产提品质创品牌,推进特色富民产业加快发展。全县粮食总产达2.4亿千克。稷山县板枣生产系统入选第四批中国重要农业文化遗产。蛋鸡存栏数量达到1350万只,晋龙集团西位300万只蛋鸡养殖基地一期项目建成投产,科技含量世界最高。小阳村“晋楂稷”牌富硒山楂在运城果博会撂响。上李村菇尔康食用棒出口韩国。县委坚持工业强县不动摇,紧扣二产促升级增效益,推进新型工业化全面提升。东方资源新投资13亿元的48万吨岩棉制品项目三条生产线投产,进一步延伸了产业链条,原来需要集中处理的废弃矿渣变废为宝,将全部利用。永东化工新投资3.7亿元的30万吨煤焦油深加工、联产8万吨炭黑和18MW炭黑尾气发电项目进展顺利,产能将实现翻番。中电投投资5.08亿元的50MW光伏发电项目并网发电。天圣制药口服固体制剂生产线竣工,年产值将达到两亿元。县委坚持优化经济结构不松懈,紧扣三产挖潜力壮规模,推动文化旅游产业开篇起航。大佛文化园建设有序推进,标志性景观之一的稷山塔主体工程完工过半。太阳坞堆金银器工艺品现身“一带一路”高峰论坛故宫“非物质文化遗产”展区。

【改革开放深化】 坚持抓改革促开放,县域经济发展动力和活力进一步激发。县委班子和党政主要负责同志亲力亲为抓改革,扑下身子抓落实,先后三次召开深化改革领导小组会议,大力推进6方面29项重点改革任务,县委省级经济技术开发区可研通过专家评审,农田水利设施产权制度改革通过省级验收,监察体制改革试点工作受到省纪委主要领导好评,新筹建的山西稷山农村商业银行股份有限公司运行良好,党建制度改革扎实推进。县四大班子领导先后24次到北京、上海、厦门等13个省市对接洽谈项目。招商引资到位资金、落地项目全部超额完成任务。组织代表团到斯里兰卡开展文化商贸交流活动,与乌沃省莫讷勒格勒县签订友好城市意向书。

【依法治县推进】 扎实做好宣传思想工作,稷山文化的影响力进一步扩大。县委严格落实意识形态工作主体责任,研究制定出台《进一步加强全县意识形态阵地管理办法》,加大对各类媒体管控力度,牢牢掌握意识形态工作的领导权、管理权、话语权。积极营造全县上下干事创业的浓厚氛围,举办党的十八大以来稷山县辉煌成就展,开办各类学习宣传党的十九大精神专栏,对实施“三个发展计划”等重点工作进行跟踪报道、典型宣传。大力弘扬社会主义核心价值观,通过核心价值观进校园、开展志愿服务、设立善行义举榜、公益广告宣传等方式,让核心价值观随处可见、深入人心。广泛开展群众文化活动,着力打造文艺精品力作,《党的女儿》代表运城市参加全省首届文化艺术节戏剧展演,主演席武英荣获“杏花奖”。《五谷香自稷山来》荣获全市“我有拿手戏”群众会演一等奖。蒲剧电影《枣儿谣》正式开拍。

【社会治理加强】 坚持发扬民主,社会主义民主政治和法治建设进一步加强。县委坚持党对一切工作的领导,定期听取县人大、县政府、县政协、法检两院党组工做汇报,提出指导意见,研究群团工作,支持国防和军队改革建设,统揽全局、协调各方的领导核心作用充分发挥。大力支持人大及其常委会依法行使职权,更好地发挥人大代表作用。年中组织人大代表对政府工作特别是项目建设完成情况进行视察监督,年底对政府组成部门全年工作开展监督评议。大力支持政协和统战部门履行职能,积极推动协商民主凝聚智慧力量。充分发挥政协人才荟萃、联系广泛的优势,强力推进大佛文化园项目建设和西社园区居民搬迁区建设,取得良好成效。统战部门积极与社会各界人士沟通联系,凝聚起加快推进“四基地一名城”建设的强大合力。切实加强党对法治稷山建设的领导,积极探索和创新社会治理新模式。县、乡、村、组四级矛排网络实现快速分流、无缝对接,公共安全视频监控联网应用走在全市前列。加大政法队伍建设力度,涌现出“全国百佳刑警”李同斌、“全国模范人民调解员”权小黑等一批先进工作者。

持续增进民生福祉,全县和谐稳定大局进一步巩固。县委坚持把人民对美好生活的向往作为奋斗目标,着力解决人民群众反映强烈的突出问题,更加注重保障基本民生,持续增进民生福祉。强力推进脱贫攻坚,投入资金960余万元,在20个贫困村发展核桃、花椒、双季槐等干果经济林6000亩,对所有贫困村基础设施进行改造提升。全年1000人的脱贫任务高质量完成。全面加快城乡建设,深入开展“四治六化”城乡环境卫生集中整治,干群合力共建美好家园。省级文明县城顺利通过复评验收,翟店镇被评为全国第二批特色小镇,7个省级美丽乡村试点村产业发展、环境改善,受到省主管部门好评。着力改善生态环境,投资1.28亿元的汾河生态修复稷山段项目全面开工。中央和省环保督察组交办环保类问题全部处理完毕。大气污染、水污染和土壤污染防治工作有序开展,煤改气、煤改电、散煤市场整顿工作扎实推进。完成造林面积9000余亩。汾河出境断面水质控制达到省市考核要求,空气质量二级以上良好天气超过考核指标。突出抓好民生事业,财政资金用于民生领域支出达到11亿元。顺利通过国务院和省市全国义务教育发展基本均衡县验收,验收分值在全省全市都是最高。2017年高考二本B类以上达线人数832人。妇幼院综合大楼建设顺利。日间照料中心建设运营走到全市前列,代表运城市接受全省观摩。认真抓好各方面安全工作,积极开展平安稷山建设,深入细致做好信访维稳,重拳打击经济犯罪,党政同责狠抓安全生产,和谐稳定局面不断巩固。稷山作为运城唯一的县份成功入选首批“山西省食品安全示范县”,贺天才副省长用“稷山出彩”对工作高度评价。

突出基层基础,全面从严治党成效进一步显现。县委坚定不移扛起全面从严治党责任,按照市委党建工作“两个走在前”总要求,坚决做到守土有责、守土尽责,不断提高党的建设质量和水平。组织建设从严。紧盯“三基建设”,县财政投入资金1353万元。整顿软弱涣散党组织32个,村级集体经济全部“破零”,村(社区)“两委”换届圆满完成,七个乡镇“五小”高标准运行,20个贫困村活动场所全面提档升级,培育“三基建设”示范点46个。选人用人从严。深刻理解市委提出的选用干部“五看机制”,严把调整动议、组织推荐、人选考察、讨论决定、任前公示等关键关口,重实绩、重基层、重品行、重公认,全年调整干部6批178人,提拔使用第一书记9名,一批优秀年轻干部走上重要工作岗位,一些不作为、不担当的干部腾出板凳。纪律作风从严。深入开展干部纪律作风大整顿,对9起违反中央八项规定精神典型案件点名道姓公开曝光。积极践行“四种形态”,“咬耳扯袖、红脸出汗”成为常态。全年立查案件227件,处分各类违纪人员200人,对45名落实“两个责任”不力的党员干部严肃问责。工作落实从严。召开万名党员建功誓师大会,大力开展“三问四比”大讨论大竞赛,并严格落实岗位目标责任制考核,营造全县党员干部对党忠诚、干事创业的浓厚氛围。

组织工作

【“两学一做”学习教育常态化】 2017年,县委组织部坚持将学习教育、主题教育作为党建工作的龙头任务,突出“五抓”,推动融入日常、扎实开展。一是抓以上带下,促进责任落实。紧紧抓住“关键少数”,督促领导干部带头学习、带头研讨、带头走访慰问、带头讲党课、带头撰写心得体会和理论文章、带头参加支部活动,为广大党员干部立起标杆、做出示范。二是抓规定动作,确保基础扎实。先后安排开展专项督导6次,促进学习教育重点在“学、做、改、带、强、促”六方面实现常态化。组织开展“学习核心紧跟核心担当作为大讲大增暨学思干讲”活动,将“四大讲、四增强”要求贯穿主题教育全过程,将“一文一书”学习引向深入,“8+5”规定动作全面落实。三是抓思想引领,聚焦深学广学。印发学用系列讲话分类指导意见,坚持“五发动”,积极组织参与知识竞答,精心举办知识竞赛和演讲比赛,《全省“两学一做”学习教育常态化制度化典型做法材料汇编》刊登本县分层级推进学用系列讲话到基层全覆盖的做法,“两学一做”系列知识竞答活动中,全县205人被评为“学习标兵”。四是抓特色载体,促进作用发挥。强力推进万名党员建功稷山十大主题实践活动,创新开展“三问四比”大讨论大竞赛,组织举办纪念建党96周年“九个一”系列活动。中组部《党建研究》、山西日报等新闻媒体分别进行专题报道。五是抓学用结合,激励干事创业。深入学习贯彻市委四届三次、四届四次全会和县委十三届四次全会精神,围绕县委“打造七大制高点,挺起汾河经济带稷山脊梁”目标,引导激发党员干部干事创业热情。340名党员带头领办产业项目128个,40名第一书记为贫困村兴办实事216件,1260名驻村干部为帮扶村解决问题680个。

【强力推动“三基建设”】 县委组织部紧紧围绕落实市委“树标杆、做示范”专项行动,研究制定加强基层组织、夯实基础工作、提升基本能力三个指导意见,以“三保九抓”为路径,强力推进工作落实。县委加强“三基建设”领导小组办公室召开专题会议5次,3次召开相关部门会议,逐一研究推进“10+2”专项行动。县财政列支专项经费1353万元。对全县300余名党务干部和32名指导员进行“三基建设”工作业务知识专题培训,成立7个督导组,确保“三基建设”高质量推进。基层组织,抓班子抓阵地抓制度。先后成立非公企业党委、社会组织综合党委、教科局党委、卫计局党委、医疗集团党委和社区服务中心党委等6个党委。7个乡镇运转经费平均65万元,村级组织运转经费平均10万元,社区工作经费平均达到11万元。村“两委”主干年平均工资达1.93万元,是全县上年度农村居民可支配收入的2.12倍,社区“两委”主干最低工资达4.81万元,超过上年度社会平均工资水平。7个乡镇“五小”设施和干部周转房建设全部完成,并建立健全管理运行机制。整顿软弱涣散党组织32个。村(社区)“两委”换届圆满完成。村级集体经济全部“破零”。印发《稷山县加强干部驻村帮扶工作七点要求》和《驻乡镇帮扶工作大队长职责》,为驻乡镇帮扶工作大队和第一书记拨付专项工作经费27万元,举办干部驻村帮扶政策宣讲培训班2期,通报集中督查情况3次,约谈进入脱贫攻坚“黑名单”相关人员4人。拨付5.5万元党费支持20个贫困村党组织开展活动。49名乡镇挂职干部9月底全部到所分配乡镇报到并开展工作。进一步健全完善党日活动、“三会一课”等13项党内政治生活制度。基础工作,抓规范抓效能抓作风。各单位全部建立“一目录三手册”,规范运行岗位责任书制度、股室间的协调配合机制、效能建设8项制度等制度机制,开展为期50天的“六反对六整顿”纪律作风大整顿活动,强化效能督促检查,大力推行一线工作法,达标验收工作全面铺开。基本能力,抓标准抓培训抓评价。明确14种通用能力和11类58种专业能力标准,通过县委党校、后稷讲坛、“村干部讲习所”、专业技能培训、其他平台学习培训等五种途径,针对性地开展培训提升,建立相对应的岗位能力达标评价体系,将评价结果作为评先评优、年终考核、选拔任用的重要参考,促进所有党员干部基本能力整体提升。

【基层党建】　县委组织部制定出台加强“三基建设”实施方案、推进村级集体经济发展实施办法等9项党建制度,将实施“六大计划”作为强化基层党建工作的重要载体,用“六大推进”全面落实基层党建各项工作任务。推进党员队伍“强筋壮骨”,注重发展党员向农村(社区)倾斜、向非公企业和社会组织倾斜、向教育卫生领域倾斜“三倾斜”,加快壮大优秀青年和入党申请人、入党积极分子队伍,提高发展党员质量,优化党员队伍结构。全年共发展新党员184名,超过年初计划47%。印发统一的“三会一课”记录簿,建立“三会一课”报备制度,进一步规范组织生活。推进农村党建“固本培元”,换届前,对200个村逐一分析研判,换届过程中,严格工作责任,严明程序纪律,200个行政村全部圆满完成“两委”换届工作。推进社区党建“基础保障”,圆满完成三个社区“两委”换届工作,社区办公和活动经费均达到11万元标准。为三个社区配备专职工作人员24人。举办农村(社区)“领头雁”培训班,实现社区两委干部培训全覆盖。推进机关党建“集中整治”,将2017年确定为机关党建提升年,协调设立县直各党委(总支)党建办公室或配备专职组织委员,做到专人专职专责。制定出台《关于加强和改进全县机关党的建设的实施意见》,通过“六整治七规范”,着力解决“两张皮”“灯下黑”等突出问题。推进非公经济组织和社会组织党建“两个覆盖”,加强党建指导员、党务工作者和党员队伍建设,在非公企业中新发展党员40名,在社会组织中发展党员1名,组织各类培训3次。扎实开展非公企业和社会组织“两个覆盖”攻坚行动。截至年底,全县非公企业党组织覆盖率达到93.06%。社会组织党组织覆盖率96.67%。推进其他领域党建“活力增强”,成立县教科局党委、卫计局党委、医疗集团党委和民办教育管理办公室总支委员会,实现与管理体制相适应、管党建管业务相结合的新格局。3月份,朔州市委组织部考察团专程对全县基层组织建设、“村干部讲习所”等基层党建工作进行观摩。

【干部选任】　县委组织部坚持市委“五看”选人用人机制,倡树重实绩、重基层、重品行、重公认的良好导向,严把调整动议、组织推荐、人选考察、讨论决定、任前公示等关键环节,在经济建设、脱贫攻坚、信访维稳、基层党建一线选用干部,全年调整干部6批134人,提拔使用第一书记9名。

【教育培训】　县委组织部坚持“精准化”理念,通过县委党校、后稷讲坛、“村干部讲习所”和党员手机报等平台,实现干部教育培训全覆盖。先后开设党校主体班次、十九大精神专题轮训班等培训14期,举办后稷讲坛6期,开办“村干部讲习所”140余期,培训各级领导干部1.8万余人次。

【管理监督】　县委组织部健全“12380”信访举报受理核查工作机制,注重从干部选任监督检查、重点工作专项督查、年度考核、日常监督管理等方面,收集掌握干部苗头性、倾向性问题,及时提醒、函询、诫勉。全年,提醒谈话科级干部60人次,对1名科级干部进行诫勉。落实激励干部干事创业、能上能下、容错纠错、谈心谈话等制度机制,结合《稷山县股级干部选拔任用管理规定(试行)》,坚持关键岗位重点管理,对承担重点工程、重大项目和重要指标的部门进行重点巡察,着力解决“中梗阻”问题。

【人才队伍建设】 县委组织部研究制定《深化人才发展体制机制改革实施细则》。编印《习近平关于人才工作论述摘编》350余册,并认真组织学习,收集各单位报送的优秀理论文章、心得体会30余篇。推进本土人才队伍建设,全面落实市委“凤还巢”计划,采集各类人才信息270余条,进入村“两委”班子的本乡本土在外人才21人。同时,持续推进党委联系专家制度,走访慰问优秀拔尖人才,为经济社会发展提供坚强的人才保障和智力支撑。

【组工队伍建设】 县委组织部加强部领导班子建设,配齐一名副部长和两名兼职副部长。严格按照“八做八不做”要求,落实“写讲干”素质能力提升活动要求,通过“五个一”不断加强自身建设,即:进行一次轮岗交流、制定实施一套全县组织工作“月通报、季点评、年评比”督查落实和配套奖惩制度、每周编印一期组织工作专刊、每月开展一次“学讲评”活动、开展一次“大学习、大讨论、大提升”活动,促进组织工作争创一流。

宣传工作

【理论学习】 2017年,县委宣传部以县委中心组理论学习为龙头,利用运城市党委(党组)中心组网络学习平台,紧紧抓住科级以上领导干部这个重点,全年共组织中心组成员集中学习17次,编印学习资料15期,全面提高中心组成员的理论水平,特别是党的十九大召开后,以县委常委会、县委常委(扩大)会议、中心组成员集中学习等形式专题学习党的十九大精神5次,确保先学一步、学深一层,带动全县形成浓厚学习氛围。

【理论宣传】 县委宣传部坚持“大水漫灌”与“滴水渗灌”相结合的方式,推动党的理论政策横向到边、纵向到底。大水漫灌,即组建县乡两级宣讲团、教育系统、非公工委等13个理论宣讲团,通过集中备课、集中宣讲,推动中央、省委、市委精神在面上延伸到广大党员干部和各行各业各条战线。滴水渗灌,即组建277名覆盖全县各领域的基层理论宣讲员队伍,深入开展总书记视察山西讲话进基层、“四大讲四增强”、党的十九大精神进基层主题宣讲900余场次。特别是在党的十九大精神宣讲中,坚持宣讲团“1+1”宣讲模式与基层理论宣讲员宣讲相结合,开展各类宣讲300余场次,形成了有广度、有深度、有温度的宣讲工作格局,把党的十九大精神为民爱民情怀、惠民利民举措传播到广大干部群众的心坎上。

【理论研究】 县委宣传部大力弘扬理论联系实际的学风,共计建立27人的“稷山智库”,在各自领域将理论与实践相结合,为党委政府决策、破解重大发展难题提供参考依据;按照“突出一个重点、围绕一个主题、开展一次辅导、解决一个实际问题”的“四个一”模式,先后组织中心组成员围绕习总书记视察山西重要讲话精神、一文一书、维护核心见诸行动等开展专题研讨3次,中心组成员都结合各自工作实际谈体会,谈工作,形成心得体会100余篇,调研报告64篇,取得较好的学习成效。

【主题宣传】 县委宣传部组织各新闻单位通过开设专题专栏、跟踪报道、典型宣传等形式,深入开展中央和省市县“两会”精神、“三大发展计划”、中韩友好文化交流活动、优化营商环境、“四治六化”城乡环境集中整治、“花海清河·非遗之乡”首届桃花节等主题宣传。2017年,《稷山新闻》播出新闻节目300余期3000余条;《枣乡视点》播出新闻节目

160余组320余条;发行《稷山新闻》报51期;《稷王山下跃动千年的农耕文明》《让欢乐融入百姓生活中》《拆违的效应》等118篇新闻稿件在各级各类媒体刊登,有力地传递稷山声音、展示稷山形象。

【舆情监管】　县委宣传部利用"稷山宣传""稷山广播电视"等微信公众平台和"稷山宣传"今日头条号及时刊发推送省、市、县重点新闻和舆论热点,全年微信公众平台刊发500余期,今日头条号推送新闻300余条,积极用主流舆论占领网上舆论制高点;以抓好基础工作和网评员队伍建设为突破口,对49家微信公众平台进行备案登记,开展关键信息基础设施网络安全检查,建立网评员微信群,围绕日常网评任务和特定时段的重点任务完成网上评论9453条;建立《舆情快报》制度,及时向县主要领导报告县域性中度、重大舆情;利用"舆情秘书"以及人工检索等方式每天24小时不间断地进行舆情监测,强化回应工作,妥善疏导、处理涉及民生、环保等方面的32个问题,积极营造天朗气清的网络空间。

【文化惠民】　县委宣传部在翟店镇西位村开展了2017年度文化、科技、卫生、法律"四下乡"活动;开展春节系列文化活动,社火游行表演将县非物质文化遗产、民间优秀传统文化全面展示,丰富群众节日文化生活;5月份,在全县7个乡镇开展"我有拿手戏"群众文艺大展演,180余个节目,1300余名群众演员精彩亮相;6月份连续三天在县委广场举办3场县级决赛,评选出一、二、三等奖优秀节目15个;7月份在市级决赛中,本县《五谷香自稷山来》获得一等奖,《拳板舞》获得二等奖,《稷山美》获得三等奖,同时县委宣传部和文化局被授予"优秀组织奖";连续10天举办首届"枣花奖"戏剧绝活大展演,让群众尽享文化盛宴;深入开展"戏曲惠民·欢乐百姓"送戏下乡演出活动,全年共演出120场;认真实施农村电影放映工程,全面完成农村电影放映任务2400场和21所农村寄宿制学校电影159场,庆七一"进社区、进学校、进军营、进福利院"放映45场,反邪教影片放映20场;扎实推进"三馆一院"建设,为农家书屋补充图书1.88万册,县图书馆开设免费公开课,同时在国庆期间免费播放爱国主义影片《战狼》《湄公河行动》,激发干部群众爱国热情,受到广泛好评。

【"两学一做"学习教育】　县委宣传部将"两学一做"学习教育与"两提一创"大讨论活动、"三问四比"大讨论大竞赛活动相结合,立足宣传思想文化工作实际,下发各种学习资料81册,撰写心得笔记360余篇,开展"党徽闪闪"等演讲比赛2次、知识竞赛2次,全县宣传思想文化工作标准不断提高,比深入基层、比能力担当、比工作效率的氛围日益增厚。

【舆情信息培训】　6月,县委宣传部邀请中国传媒大学教授、市网信办相关专家,对全县新闻发言人、网信工作人员进行舆情信息专题培训,共计150余人参加,为全县网信工作人员提供全新的新媒体思维;7月,组织农村、社区、学校、非公企业的277名基层理论宣讲员开展了一次培训规模大、内容结合紧、学习氛围浓的培训工作,进一步提高基层理论宣讲员的党性修养、理论素养和宣讲技能。

纪检监察工作

【机构组建平稳有序】　2017年,县纪委先后召开5次纪委常委会,4次改革试点工作小组办公会,开展3轮梳理摸排,4次专题培训,3次谈心谈话,2轮家访,划转检察院行政编制14个,转隶公务员14人。3月18日,县监察委员会正式成立,共设立13个部室,其中,信访、案管、党风政风、案件审理和执纪监督、执纪审查部门的人员占机关人员的74.19%。

【纪法衔接高效规范】　县纪委监委围绕"4个

一”工作制度、“1 +4”10 项制度体系的贯彻落实，先后开展 16 次专题集中学习研讨，梳理汇总需要注意事项共 20 个方面 33 条；结合稷山实际，出台《稷山县纪委监委机关执纪监督监察工作制度》，规范完善 12 项调查措施的使用配套文书，切实推动执纪监督监察工作的制度化、规范化和程序化。

【实际成效突破】 县监察委员会成立后，12 项调查措施中使用了 5 项措施，其中谈话 813 次，讯问 2 次，询问 21 次，查询金融资产 22 次，调取证据 1 次，扣押 5 次；移送县检察院起诉案件 2 起，县公安局向县监委移送案件 3 起；按照上级标准设置 8 个谈话室，安装防撞网、监控及同步录音录像等设施，切实保障办案安全。

【监督检查强化】 县纪委监委紧盯春节、清明、中秋、国庆等重要时间节点，聚焦领导干部这个关键少数，充分发挥财政、审计等部门的联动协同作用，围绕公款吃喝、公款旅游、大操大办等突出问题，采取明察暗访、随机抽查等方式，排查“四风”问题线索。在全县范围内对工作人员在工作中间环节存在的办事拖拉、慵懒散漫、漠视群众、态度生硬、吃拿卡要等“中梗阻”问题进行专项监督检查，共发现典型问题线索 5 起。全县共查处违反中央八项规定精神及“四风”案件 24 起，给予党政纪处分和组织处理 46 人，涉及乡科级干部 21 人，对其中 5 起典型案例点名道姓、公开曝光。

【警示教育】 县纪委监委以廉政警示教育基地为主阵地，充分发挥各单位警示教育室作用，5500 余人接受廉政警示教育；开通“廉洁稷山”微信公众平台，积极抢占思想引导和舆论宣传主阵地；通过“廉洁运城”微信公众号，开展 3 轮党规党纪知识测试，参与党员干部达 1.4 万人；组织开展“知党章、讲党规、明党纪”主题知识竞赛及“讲政治、遵规矩、守纪律”主题演讲比赛活动，力求把遵规守纪意识烙在党员干部心上。

【文化引领】 县纪委监委结合监察体制改革，探索实施预防腐败“免疫工程”。特别是以姚天福廉政文化教育基地建设为重点，编写、印制、发放姚天福廉政文化宣传册 1500 余份；制作文化纪录片《铁面御史姚天福》《大清义民吴绍先》；编排廉政小品《哎呀呀》、廉政快板《挺纪反腐当尖兵》等一批优秀廉政文化节目，着力打造具有稷山特色的廉政文化精品。深入挖掘吴绍先孝悌文化精髓，在全县范围内开展“家春秋”活动，征集、书写家规家训 130 条，并大力宣传当代家规家训和家风家教故事，推动廉洁文化和廉洁理念向全社会辐射。

【“两个责任”落实】 县纪委监委以上率下压责任。县委积极履责、主动担责，始终把推进全面从严治党摆在突出位置。全年，县委常委会 10 次研究党风廉政建设和反腐败工作；县委书记先后就管党治党方面工作做出批示 22 次，约谈县四大班子领导 4 次 38 人，批准立案审查 25 人；常委会班子成员积极履行“一岗双责”，10 名常委共计与分管范围内干部开展提醒谈话 128 次 765 人。聚焦主业强监督。全县各级纪检组织认真履行监督责任，瞄准靶心发力，履职更加主动，尽责更加到位。坚持把严明纪律、强化监督贯穿于农村“两委”换届选举工作始终，认真做好“党风廉政意见回复”工作，开展严肃换届纪律监督检查 2 轮次；在全县范围内开展为期 50 天的纪律作风大整顿活动，紧盯落实中央八项规定精神不彻底、服务群众不作为、慢作为等问题开展整顿，共发现问题线索 20 个，立案审查 15 起处理 16 人，持续释放越往后执纪越严的强烈信号。问责必严常态化。认真贯彻执行《中国共产党问责条例》，坚持“一案双查”，对党的领导弱化、党的建设缺失、从严治党责任落实不到位，对维护党的政治纪律和政治规矩失责、贯彻中央八项规定精神不力、腐败问题严重的，既追究主体责任、领导责任，也追究纪委书记（纪检组长）的监督责任。全县共有 45 名党员干部因落实“两个责任”不力被严肃问责。

【反腐败斗争加强】 县纪委监委坚持力度不减，尺度不松，合署办公后，调查措施更为丰富，对“四种形态”的把握理解运用更加深入，“1+1>2”的效果逐步显现。全县受理信访举报58件，处置问题线索469件。初核250件，同比上升165.96%；立案227件，同比上升6.57%；结案217件，同比上升0.46%；处分200人（其中撤职以下处分174人，属大多数；撤职以上处分27人，属极少数），同比下降5.19%。移送司法机关2人。坚持抓早抓小，挺纪在前。重点把握运用好第一种形态，在抓早抓小、防微杜渐上下功夫，把谈话作为重要手段，不断扩大谈话函询覆盖面，让咬耳扯袖、红脸出汗成为常态，教育督促有反映的干部讲清问题、认识错误。全县共开展谈话函询194件（次），占处置线索总件数的22.43%，同比下降27.67%。坚持精准发力，执纪为民。深入开展扶贫领域不正之风和腐败问题专项治理工作，先后出台《关于进一步加强扶贫领域监督执纪问责的实施方案》《关于对农村危房改造、城乡低保、救灾救济、易地扶贫搬迁资金管理使用情况进行专项检查的工作方案》《关于在全县开展扶贫领域不正之风和腐败问题专项治理的工作方案》等相关文件5个，对全县7个乡镇及34个相关职能部门开展专项督查5次。9月份，又专门抽调21名财政、审计、农经等部门工作人员组成8个专项监督检查组，县纪委监委8名班子成员带队，机关53名纪检监察干部全员参与，变“上访”为“下访”，对全县2013年以来的危房改造、城乡低保、救济救灾、易地扶贫搬迁资金管理使用情况进行为期一个多月的入户走访排查，共走访4200户，足迹遍布全县200个行政村，发现问题82个，其中共性问题39个，问题线索43个全部交由执纪审查室初核。全年，立查扶贫领域案件24起处理24人，问责10人，通报典型案例9起。

【巡察监督震慑作用凸显】 县纪委监委提高政治站位，聚焦巡察重点。坚持以政治的眼光发现问题、分析问题。着力发现不讲政治规矩、不守政治纪律，落实中央、省委、市委和县委决策部署不坚决、不到位，甚至对党不忠诚、不老实，欺瞒组织、规避监督等问题；重点检查被巡察党组织和党员领导干部坚定理想信念宗旨、落实党的路线方针政策等方面存在的突出问题，推动党的路线方针政策在基层落地生根。全年，对7个乡镇33个县直单位开展了政治巡察。突出问题导向，深化政治巡察。坚持冲着问题去、沿着问题走、盯着问题查。全年共完成三轮巡察工作，第四轮正在有序开展，共发现问题388个，线索384件。其中，移交县纪委问题线索253件，县委组织部1件，政法委6件，公安局1件，检察院1件，人社局1件，被巡察各乡镇党委和县直单位党组问题线索121件。到年底，立案38件，移交司法5件；初核21件；谈话函询61件，给予党政纪处分32人，批评教育41人。坚持分类处置，提升整改实效。在巡察整改问效上下功夫，督促被巡察党组织制订整改方案，抓好整改落实。组织专人对市委巡察、县委巡察发现的问题和线索制定台账，认真开展督查7次，对存在问题的单位原原本本反馈、提出整改建议99条，督促其直面问题差距，认认真真交账，督促被巡察单位对249个问题进行整改。县纪委和有关部门对移交的问题线索依规依纪处置，确保事事有回应，件件有落实，真正体现巡察监督的严肃性和震慑力。

统战工作

【强化工商联班子建设】 2017年3月1日县委统战部在县委、县政府的高度重视下，县工商联（总商会）换届工作会议召开。会议选举产生新一届工商联（总商会）领导班子，并配齐配强县工商联党组书记和副主席，为更好地开展工商联工作、服务非公企业发展提供组织保障。县委统战部不断加强对工商联班子成员的教育引领。组织开展工商联执委以上会员企业家十九大精神宣讲会，传达学习《中共中央国务院关于营造企业家健康成长环境弘扬优秀企业家精神更好发挥企业家作用的意见》和国办发42号文件精神，并健全完善工商联相关管理制度，不断加强班子建设。

【创新非公企业文化建设】　县委统战部针对全县精英企业中富有思想内涵、具有学习借鉴的企业战略口号、企业发展愿景、企业核心价值观、企业社会使命、企业管理理念、企业人文思想以及企业家非凡的人生经历、深刻的社会感悟等进行调研，收集近30家企业文化资料，并汇编成《企业文化集锦》，促进企业间的相互学习，交流提高。举行首届非公企业文化展演活动。8月29日，由县委统战部、县工商联组织开展稷山首届非公企业文化展演活动，通过仪容仪表展示、歌曲、舞蹈、诗朗诵等内容丰富、形式新颖的活动，充分集中展示全县企业文化建设的成果，展示企业员工的新风采、新形象，不断增强企业的凝聚力和向心力。组织开展“学习贯彻十九大、跟党奋进新时代”主题活动。11月2日，为更好地宣传贯彻十九大精神，组织所包联非公企业——一生情枣业公司联合党支部开展“学习贯彻十九大，跟党奋进新时代”主题活动。

【服务非公企业发展】　2017年，县委统战部举办两届企业职工招聘会，包括东方、永东化工等在内的100家企业商家参与，累计提供1.2万多个就业岗位，签署求职协议2000余份，为企业的持续健康发展拓宽人才渠道。4月17日，特邀山西晨岩文化创始人、中国民营企业落地第一人牛建忠，从如何应对市场风险、降低企业运营成本等方面进行专题讲座。会员企业家、高层管理以及个体商户门店经营者共计200余人参加培训。春节前夕，联合民盟稷山支部、县工商联组织部分书法家开展“送春联入企业”活动，先后到山西东方资源发展公司、国东汽贸等企业，现场挥毫泼墨，送上500余副春联。

【加强对非公经济人士评价】　县委统战部在县工商联换届和非公经济人士政治安排中，严把入口关，坚持正确的选人用人导向，充分征求人社、工会、环保、国税、安监等15个单位意见，对全县70余名非公经济人士进行综合评价，为非公经济代表人士的推荐使用提供有效的工作借鉴。

【引导非公企业精准扶贫】　县委统战部鼓励广大非公企业，结合实际，因地制宜，积极参与全县精准扶贫工作，主要是：晋龙公司帮扶太阳乡东王村和北王村加大蛋鸡养殖技术培训4000人次；提供就业岗位25个，使25户年均增收4万元，实现脱贫。晋武煤焦自筹10万元，成立“晋武公益基金”，用于资助化峪镇路村考入大学一本二本的贫困生和村里五保户、贫困老人。安徽亳州药业集团帮扶清河镇和太阳乡药材种植户，采取“公司＋合作社＋农户”形式，为贫困户提供产前、产中、产后一条龙服务。还有一些企业为贫困户中有劳动能力的人员提供工作岗位，实现“一人上班、全家脱贫”的目标。

【党派建设强化】　县委统战部自身建设不断加强。民建稷山支部的换届工作平稳有序，民革新发展党员1名，民盟新发展盟员2名。参政党作用有效发挥。9月7日，稷山县首次民主党派建言献策座谈会召开，全县三个民主党派在深入调研的基础上，从日间照料建设及运营、文化旅游产业发展、城市建设和扶贫工作等方面提出自己的意见和建议。对民政、文化旅游、住建和扶贫等相关部门负责人分别从自身工作职能、相关政策依据和有关项目进展等方面进行耐心细致的解答。这是稷山县首次组织建言双方面对面进行座谈交流，也是贯彻落实《统一战线工作条例》精神、推进民主政治进程的重要举措。同时，民盟稷山支部围绕县域经济发展大局，深入调研，取得可喜成绩。盟员王得风撰写的社情民意《关于一二三产业统筹发展的建议》被全国政协采纳；盟员卫更红、马汉民被评为市政协社情民意工作先进个人。民建积极编纂《稷山民建志》;民建、民革撰写的提案和社情民意,不论从数量和质量上,都比往年大有提高。

【党外人士政治安排】　县委统战部推荐两名党外人士为省人大代表,五名党外人士为市第一届青年联合委员会委员,推荐一名侨眷代表为省第十次归侨侨眷代表大会代表。

【宗教文化交流】　在上年成功举办"海上丝路山西稷山中斯友好文化交流活动"基础上,5 月 27 日,稷山大佛寺再次举办"中韩文化交流暨祈福世界和平活动",北京灵光寺方丈常藏大和尚、韩国太古宗安心精舍法眼法师及市县领导等百余人参加活动。8 月份,在中斯建交 60 周年之际,县委廉书记带领代表团对斯里兰卡进行友好访问,并与该国乌沃省莫讷勒格勒县签订友好城市意向书。10 月 31 日,县委廉书记出席中斯建交 60 周年活动并受到斯里兰卡外长亲切接见。搭乘佛教文化交流的东风,稷山融入"一带一路"大战略,也为全县经济社会发展注入新的生机和活力。

【慈善公益活动开展】　县基督教"两会"为 300 多名环卫工人送去价值 5000 元的白糖和茶叶以及 1000 元现金;县佛教协会为环卫工人、敬老院老人和社会群众奉献腊八粥 1000 多份,为全县 80 个日间照料中心及养老福利中心发放 10 万余元的敬老爱老慈善慰问品。同时,引导宗教团体积极参与精准扶贫工作。县基督教两会组织广大信徒为贫困户开展"衣被叠好、柴草堆好、家禽管好、卫生搞好"等"四好"活动,这是稷山县佛教协会积极响应党的十九大精神号召,连续第四年开展的慈善公益爱心活动。县天主教为全县 22 名小学至高中贫困学生进行慈善救助,每人每年可享受 1000 至 3000 元的教育补助。

【宗教领域突发事件处置】　县委统战部时刻绷紧维护稳定这根弦,迅速解决安徽亳州 61 岁回民田兴华上门求救事件;由公安局介入,及时平息貌似和尚的一行人路过稷山时,引发的网络传谣事件。稳妥处置基督教内部两起不协调问题。

【侨联作用发挥】　由广东庆琏集团环保科技有限公司总经理陈福元带队的考察团对本县进行考察,并与翟店工业园区签订筹建"两岸高新产业园"合作协议;台湾山西运城经贸参访团杨政杰团长带队到蔡村乡对现代农业、特色农业、果品交易中心及水产养殖业等进行考察,有三家公司与其签订投资合作框架协议,尧诚金融总裁、加拿大晋商联谊会会长张钟玺带领加拿大晋商联谊会代表团到本县进行考察。同时,开展贫困白内障患者普查,并为两名白内障患者减免医疗费用。

县委办工作

【文稿起草水平提高】　2017 年,县委办公室紧紧围绕中央、省委、市委的重大决策和工作部署,紧贴领导思路,起草了大量的领导讲话、文件、汇报等材料,较好发挥了参谋助手作用。全年共起草、把关各类文稿 330 余篇,其中县委主要领导讲话、报告 120 篇。

【信息采编】　县委办公室不断加大信息采编工作力度,实行目标责任制,既明确专职信息员,又做到文秘人员人人有任务、人人参与信息写作。紧紧围绕中心工作及领导关注的重大问题,采取"集零为整、变缺为全、化浅为深"的方法,从大量信息中找出带规律性、普遍性和倾向性的问题,全力编发有新动态、新论断、新举措、新成效的信息。全年共采编稷山信息 246 篇,省市普刊采用 74 篇,办结社情民意督办 4 件。

【调研质量提升】　县委办公室紧紧围绕县委的中心工作及重要决策,特别是省委提出的县乡干部大调研活动,主动谋划,提前介入,广泛调研,整理提出 3 个重点调研课题,按课题性质确定了承接部门和单位。全年相继完成7篇调研信息,为县委决策提供了第一手资料和有价值的建议。

【督促检查】 县委办公室修改完善督促检查工作制度。重点围绕中心工作、阶段性工作、领导和大众关注的热点难点问题,采取全程督办、跟踪督办、专项督办等办法,不断加大查办力度,有力地推动各项工作落实,维护县委决定的权威性。全年,共计开展督查120余次,编发《稷山督查》11期,使县委的各项工作得到快速落实。

【会务承办】 县委办公室严格控制会议次数和规模,大力精简各种会议,对可开可不开的会坚决不开,能小范围召开的会绝不扩大范围。认真搞好会务的统筹协调,尽量开短会,控制会议时间,提高会议质量。特别是对县委扩大会、县委常委会等一些高规格会议,坚持做好会议前的各项准备工作,确保会议高效有序地进行。全年共组织全县各类大型会议66次,组织常委会、四大班子联席会和中心组学习会议80余次。

【后勤服务】 县委办公室为保障县委机关安全有序正常运转,对县委大院进行绿化提升,对大楼的卫生间进行升级改造;加强机关安保工作,保卫、保洁人员实行24小时值班和全天候保洁制度,为县委机关创造安全、清洁、舒适的工作环境。同时,全年共接待省市领导30余次,普遍受到与会领导和来宾的好评。

【扶贫工作扎实有效】 县委办公室先后深入包联的贫困村庙岔村开展走访慰问、帮扶指导30余次。加大调产力度,为村里发展花椒等产业100亩;全力帮扶贫困户,帮助王金宏、薛志庆等申请了大病救助、临时救助;积极争取资金支持,县文体局给村文化活动中心拨付1万元器材款,县扶贫办支持安装太阳能LED路灯50盏,太阳乡政府为日间照料中心补充拨付5万余元;建强两委班子,村两委班子平稳换届,使更有工作经验和工作能力的人成为支村委主干,解决了班子不团结问题。同时,在县委廉书记的支持下,县财政拨付10万元党建专用经费,为下一步加强党建工作提供保障。

机构编制

【行政职权事项承接】 2017年,县机构编制办公室对上级要求取消、下放、调整的行政审批事项、中介服务事项及其他权力事项,明确承接落实程序,积极协调相关职能部门主动对接,征求承接落实意见,制订承接落实方案,并在文件印发后同步调整权责清单事项,做好事中事后监管。全年,分别以稷政发〔2017〕22、23、28、37号、稷审改办发〔2017〕9号文件承接运政发〔2017〕15、16、20、37号运审改办发〔2017〕14号文件,均在20个工作日内承接落实到位,共承接行政职权事项5项,取消54项,清理规范中介服务事项和证明材料4项。

【行政许可标准化建设】 年初,县政府制定印发《关于加快推进县政府部门行政许可标准化建设工作的通知》(稷政办发〔2017〕23号)和《关于开展县本级行政许可事项核查工作的通知》(稷审改办发〔2017〕1号),同时翻印国务院审改办、国家标准委的《行政许可标准化指引(2016版)》。经过严格审核,规范确认,最终梳理出拟增加和调整事项共38项(其中增加9项、取消21项、合并1项,要素修改6项,划转1项),制定出全县行政许可标准化项目目录223项,以稷政办发〔2017〕75号文件印发,并在政府信息网予以公示。协调县政务服务中心积极推进全县保留的行政许可事项流程、服务、受理场所等规范建设工作,文件资料整理归档工作基本完成。

【减证便民专项行动取得成效】 县政府制定印发《关于开展减证便民专项行动的通知》(稷审改办发〔2017〕5号),对全县41个承担行政职权的单位394项权力事项涉及1900余项材料、41项年检事项、4项政府指定培训进行清理规范。清理县本级行政审批事项的前置申请材料85项,精简县本级行政审批事项相关证照的年检事项15项。并于9月27日以稷政办发〔2017〕106号文件印发,在县政府公众信息网上予以公布。到12月底,全县依法确定县本级行政审批事项前置申请材料共1909项,县本级行政审批相关证照年检事项26项,县本级行政审批政府指定培训事项4项。

【权责清单建设强化】　根据市审改办"分工核查、集中整改"的要求,县编办完成了残联、统计局、财政局和人社局四个单位的清单范本核查工作。市编办《参考范本》制定后,于8月14日起草印发《关于做好权责清单核查和动态调整工作的通知》(稷审改办发〔2017〕7号),对36个部门开展权责清单核查调整工作,规范了各单位的行政职权内容和数量。全县共确定行政权力事项3391项。按照《稷山县县本级行政权责清单管理办法》,共调整涉及30个单位的行政职权事项900余项,并同步调整手工台账和电子台账。

【简政放权工作有序开展】　县政府制定印发《稷山县开发区简政放权工作实施方案》(稷审改办发〔2017〕4号),开展开发区行使的行政职权事项摸底梳理工作,与县经信局协调梳理西社煤焦循环经济示范区和翟店纸包装文化产业园区可实施的行政职权事项,各项工作稳步推进。具体的单位和清单目录已形成初稿,以稷审改办函〔2017〕8号文件下发到各单位,征求各相关单位意见。到年底,全县拟确定授权事项348项,待开发区审批工作完成后,依法按程序落实放权工作。

【事业单位分类改革】　县编办印发《关于稷山县承担行政职能类事业单位分类批复工作有关事项的通知》(稷编发〔2017〕5号)批复事业单位登记管理局、道路运输管理所、道路管理总站、动物卫生监督所4个承担行政职能类事业单位。批复土地价格评估事务所、农村审计事务所、审计事务所、建筑设计室、财政文印中心5个生产经营类的事业单位。财政文印中心顺利转企,其余4个正在稳步推进划转事宜。截至12月底,全县纳入事业单位分类改革共333个,完成286个,完成率85.9%。

【综合执法体制改革】　本县从市场监管、卫生计生、文化旅游、资源环境、农林水利、交通运输、商务流通、安全生产、城乡建设和城市管理九个重点领域着手,推进系统内综合执法和跨部门综合执法,对行政执法机构承担的行政执法职责和所属行政执法队伍,进行全面梳理和清理整顿,规范设置各级行政执法机构。截至12月底,已将综合执法改革方案报市政府审批。

【重点领域改革完成】　3月9日设立稷山县监察委员会,与县纪律检查委员会合署办公,撤销县监察局和县人民检察院的反贪污贿赂、反渎职侵权、职务犯罪预防等机构,将相关职能整合至县监察委员会。并从县人民检察院调整14名行政编制及人员,划入新组建的县纪律检查委员会(县监察委员会),为县监察委员会增设第六、第七纪检监察室,完成监察体制改革工作,并顺利通过省、市验收。5月24日将职工医保、城镇居民医保和新农合"三合一",整合为"县医疗保险管理服务中心"。将7个乡镇新合办更名为乡镇医保站并划归人社局管理,47名编制31名人员全部划转到位,为建立惠民高效、公平可及的城乡居民医保制度,城乡居民一体化的医保服务,提供体制机制保障。按照省、市、县医疗体制改革的具体要求,结合全县实际,以县人民医院为基础,整合县人民医院、七个乡镇卫生院等公共卫生医疗卫生资源,组建集中统一的医疗集团,名称为"稷山县医疗集团",加挂"稷山县人民医院"和"稷山县医疗集团人民医院"牌子,构建布局合理、分工协作、运转高效的医疗卫生服务体系。

【机构编制优化】　2017年,县编办按照"控制总量,盘活存量"的要求,在编制没有增加的基础上,先后设立监察委员会、社区服务中心、在外务工人员管理服务中心等机构,为监察委员会、巡察办、政法委等单位调整24名行政编制,为社区服务中心、在外务工人员管理服务中心、人才交流中心、电教中心等事业单位调整14名事业编制,为县委办、组织部、公安局、总工会等单位调整优化内设机构,为政府办、林业局、司法局等19个行政单位设立行政审批股,优化全县机构编制资源。

【机构编制管理】 县编办严格用编审核,规范工作程序,为乡镇政府、市场监管、文明办等单位考录公务员31人,乡镇下属事业、乡镇卫生院等单位考录事业人员91人,共计为122人办理上编手续。全县退休231人,调外、辞职等23人,共计为254人办理编制核减手续,有效保障财政供养人员只减不增,推进机构编制和实有人员管理的科学化、规范化运行。

【控编减编任务完成】 为贯彻落实中央、省、市关于做好控编减编工作要求,县编办对涉及各项改革的部门压缩非业务编制数量,精简人员编制,如:房产管理中心、客运办等;对职能已经消失或者弱化的单位整合编制资源,如兽医院、卫校、稷王市场服务中心等,全年共核减83名事业编制,全面完成中央、省、市下达5年核减414名事业编制的任务。实现在2012年底8174名事业编制的基础上核减5%的目标。

【机构编制监督检查】 县编办结合省、市巡视和审计部门反馈的问题,建立一事一账的问题整改台账26条,其中因历史原因超编22项,单位空壳4项,并对相关单位检查整改,全程留痕、动态更新、定期对账,12月底因历史原因超编问题已销号2项,空壳单位已解决1项,其余几项正全力推进。

【协调工作机制建立】 县编办与组织、人社、财政等部门建立良性沟通工作机制,对100余人次干部任免、376名人员增减等动态信息进行核对,及时对全县干部职工的动态编制信息进行有效沟通,促进机构编制信息动态化管理,保障干部职工编制信息真实准确。

【完成事业单位年检】 县编办按照“周密安排、强化宣传、严格审核、规范管理”四步骤,完成2016年度年检工作任务。截至11月,年检法人事业单位170个,按规定进行网上年检单位162个,年检合格率达到96%。年检结果在稷山县政府公众网站上进行公示。有力推动事业单位登记管理的规范化、信息化和法制化建设,取得明显的经济社会效益。

【规范管理】 县编办规范办事程序,落实责任分工,严把“材料关、审核关、公告关”三个关口,共办理事业单位法人设立登记5个,变更登记65个。全部按规定严格规范登记并向社会公示。

【规范监督】 为进一步加强和规范事业单位法人的监督管理,县编办印发《关于开展2017年事业单位法人公示信息抽查工作的通知》(稷编办发〔2017〕57号),对化峪会计核算中心、县机关养老保险管理服务中心、稷王小学、翟店中学、中医院、精神病院、社会福利中心、土地统征储备出让中心、文化馆、种子管理站等10余家事业单位进行实地抽查核实。对7家事业单位予以表扬;对3家事业单位存在的法人登记不准确、公示信息不完整等问题当场指出,明确整改期限。到年底,存在问题的事业单位全部整改,并将整改情况反馈市事业单位登记管理局。

【规范注册】 县编办加大人员培训力度、业务宣传力度和财政投资力度为全县注册域名359家,比市里规定的271家多完成32%,注册率达到100%。并通过QQ交流群、微信平台、发放书面函、面对面交流等方式,全方位立体式地为各单位解决困难和问题,促进中文域名管理工作顺利开展。

【信息宣传】 县编办在每周例会都对上周信息报送和书写情况进行通报点评,通过“外请行家辅导方法+内邀能手分享经验”开展形式多样的信息培训活动，确定每个股室每人的信息报送量。截至12月底，共撰写信息65篇，在中国机构编制网刊登2篇，在山西省机构编制信息刊登4篇，在运城市机构编制信息刊登17篇，稷山报刊登8篇，编写机构编制工作动态60余期，名列全市前茅。

保密工作

【译传办工作完成】　2017年，县保密局在人员少，机要、保密工作任务繁重的情况下，克服困难，加强值班，特别是在党的十九大召开期间，坚持领导带班，双人值守，确保译传办工作的及时、准确、安全，全年收发办理各类电报928份4640页，无一错，圆满完成密码通信工作任务。

【密码管理】　县保密局坚持核心密码专人管理，做到定期核查，账物相符。密码电报确定专人负责、清退、登记、销毁。密码业务文件确定专人登记、保管；密码耗材及维修做到专人负责，按规定上缴销毁。

【党内文件管理】　县保密局对党内文件管理，实行专人负责制，严格登记、分发、清道、存档、管理等。全年共收发办理中央、省、市、县委各类文件资料540余件3300余份。

新闻报道

【宣传发展改革新成就】　2017年，县委新闻中心围绕县委、县政府中心工作，重点对“三个发展计划”重点项目和农耕文化招商引资、重点工程建设、现代农业、文化旅游以及各行各业涌现出的先进人物、先进事迹进行全方位报道。先后在新华社、《人民日报》、新华网、中新网、人民网、光明网、《山西日报》《运城日报》《山西晚报》《山西经济日报》《黄河晨报》等报刊和网络媒体发表新闻稿件和图片310余篇。其中有刊登在新华通讯社和《山西日报》11月22日的《稷山县加快建设全国板枣产业基地》，有刊登在中国新闻网11月2日的《山西稷山龙腾虎跃群星灿凤还巢助推经济转型》，《山西日报》7月7日的《中农乐，乐万家》《山西经济日报》8月22日的稷山板枣专版，《运城日报》1月11日的《板枣之乡无冬闲》，2月7日的《万众创业新平台》，2月9日的《后稷故里金凤凰》，3月9日的《给农业插上科技翅膀》，3月22日的《稷山全力推进四基地一名城建设》，5月20日的《让欢乐融入百姓中》，6月10日的《干群齐心战贫魔》，7月10日的《稷山环境集中整治稳步推进》，8月9日的《稷王故里换新颜》，9月2日的《秀美乡村入画来》，11月13日的《稷山扎实推进三个发展计划》，采写的《稷山十里桃花节五彩缤纷》《中韩文化交流活动丰富多彩》等稿件和图片刊登在全国各级媒体上。2017年还有一个发稿亮点，就是在各级媒体上刊登本县发展改革新成就的多个专版。其中农祖故里春味浓专版刊登在2月15日的《运城日报》；农耕文化专版刊登在8月24日的《运城日报》；清河桃花节专版分别刊登在4月6日的《山西日报》《三晋都市报》《黄河晨报》和4月7日的《发展导报》《山西农民报》。

【舆情监控】　县委新闻中心充分发挥新闻媒体在引导舆论、凝聚民心、推进工作、维护稳定中的作用。围绕县委、县政府的中心工作，坚持正确的舆论导向，充分利用平面媒体和网络媒体，建立信息发布机制，将县域建设的进展情况及时向社会公布。工作中，积极联系、协助媒体单位跟踪采访、宣传报道，为推进“四基地一名城”建设鼓劲加油，取得良好效果，树立了稷山在外的良好形象。新闻中心建立群众意见建议快捷表达通道，向社会公布反映电话和邮箱，征求社会各界意见，促进发展。同时，进一步健全完善舆情分析研判机制，对重大舆情、热点舆情，特别是网络信息做到及时捕捉、正面引导，科学面对突发性公共事件，进一步完善《新闻中心重大舆情监督预报制度》，并确保落实和实施，全县共协调处置环保、土地、城建、教育等方面舆情30余起。

【来访媒体接待】 县委新闻中心根据新时期新闻工作的特点，充分发挥新闻媒体面广、量大、传播迅速的优势，善待媒体，善用媒体传播正能量，为全县经济社会发展营造良好氛围。先后接待重大活动媒体采访和日常媒体采访的记者200余人次，高质量地完成上级媒体在本县采访的接待工作。

报纸出版

【宣传报道】 2017年县报社按照围绕中心、服务大局这个总体要求，牢牢把握正确的舆论导向，全面学习贯彻落实党的十九大精神，深化学习找差距、转变作风促发展，坚持用新观点、新方法指导、开展新闻宣传报道工作。在加快推进"四基地一名城"建设的实践中，提供强有力的舆论支持，汇聚起强大的正能量。全年共出版发行《稷山新闻》54期，刊发通讯、消息、专题、图片等各类新闻稿件1500余篇。编发手机报54期。

【栏目开辟】 县报社在《稷山新闻》报上共开辟"新春走基层""深入开展'三问三比'大讨论大竞赛活动""扑下身子抓落实 撸起袖子加油干""扎实推进五城同创 助力四基地一名城建设""深入开展'四治六化'城乡环境集中整治 ""砥励奋进的五年""喜迎十九大""十九大时光""全面学习贯彻落实党的十九大精神""加快推进'四基地一名城'建设"等10余个重要栏目，创新重大主题宣传报道，增强新闻报道的针对性、实效性、感染力和吸引力。

【重大活动宣传】 在全县重大活动开展中，县报社不惜人力、物力，不惜版面，及时跟进、全力宣传。在"三会"期间，报社全员参与，加班加点，从周报变成日报，共刊发"三会"特刊3期，发表社论2篇，利用大篇幅报道、摄影专版等形式，图文并茂地进行全方位报道，及时反映代表委员和社会各界人士的心声，鼓舞士气，提振精神，增强全县人民共谋发展的信心。

【手机报合订本编印】 为使农村党员干部更好地方便学习，县报社精装编印"稷山县村干部讲习所手机报"合订本第二期，免费发放到乡村。全年共编发手机报54期，手机报培训教育模式得到认可，屡获好评。

工会工作

【劳模精神弘扬】 2017年，县总工会为进一步弘扬劳模精神，按照市总要求，深入调研，层层选拔，评选出省五一劳动奖状单位1个、市五一劳动奖状单位2个、市工人先锋号单位1个和市五一劳动奖章获得者10名。建立5个高标准的市级劳模创新工作室。积极开展劳模"四送"志愿活动（送文化、送医疗、送法律、送技术活动），送戏下乡3次，送医下乡2次，送法律下乡4次，送技术传授3次，受到广大职工群众欢迎。开展迎五一"五城同创、劳模先行"活动，300余名劳模和500余名职工志愿者服务队人员参加活动，共为群众办实事办好事120余件，打扫清理县城主街道20余次，帮扶慰问困难职工100余人次。在县电视台、稷山报对劳模先进事迹进行广泛宣传，营造全社会敬劳模、学劳模，争当劳模的浓厚氛围。

【劳动竞赛拓展】 为点燃工作激情，激发广大职工干事创业的活力，县总工会在不同行业深入开展技术比武等各种劳动竞赛活动3次，同时，坚持"小、实、活、新"的思路，突出科学性、群众性、灵活性，按照市总要求，组织开展"五小"劳动竞赛，全县参与"五小"竞赛企业30余家，参与职工6000余人，申报省市"五小"劳动竞赛优秀成果15项，申报市级“河东工匠”10名。其中稷山螺钿漆器研究中心申报的整片螺钿在弧形器物上不断裂项目荣获省“五小”竞赛项目一等奖。项目负责人李爱珍荣获山西省五一劳动奖章。

【民管安全夯实】 县总工会扎实推进企业民主管理规范化，全县共有130余家单位召开了职代会，形成民主管理调研报告2篇，县人行、供电支公司等工会的民主管理工作，受到省、市好评；扎实推进安全生产管理规范化，健全完善劳动保护工作网络机构，新增劳动保护监督检查员260人；大力开展“安康杯”竞赛活动，组织安全生产宣传、安全生产培训2次，在阳煤泉稷公司开展了安全生产氮气泄漏事故演练，深入6家企业工会对开展情况进行调研，调研成果受到市总好评。

【服务民生新作为】 县总工会紧紧围绕县委、县政府确定的重点工作，大力做好精准帮扶和脱贫攻坚工作，全县共有309名在档困难职工得以脱贫，脱贫率达到20%。组织机关干部到脱贫攻坚帮扶村——东小翟村开展扶贫工作，对13户31名脱贫对象分别精准制定脱贫计划、脱贫措施，开展养鸡知识培训3次，种植核桃树3亩，慰问困难群众13户，帮扶资金5万余元，高质量完成3户脱贫任务。为晋武煤焦二期项目建设协调资金50余万元，取得较好成效。同时，完成县委下达的阳煤泉稷能源公司群众拆迁户的安置工作任务，完成县委下达的职工新村棚户区改造7户职工的拆迁工作任务。

【职工素质提升】 2017年，县总工会开展农民工技能培训、群众性岗位练兵活动3次，组织60余人举办“快乐工作、健康生活”为主题的工间操领操员培训，参与工间操活动职工达到2000余人。开展评选“最美劳动者”活动，引导、培养和打造爱岗敬业、无私奉献的高素质职工队伍。开展“创建学习型组织，争当知识性职工”活动，重点扶持康宁护理院工会、蔡村乡工会联合会两个市级以上职工书屋示范点建设，完成市总工会下达的市级职工书屋示范点的评选和申报工作。组织全县职工参加市总工会举办的《心灵物语》第五季大众诵读员选拔赛暨运城市第四届职工诵读经典比赛，获得优秀奖。春节期间，举办稷山县2017年“文明之春”乒乓球、羽毛球公开赛，全县各乡镇工会、各企业工会和县直各系统工会分别组成20多个代表队，共计300余人参加乒乓球、羽毛球比赛，取得良好的社会效应。五一期间，全县各基层工会组织开展迎五一篮球比赛、象棋、书画、歌咏、技能比武、舞蹈等丰富多彩的庆“五一”文体活动，丰富职工业余文化生活，激发广大职工热爱祖国、热爱家乡、热爱本职工作的热情。组织人员参加运城市第四届职工合唱艺术节活动，获得金奖。

【普法宣传】 县总工会印发宣传材料2000余份，维权手册200余册。组织法律顾问深入基层举办法律维权讲座两次，听讲人数达1000余人。组织法律顾问参与代理维权案件11起。在县委广场制作宣传版面10块，发放宣传资料8000余份。

【春送岗位】 县总工会依托大佛职介所工会联合会，通过宣传推介，全面实施创业再就业帮扶行动，开展“春送岗位”活动，共帮助400余名失业、待业人员实现就业，找到适合自己特点的工作岗位。

【送温暖活动开展】 县总工会组织人员在逐一调查摸底的基础上，建立健全困难职工帮扶档案。全年投入困难职工的帮扶资金和送温暖资金43万余元。元旦、春节期间，共帮扶、慰问困难职工465户，确保困难职工及时领到救济款，让困难职工感受到工会之家的温暖；在县城主要街道建立10个户外劳动者爱心服务站，并挂牌运行，受到职工群众的欢迎；免费对100余名农民工进行技能培训，得到好评；开展金秋助学活动，为不使一名困难职工和农民工子女因经济问题上不起大学，共资助困难学生30余名，资助资金达6万余元；开展送清凉活动，为滨河文化广场建设基地等五家全县重点工程1300余名一线职工送去防暑降温慰问品西瓜、矿泉水、草莓汁、毛巾、维权手册等,受到广大职工欢迎。

【工资集体协商】 县总工会签订工资集体协议113份,集体合同113份,签约率达100%。特别是重点抓协议的续签、修订和履约工作,切实做到让职工的合法权益有所依据、有所保障和落实。

【法人资格登记换证】 县总工会及时为具备法人资格的基层工会办理登记,为换证和赋码做准备,共完成法人资格登记107家,确保全县基层工会法人资格登记和换证工作有序进行。

【女工权益保护】 县总工会积极宣传女职工权益保护法,发放宣传资料1万余份,3月份参加省总2017年女职工权益保护法法规知识竞赛活动,县总工会荣获市总优秀组织奖,黄艳霞荣获省总优秀个人奖;组织女工开展各类体育活动,女工冯旭代表市总参加省总"强健体魄·阳光生活·共享青运"全省第二届女职工乒乓球比赛;组织女工开展职工手工艺创作活动,女工李爱珍的仿宋代哥釉罐荣获首届全省职工手工艺品展评活动"特等奖";开展"妈咪小屋"建设工作,在天丰达燃气公司建设了一个高标准的妈咪小屋,省总验收达标。联合县卫计委开展妇女"两癌"筛查活动,免费为35—64岁女农民工进行宫颈癌、乳腺癌筛查,惠及女农民工1.2万余人。全县各级工会组织完成女职工特殊保险征缴400余份,超额完成市总工会下达的任务指标。

【经审财务规范】 县总工会经审工作逐层逐级得到加强,基层经审委组建率达100%,建立经审组织279个,经审工作不断规范;全年对14家基层工会经费进行了审计,经费收缴走向程序化,管理使用逐步完善、规范。

【工会组建力度加大】 县总工会开展"工会组建月"暨"农民工入会"集中行动,召开集中行动动员大会,成立领导组,通过七个强化,即强化组织领导,强化调查摸底,强化任务落实,强化服务指导,强化宣传发动,强化督促检查,强化党建带工建作用,夯实工会组织基础,提升组建覆盖面,全年新组建工会8家,发展会员420人,全县机关企事业单位共274家,组建工会274家,工会组建率达100%,农民工入会率100%。在此基础上,大力推进基层工会"六有"建设,全县七个乡镇工会全部达到"六有"标准,基层工会六有建成率达65%。有1名同志被省总评选为优秀个人,两名同志被市总评选为优秀个人。

【普惠制工作拓展】 县总工会通过巩固普惠成果、宣传普惠意义、扩大普惠单位,印发普惠宣传资料1万余份,印发普惠告知书6000余份,制作普惠告知牌100余套,扩大普惠成员单位6家,特别是吸收稷王商贸大厦加入普惠活动,直接参与商家达200余家。7月6日,在稷王商贸大厦举办普惠服务活动启动仪式,并为6家新扩大的普惠服务单位、新建工会单位和户外劳动者爱心服务单位揭牌、挂牌、送牌,极大地激发了各个商家开展普惠活动的积极性。

党校教育

【教育培训】 党校作为理论教育的主阵地和主渠道,在干部培训工作方面肩负着特殊的使命,发挥着重要的作用。对深入推进"四基地一名城"的重点工作,切实加强全县党的思想建设、组织建设、作风建设、反腐倡廉建设和制度建设,重塑干部队伍良好形象,具有重要的现实意义。3月30日,全县农村(社区)"领头雁"暨"第一书记"专题培训班在县委党校开班,400余人分3期参加培训。重点学习党章党规、习近平总书记系列重要讲话精神等,学习有关农村政策法规、农村基层党风廉政建设、新型农村集体经济、扶贫开发等内容。5—6月份,党校教师下乡(老干部局、老年大学、运管所、司法局和太宁村）宣讲“两学一做”。6月22—30日，党校教师参加“两学一做”专题培训研讨会。6月下旬—7月上旬，党校教师下乡（公安局、卫计局、妇幼院、公路局、化峪镇和蔡村乡）宣讲纪念建党95周年和“七一”讲话精神。

【硬件设备优化】　县委党校投资40余万元对党校校园进行硬化绿化和大教室室内装修工程，改善党校基本办学条件。

【理论研究】　科研工作是党校工作的重要组成部分，没有扎实的科研工作，教学就不可能搞好，党校的作用也不可能充分发挥。县委党校进一步完善科研计划，确定重点选题，合力进行攻关，采取重奖的办法，充分发挥党校老师专业门类上的优势，结合全县经济发展的实际，特别是针对全面建设稷山小康社会的实践中出现的新情况、新问题、新成效，拿出一批有价值、有分量、有影响的成果，为县委、县政府决策提供大量有价值的依据。

档案管理

【活动档案管理】　2017年4月，县档案局（馆）聘请党校讲师宁春梅对县直单位一把手及分管领导进行《山西省重大活动档案管理办法》的专题解读，受训人员200余人。10月在大红楼8楼会议室组织举办“三基建设"档案业务能力提升培训班。在培训会议上，对《山西省重大活动档案管理办法》进行培训解读。同时对太阳乡44卷重大活动档案进行整理归档。对中斯友好活动和板枣文化周重大活动档案进行移交存档。

【三基建设档案管理】　县档案局（馆）根据县委关于加强“三基建设”的实施方案，县档案局（馆）承担规范文书和档案管理的任务，为进一步明确文件材料归档范围和文书档案保管期限，形成定期归档制度和探讨文书档案的电子化管理模式，召开专题会议，采取有效措施，确保工作任务有序推进。县档案局（馆）认真梳理《中华人民共和国档案法》及《中华人民共和国档案法实施办法》《山西省档案管理条例》，国家档案局8号、9号、10号令，根据相关法律法规和国家、省、市档案部门有关规定，结合本县档案工作实际，在调查研究摸底的基础上，初步形成档案整理归档制度的基本思路，明确立档单位（含机关、事业、企业单位全覆盖），核定档案整理归档的原则、归档范围、归档时限、归档要求、归档数量等一系列操作规范。在文书档案的电子化管理上，结合稷山实际，提出下一步做好“存量数字化、增量电子化”的档案信息化战略思维和理念普及，进一步健全完善电子化档案管理制度。10月，在大红楼八楼会议室举办各乡镇、县直单位“三基建设”档案业务提升能力培训班，各乡镇、县直单位116个单位的分管领导、档案员共计200余人参加培训，全面提升各单位领导重视程度和档案员管理档案基础业务的能力。

【馆藏档案鉴定划控】　2017年，县档案局（馆）完成档案鉴定划控1.73万件，其中开放14.76万件，控制1.73万页，均超额完成工作任务。

【文件级目录著录】　县档案局（馆）全年共完成档案文件级目录著录1.56万卷，3.19万条，全文扫描14.76万页。同时，建立健全《数字化加工项目加工现场管理制度》《数字化加工项目加工人员行为规范》《数字化加工项目保密制度》，均超额完成任务。

【到期档案接收进馆】　县档案局（馆）全年共计接收组织部、稷峰镇、西社镇、化峪镇、翟店镇、清河镇、太阳乡、蔡村乡、审计局、城建局、保密局进馆档案11家，共计1.45万卷；进馆资料8种，共计20册，同时收集春节社火活动电子档案进馆。

【档案业务培训】　县档案局（馆）主动作为，积极联系，开展稷山“兰台大讲堂”业务培训10次，涉及会计档案、科技档案和重大活动档案管理等。各乡镇、县直单位116个单位的分管领导、档案员共计200余人参加培训，全面提升各单位领导重视程度和档案员管理档案基础业务的能力。

【档案执法检查】 县档案局（馆）于10月16日至20日，对县委工作部门和县政府各组成部门共37个单位进行执法检查。通过检查，切实提高各单位依法治档水平，夯实档案基础工作。11月9日，县人大常委会副主任杨丙坤带领部分市、县人大代表对县政府贯彻落实《中华人民共和国档案法》《中华人民共和国档案法实施办法》和《山西省档案管理条例》有关情况进行执法检查。代表们先后到县审计局、住建局、人社局、公安局、档案局（馆）等地实地检查。在档案局（馆）四楼召开的座谈会上，代表们听取副县长南选智汇报县政府贯彻落实"一法一办法一条例"的具体情况，并针对检查中发现的问题提出具体意见和建议。市人大代表对档案工作提出六点希望和要求，执法检查组对县档案局（馆）的工作给予充分肯定。

【档案整理指导】 2017年，县档案局（馆）指导太阳乡政府、机关养老保险所、林业局、农保中心、粮食局、公安局、住建局等单位档案整理工作，指导整理档案2.04万卷（件）。

【接待查借阅】 县档案局（馆）认真落实安全责任制和首问责任制，坚持每天二次温湿度登记和查（借）阅档案双人在岗，热情接待查阅人员，全年累计接待查（借）阅300人（次），出具有效证明文件120件（次），协助102人（次）解决退休审批、土地手续等方面的历史遗留问题。

工商联工作

【非公经济人士理想信念教育】 2017年，县工商联继续开展以"诚信守法"为核心的非公有制经济人士理想信念教育实践活动。组织部分企业家到井冈山参加理想信念培训班，到清河镇北阳城村参加"红色基因代代传"主题教育活动，增强企业家理想信念和守法诚信意识，促进企业更好更快发展。积极向县委、县政府建言献策，协助县委、县政府出台促进民营经济发展意见，为促进全县优化营商环境出力。树立遵纪守法、诚实守信、创新转型、承担责任、健康向上的新形象。

【会员代表大会召开】 根据工商联章程规定和上级要求，县工商联对执委以上的非公经济人士进行综合评价，3月1日，稷山县工商联第十二次会员代表大会召开，大会选举产生工商联第十二届执委会，李朝周当选第十二届执委会主席并配齐配强了领导班子，为进一步发挥职能作用打下坚实基础。

【精准扶贫】 县工商联引导全县非公经济人士参与社会服务事业、传播健康理念。从政治、责任、全局的高度，正确认识开展"万企帮万村"精准扶贫行动的重要性。要求广大非公有制企业突出自身特点，发挥企业优势，因企因地制宜，在帮扶上突出优势，推动发展一批特色产业，解决一批贫困户劳动力就业，落实一批公益捐赠项目。晋龙公司结对帮扶太阳乡东王村和北王村。针对实际，加大蛋鸡养殖技术培训，共计培训4000多人次。提供就业岗位25个，使25户每户年均增收4万元，实现脱贫，鼓励贫困户发展蛋鸡养殖。晋武煤焦 自筹资金10万元，成立"晋武扶贫公益基金"，对化峪镇路村达一本线的贫困学生每生每年发放5000元的学习及生活补助，二本A类每生每年3000元，二本B类每生每年1000元；为路村200余户70岁以上老年人、五保户每户每年发放200—300元的米、面、油等慰问品。安徽亳州中药材公司 针对清河镇和太阳乡种植中药材的实际，结合企业实际，采取公司+协会+农户的形式，为贫困户中药材种植提供产前供种、产中管理到产后销售的一条龙服务，不但从产业政策扶持上促进贫困户的脱贫，而且成为全县多个种植中药材村的富民产业。石羊饲料稷山分厂为稷峰镇富乐村建档立卡贫困户每人每年发放300元生活补助;菇尔康集团投资2万元帮扶翟店镇南吴坡开展种植培训,累计20课时。晋华集团成立晋华公益基金,累计帮扶村里所有小学生和大学生达30万元。

【创新会员服务方式】 县工商联一是多渠道开展非公有制经济人士培训,组织开办企业总裁培训班,通过学习培训,使广大民营企业管理者开阔眼界,增长现代企业管理知识,也增强做好、做大、做强企业的信心。组织会员企业参加浙大培训,就企业转型创新和资本运作进行引导;二是多渠道为企业融资服务。搭建政银企合作平台,促成助保贷业务,有效缓解企业流动资金;三是了解企业具体情况,为企业发展排忧解难。开展"弘扬优秀企业家精神促进民营经济振兴崛起"大调查和新生代非公经济人士成长情况调查,先后到铭福钢铁、金环涂料、永祥煤焦、晋龙饲料、永东化工、东方资源等十几家民营企业生产和工作一线,了解民营企业发展现状、困难问题、诉求建议和企业负责人思想动态等情况,了解企业重点工程项目的进展情况、存在困难和需要省级层面解决的问题,有针对性地协调帮助企业解决制约发展的突出问题,提振民营企业发展信心,推动经济稳步向好发展。四是召开十九大精神宣讲会,深入宣传党的十九大精神,特别是关于民营经济企业发展的相关政策,让民营企业家准确把握十九大精神对加快民营经济发展的要求,顺应新时代民营经济发展新趋势,努力成为爱国敬业、守法经营、创业创新、回报社会的表率和践行亲情新型政商关系的典范;五是组织召开企业招聘会。春季、秋季各召开企业招聘会一场,参与招聘的会员企业56家,商户270家。进场三万余人次,达成招聘意向1800余个。为企业吸纳人才提供强有力的支撑;六是引导企业加大企业文化建设力度,增强企业向心力和凝聚力。编纂出版《非公企业文化集锦》,组织举办稷山首届非公企业文化展演,为企业交流沟通搭建平台。

【信息撰写】 2017年县工商联共为运城工商联通讯撰写信息27条,被采用19条,为省工商联开办的微信公众号撰稿17篇,被采用10篇。

【会员参政议政】 参政议政是工商联在新时期的一项重要工作职能,是工商联当好政府助手、联系非公有制经济桥梁纽带作用的具体体现。为做好这项工作,县工商联积极组织引导工商联界别的人大代表、政协委员抓好学习,紧紧围绕经济建设这个中心,为党和政府当好参谋,为人民群众多谋利益,为稷山发展多做贡献。全年共提出24份议案、提案被县政府和有关部门采纳。

妇联工作

【妇女创业就业培训】 2017年,县妇联为帮助妇女创业就业、增收致富提供服务,联合县人社局为城乡失业妇女举办巾帼家政(月嫂)专题培训班6期,培训妇女300余人;邀请县畜牧兽医局专业人员到太阳乡勋重村为70余名妇女举办"巾帼脱贫种植养鸡技术培训";邀请民间手工编织女能手黄赛为蔡村乡40余名妇女进行手工串珠培训;与贝亲好家政服务公司联合组织40余名妇女举办为期一周的巾帼家政培训班;组织3名妇女参与市妇联组织的"五彩香包助脱贫、巾帼巧手绣幸福"手工技能大赛,薛亲便代表稷山参加个人赛获得一等奖,薛亲便、高青果、潘来果参加团体赛获得优秀奖,县妇联获优秀组织奖;组织参加省妇联组织的第四届"三晋巧姐"手工艺品展评展销活动,梁全姣的参展作品钩编"针织包"荣获优秀作品奖;组织参加市妇联组织的首届"河东家嫂"母婴大赛,范红果获得三等奖,南晓婷获得优秀奖,县妇联获得"河东家嫂"优秀组织奖。

【关爱贫困妇女儿童】 县妇联始终把关爱贫困妇女、留守儿童作为工作的重中之重,想方设法为其送去党和政府的温暖和关爱。组织巾帼志愿者到稷峰敬老院开展“感恩父母、尊老敬老”家庭教育志愿服务活动,并带领孩子一起为老人们打扫房间、整理床铺、唱歌、跳舞,为弘扬尊老敬老传统美德,营造浓厚的社会氛围。春节前为18户贫困户送去麻花、米、食油和祝福,农忙时为其送去化肥、羊饲料、补鞋辅料。元旦来临之际组织机关人员与巾帼志愿者自购猪肉、面粉、莲菜、食用油等食材送给贫困妇女家庭,多次到帮扶村勋重村贫困户家中,根据其家庭实际情况和村干部协商,征求本人意愿,制定帮扶计划和措施,责任到户,责任到人,确保脱贫工作取得实效。与大世界婚纱摄影联合开展“爱在身边”惠民关爱活动,免费为35—64岁的建档立卡农村贫困妇女拍摄“爱心全家福”近500张,为建档立卡贫困妇女张彩良申请发放救助金3000元,为邢东果、王麦英等5名建档立卡贫困妇女申请并发放救助金2500元,为14名农村“两癌”贫困妇女发放救助金14万元。市妇联主席王凤婷、副主席李晓红一行到太阳乡勋重村为87名贫困母亲及家庭发放公益捐赠的全新“李宁”牌服装和运动鞋,并走访慰问贫困母亲和贫困家庭,送去衣服、夏凉被等慰问品。组织县妇联兼职副主席、各乡镇妇联主席、巾帼志愿者及社会爱心人士,为新疆贫困山区的孤残儿童、贫困儿童精心编织毛衣27件、围巾2条。

【妇女维权法治宣传】 县妇联组织妇女骨干、巾帼志愿者在稷峰文化广场开展以“建设平安稷山·巾帼在行动”为主题的“三八”维权周宣传咨询活动;联合县公安局开展以“无悔青春、健康生活”为主题的6.26禁毒宣传咨询活动;联合疾控中心开展“共担防艾责任 共享健康权利 共建健康中国”为主题的12.1宣传咨询活动;联合司法局等单位开展“建设法治稷山·巾帼在行动”为主题的法制宣传日系列活动,向广大妇女群众发放《妇女权益保障法》《反家庭暴力法》《婚姻法》等宣传资料1000余份,制作反家暴宣传版面4块,接受咨询30余人。通过宣传,引导妇女群众尊法、学法、守法、用法,为平安稷山建设做出贡献。运用12338维权热线和妇女维权站,畅通妇女诉求渠道,提供法律咨询和援助,积极参与矛盾调解,依托基层妇联组织,开展婚姻家庭纠纷大排查,全年共接待来信来访11起,化解满意率达92%。

【妇代会改制】 按照省市妇联改革方案和县委群团改革方案要求,县妇联完成村妇代会改建妇联即“会改联”工作,全县200个行政村妇代会全部改建为妇联,并选出妇联主席176人,兼职副主席270人,执委1690人。按照1∶3∶4县乡兼职副主席配备,县妇联已配备兼职副主席4人,乡镇妇联配备主席7人(由乡镇党政班子中的女性成员担任),专职副主席7人(由原来的乡镇妇联主席担任),兼职副主席28人,执委240人。印发《关于推进乡镇妇联组织区域化建设改革创新的实施方案》,组织各乡镇妇联主席召开“推进乡镇妇联组织区域化建设改革创新会议”,县妇联确定1个乡镇、1个村、1个非公组织作为试点,每个乡镇确定2个试点村,采取先行先试、以点带面的方式,组织乡(镇)村妇联干部前往稷峰镇加庄村和翟店镇观摩学习区域化改革的做法,并全面铺开各乡镇改革工作。在非公企业和“两新”组织中建立妇女组织和“妇女之家”。全县95家非公经济组织中共有85家建有党组织,新建妇女组织11家,其余企业选举工作正有序进行。全县共有32家党政机关、企事业单位妇女干部在10人以上,已有27家单位建立了妇委会组织机构。按照省、市、县换届要求,村两委班子成员中,至少要有一名妇女干部的要求,到年底全县200个行政村共有202名妇女入村“两委”班子。

团委工作

【推介青春形象大使】　2017年，团县委为纪念建团95周年、五四运动98周年，按照县委、县政府深入推进“五城同创”工作的总体要求，进一步激励和引导广大青年在“五城同创”工作中发挥生力军和突击队作用，树立和宣传稷山青年在“五城同创”工作中的先进典型，为“四基地一名城”建设创造良好环境，5月3日由县文明城市创建工作领导组办公室和共青团县委联合举办的“助力五城同创 青春稷山形象大使”推介会在大红楼八楼会议室圆满落下帷幕。县委常委、宣传部部长姜存师，政府副县长郝冰、政协副主席张国兴以及“五城同创”成员单位负责人出席活动，社会各界人士共计300余人参加活动。此次活动共历时一个多月，经过推报人选、确定正式候选人、候选人公示三个环节，最终崔卫蛋、黄琳、白建宏、王铂渊、程晓丽成为“青春稷山形象大使”，李达、高恩茂、李亚萍、赵丽姣、潘春虎获得“青春稷山形象大使”提名奖。

【少先队特色活动开展】　3月，团县委在南街小学、翟店初中和精华学校开展“北京市学雷锋标兵宋薛宣先进事迹宣讲进校园”活动，2800余名师生参加活动。6月份，组织全县各级少先队组织开展“喜迎十九大——我向习爷爷说句心里话”主题活动，并制作专题片，鼓励少年儿童听党话、跟党走。10月份，组织志愿者和少年儿童百余人开展“喜迎十九大 小手绘井盖 共筑文明城”活动，以实际行动助力文明城市创建，喜迎党的十九大胜利召开。

【扶贫关爱活动开展】　1月，团县委在化峪镇梁堡村开展“凝聚青年力量 助力精准扶贫”活动，组织20余名青少年志愿者为20余名留守儿童赠送学习和生活用品，为村民书写、赠送春联百余副。4月，在清河镇万亩桃园举办“情定十里桃花”第二届单身青年联谊会，给全县适龄单身青年搭建交友、交流平台。来自各行各业的100余名优秀单身青年参与其中，营造健康积极的青年交友氛围，展示出稷山青年真诚、乐观、自信的精神风貌；6月，举办“老少牵手 共沐阳光 快乐成长”的庆六一暨五老志愿辅导员聘任仪式，聘请10名退休老干部作为县少先队志愿辅导员，同时为20名留守儿童发放节日礼物。8月，争取到山西省希望工程圆梦行动对7名贫困优秀大学生进行资助，每人5000元。为确保信息精准，团县委组织11名青年志愿者分别前往7名受助生家中，进行入户调查，通过村里走访、座谈、实地查看等方式核实受助生基本家庭情况，其中志愿者张翠玲被省希望办评为优秀志愿者。12月，按照“冬季行动”方案要求，到贫困户家中打扫卫生、整理院落，并送上油、牛奶、方便面等慰问品，为两户贫困户分别送上1000元生活补助。

【青年志愿者活动开展】　3月，团县委联合学雷锋志愿者协会在翟店中学开展“青春集结‘雷锋月’，‘五城同创’进校园”宣讲活动。7月，组织志愿者、小学生、团员青年共计60余人在民乐园清理枯树叶、杂草、捡拾垃圾纸屑，打扫过道等并向行人发放青春助力“四治六化”倡议书。8月份组织志愿者在晋村路口的“青年林”开展卫生整治志愿服务活动，整理树坑、捡拾砖头和垃圾、清理绿化带，以实际行动参与环境集中整治活动。10月底，在化峪镇宁翟村开展“情暖重阳·让爱带您回家”微信黄手环免费发放志愿服务活动，为该村65岁以上患有认知障碍、健忘或语言能力缺陷的70名老人免费发放第三代微信黄手环，并送上舞蹈、朗诵、戏曲等文艺节目和免费理发、按摩等服务。

信访工作

【规范接访处访程序】　2017年，县信访局全面推进依法分类处理信访诉求工作和完善领导干部接访制度，做到上访、接访、处访三明白，且快速高效办理，不断提高群众满意率。年初，根据省市局的具体要求，遵照县信访联席会议决定，组织县直有关20个职能部门，编写完成《稷山县通过法定途径分类处理信访投诉请求清单汇编》一书，并利用县信访服务大厅平台，对县直20个有关部门、七个乡镇的分管领导和信访专干进行集中培训，发给人手一书，并在县乡接访公共场所摆放此书，供群众阅看，有效提高办理群众信访事项的质量和效率，做到上访、接访、处访三明白。通过来访、来信、网上信访等渠道，共接待登记群众信访事项194起，全部办理，办理率100%。其中来访事项85起，占信访总数的43.8%，除涉法涉诉不予受理的13起外，受理72起，办结70起，剩余2起正在办理中，办结率97%；来信事项72起，占信访总数的37%，已办结66起，正在办理的6起，办结率91.7%；网上信访事项37起，占信访总数的19%，已办结36起，剩余1起正在办理中，办结率97.3%。其中省局交办的2起已办结，办结率100%；市局交办的6起已办结，办结率100%；市巡察组交办的41起，全部办结，办结率100%。全县共发生赴京越级访3起。为不断强化接访处访的实效性，县信访局坚持和完善领导干部常年每日坐班接访制，即每天有一名县级领导带领两名分管工作的局级领导，到县信访服务中心大厅坐班接访。全年，领导接待群众来访事项共计73起，已办结72起，剩余1起正在办理中，办结率98%。

【疑难信访问题解决】 2017年，省交办的两起信访疑难案件，分别由县委书记廉广锋、县长吴宣二位领导承包解决，市交办的6起疑难信访案件，分别由县委副书记尚国桦，县委常委、政法委书记赵永刚，县委常委、常务副县长费克仁，副县长赵军、南选智等领导承包解决。8个疑难信访案件和突出群访问题，全部依法依政策得到解决，上访人表示满意而息诉息访。全县共落实“五包一”“五个包”信访疑难案件76个，全部办结。在解决“涉军”群访事项中，县委、县政府领导一致认为，事关政治稳定，事关民心所向，必须尽快解决好。县常委、副县长以上领导全部参加，并组织信访、民政、人社及各乡镇干部100余人参与，及时入户走访、慰问有关军人820名，宣传党的有关政策，解决上访人的思想认识问题；根据不同情况采取发放慰问品、救助款、取暖费、帮助解决养老保险问题、公益岗就业等措施，有效解决上访人实际生活困难问题。使准备赴京的涉军群访事件得到源头化解。

【非正常上访专项整治】 县信访联席办统一政法各部门执法思想，形成执法共识，对每一名进京赴省到市非正常上访人员和集体上访的组织者，都要查清事实，依法处理。特别是对长期无理缠访闹访非访和串联上访的组织者加大刑事处罚力度，形成依法打击非访的高压态势。2017年全县共对17名违法上访人员进行依法处理，其中行政拘留11人，警告6人。

【敏感时期信访化解】 县信访局扎实做好全国“两会”和省、市、县“两会”期间、“一带一路”国际合作高峰论坛、党的十九大等重要会议召开前后的信访工作，每次敏感节点，全县都大规模地组织集中排查、集中化解、集中稳控。尤其是在党的十九大召开期间，将县乡村三级集中排查出的重点事、重点人以及疑难信访案件共计167件，全部按属地、按部门细化分类造册登记，并印发到各有关所属乡镇和县直分管单位，作为硬任务限期完成。各乡镇与县直单位紧密配合，大力协作，齐抓共管，对重点稳控人员做到因人施策，并加强与上级信访部门的信息互通，对重点人员的动向及时上传下达，做到明动态，知去向，确保将稳控人员教育稳控在当地，问题解决在基层。在这六次敏感期，全县实现进京赴省到市“零非访”“零群访”“零越访”。

【信访经验总结】 县信访局及时总结经验教训，创新搞好信访工作。全年呈送有关全县信访工作经验总结和案例分析等11篇稿件，被省委、省政府、省信访局主办的《山西信访》登载10篇，特别是局主要领导写的《把好"五关"抓信访，矛盾化解在基层》的县委、县政府抓信访工作的长篇经验总结稿件，在《山西信访》2017年第一期上，封面介绍、头页头条全文登载，省局领导给予充分肯定，并在全省推广。

文明创建

【重点工作】　2017年是创建年，县文明办主动汇报，多次请示，先后召开5次全县大会，明确任务分解，精准对接；资料收集环节严格把关，耐心辅导，深入调研，走出去学习先进经验，扬长补短，整理成册，少而精、质量优、效果好；实地考察及早准备、充分协调、多次督查、及时总结、不留死角；新建3个核心价值观主题广场，漂亮大气、主题鲜明，深受市民喜爱和验收组的好评；组织各文明单位和学雷锋志愿者在红绿灯路口进行10多天的文明劝导，有效减少各种交通不文明行为，营造文明出行、文明礼让的良好出行氛围，社会反响良好；组织学雷锋志愿者利用3个月时间，出动3000余人次，走遍大街小巷、小区广场、机关学校，共发放《创建省级文明县城提升倡议书》《告别不文明行为倡议书》5万余份，《文明手册》1万余份，《核心价值观宣传册》3万余份。省验收小组验收检查时，入户调查200户市民，满意度达百分之百，实地考察顺利通过，问卷调查满意度高。12月23日，稷山县入选2016—2017年度山西省文明县城拟表彰名单。

【树典立标】　县文明办严格程序，不讲情面，取消几个单位的申报文明单位资格，新增几个文明单位，对在文明县城创建中的一些先进典型单位以及县域经济发展中一些标杆单位予以表彰。根据省、市安排部署，推荐申报一批文明家庭、文明学校、优秀志愿者，拓宽文明行业领域，倡树一批精神文明建设标杆。省市文明网的信息上报数量和质量都大幅提升，对全县各行各业先进典型事迹，及时上报到省、市文明网上，利用网页、微信公众号等多媒体平台全方位展示稷山的良好形象。9月20日公民道德宣传日，县文明办邀请运城市委党校副校长邹建民教授，来县做"践行核心价值观，提升公民道德素质"的专题讲座，对提高公民道德素质，加强精神文明建设，践行社会主义核心价值观具有很强的启发性和指导性。

文联工作

【重点工作完成】　2017年，县文联发挥"联络、协调、指导、服务"的职能，围绕培养文艺人才、繁荣文艺创作等方面开展工作。元月22日，组织10余名全县知名书法家，在县委广场举行义务为群众书写春联活动，书写春联400余副，并积极参加"四下乡"活动，到农村为群众义务书写春联200余副。正月十一至二十，在稷峰文化广场东侧举办"晋善晋美新稷山"优秀摄影作品展，县委书记廉广锋、县长吴宣等四大班子领导亲临现场观看展览并给予高度评价。2月7日，在青少年文化活动中心举办"文化稷山"诗歌朗诵会，给全县朗诵爱好者提供展示平台，扩大稷山文化的知名度和影响力。2月9日，邀请晋陕豫黄河金三角摄影家协会一行40余人来县进行采风，并创作大量的作品，《山西日报》《运城日报》《黄河晨报》及不少网络媒体先后进行宣传报道，为提高后稷故里知名度起到积极的促进作用。4月份，县文联与县卫生和计划生育局联合举办"爱卫杯"征文大赛。此次活动为期1个月，共收到作品45篇，参赛人员有工人、农民、学生、个体户、医生、公务员等各行各业的人员，提高了全县群众爱护环境卫生、人人讲究卫生的自觉度。6月中旬，县文联组织作家协会、书法家协会、美术家协会、民间文艺家协会等10余名艺术家赴河津市文联进行学习交流，为进一步创作文艺精品打下良好的基础。8月份开始，县文联与国网稷山县电力公司联合举办为期两个月的“电力杯”征文、摄影、微视频大赛。期间组织70余名艺术家分批次深入蔡村、太阳、翟店等电力一线施工现场进行采风创作，共收到征文作品60余篇，摄影作品200余幅及微视频，全面展示电力工作者的良好风采。《山西日报》《运城日报》《黄河晨报》等省市媒体及不少网站先后进行宣传报道。9月份开始，县文联与侯马、乡宁、曲沃、襄汾、翼城、河津、闻喜、夏县9县（市）文联共同举办“喜迎十九大——晋国古都区域县（市）第一届书法美术作品展”，10月12日在侯马市晋国古都博物馆进行展出，稷山县展出书画作品10余幅，收到与会人员的高度赞扬。为给全县文学艺术工作者提供施展才华的平台，县文联共出版文学类报纸《枣花》报18期，发表小小说、散文、诗歌、摄影等作品上百余篇（幅），并配合全县开展的社会主义核心价值观、纪律作风大整顿、宣传党的十九大精神等内容，组织人员编写诗歌、楹联、漫画等多种题材的文艺作品，得到全县各界人士及市文联领导的肯定。

党史研究

【纪念稷山·运城解放70周年活动开展】　2017年，县委党史办根据市委党史研究室的安排，组织人员征集纪念运城解放70周年有关稷山资料，上报市委党史研究室，在《运城日报》专栏刊登解放运城战争中稷山人民做出的贡献。结合稷山解放70周年纪念活动，在《稷山新闻》报专栏刊登解放稷山70周年纪念文章，使稷山解放战役和运城解放战役的概况、意义及深远影响普及到广大人民群众的心中，教育党员干部牢记革命传统，增强宗旨意识，做到心中有党、心中有责，勇于担当。

【红色革命纪念馆参观】　8月份结合党史研究实际，县委党史办到闻喜县陈村，侯马彭真纪念馆，新绛翟家庄，临汾襄汾县等地，进行党史工作实地考察，现场参观红色革命纪念馆基地建设情况，布展情况，宣传红色革命情况，取得宝贵经验，对贯彻落实十九大精神四个自信的践行增强了信心。

【《中国共产党稷山历史》（第一卷本）编写】

《中国共产党稷山历史》（第一卷本）（1925年11月—1949年10月）征求意见稿20万余字完成，重点进行史料订正、文字修改完善工作，并将征求意见稿和党史正本搜集的有关资料呈报市委党史研究室进行编写审查，组织力量积极征集《中国共产党稷山历史》（第二卷本）（1949年10月—1978年12月）意见征求稿有关专题资料。

老干部管理

【“两个待遇”落实】　2017年，县老干部局严格按规定落实好离休干部的“离休费”和“医药费”。离休干部的离休费由县财政每月按时打到工资本，实行全额财政拨款。医药费从2017年元月份开始，全部转入县人社部门报销，无一拖欠。12月1日，经县政府常务扩大会议研究决定，将离退休干部活动经费列入财政预算。同时，理顺卫生系统169名退休干部管理关系。加大走访慰问老干部工作力度。春节前夕，由县委书记廉广锋、县长吴宣带队，县四大班子及老干部局领导参加，分两组对37名县处级离退休干部进行登门慰问。老干部党委组织人员对全县72名困难党员和离退休老党员、退下来的老书记、定点帮扶对象进行慰问。同时由老干部局牵头，组织全县各单位对2200余名离退休老干部进行节前慰问，把党的关怀和温暖送到老干部家中。“七一”前夕，又对10名新中国成立前老党员进行走访慰问。组织开展送温暖、送健康活动。为提高广大老年人生活生命质量，提高防骗意识，促进其健康养老，安度晚年，组织人员编写印发《中国老年人防诈骗指南》《中国老年人健康指南》共1万册，送到老干部手中，受到老干部的一致好评。同时，编印《老年教育发展规划(2016—2020)》宣传册下发到全县各乡镇各村，组织大家进行认真学习。组织离退休干部进行体检。8月16—17日，邀请西安胃镜专家坐诊，组织84名离休干部到康宁护理院进行健康体检。9月4日—10月15日，组织2257名退休干部到稷山县人民医院和正身医院进行健康体检。

【正能量活动开展】 县老干部局先后邀请山西大学中文系教授阎凤梧，运城市诗词学会副会长廉宗颇，稷山县原人大主任荆孔荣，稷山县原人大副主任、老干部党委副书记徐水泉，稷山县原人大副主任、老干部党委副书记兰文力等离退休老干部进行授课，弘扬国学知识、孝道文化、诗词楹联等传统文化，传递正能量，发挥正效能。组织老干部书画协会深入开展“五进”活动。春节前夕，组织老年大学诗联班10名学员到广场、小区义务为群众写春联。3月份，组织老干部书画协会到稷峰一中、稷峰二中、陶梁村、大李村举办书画展与笔会交流活动。同时，成立老干部信息工作宣传员队伍，发挥离退休干部作用，为全县经济社会发展加油鼓劲。重阳节期间，县老年大学戏曲班组织学员到社区医院进行慰问演出。10月12—13日，西社镇老年大学组织举办“喜迎十九大”文艺演出。围绕“畅谈十八大以来变化、展望十九大胜利召开”主题，组织离退休干部开展深化正能量活动。通过座谈会、研讨会、问卷调查等多种方式组织老同志畅谈十八大以来的新成就新气象新变化。此项活动中，共发放调查问卷800份，征求意见建议548条。6月8日，稷山县委老干部局、老干部党委共同举办全县离退休老干部、老党员“迎接十九大，畅谈新变化”演讲会，老干部局全体人员，老干部党委、各总支、支部班子成员80余人参加。9月28日晚，县委组织部、老干部局和县老年大学共同举办“稷山县老干部庆国庆、喜迎十九大文艺晚会”，组织部王德谋部长致辞，县四大班子领导以及社会各界朋友共1000余人观看演出。以老干部党委为核心，贯彻落实全国老干部工作“双先”表彰大会精神，在离退休党组织和党员干部中开展“创星争优”活动，创建五星级党组织，争当优秀党员活动。“七一”前夕，召开了离退休党组织庆“七一”表彰大会，对3个先进集体、23个优秀党务工作者、43名优秀共产党员、4个“支持老干部工作”的先进单位进行表彰，并进行宣传，发挥先进典型示范带动作用，在全县老干部党组织和党员中形成学习先进、争创先进的浓厚氛围。退休干部、共产党员薛安有同志在正身护理院养老期间，在自己的卧室办起一个“党员便民书屋”。旅居美国的离休干部黄超彦自费购买160套《十九大报告读本》和《党章》供全县离休干部和家乡党员进行学习。吴光芝一次性上交党费300元。8—10月份，组织离退休干部开展以“忆往昔峥嵘岁月，话今朝幸福晚年”为主题的“一人一个小故事”有奖征文活动，选择优秀作品58篇编辑成《正能量文集》。

【文体娱乐活动开展】 县老干部局一是以活动阵地为依托，组织老干部开展活动。运用老干部活动中心和老年大学、社区组织等，组织广大老干部开展经常性的文体娱乐活动，丰富老干部的精神文化生活。十九大召开之际，县老年大学组织学员开展文学创作，先后撰写诗联60余副、新闻稿件20余件、小故事30余篇。9月27日—10月7日，翟店镇老年大学举办“翟店镇喜迎十九大、庆国庆第三届石龙杯书画展”。9月28日，西社镇老年大学组织学员参加了“西社镇第二届羲和文化诗联书画交流大会”。10月23日，稷山县老干部党委社区护理院党支部组织21名老党员和老干部家园100余名老同志打花鼓、扭秧歌，欢天喜地庆祝党的十九大胜利召开。稷峰镇、太阳乡、蔡村乡和化峪镇以老年大学为阵地，围绕十九大的召开分别组织举办各种文体活动。二是以老年大学为依托，组织老年人开展活动。元旦、春节、“五一”节日期间，组织县老年大学体育班、演唱班、戏曲班、合唱艺术团举办联欢会、书画展、文艺晚会、戏曲晚会、乒乓球比赛等文化体育活动。4月6日，组织举办稷山、万荣、垣曲三县老年大学工作经验交流会。11月27—28日，全市老年书画家协会年度工作会暨稷山现场会在稷山召开。运城市书画家协会、市直书画家各分会、各县市书画家协会100余人参加。县书画家协会主席王青虎做大会发言。5月13—14日，老年大学太极拳班参加运城市太极拳比赛，取得金牌15枚，银牌14枚，铜牌7枚的优异成绩。三是以老干部党委为依托，组织老干部党员开展活动。在老干部党委领导下，政府总支举行“老有所为先进人物”现场观摩；农业总支举办“我为十八大点赞，我为十九大建言”图片展；经贸总支举办“讲革命传统，扬良好家风”活动；教育总支举办“大手牵小手，齐讲革命传统”活动；政法总支举办“老干部讲自己的故事”活动；卫生总支举办“讲讲我的养生经”活动。通过活动开展，展示广大离退休干部党员的精神风貌。

【活动阵地建设加强】 县老干部局先后投资万余元购置书柜、桌椅和书籍，并组织开展捐书活动。同时更换乒乓球台2个，台球桌一个，为丰富老干部精神文化生活提供良好条件。投资5万余元，对活动室、办公室进行优化提升，配备电视、多媒体、网络、电脑、打印机等办公设施，为“奉献余热、任劳任怨”的老干部工作者创造温馨和舒适的工作环境。着力推进“四就近”试点示范工作，不断推进利用社区资源“四就近”为离退休干部服务工作试点，依托东城区正身医院建立起“老干部家园”，并成立党组织，保证老干部就近学习、就近活动、就近得到关心照顾、就近发挥作用。

县人大常委会工作

【各项工作任务完成】 2017年，县人大常委会以服务发展大局为主线，以增强监督实效为抓手，紧紧围绕中央、省、市和县委的重大决策部署，依法履行宪法法律赋予的各项职责，共召开常委会会议8次，主任会议23次，组织执法检查、专题调研和专项视察56次，听取和审议专项工作报告16项，做出决议、决定10项，提出审议意见108条，为推动全面深化改革、促进经济社会发展、加快民主法治进程做出积极贡献。

【围绕中心服务大局】 县人大常委会紧贴中心，服务大局，切实把落实县委重大决策作为依法履职的着力点。坚持党对人大工作的领导，就人大党组工作情况、开展对“一府两院”工作评议和开展专题询问等重大事项主动向县委请示和汇报，对县委安排的政府重点工程项目认真进行督查，自觉把党的领导贯穿于依法履职全过程各方面。贯彻党中央和省委决策部署，县人大常委会做出决定，任命县监察委员会副主任和委员，支持和推动国家监察体制改革试点工作，为建立反腐败长效科学的运行机制提供有力保障。针对全县财政收支矛盾突出的问题，县人大常委会审查批准稷山县2017年财政预算调整方案的决议，提升县财政预算管理水平。支持政府公益性项目举债，县人大常委会批准稷山县2017年新增政府债务预算调整方案，有效推动新建城区中小学建设工程、稷峰街改造等一批重大民生项目顺利实施，为全县经济社会发展打下坚实的基础。县人大常委会认真审议表决各项人事任免案，严格按照法定程序选举和任免干部。共补选县人大代表5人，任免国家机关工作人员18人次，撤职1人，接受辞职8人，确保国家机关正常运转。

组织新任命国家机关工作人员进行宪法宣誓，维护宪法的权威，增强国家机关工作人员的法治意识和公仆意识。注重加强任后监督，精心组织开展对政府工作部门和法、检“两院”副职的工作评议。通过年末集中检查、工作述职、满意度测评等方式，详细了解其履职尽责和工作开展情况，督促被评单位以评促改、主动查纠、务实整改，“一府两院”服务大局、依法行政、公正司法的能力和水平得到进一步提升。按照县委的部署和要求，县人大常委会班子成员主动担当，融入中心工作，积极参与城乡环境卫生集中整治、精准扶贫、“五城同创”、重点工程项目建设、征地拆迁等重点工作，亲临现场，出谋划策，协调解决具体问题。重视精准脱贫工作，帮扶南吴坡村大力发展村级集体经济，先后争取资金120万元，建设现代化香菇大棚8座，冷库1座，人均增收1000元左右。

【实施监督】　县人大常委会围绕促进转型升级这条主线，从法定职责和工作特点出发，选准抓精议题，增强履职实效。一是聚焦经济运行实施监督。适时听取和审议县政府国民经济和社会发展计划执行及经济运行情况的报告，全面了解掌握各项指标完成进度，注重根据宏观形势的变化，认真分析经济运行中出现的新情况、新问题，督促支持政府积极应对复杂的内外经济环境，不断增强内生动力和发展后劲，切实提高经济运行的质量和效益。抓住预算编制、执行和决算环节，成立财经专家委员会参与预算审查，对预算法的实施情况展开调研，定期听取审议县政府关于2016年决算和2017年上半年财政预算执行的报告，着力规范政府财政预算管理行为。重视支持审计监督，跟踪督促审计问题的整改落实，建议县政府明确整改责任，加大整改力度，增强整改透明度，进一步促进全县财政资金的高效、规范、安全运行。二是聚焦创新方式实施监督。在听取专项工作报告的基础上，首次对“稷王文化名城”建设中的城市建设与管理情况开展专题询问。认真讨论研究，制订工作方案。主任会议多次对专题询问的方法、步骤及调研的重点内容进行研究，制定翔实的实施方案、指导意见和调研具体安排。召开动员大会，四位副主任分别带领8个调研组深入政府各局办亲力亲为，明察暗访，掌握情况准确、数据翔实的第一手资料。县人大常委会主任会议对各调研组询问选题进行认真筛选，确定11个社会关注、百姓关心的热点难点问题。本着公开、公正、透明的原则，县人大常委会邀请18名市县人大代表、党代表、政协委员旁听。两名副县长带领14名部门负责人回答询问。通过询问督促政府提高依法办事水平和工作效率，达到了化解疑问、增进了解、推动工作的目的。三是聚焦生态改善实施监督。县人大常委会充分肯定县政府在推进大气污染、水污染、土壤污染“三防治”和生态建设、环境保护等方面取得的成绩，同时指出，要正确处理经济与生态、当前与长远的关系，认真落实绿色发展理念，深化污染防治，改善环境质量，提升治理能力，让良好的生态成为经济发展的增长点，成为展现稷山良好形象的靓丽名片。四是聚焦环境整治实施监督。县人大常委会贯彻落实县委“五城同创”推进大会精神，主动参与，采取明察暗访、定期检查与不定期检查、书面汇报与实地查看相结合等方法，共开展六轮督查，提出113条整改意见。五是聚焦项目建设实施监督。县人大常委会主动响应全县重点工作落实，组成工业、经济、农业、教科文卫、城建环保专项督察组，就县政府实施的43个重点工程项目中的投资完成、工程进度、项目实施计划及措施等展开视察和督察。针对存在的立项难、融资难、征地难、拆迁难等问题，建议县政府强化统筹协调，完善管理机制，破解制约因素，培植新增长点，加快建设进度。

【依法履职】　县人大常委会把全面推进依法治县作为应尽之责，认真履行法律监督职能，全力推动“一府两院”依法行政、公正司法。一是全力推进依法行政。针对群众普遍关心的热点问题，积极主动开展城乡规划法、文物保护法、档案法等8部法律法规的执法检查，切实推动政府相关部门依法办事，规范运作，提高效率。针对城乡规划管理中存在的重审批轻管理、重城市轻农村、重要路段民生设施不完善、县城控制规划不科学、规划管理执法不严、海绵城市建设推进不快等问题，组织开展专项执法检查，召开反馈意见“回头看”座谈会，分别听取审议专项工作报告和反馈意见整改情况报告，督促县政府坚持高起点编制规划，高水平指导建设，高效能服务发展，全力加强城乡基础设施建设。审议意见下发后，县政府召开专题会议，逐条研究讨论，制订详细方案并落实，有力地推动城乡规划法有效、正确实施。二是着力推进公正司法。县人大常委会听取和审议县法院关于民事案件执行工作情况报告，对县法院实施刑事诉讼法情况开展检查，组织部分市县人大代表就县法院执行工作开展专题调研。对县法院在加强司法能力建设，强化执行措施、规范执行行为、创新执行模式，发挥公正司法职能、维护公平正义等方面所做的工作给予充分肯定，督促和支持县法院进一步完善执行工作联席会议制度，深化专项行动常态化，优化执行信访化解机制，规范执行工作秩序，加大对拒不履行法律文书被执行人的惩戒力度，为全县经济发展和社会稳定提供强有力的司法保障。县人民检察院深入推进司法体制改革，司法公信力大幅提升，公平正义得到彰显。县人大常委会听取审议司法体制改革情况报告，高度评价县检察院在司法改革中的不懈努力和有益探索，充分肯定司法体制改革取得的阶段性成效，同时指出，县检察院要继续深化司法体制综合配套改革，全面落实司法责任制，着力解决影响司法公正和制约司法能力的深层次问题，努力让人民群众在每一个司法案件中感受到公平正义。三是扎实推进全民守法。县人大常委会注重法治教育与监督实践相结合，充分运用听取审议工作报告、执法检查以及代表视察、专题调研等形式，加强对法制宣传教育工作的监督检查。先后深入太阳西社司法所、樊小黑法律工作室、司法鉴定中心等处所展开调研，听取审议县政府“六五”普法总结暨“七五”普法安排的工作报告，做出决议，建议县政府全力实施普法七大重点任务，加强普法工作保障，健全普法工作制度，全面推进法治建设，着力提升社会治理化水平。四是加快推进备案审查。县人大常委会将开展备案审查作为履行宪法监督职责的重要内容，建立健全《规范性文件备案审查工作的实施办法》和《审查工作规程》，抽调专门人员，成立审查领导组，认真开展主动审查和专项审查，着力加强备案审查制度和能力建设。全年共对县政府报送的两个决定文件、乡镇人民代表大会报送的五项决议逐件逐条进行审查、备案，做到“有件必备、有备必审、有错必纠”，维护宪法法律权威和国家法制统一。五是积极推进社会和谐。县人大常委会不断规范信访工作程序，及时出台《县人大常委会信访工作若干规定》，加大信访立案、交办、督办力度，全年共处理人民群众各类信访案件9件，接待群众来访42人次，重点督办解决了6起矛盾纠纷，做到件件有落实，事事有回音，群众反映的一批合理诉求得到妥善解决。

【民生事业改善】 县人大常委会坚持以人民为中心的发展思想，不断满足人民群众的美好生活需要，致力让全县人民在共建共享中实现更多的获得感和幸福感。一是回应群众关切，致力促进社会和谐。县人大常委会高度重视食品安全工作，始终把食品安全作为重大民生问题，列入监督重点，强力跟踪问效。在县人大常委会密切关注、持续跟踪监督下，全县食品安全治理能力明显提升、食品安全监管机制得以健全、部门协调联动共建共治格局初步形成，创建食品安全放心县城取得阶段性成效，全县食品安全形势呈现出稳定向好的局面。稷山县的城乡集体聚餐工作得到国家省市表彰，并在全国推行。县人大常委会针对食品产业整体素质不高、信息化监管应用滞后等问题，听取审议县政府实施食品安全法及创建食品安全放心县城情况的报告，开展执法检查，督促政府全面实施食品安全战略，巩固提升食品安全县城创建成果和标准，确保全县人民吃得健康、吃得安全、吃得放心。二是关注弱势群体，致力保障改善民生。县人大常委会深入调研精准扶贫情况，对政府精准识别扶贫对象、多元扶贫精准施策、完善机制、责任压实等做法及成效给予充分肯定。同时指出，要提高认识，激发贫困群众内生动力；结合实际，完善产业扶贫模式；制定规划，培训精准扶贫干部；创造条件，引导社会组织参与脱贫攻坚；严格监督，建立责任追究制度；通力合作，坚决打赢精准脱贫攻坚战。聚焦民生养老工作，县人大常委会实地察看全县日间照料中心，提出增加经费保障、规范运营模式、提高管理和服务人员的专业水平，真正使这一为民工程更好地发挥作用。三是聚焦“三农”发展，致力乡村振兴战略。县人大常委会深入部分专业合作社和农户家中进行调研，提出进一步强化宣传教育、加强机制和制度建设、加大专业人才建设、出台政策和加大财政投资力度的建议。同时，组织部分人大代表和农口负责人到河南部分县的农民专业合作社考察学习。之后，召开县农口股级以上干部和乡镇长、副职参加180人的稷山县促进农民专业合作社发展专题报告会，对全县农业增效、农民增收工作起到促进作用。

【代表主体作用发挥】　县人大常委会坚持突出代表主体地位，改进代表工作方式，完善代表服务机制，搭建代表履职平台，有效发挥代表服务改革发展、推进民主法治的作用。一是加强与代表和群众联系。制定“三联”（主任会议成员联系常委会委员、常委会委员联系县人大代表、县人大代表联系原选举单位乡镇人大代表及人民群众活动）制度，5名主任会议成员、33名常委会组成人员、180名县人大代表与470名乡人大代表保持经常性联系和互动，通过召开座谈会、列席人大常委会、走访等形式，听取代表对“一府两院”和人大工作的意见和建议。深入推进代表小组活动室建设。按照便于活动、易于组织、注重实效的原则，对区域相邻或行业相近的代表重新进行编组。全县市县乡三级人大代表共编29个代表小组。各代表小组都建立活动阵地，健全完善各项规章制度，组织代表进行多次学习，开展视察调研，各项活动趋于规范，取得明显的效果。二是加强代表履职管理。县人大常委会采取“请进来”集中培训和“走出去”考察学习相结合的方法，对代表如何履好职、尽好责以及开展人大工作进行一系列学习培训，提高代表的履职水平和能力。建立健全市县乡三级人大代表履职档案，对代表活动的经费予以保障，有效激发人大代表履职的活力和动力。200余名市县乡人大代表参加县人大常委会组织的视察、调研和执法检查等活动。全县各代表活动小组扎实开展专题调研活动，形成48个专题调研报告。稷峰镇和化峪镇的代表小组在全市人大工作联系会上做典型发言。6名在稷山的市人大代表向县人大常委会报告履职情况，100余名县乡人大代表向原选区选民进行述职，加强人大代表与原选举单位的联系，自觉接受原选举单位的监督。认真开展“学习贯彻习总书记视察山西重要讲话——人大代表在行动”主题活动，人大代表就环保绿化、扶贫攻坚、文化建设、城市建设、项目实施等16个方面积极建言献策，有效发挥人大代表在全县经济转型发展、生态文明建设、脱贫攻坚中的模范带头和推动作用。三是加强代表建议办理。县人大常委会将代表满意、群众认可作为办好建议的第一标准。对代表提出的意见建议，在总结借鉴以往经验的基础上，建立完善面对面“交账”、硬碰硬“查账”、实打实“结账”的代表建议督办工作机制。督办部门与政府承办部门、人大代表和人民群众加强沟通联系，切实推进代表建议办理工作。

县十六届人大二次会议代表所提的28件建议全部予以答复或办理，办结率和满意率比上年均有大幅提升，调动代表参政、议政的积极性，有力推动政府相关工作。

县人民政府工作

【主要经济指标发展情况】 2017年全县地区生产总值完成86.8亿元，增长5.1%；城镇居民人均可支配收入完成2.53万元，增长6.5%；农村居民人均可支配收入完成1.03万元，增长7%；社会消费品零售总额完成31亿元，增长7.4%；财政总收入完成4.55亿元，增长14.09%；一般公共预算收入完成2.03亿元，增长16.28%；规模以上工业增加值完成18.4亿元，增长5.9%；外贸进出口总额完成11亿元，增长12.2%；固定资产投资顺应转型发展需要，克服内外投资乏力等困难，完成40.9亿元，增长10.4%，为县域经济后续发展积蓄后劲。

【实体经济转型发展】 县政府立足县情实际，聚焦实体经济，推动转型发展。先后制定稷山县"一区五带"——"汾河经济带"编制规划，"龙腾虎跃""群星灿烂"和"凤还巢"3个发展计划。"龙腾虎跃"计划，市里确定县东方、永东、永祥、永恒、泉稷和晋龙6家"虎榜"企业。年底，6家企业整体运行良好。东方公司投资1.2亿元的80立方米烧结项目完工投产，又投资13亿元实施48万吨岩棉项目，已开工建设；永东公司投资4.6亿元的18兆瓦炭黑尾气发电和30万吨煤焦油深加工联产8万吨炭黑项目进展顺利，参股投资的4万吨萘法制苯酐项目已开工建设；泉稷公司正在规划建设投资30多亿元的60万吨甲醇和20万吨乙醇项目；晋龙公司投资3亿元实施西位300万只蛋鸡养殖项目，筹备新三板上市。"群星灿烂"计划，重点抓纸包装、超硬材料工具加工、螺钿漆器、金银器精细加工、灯笼制作、蜜枣加工、饼子麻花制作等特色加工制造业，打造中小微企业"双创"示范基地。其中，纸包装产业主要集中在翟店工业园区，在推进纸包装产业整合，依托翟店园区被评为国家级出口工业产品质量安全示范区和翟店镇全国特色小镇两大优势，打造中西部印刷包装文化产业基地。超硬材料工具加工，在稷峰镇桐上村规划建设超硬材料工具产业双创基地，县财政列支300万元贷款担保资金开展"助保贷"业务，支持超硬材料工具加工。其他特色加工产业，也在积极整合，助力产业集群发展。投资5.08亿元的50MW光伏发电项目部分并网，投资1亿元的天圣制药口服固体制剂生产线年底试生产，投资1亿元的福菊绣花线生产项目、投资5000万元的年产2000吨龙盟日化系列项目、投资3亿元的河北蓝越电动汽车项目等建设顺利。"凤还巢"计划，成立稷山县在外务工人员服务中心，多渠道多形式发布信息，加强与在外务工人员的沟通联系，帮助其解决实际困难，促进稷商稷才返乡创业。二是园区建设。筹建稷山经济技术开发区，实行"一区两园"，以西社园区为主整合西社、翟店两个产业园区，计划规划面积20平方千米，其中西社17平方千米，翟店3平方千米，占全县国土面积的2.92%。制订《稷山县开发区简政放权工作实施方案》，开展开发区行政职权事项摸底梳理工作。年底开发区可行性研究报告通过省开发区领导组组织的相关部门专家组评审论证，正在等待省政府的批复。西社园区，居民搬迁区一期工程完成，室外配套工程全部到位，水电配套工程完工。搬迁区道路工程除经二路在进行占地协调外，其余项目全部完工。搬迁区学校主体工程7月底完工。振西大街东延西延工程上半年完成铺油、路缘石及亮化等，年底正在绿化。消防站建设室内室外工程全部完工，9月14日揭牌投入使用。园区管道工程已协调好永东化工公司到永祥焦化煤气管道段工程。污水处理厂可研通过评审。翟店园区，园区公租房建设完成验收,对工农路14米主车道路面进行加宽,完成台运东街和石龙街的延伸,完成园区技术中心初设、预算、财政评审等工作,启动山东高科研究院稷山博士工作站建设的前期准备工作。三是招商引资。全年完成招商引资签约项目18项,总投资119.6亿元,达到市定任务55亿元的217.45%;签约项目全部落地,落地率达100%,其中开工项目16个,开工率达88.89%。招商引资到位资金完成32.65亿元,完成任务141.96%。2011—2016年签约项目2017年开工8项,完成市定任务113.3%,总投资42.89亿元,完成市定任务107.2%。

【"乡村振兴战略"实施】　一是粮食生产再获丰收。全年粮食总产2.40亿千克,其中夏粮总产1.28亿千克,秋粮总产1.12亿千克。二是改善基础设施条件。投资3.2亿实施禹门口引黄稷山水源、西范东扩稷山段、禹门口灌区节水改造等工程和农村电网改造、机井通电工程,全县水浇地面积占到84%;完成投资0.4亿元的稷峰、蔡村高标准农田建设等项目。清河镇马家庄村被确定为省级美丽宜居示范村,蔡村乡段家堡村被确定为市级美丽宜居示范村。三是抓好特色产业。在稳定面积的基础上,全力提升板枣品质,打造特色品牌,建立统一的板枣生产标准体系,组织科技培训150余场次,成功申报国家板枣公园,举办稷山板枣产业发展论坛,成立稷山县板枣专业合作社联合社,稷山县板枣生产系统入选第四批中国重要农业文化遗产。稷山蛋鸡养殖产业除晋龙集团西位300万只蛋鸡项目外,实施投资0.5亿元的昊鑫蛋鸡养殖、昌宏30万只蛋鸡养殖和饲料加工等重点项目,截至年底,全县蛋鸡存栏达1350万只,存栏数量和经济效益继续保持全省前列。晋龙牌无公害农产品和食用菌远销海外。四是引进安徽亳州援康药业的中药材种植龙头企业,全县中药材种植面积达到12万亩,取得良好经济效益。重点建设18个标准化现代农业示范园,投资200万元实施的滨河葡萄示范园项目、清河秦家庄鲜桃大棚项目等成为全县设施农业发展新亮点。特别是太阳乡小阳村向阳山楂合作社带领群众发展山楂产业,扩大规模、提升品质,"晋楂稷"品牌在运城果博会打响。农产品加工销售收入达24.7亿余元,同比增长7.6%。五是推进农村改革。完成农村土地承包经营权确权登记颁证工作,全县土地流转面积累计达到9.1万亩,农民专业合作社总数达799家,辐射带动2.80万余农户,家庭农场认定58家。培训新型职业农民375人。稷山县继续被确定为全省"率先实现农业机械化综合示范县"项目建设县。农田水利设施产权制度改革和创新运行管护机制试点县工作全面完成,通过市级验收。

【"大县城"建设】　按照全市"一主三副七个大县城71个建制镇"城镇群布局,稷山全力推进大县城、小城镇和新农村建设。年底正在编制修订《稷山县城总体规划和控制性详细规划》,合理布局城市发展功能定位。投资6500余万元新建的万汇世纪广场投入运行,稷峰街、大佛北路改造提升,康复街改造扩建,职工新村棚户区改造,城东水系建设等项目进展顺利,完成投资1000余万元新能源纯电动公交车的更新,城市功能进一步完善。加快推进"五城同创",省级文明县城通过复评,全省首批、全市唯一一家省级食品安全县花落稷山。

【文化旅游产业发展】　稷山县坚持"全域旅游"理念,依托"后稷教民稼穑于稷山"的农耕文化品牌,着力打好历史文化牌。截至年底,全县旅游总收入完成11.1亿元,同比增长27.88%。一是立足农耕文化源头,依托稷山七大国保单位、五项国家级非遗、两个传统古村落等文旅资源,打造稷山旅游文化服务品牌。投资400万元完善改造大佛寺、青龙寺、宋金墓、稷王庙消防安防设施,投资1250余万元的青龙寺、南阳法王庙等4处文物保护设施建设项目基本完工。二是全力推进稷山大佛文化产业园建设、中华农耕园建设、蟠龙山省级森林公园申报,规划青龙滩文化景区项目、紫金山旅游景区开发等项目,完成稷山酒枣传统制作技艺、稷山传统面点制作技艺等非物质文化遗产项目申报。完成中韩文化交流暨祈福世界和平活动。成功举办“花海清河·非遗之乡”首届桃花节。三是充分发挥农业生态观光优势,借助城东万亩槐米示范园、城西万亩板枣示范园、城南万亩葡萄示范园、城北环城防护林,城东民悦园水系、城西民乐园水系和汾河稷山段生态修复综合治理工程的实施,打造县城三面环水、四面有林的生态观光格局。四是挖掘稷山本土文化资源优势,精心打造蒲剧《枣儿谣》《党的女儿》等精品力作,引起强烈反响。

【生态文明建设】 牢固树立“绿水青山就是金山银山”的生态理念,大力推进生态文明建设。总投资1.28亿元的汾河流域生态修复汾河干流稷山城区段综合治理工程全面开工。中央环保督察组交办的31件环保整改任务完成,水污染和土壤污染防治工作有序开展,煤改气、煤改电工作扎实推进。完成造林面积9001亩,全县森林覆盖率达到22.75%。开展城乡环境卫生集中整治,投入资金3000万元,基本实现卫生整治无死角、拆违去污全到位,县域生态环境明显改善。县汾河出境断面水质控制基本达到省市考核要求,空气质量二级以上良好天气达到295天,优良天气比例达到80.8%(全年考核要求达72.4%),PM2.5平均浓度为50微克/立方米(全年考核PM2.5要求达到54微克/立方米以下),县城集中式饮用水源地水质定期检测结果稳定达到地下水环境质量三类标准。

【改革开放活力释放】 2017年,出台《稷山县2017年工作要点及责任分工》,大力推进6方面29项重点改革任务。优化营商环境“1+9”专项行动推进,经济技术开发区申报、医疗卫生机构一体化改革、城乡教育一体化改革、农业用水水价改革等工作全面推进。稷山县供销社综合改革实施方案顺利出台。新筹建的山西稷山农村商业银行股份有限公司运行良好。积极走出去,借鉴先进经验,与贵州省息烽县建立友好县;主动融入“一带一路”,与斯里兰卡莫讷勒格勒县结为友好县市。

【民生福祉增进】 2017年全县用于教育、文化、卫生、环保、农林水、社会保障等民生支出达11.22亿元,占全县一般公共预算支出的75%以上。一是扶贫攻坚扎实推进。紧紧扭住“资金支持、精准帮扶、产业带动、民生改善、易地搬迁、扶智扶志”六个关键环节聚焦发力,投入资金1100余万元,在20个贫困村发展核桃、花椒、双季槐等干果经济林7845亩,启动16个贫困村基础设施建设项目,与全县因病致贫1352户3351人进行“双签约”,全面完成对全县深度贫困户的摸底排查,并制定一对一帮扶举措。二是民生事业全面发展。全县城镇新增就业4802人,创业就业783人,失业人员再就业1063人,困难人员就业335人,转移农村劳动力5043人,均超额完成全年任务。高考文理两大类二本B类以上达线人数达到832人。顺利通过“全国义务教育发展基本均衡县”国家督导评估认定。公开招聘中小学教师119名,安置免费师范生6人,招录“三支一扶”人员8名。强化特色职业教育,深化校企合作、产教融合,拓宽就业渠道。完成发明专利拥有量21件,发明专利申请量完成11件。实施健康扶贫工程,落实分级诊疗制度,切实做好家庭医生签约服务。公开招聘医务人员10名。投资1亿元的城区初中、投资6000万元的城区小学和投资3700万元的妇幼院综合大楼、投资496万元的残联托养中心等重大民生项目全面启动、有序推进。投资8000万元的康宁护理院二期居家养老项目投入使用。投资2116万元建设保障性住房529套。新建47个日间照料中心,总数达到92个,约覆盖全县50%农村,整体运营良好。第二次全国地名普查顺利开展。被国土资源部确定为2017年地质灾害防治高标准“十有县”。三是和谐稳定不断巩固。做好信访维稳、涉军上访工作，开展“平安稷山”建设，打击经济犯罪，党政同责狠抓安全生产，全县和谐稳定局面不断巩固。农村“两委”和居委会换届选举工作全面完成。

政府办工作

【文字工作】　2017 年，县政府办先后起草撰写经济工作会讲话、《政府工作报告》《稷山县推进“四基地一名城”建设实施意见》等材料，牵头制定印发《2017 年经济社会发展主要目标任务责任分解》等重要文件，按照精简原则起草审核政府文件 39 件，办公室文件 152 件，撰写各类讲话 10 余万字，从没有误过事，受到领导和同志们的认可。

【组织协调工作】　县政府办先后参与筹备和组织“中韩文化交流暨祈福世界和平活动”、省市县人大代表视察、全市重点工程观摩等大型活动 20 余次；完成了迎接省人大副主任胡苏平、省政协副主席张璞、市委书记刘志宏、代市长朱鹏等领导的视察工作；组织中央、省市各种电话会、视频会 30 余次，组织开展全县政府系统公文写作、政务服务行政审批“13710”“12345”电子督办系统培训等活动 5 次，组织协调召开其他大中小型会议 160 余次，确保县委、县政府的中心工作和指示要求予以迅速传达，及时部署、全面落实。

【政务公开】　县政府办围绕县委、县政府中心工作和经济社会发展中群众关心的热点、焦点问题，进一步增强政务公开和政府信息发布的全面性、时效性和准确性。充分发挥政府公众信息网新型媒介平台作用，加强网站建设和维护管理，共上传各类新闻 6320 条，图片 4210 张，当年网站点击访问量达到 100 万余人次，共编发《稷政信息》120 期以上，完成全年任务。

【政务督查】　县政府办督促各牵头单位承办稷山县第十六届人民代表大会第二次会议 28 件议案，办理工作得到县人大代表的肯定。督查室围绕全县中心工作和重点项目，开展专项督查 48 次，涉及春节前后工作秩序、产业扶贫、造林绿化、森林防火、“四治六化”城乡环境集中整治、重点项目建设、“三夏”工作、精准扶贫、干部入企包联、创建省级生态园林县城、服务企业常态化工作、近期部分重点工程进度 12 项全局性工作，共印发督查通报 20 期，全年督查总天数 120 天。“13710”电子督办系统共接收省、市工作任务 33 项，其中办结 21 项、持续推进 12 项。办结事项中，被系统评价为优秀的事项 6 项、良好 6 项、合格 9 项。“12345”公共服务热线接收并办结 92 件转办案件，促进全县各项重点工作的推进和落实到位。

【机要应急工作】　县政府办坚持 24 小时专人应急值班和机要处理。全年通知各类会议 1785 次，接听电话 1.62 万余次，没有出现一次误事现象。规范处理国家、省、市政府及其他上级有关部门来文 293 件、电报 158 件，件件按要求、按规定做到及时迅速、高效运转。组织开展公共事件处置、消防灭火、道路运输事故救援、地质灾害处置、地震避灾、企业生产事故救援等应急演练 15 场次，开展消防应急、烟花爆竹消防安全等专题培训 5 次，建立起应急救援队伍 21 支，建立完善应急物资储备和调用制度，为应急所需物资的调动和使用提供坚强保障。加强冬季重污染天气应急调度，统筹协调城乡居民取暖用气，为民生应急保障发挥应有的作用。

【法制人防依法开展】　县政府办组织开展稷山县 2017 年度“依法行政宣传月”活动，进一步推进依法行政的进程；专门对县政府自新中国成立以来至 2017 年 8 月底的规范性文件进行清理，保留 42 件、修改 4 件、废止 53 件；对全县 21 个行政执法部门共 430 人进行行政执法证件申领考试，通过率达 96%；组织参加山西省 2017 年度国家工作人员无纸化学法用法考试，合格率100%；共受理和审理针对公安局和人社局的2个行政复议案件，经过与复议申请人调解，关于人社局的行政复议案件最终撤销，关于公安局的行政复议案件最终变更原行政处罚决定；认真抓好群众来信来访的办理工作，当年共接待32批次130余人次信访问题。人民防空加强对民用建筑项目的审批管理，依法开展易地建设费的征收工作，全年修建人防工程1项，计506平方米，新开工项目6项，总面积计5.8万平方米。按照总开工面积的2%收取易地建设费，收费99.3万元，广泛开展9·18防空警报试鸣演练和人防法规、人防基本知识宣传、反恐怖普法宣传，使全民防空和反恐意识得到进一步提高。

【宗教工作】 县政府办重视宗教服务管理工作，对县城10家清真拉面馆等涉及少数民族人员集聚区进行摸底，并积极解决其反映的困难和问题；对12个宗教活动场所安全隐患和财务管理情况进行突击检查，对发现的安全隐患和问题及时督促整改到位；分3个阶段开展和谐寺观教堂创建活动，制定14项民族宗教工作重点，严把教职人员培训流程和审批事项，有效促进和谐社会发展。

【后勤安保工作】 县政府办为进一步树立县政府良好的对外形象，保障政府机关安全有序正常运转，按照“外树形象、内强素质”的要求，对政府大院进行绿化提升，对大楼过道、顶棚、取暖等进行改造。为解决政府大楼和政府办员工宿舍雨天漏水的问题，对大楼及职工宿舍楼顶进行防水铺设。加强机关安保工作，向市场购买服务，强化安保力量，政府大楼24小时有监控、有保卫人员巡逻，保障机关大楼安全。

【党务工作】 县政府办新建党员活动室、阅览室，完成党组织及党员信息采集、入党积极分子及发展党员的培训工作，全年发展5名入党积极分子，新发展4名预备党员；“三基建设”工作顺利开展，换届选举产生政府办工会组织，使工会各项工作有章可循、有据可依；新建职工健身活动场所，进一步丰富干部职工的业余文化生活。

【其他工作】 县政府办加强干部下乡住村和脱贫帮扶活动，多次组织单位人员到政府办所包的李老庄村和小阳坡村进行调研和帮扶，为贫困户送去慰问品，与村干部研究脱贫之计，努力解决村民生产生活中的实际困难和问题。行政审批服务工作进一步规范，投资100余万元改善政务审批服务软硬件设施，对10余家行政执法单位进行督导检查。着力加强对非法集资风险的防范处置力度，有效提升防范化解金融风险能力，进一步拓宽融资渠道，切实提高金融服务实体经济水平。完成县上分配的造林绿化任务，成活率达百分之百。干部队伍结构不断优化，8月份和9月份在县委的干部调整工作中，新调进1名优秀班子成员，同时有两名班子成员提拔到别的单位担任一把手，1名同志转为公务员领导岗位。

政府采购

【政府采购效率提高】 2017年，县政府采购中心严格执行《政府采购法》《政府采购法实施条例》《财政部87号令》及中央省市县有关部门的法规，严格按照《政府集中采购目录》和采购限额标准，依据《政府采购工作流程》，按确定的采购方式、采购品目和预算金额组织好每个项目的采购。全年完成县农发办农业科普宣传册项目、监察委员会办公楼改造项目、财政局行政事业单位内控评价系统和内控报告编报系统项目、大佛文化产业园城中村棚户区改造、农委小麦省级高产创建工程项目、林业局森林消防运水车采购等项目的集中采购，采购预算2148.53万元，成交金额1968.09万元，为政府节约资金180.45万元，资金节约率8.39%，超过年初8%的计划和全省5.6%的平均水平。有效降低财政支出，最大限度的发挥资金使用效益，为维护国家和社会公共利益、促进党风廉政建设以及构建公开、公平、公正、和谐的政府采购环境做出积极贡献。同时，坚持集中采购信息公开原则，全年共发布信息34条，发布率达100%。

【政府采购公开、公平、公正确保】　为使政府采购工作真正实现“公开、公平、公正”，县政府采购中心采购人员在加强自身政治修养，提高业务素质水平的同时，在日常采购活动中注重发挥监督管理职能，在保护采购人、供应商合法利益的同时，维护政府采购中心的整体形象。为保证公平、公正、公开，每个采购项目的招标信息在山西省政府采购网、运城市公共资源交易中心网、运城市政府采购网发布，扩大招投标范围，促进投标商之间的公平竞争，使供应商能及时获得招标信息。所有招标项目评审专家全部在专家库中抽取，每次集中采购都统一去市交易中心专家库抽取专家，采购单位及供应商均不能直接与专家接触，确保整个过程的公正性，同时将全部工作流程纳入全市公共资源交易中心的大平台中，特别是开标现场全部进入市公共资源交易中心大厅进行电子监控，全程录像，使整个过程的公正性、公开性和公平性得到保障和信任。同时，在10月1日《政府采购货物和服务招标投标管理办法》（财政部第87号令）正式实施后，县政府采购中心在单位人员学习掌握的基础上，加强对87号令的宣传学习，更好地为采购人和供应商服务，为全县的经济社会发展做出集采人应有的贡献。

招商引资

【到位资金完成情况】　2017年市下达县招商引资到位资金任务23亿元，完成32.65亿元，完成全年任务的141.96%。全年共引进项目20个，其中新建项目17个，续建项目3个。

【项目签约完成情况】　2017年项目签约任务55亿元，完成119.6亿元，完成全年任务的217.45%。签约项目共18个，全部落地，落地率100%。

【当年签约当年开工项目完成情况】　2017年签约项目18个，当年签约当年开工的项目16个，开工率88.89%。分别是：一是年产2000吨日化系列产品项目；二是微型锂电动汽车项目；三是绣花线生产项目；四是晋武煤焦20万吨清洁型煤项目；五是年产2万吨复合纺低熔点4080纤维项目；六是年产10万吨再生塑料废弃饮料瓶PEI回收加工生产项目；七是100万只商品蛋鸡养殖建设项目；八是万汇世纪广场项目；九是年产1万吨复合纺低熔点4080纤维项目；十是200万只商品蛋鸡养殖建设项目；十一是4万吨年萘法制苯酐项目；十二是年产1.2万吨硫化黑及配套6000吨二硝基氯苯项目；十三是高效节能型水冷壁直连废锅全热回收煤气批技术改造示范项目；十四是蟠龙山文化生态旅游景区开发项目；十五是48万吨无机纤维材料及下游产品产业化项目；十六是汾河公园经济带建设项目。其余两个落地项目正在跟进。

【2011—2016年签约项目于2017年开工完成情况】

市下达2011—2016年签约项目于2017年开工项目任务6个，总投资40亿元。完成项目8个，完成全年任务的133.3%；项目投资总额完成42.89亿元，完成全年任务的107.2%。

【引进新兴产业项目完成情况】　市下达2017年引进新兴产业项目任务1个，总投资10亿元。完成项目13个，完成任务的1300%；项目投资总额完成36.19亿元，完成361.9%。

【国内外500强、大型央企项目完成情况】　市下达国内外500强、大型央企项目任务1个。完成项目1个，即全国500强企业山西阳煤集团60万吨烯烃生产项目，总投资60亿元。

【带动千人就业计划完成情况】　山西阳煤丰喜泉稷能源有限公司当年解决就业人员1015人。

【转型升级项目完成情况】 转型升级项目共完成3个，即稷山永祥煤焦有限公司投资的130万吨捣固焦化项目，晋武煤焦有限公司投资的晋武煤焦20万吨清洁型煤项目和山西汇鑫浩特纤新材料公司投资的3万吨复合坊低熔点4080纤维项目。

【高新技术类项目完成情况】 高新技术项目共完成5个，分别是微型锂电动汽车项目、绣花线生产项目、高科技纺丝绵生产项目、3万吨复合坊低熔点4080纤维项目和4万吨奈法制苯酐项目。

【技术创新项目完成情况】 技术创新项目完成2个，即山西阳煤集团投资的高效节能型水冷壁直连废锅全热回收煤气批技术改造示范项目和晋武煤焦有限公司投资的晋武煤焦20万吨清洁型煤项目。

【主要领导外出参与招商活动完成情况】 2017年，县主要领导积极外出参与重大招商活动共计15次：一是2月13日，县委书记廉广锋带领相关单位负责人赴北京蒙华铁路有限公司对接西社铁路专运线项目。二是3月29日，县委书记廉广锋、县长吴宣带领发改局、经信局等相关单位负责人赴太原山西阳煤集团洽谈60万吨烯烃项目。三是4月22日，县委书记廉广锋、县长吴宣带领县委办、政府办、招商引资办、中小企业局、清河镇政府等相关单位负责人组成的考察团赴河南省郑州市和柘城县就金刚石刀具产业进行考察学习。四是6月1日，县委书记廉广锋、县委常委、政府副县长费克仁带领县经信局、城建局、水利局、招商引资办等相关单位负责人赴北京，与北京世纪优优有限公司、东方世纪园林有限公司洽谈关公酒厂枣酒项目、汾河公园项目。五是8月12日至13日，县委书记廉广锋带领翟店镇政府等相关单位负责人赴上海中金国泰集团对接特色小镇、文化旅游项目。六是12月15日，县委书记廉广锋、县长吴宣带领经信局、人社局、西社园区等相关单位负责人，及东方公司、永祥煤焦公司等负责人赴贵州举办山西．稷山晋商晋才恳谈会，邀请在黔的运城籍、山西籍50多位企业家和客商共话友谊，成功签约6个项目。七是5月17日，县长吴宣、副县长薛克学带领政府办、招商引资办负责人等赴安徽合肥参加第十届中博会，会上县长吴宣与安徽大美天新能源有限公司总经理张尚达签订新型环保成套设备项目的合作协议，会后与张尚达总经理就项目的进一步推进进行洽谈。八是5月19日，县长吴宣、副县长薛克学带领招商引资办、中小企业局负责人赴江苏常州西夏墅工业园区参观考察金刚石刀具产业。九是6月4日，县长吴宣带领政府办、经信局、招商引资办单位负责人赴西安参加“运商运才”回乡创业创新座谈会。会后与在陕的稷山籍在外人士30余人进行座谈，诚邀其回乡创业。十是7月17日，县长吴宣、副县长郝冰带领翟店镇政府、招商引资办等相关单位负责人赴太原与山西佳禾生物质能开发有限公司就生物天然气提纯及有机肥项目进行对接。十一是9月17日，县长吴宣、副县长薛克学带领招商引资办负责人赴厦门通士达照明有限公司进行对接。十二是4月6日，副县长史志国带领蔡村乡政府等单位负责人赴河南省鹤壁市农林制药有限公司对接中药材加工基地项目。十三是4月7日，副县长薛克学带领招商办、中小企业局等相关单位负责人赴郑州市钻石精密制造有限公司和国机精工有限公司进行学习考察。十四是6月15至17日，副县长费克仁带领环保局、市场和质量监督局负责人到河北沧州县四宏枣业和好想你枣业对接蜜饯污水处理厂项目。十五是10月26日，副县长薛克学带领招商引资办、翟店工业园、中小企业局负责人赴山东菏泽，召开山西籍在外人士座谈会。

【全员招商】 年初，县招商引资办组织召开全县招商引资工作推进会，成立由县委、县政府主要领导任总指挥，县委、县政府相关领导任区域、专业招商组组长，相关部门主要负责人为成员的招商引资工作领导小组，并制定下发《关于进一步加强招商引资工作的实施方案》,细化分解全县招商引资任务。由县四大班子一把手亲自挂帅,各政府副县长按照分工担任行业招商组长,共成立30支招商小分队,围绕各自特色产业开展招商工作,全县5亿元以上的项目由书记、县长亲自对接洽谈。2017年,书记、县长及县四大班子领导分别赴北京、上海、深圳、西安、山东、贵州等地共外出招商62次,对接项目35个,达成合作意向19个,各招商小分队分别赴北京、深圳、山东、安徽、郑州、西安等多个省、市外出招商,外出招商共39次,捕捉各类信息60余条,达成合作意向20个。形成了“领导干部带队、专业队伍主攻、全员力量参与”的招商引资大格局。

【招商引资宣传力度加大】　县招商引资办通过网络推介、会展推介等多种形式助推招商引资得实效。建立稷山县招商引资微信平台订阅号,对招商网站进行改版创新,共推介招商动态、招商项目等各类信息600余条。制作县情推介宣传页和宣传PPT,以各类会展及推介活动为契机,倾情推介稷山,让更多的人了解稷山、关注稷山、投资稷山。同时,结合县产业特点,策划包装以煤化工、纸包装文化、特色农业、文化旅游和医疗健康为招商重点的25个重点项目,并制成项目册进行重点推介。全年通过开展各类宣传推介,共获得有价值的投资信息50余条,达成合作意向28个,签约新型环保成套设备项目的合作协议,年产2万辆微型锂电动汽车项目、年产3万吨复合纺低熔点4080纤维项目等20余个。

【重点项目招引】　县招商引资办结合县域资源和产业优势,确定五大招商重点。一是在新型煤化工产业上,重点突出煤焦化冶的产业链延伸、现代煤化工、新能源、新材料等领域的招商。共招引30万吨煤焦油深加工项目、130万吨炭化室捣固焦化项目、炭黑尾气发电项目和20万吨清洁型煤等项目。二是在纸包装文化产业上,重点突出文化特色、电子商务、互联网+、高端印刷包装、新材料和节能环保等方面的招商。共招引微型锂电动汽车项目、年产10万吨再生塑料废弃饮料瓶PEI回收加工生产项目、3万吨复合纺低熔点4080纤维项目等一系列战略性新兴产业和高新技术产业项目。三是在农业上,重点突出特色农业、观光旅游农业的招商。招引青岛海尔融资租赁有限公司投资的300万只商品蛋鸡养殖建设项目。四是在医疗健康产业上,重点突出生物医药、特色专科医院、高端体检、健康养老等方面的招商,现与海南海药集团对接洽谈的稷山县医疗健康城项目正在推进中。共招引重庆天圣制药集团中成药生产项目和中药材饮片项目等。五是在文化旅游产业上,重点突出后稷农耕文化的招商。以稷王文化名城建设为龙头,依托大佛寺、宋金墓、青龙滩文化景区和汾河经济带综合开发打造全域旅游,重点推进马跑泉乡村旅游项目、城郊万亩板枣观光园项目和青龙滩文化景区项目等。在贵州恳谈会上成功签约了蟠龙山文化生态旅游项目、汾河公园经济带建设项目,年底,两个项目的基础设施均正在完善中。招引北京灵光寺投资的大佛文化产业园建设项目,一期广教院项目稷山塔正在建设中。

【创新招商方式】　县招商引资办招商渠道不断拓宽,一是开展以企招企。聘请全县产业龙头带动作用的企业家成立招商小分队,鼓励支持企业扩大投资、新上项目,对接上下游企业,沿企业现有的产业链开展外出招商,实现精准招商,拓宽产业链的延伸。如全国500强企业阳煤丰喜集团的100万吨甲醇项目、永东化工股份有限公司的苯酐项目、东方资源发展有限公司的岩棉项目等都是通过以企招企落户稷山的。二是开展以情招商。聘请中国台湾省商会会长杨政杰、加拿大晋商联谊会会长张钟玺、贵州省山西商会会长刘学珍等有影响力的稷山在外人士,作为稷山县招商引资专家团队,先后在北京、西安、上海、太原等地,举办稷山籍在外人士座谈会10余场,收集招商信息30余条,对接洽谈北京世纪优优有限公司投资的关公酒厂枣酒项目等10余个。三是开展中介招商。聘请中国台湾商会杨政杰会长作为招商顾问,在稷山建立"山东高端科技工程研究院稷山博士工作分站",通过招才引智、外出推介、介绍客户,招引河北蓝越新能源有限公司电动汽车、山西大美天新型环保成套设备等项目。

县志编纂

【《稷山年鉴·2017》编纂工作】 2017年初,县志办确定人员、时间收集各单位年度资料,为年鉴编纂收集资料。开会研究制定年鉴编纂计划,制定《稷山县志办〈稷山年鉴·2017〉编纂规范》。组织4名专业人员进行年鉴编纂,细化任务分工,明确目标职责和时限要求,经多次修改,完成终审稿38万余字,收集图片30余张。联系山西经济出版社,申请正式书号。经山西经济出版社三审三校,并组织人员到凯达印刷厂进行多次修改,年底,《稷山年鉴·2017》印刷出版。

【旧志整理出版工作】 为充分开发利用方志资源,助推县域经济社会发展,县志办开展旧志整理出版工作。县志办有关人员多次赴北京与国家图书馆洽谈旧志出版事宜,一是版本搜集确定。经过搜集整理,掌握6个时期9个版本稷山旧志:万历2个版本(国家图书馆刻本孤本、上海图书馆手抄本)、康熙1个版本(国家图书馆刻本孤本)、乾隆1个版本(国家图书馆刻本)、嘉庆1个版本(国家图书馆刻本)、同治2个版本(国家图书馆和稷山图书馆刻本;台湾成文出版社石印本,其复制版藏于国家图书馆方志阅览室)、光绪2个版本(国家图书馆刻本、稷山图书馆刻本)。二是明确影印要求。共影印2000套,其中线装书1000套,精装书1000套。线装书影印为成书尺寸170×280毫米,内文用单宣单色印刷,封面用真丝绢面,函套为锦套,白绫签条,塑封。四眼线装,包角,印书根,外包装盒用纸箱。精装书影印要求平面印刷,不用外箱、函套。确定全套旧志名称为《稷山旧志》,每个版本函套相对应的名称为《稷山旧志·万历版》《稷山旧志·康熙版》《稷山旧志·乾隆版》《稷山旧志·嘉庆版》《稷山旧志·同治版》《稷山旧志·光绪版》。三是到国家图书馆核查原书,确定影印样书。核查六个版本(万历、康熙、乾隆、嘉庆、同治、光绪)。经过核对,查看文字、纸张、书页,内容基本完整、清晰,达到影印要求。同治采用稷山图书馆的样书,其余五个版本采用国家图书馆样书。四是项目招标完成,中华书局中标。

【各类志书、年鉴编纂工作开展】 县志办收集县情资料,编撰《山西年鉴》《山西经济年鉴》《运城年鉴》稷山部分的内容,内容包括自然概况、经济概况、工业、农业、能源投资、交通邮电旅游、金融贸易、教育科技、文卫体育、社会事业、资源环境安全生产、大事记、领导名录等方面。做好《运城市志》历史文化名人部分编纂工作,开展后稷文化资料搜集整理。通过搜集大量资料、图片,汇总整理1万字左右。主要分三章节内容:后稷生平与历史背景、重大历史功业、后稷文化的影响与传承。参考文献是后稷文化研究会副会长黄建中的《华夏农耕始祖后稷》《后稷与稷山》,后稷文化研究会会长宁水龙的《农耕始创稷王山》,东北师范大学文学院教授曹书杰的《稷神崇拜与稷祀文化系统》。审核出版《清末稷山奇人》一书。为西社镇高渠村《高渠村志》编纂,进行资料收集、编纂规范指导。

【《方志山西》专栏《每周一域》供稿】 县志办为《方志山西》供稿4篇,包括稷山县概况、后稷文化、板枣产业基地、地方特色等四个方面。文字编纂1.2万余字,图片收集40余张。以图文并茂的形式集中展示稷山自然地理、历史沿革、经济水平、民俗风情等方面,重点突出稷山的文化和特色。

老龄人口管理

【慰问活动开展】　2017年春节前夕，县老龄办一班人陪同县长吴宣、副县长郝冰、副县长、县老龄委主任南选智看望慰问全县百岁和部分特困、高龄老人。县老龄办全体人员分别慰问全县各个乡镇部分高龄老人和特困老人及帮扶村的贫困户。10月24日，在九·九重阳节来临之际，县长吴宣、副县长南选智、县政府办主任王红新、县老龄办主任宁志宏陪同运城市老龄办主任崔新杰等领导先后到翟店镇太郝村、蔡村乡大李村走访慰问百岁老人陈回英和吉改堂，送去3600元百岁老人保健费和慰问品，并为二位老人送去山西省人民政府颁发的“福如东海长流水，寿比南山不老松”的牌匾。之后到稷山县康宁护理院为该院送去“全国敬老文明号”牌匾，并看望院里入住的老年人，嘘寒问暖，关怀备至。10月26日，县老龄办人员又陪同县委常委组织部部长王德谋、县委办主任杨成有到稷峰镇加庄村走访探望、慰问百岁老人易开根，送去3600元百岁老人保健费和慰问品。10月28日重阳节当天，县老龄办人员再次陪同政府副县长南选智到太阳乡均安村、清河镇段壁村看望慰问百岁老人鲍改枝、刘慧兰。县老龄办人员又到西社镇三界庄村慰问百岁老人张良儿，送去3600元百岁老人保健费和米、面、油、奶、蛋糕等慰问品。同时对扶贫村化峪镇西堡村、稷峰镇和合村的高龄、特困老人也进行走访慰问，送去米、面、油、奶、蛋糕等慰问品。

【健康长寿补贴发放工作】　5月份开始，县老龄办组织召开2017年全县老龄工作会议，重点部署县委、县政府为全县80岁以上老年人发放健康长寿补贴事宜，利用三个月时间做好申报、审核、汇总等准备工作。从8月31日开始，为确保在重阳节前夕，全县每位80周岁以上的老年人都能享受到200元健康长寿补贴金，县老龄办人员分为三组，利用一个多月的时间逐村把健康长寿补贴直接发放到4862位老年人手中，进一步增加老人们的幸福感和获得感。

【老龄宣传强化】　为在全县营造尊老敬老爱老助老的良好氛围，5月6日，县老龄办、县学雷锋志愿者协会，在县委广场为县城有走失危险的老年人免费发放第三代微信黄手环，以确保走失老人能与家人及时取得联系。7月1日上午，县老龄办在县委广场设立咨询台，开展以“老年人权益保障法及实施办法”为主题的宣传咨询活动，县人民政府副县长南选智亲临现场为老年人答疑解惑。此次活动共发放宣传资料及《老年法》宣传册5000余份，宣传袋5000余个，悬挂横幅10余条，并通过《中国老年报》《人才市场报》《山西老龄》、“山西省老龄网”、《生活晨报》《运城日报》《黄河晨报》等各级老龄工作刊物、微信订阅号、电视台进行宣传报道，进一步完善老龄宣传信息报送渠道，不断扩大老龄宣传信息容量。

【日间照料中心督查】　县老龄办全体人员分两个阶段对全县已建的45家日间照料中心运行情况开展工作。第一阶段利用一个月时间逐村进行认真细致地摸底、对接、指导。第二阶段利用20多天时间逐村督查，发现问题及时整改。在4月份县政府召开的《稷山县老年人日间照料中心建设运行推进会》上县老龄办制定《稷山县农村社区老年人日间照料中心绩效考核补贴（暂行）办法的通知》，对已建的45家日间照料中心的运行情况进行全年监管。6月县老龄办与电视台录制专题片《小康路上》并进行宣传报道，之后省电视台先后两次也进行专题报道，省民政厅在稷山县召开日间照料中心建设和运行情况现场会。截至年底，在县政府的大力支持下，81家日间照料中心运行良好，得到社会的认可和老年人的称赞。11月17日，市县人大代表在县人大副主任辛福集带领下对稷峰镇姚村、化峪镇张开东村、西社镇仁义村的日间照料中心运行情况进行视察调研。所有代表对县老龄办督查监管工作给予肯定。

【"敬老月"活动开展】 根据市老龄办的要求,县老龄办制定《稷山县老龄工作委员会关于开展2017年"敬老月"活动的实施方案》,对"敬老月"活动进行安排部署。9月30日,县老龄办召开各成员单位及各乡镇老龄办负责人参加的"敬老月"活动安排会议。重阳节前夕,利用三天时间在电视台播放一封致全县老年人的慰问信。10月27日上午,县老龄办庆重阳文艺汇演暨表彰大会在县文化活动中心举行。对全县涌现出的孝亲敬老模范、敬老文明号、老有所为先进个人、老龄工作先进者共计39人予以表彰。当天下午,在稷山县大佛寺举行九月九老年节敬老爱老慈善活动暨捐赠物品发放仪式。这次慈善活动覆盖全县7个乡镇投入运行的71个日间照料中心及7个养老院,社会福利中心、康宁护理院、社区老年护理院、玉壁养老院,共发放大米8700千克,面粉2400千克,食用油4144公升。

宗教管理

【清真食品店安全隐患排查】 2017年,县民族宗教局为贯彻落实好党和国家的民族政策,更好地尊重少数民族的风俗习惯,维护社会稳定。4月1日,深入10家清真食品店进行专题调研,实地查看清真饭店、清真食品专柜和固定清真摊点等,听取相关情况汇报,并与有关人员进行座谈。通过制定方案,建立台账,对全县10家店面人员身份证、暂住证进行详细调查,对没有办理暂住证,要求尽快到派出所办理,并详细调查店面人员在实际经营中存在的困难,认真梳理总结,做到心中有数。深入清真食品店逐个核实法人登记信息,重新核实清真食品标志牌信息统计。

【宗教活动场所排查整治】 县民族宗教局印发《稷山县民族宗教局在全县宗教活动场所立即开展安全隐患大排查大整治专项行动的通知》(稷民宗字〔2017〕6号),要求各宗教活动场所负责人接到通知后要高度重视、立即组织、积极落实,做好本场所安全隐患大排查自查工作,对各宗教活动场所开展情况进行督查。7月19—21日,县民族宗教局3人深入宗教活动场所,采取随机抽取方式,对12个宗教活动场所安全隐患进行大排查和财务管理情况突击检查,对排查中发现的安全隐患,及时督促整改到位,确保排查治理实效。

【和谐寺观教堂创建活动开展】 县民族宗教局通过印发关于转发《关于2017年继续以"规范"为主题开展和谐寺观教堂活动的通知》的通知(稷民宗函〔2017〕1号),要求各个活动场所继续以"规范"为主题开展和谐寺观教堂活动,要将财务管理规范作为"规范年"创建活动的重点,对照《宗教活动场所财务监督管理办法(试行)》,财务管理制度是否健全并严格落实、财务管理组织是否充分发挥作用、财务管理是否公开透明。保障宗教领域不因财务问题引发冲突,营造和谐稳定的社会环境。5月27日,稷山大佛寺举办"中韩文化交流暨祈福世界和平活动",对稷山县社会发展和文化旅游产业发展具有重要意义。同日,稷山县基督教会为环卫工人送爱心,发扬公益慈善活动的优良传统,发挥基督教界人士爱国爱教传递社会正能量,正确引导基督教为经济建设和社会发展做出积极贡献。

政协稷山县委员会工作

【协商议政】 2017年,县政协精心组织,认真实施,将县政协十三届二次会议筹备工作落实到位,确保会议的各项任务圆满完成。会上,全体委员紧紧围绕县委廉广锋书记在会议上的重要讲话,围绕政协常委会工作报告、提案委员会工作报告和政府工作报告、法检两院工作报告，通过小组讨论、撰写提案等形式，进行认真协商讨论，建言献策，就全县经济社会发展中的重要问题提出110余条的意见和建议，进一步提高政协委员履行职能的质量和实效。会议还组织25位政协委员围绕企业自营进出口、实现文旅融合、在公共服务领域推广PPP模式、加强城市建设、板枣产业发展等专题作大会议政发言，发言中，委员们围绕当前经济社会发展中存在的难点、热点问题，谏真言，献良策，取得良好效果，受到与会领导和广大委员的一致好评。

【调研视察开展】　县政协组织政协委员先后对全县重点工程建设、现代农业发展、县法院工作进行视察，到中国传统古村落马趵泉村和县蒲剧团，就推进文化旅游事业发展进行调研，分成七个组到全县七个乡镇就搞好脱贫攻坚工作进行专题调研，到稷峰镇与农村党员干部进行座谈，了解群众所思所想所盼，到企业和有关单位，就县工业经济进行调研。同时，组织委员参加县法院开放日活动。在视察调研中，委员们认真看、仔细听、用心思考，建言献策，为县重点工程和项目及经济社会更好更快发展提出一些建设性的意见和建议，充分发挥政协参政议政的职能作用，得到县委、县政府的肯定。

【提案工作】　县政协组织委员开展调查研究，精心撰写出有价值、有分量的精品提案，促进提案由数量型向质量型转变。县政协十三届二次全会期间，共收到委员提案71份，建议57份，围绕如何建设“三宜”美丽县城、弘扬稷山传统文化、建设稷王文化名城、促进板枣产业发展、加快县文化旅游事业发展、打造区域医疗大健康产业基地、加快物流产业发展等事关全县经济社会发展和人民群众生产生活的问题坦诚进言，提出许多建设性的意见和建议。71件提案和57件建议，年底前全部答复完毕，委员满意率为99%。

【社情民意信息工作】　县政协发动政协委员、特邀信息员和机关人员注重从各种会议、调研视察、来信来访、走访委员等工作中了解社情，反映民意，对全局有影响、对决策有价值、对工作有促进的重要事项和社会关注的热点、难点、疑点问题，及时整理上报，帮助党委政府科学决策，促成相关问题的解决。全年共收到社情民意稿件166篇，报送省市政协126篇，被全国采用1篇，被省采用6篇，被市采用31篇。3月，市政协授予县政协反映社情民意信息工作先进单位。

【文史资料编撰】　县政协从全县抽调10余名熟悉稷山历史的写作人员，通过挖掘整理稷山本土的历史名人、乡贤家风、非遗神韵等优秀传统文化资源，推进文化旅游业发展；向广大青少年进行国为家、勤为本、善作魂、俭养德、诚乃信的思想教育，践行社会主义核心价值观，推进五城同创工作。年底，该书征稿工作基本完成。

【经济社会发展服务】　为推进“四基地一名城”建设和全面建成小康社会，按照县委安排，县政协主抓稷山大佛文化园建设，围绕项目开工建设，与县委、县政府主要领导多次到北京灵光寺和常藏大和尚对接商谈，实现双方建设构想和目标的契合。4月28日正式开工，政协主席赵高云多次到建设工地现场办公，督促指导工程建设，确保工程建设顺利进行。年底，大佛文化园主要建筑之一的稷山塔完成地宫部分和第一、二层主体工程建设，第一层高度14.8米，内置一尊12.8米的铜制大佛像，第二层高5.9米，塔体高度达正负零上20.7米，比自然地平高出24.75米。完成观景楼开工前的全部准备工作，其中包括：古墓发掘、花木移迁、场地整平等工作。按照县委安排，县政协领导主要包联铭福钢铁、生物质发电、西社园区居民搬迁以及阳煤泉稷二期项目。在相关部门的配合下，生物质发电项目两台机组运行正常；铭福钢铁满负荷生产，原企业主、承包租赁方和企业员工均情绪稳定，合作前景看好；西社园区居民搬迁区住宅楼、社区医院、小学建设到位；阳煤泉稷二期投资30亿元的30万吨甲醇和40万吨乙醇项目基本谈妥。同时,由县政协副主席牵头负责的职工新村棚户区改造搬迁工作,经过四个多月的认真细致的思想政治工作,到12月底,职工新村245户居民中237户已搬迁完毕。在扶贫攻坚工作中,县政协领导每人包联一个贫困村,政协机关工作人员帮扶西社镇清水庄和稷峰镇西北街村11户困难群众,按照要求,深入包联村庄和农户,帮助村集体解决基础设施落后等问题,采取一户一策,帮助贫困户发展种植、养殖业和劳务输出,为部分因病致贫群众办理慢性病门诊补助,受到贫困户和所在村干部群众的一致好评。以佛教文化为纽带,5月,县政协迎来韩国安心静舍佛教文化代表团来县举行中韩文化交流活动,韩国佛教文化代表团向县大佛寺赠送世界和平钟和弥勒佛像等三件韩国国宝复制品,进一步提升对外开放水平。同时,县政协进一步扩大与斯里兰卡的友好交流,6月、7月份,通过多次与斯里兰卡驻华大使馆联系,促成8月份县代表团赴斯里兰卡交流访问,并与斯里兰卡乌沃省莫讷勒格勒县签定建立友好城市关系意向书。

军　事

人民武装

【应急力量建设和战备训练】　县人武部多次集中组织专武干部进行业务培训，熟悉民兵营连建设文件和民兵整组的规定要求，规范软件硬件建设标准；学习开展网上兵役登记方法和利用网络宣传的手段等。按照乡镇民兵营部建设标准，统一规范安装乡镇人民武装部、民兵营部和兵役登记站3块门牌。经县人武部党委研究，从当年开始每年为乡镇下拨武装工作专项经费5000元，稷峰镇为8000元，用于加强基层武装部阵地建设、购置应急器材、开展兵役登记和征兵宣传等。依托阳煤丰喜泉稷能源有限公司和县林业局建设民兵应急连，并适时组织应急拉动和点验。各乡镇按照沿山、顺路、临河的任务需求，分别组建民兵应急排。其中，稷峰镇重点组建维稳、防汛分队，西社镇、化峪镇重点组建森林防火分队，清河镇、蔡村乡重点组建防汛分队。结合民兵组织整顿，开展入队教育和训练，进一步统一人员思想，提高完成任务能力。围绕提升战斗力这个标准抓好中心工作，完善各级各类应急预案，分级分类组织人员抓好训练。民兵应急分队定期开展防火、防汛、维稳等训练演练；职工重点组织熟悉武器装备操作及维护保养，学习相关业务理论知识。认真研究、深入学习，完成全省组织的“太行—2017”人防演练。组织全体干部参加军分区组织的年终军事训练考核，取得良好成绩。通过各项训练考核，进一步提升履行职能使命的能力。

【安全管理工作】　县人武部按照“训教管一体化”的指导思想抓好单位日常安全管理。尤其是“争创安全年”和“百日安全”活动开展以来，县人武部党委坚决落实上级指示要求，结合单位实际开展各项工作。一是思想重视。组织召开党委会明确任务分工和完成时限，督导各科制定完成措施，组织召开全体人员开会传达学习省军区和军分区首长的指示精神，确保活动目标要求人人知晓。二是活动开展有序。结合实际制定“争创安全年”和“百日安全”活动的具体方案和计划，按计划认真抓好落实，坚持每周上报一次安全活动开展情况简迅。在醒目位置设立倒计时警示牌；组织人员学习法规常识；对警卫执勤人员进行政治考核；严格审批上报县人武部私家车使用和驾驶员资质情况；对军车进行维护保养并设置安全行车警示卡；组织驾驶员参加上级的车辆培训考核；对营区灭火器材和涉密文件资料及存贮介质使用青况进行督导检查。三是坚持制度经常。围绕人车枪弹密网等重点，定期组织安全隐患大排查，组织全体人员签订安全保密责任书，完善个人手机、网络和私家车使用登记审查，严格落实请销假、车辆审批、私家车管理等规定，严格军用车辆动用审批程序、回场报告和检查保养制度，对涉密资料及存储介质使用登统计情况进行清查，确保严格正规。严格落实每月驾驶员警示教育制度，把全体干部、战士、职工均纳入教育范围,进一步提高安全行车意识。坚持每天上班签到,每周一大交班人人汇报讲评制度,充分调动干部、职工的积极性和主动性。重点加强对新职工和非现役警卫执勤人员的训练教育和管理,严格落实一日生活制度,坚持每天组织早操、体能训练和教育学习,确保人员管理不留死角。

【兵役登记和征兵工作】 2017年初,县人武部协调县公安局、县教育局、学校等部门,共同推进兵役登记工作。县人武部军事科牵头,组织专武干部集训,并采取入村进校等方式对18岁适龄青年进行逐个兵役登记,兵役登记率达到100%。利用电视、报纸、微信平台、横幅标语、广场大屏、气象局平台、宣传车、咨询站等宣传载体;先后编印散发1.5万余份宣传资料,包括宣传册、宣传扇、宣传袋、宣传笔、宣传公告、宣传帽等,为环卫工人赠送印有征兵宣传口号和电话的马甲服装350套。重点利用征兵微信公众平台开展征兵宣传,持续发布相关信息,其中县2017年征兵通告微信浏览人数达7300人,当年发布的信息总浏览量达1.7万余人次,在线解答500余人次。在县人武部设立体检站,严格落实一站式、封闭式体检要求,体检人员及工作人员一律挂牌上岗,站内安装手机信号屏蔽器,采用身份证识别器,手指指纹识别器等确定身份的方法,确保体检秩序严格正规。在军分区组织抽检的基础上。县人武部还与万荣人武部采取对检的方式。进一步杜绝体检中的误查问题。组织公安,教育等部门相关人员进行政治考核培训,严把考核关。县人武部始终重视廉洁征兵工作,全县聘请廉洁征兵监督员26名,先后制作廉洁征兵监督台,公布各级监督电话,设立举报信箱,组织人员签订廉洁征兵保证书,认真落实每周上报廉洁征兵零报告制度,确保廉洁征兵不出任何问题。

法　治

政法工作

【执法执纪监督】　2017年，县委政法委在执法执纪监督中，首先抓涉法涉诉信访案件的化解，严格诉访分流，引导信访下行，落实办案责任，促进政法干警及时化解矛盾纠纷；其次开展案件评查工作，对评查的40件案件整改情况，进行“回头看”复查复审，同时从政法各单位筛选10件重点案件与“兄弟县”进行交叉评查。全年先后21次对全县政法各部门的纪律作风、执法执纪活动以及警车使用、管理等方面进行明察暗访，共纠正各类违规行为11起。截至年底，共计查处违法违纪干警5案5人。全面落实《山西省领导干部干预司法活动、插手案件处理的概率、通报和责任追究实施细则》。要求司法机关做好内部人员和领导干部过问案件、干预司法活动、插手案件处理的记录、呈报工作。全年无领导干部及司法机关内部人员因非正常履职插手干预司法活动，有效杜绝以权压法、以言代法、随意执法的行为。

【三级综治中心建设】　县委政法委按照国家标准完善配备场地、人员及办公设施，三级综治中心初具成效，设置群众接待室、矛盾纠纷调解室、监控研判室、心理咨询室。县综治中心视频会议系统可以与2个镇、3个村和3个单位成员互联互通，接入视频监控579路（其中包括七个乡镇综治中心15路和公安110指挥中心的141路视频监控），县法院、公安、住建等第一批8个单位入驻县综治中心。稷峰镇综治中心可对本镇52个村综治中心进行实时监督。翟店镇综治中心、翟店派出所将本辖区所有村的1135路视频监控全部接入。同时规范工作制度，逐步完善涉稳信息收集、治安形势分析研判、矛盾纠纷多元化解、应急突发事件指挥调度处置等，社会治安综合治理效能进一步提升。全年利用公共视频监控系统先后破获各类刑事案件72起，发现并处置各类警情56起，服务其他职能部门522次，为群众提供民生服务930余次，侦破重大交通肇事逃逸案7起，查处各类交通违法269起，帮助化解矛盾24起。

【“一村一警”成效显著】　县“一村一警”实行“六统一”（即统一工作表格、统一工作日志、统一告知牌、统一宣传挂图、统一“一村一档”、统一考核标准），同时结合实际，把“一村一警”工作进行创新延伸，县公安局将刑侦部门8个中队全部驻基层派出所办公和值班备勤，解决基层警力不足的问题，有利于派出所强化治安管理。全年“一村一警”共发布治安预警信息620条，宣传教育784次，走访群众9299户，征求意见53条，为群众办实事899件，走访重点对象524人，采集各类信息2380条。

【源头预防完善】　县委政法委坚持“一村一警一法律顾问一心理咨询师一网格总长”的原则，源头预防使维稳工作事半功倍。年底，全县200名干警、30名律师及法律工作者、35名心理咨询师、353

名网格总长,覆盖全县200个行政村和3个社区居委会,群众安全感明显提升。

【十九大安保维稳工作】 县委政法委明确各级党委书记是维稳第一责任人,制定十九大安保维稳工作方案,确保做到"七个坚决不发生"。4月15日召开重点信访问题源头化解专项行动推进会;9月18日召开全县政法系统纪律作风整顿推进会暨党的十九大维稳安保工作誓师动员大会;10月12日召开全县信访安全维稳工作会,对重点人员进行有效的稳控。将全县安全维稳工作分解成十二个方面并明确牵头单位,进一步夯实十九大安保维稳责任,对重点群体开展重点排查,落实重点人员"五包一"稳控责任,六类人群服务管理有序,落实对易肇事肇祸精神病人的管控措施,对录入全国重性精神病人信息系统的人员,采取"三包一"的工作措施,逐一落实监护、监管责任,确保十九大期间全县和谐稳定。县公安局组建45人的反恐防暴专业队伍,举行反恐演练,提升应急处突能力;加强公共交通安全管理,查处各类违法车辆3795辆,纠正各类交通违法行为6704余起;严格治爆缉枪管理,严厉打击制售、贩运、私藏、滥用等涉枪涉爆违法犯罪,收缴管制刀具29把,枪支4支,子弹241发,炸药25千克,雷管5枚,集中销毁过期雷管3062枚;加强消防安全管理,发现并整改火灾隐患580处,下发责令改正通知书336份,行政处罚决定书12份,责令"三停"4家,罚款12.6万元,行政拘留4人;六类重点人群服务管理有序,刑满释放人员未发生重新犯罪问题,通过教育管理和社区服务活动对社区矫正人员规范管理,掌握吸毒人员具体动向和情况,密切关注艾滋病人情况并大力发展防艾工作,做好重点青少年群体帮扶工作。

【社会治安风险隐患排查整治】 县委政法委为确保十九大期间社会稳定,开展社会治安风险隐患排查整治活动,制定工作方案,进行安排部署。截至年底,全县共排查出各类风险隐患678处,整治率98%。持续打击"盗抢骗""黄赌毒"等专项斗争,全年县公安局先后立刑事案件352起,破获刑事案件229起;受理治安案件791起,查处721起。群众安全感明显提升。

【矛盾纠纷排查调处】 县矛排办规范"五调"对接流程,加强三级调解中心建设,完善矛排纠纷多元化化解机制,全年全县共排查较大矛盾纠纷337起,调处311起,调处率92%(其中"六大领域"矛盾纠纷192起,诉前调解112起,土地纠纷32起、环境污染纠纷15起,交通事故纠纷33起,调处82起,调处率93%),同时,强化重点领域、重点项目建设的社会稳定风险评估,全年共对7个重点项目进行了风险评估,预防和减少决策不当引发社会矛盾,强化重点信访问题源头化解,对特殊疑难信访问题,进行集中攻坚。全年未发生任何集体和群体上访事件,促进了社会稳定。

【法治宣传】 县委政法委为增强法治宣传的实效性,落实"谁执法,谁普法,谁出资"原则,年底,全县共有法治宣传广场8个,法治一条街9条,法治文化公园2个。同时,全县各执法单位结合重要时间节点,开展普法宣传活动30余次,发放宣传资料4万余份,法治专题讲座10余场,制作以身边事教育身边人为主题的法治微电影24期均在电视台播出,并在稷山报开设律师说法专栏,开通12348法律服务热线,推动法官、检察官、行政执法人员、律师及以案释法的落实,形成"荧屏有像,报刊有文,网络有形"的立体化法治宣传格局,广大群众法律意识进一步增强。

【法学工作推进】 县法学会名誉会长、原县人大主任荆孔荣同志组织法律工作者深入到基层一线开展法律宣传,组织专题法治讲座。参加省市"法治论坛"征文活动,县选送六篇论文分别获奖,其中,史泽福同志撰写的《基层社会治理研究》论文代表运城市法学会在"黄河金三角三省四市法治论坛"会上进行交流发言。同时,根据省市法学会换届工作要求，稷山县法学会新发展会员 54 人，共有会员 137 人，经认真筹备 11 月 19 日进行换届，选举产生稷山县第二届法学会理事会和常务理事会。在推进法治稷山建设中发挥了积极作用。

公安工作

【严打整治和治爆缉枪行动】　2017 年，县公安局坚持严打方针，持续深化打击“盗抢骗”“黄赌毒”等专项斗争和缉枪治爆专项行动，先后立刑事案件 507 起，破获刑事案件 339 起，成功侦破现发命案 2 起，现发命案破案率 100%，侦破 22 年之久的命案积案 1 起，打掉犯罪团伙 9 个；打掉恶势力团伙 1 个；追缴被抢汽车 1 辆，被盗电动摩托车 12 辆，被盗摩托车 36 辆，侦破涉毒刑事案件 15 起，铲除毒品原植物罂粟 4937 株，强制隔离戒毒 8 人，抓获各类网上逃犯 154 名；受理治安案件 1317 起，查处 1317 起，收缴管制刀具 181 把，枪支 19 支，子弹 891 发，炸药 2185 千克；持续开展社会治安风险隐患大排查大整治专项行动，共排查出各类风险隐患 43 处，整改 43 处；打击取缔黑加油站 21 家，行政拘留 5 人。

【消防安全专项行动】　县公安局有针对性地对全县重点领域、重点行业、重点场所、重点部位开展消防检查、日常监管及隐患整改，同时发挥派出所点多面广的优势，加强对小单位、小场所的日常消防监督检查，遏制小火亡人多发的态势。截至年底，共检查单位 936 家次，发现火灾隐患 1200 处，整改火灾隐患 1179 处，下发责令改正通知书 694 份，下发行政处罚决定书 34 份，责令“三停”12 家，临时查封 15 家，行政拘留 9 人。

【交通安全专项行动】　县公安局进一步强化渣土车、校车、客车等重点车辆的管理，对酒后驾驶、超载超速等重点违法行为实时打击，对违法停车、非机动车逆行及非机动车和行人闯信号等显见交通违法定向发力，共组织整治统一行动 28 次，酒驾专项查处行动 11 次，夜查行动 9 次，查处酒后驾驶 31 起，检查货运车辆 2.65 万辆次，检查危化品运输车辆 2639 辆次，检查客运车辆 5683 辆次，查处各类违法车辆 5680 辆，纠正各类交通违法行为 1.77 万起。

【经济犯罪打击】　县公安局全年累计受理各类经济犯罪案件 34 起，其中，立案 32 起，破案 30 起，移送审查起诉 16 案 39 人，共抓获犯罪嫌疑人 39 人，其中取保候审 10 人，刑拘转取保 1 人，逮捕转取保 1 人，涉案金额 5000 余万元，截至年底，挽回经济损失共计 1000 余万元。

【指挥中心工作】　全县 110 报警服务台全年共接警 2.92 万起，有效警情共 4248 起，其中，刑事类警情 342 起（盗窃 329 起，抢劫、抢夺 12 起，诈骗 1 起），治安类警情 1914 起，交通事故类警情 1536 起，火警类警情 169 起，求助类警情 96 起，举报类警情 176 起，其他类警情 15 起，共出动警力 2.15 万人次，出动车辆 4300 台次；坚持每天编发《每日警情》，为领导决策提供科学依据；每天接班人员认真检查、调整“天眼工程”运作中全县城监控点摄像头，并能全部及时将损坏的和不能正常工作的情况反馈给维护人员。

【巡特警工作】　巡特警大队以“屯警街面，动中备勤，有警出警，无警巡逻”为指导思想，在巡逻中调解各类矛盾纠纷 92 起，制止打架斗殴 73 起，为群众办实事、做好事 106 件，收到锦旗 6 面，破获盗窃案 5 起，抓获盗窃嫌疑人 6 人；破获非法贩卖运输毒品案 2 起，抓获违法嫌疑人 4 人；查处行政案件 1 起，强制戒毒 1 人，行政拘留 1 人。

【刑事技术建设】　刑侦大队技术部门组织开展刑事技术应用，提升为侦查破案服务能力，共接到有现场需要勘查的报警 409 起，勘查率达到 100%，提取痕迹物证 722 件，提取率达到 95%，出具案件分析报告书409份，分析率达到100%，制作现场勘查记录并录入至信息系统409份，制作录入率达到100%，并全部建档，共提取现场指纹20枚，全部及时输入指纹库并不断进行比对，法医伤情鉴定141起，尸体检验36具，违法犯罪嫌疑人DNA血样采集696份。

【户政工作】 县公安局共受理签发二代证信息2.56万人次，领取发放1.62万人次，办理临时身份证3315人次，受理审核主项变更业务145人次，办理准迁业务356人次，受理申报公民年龄差错更正36人次，同时对各类日常业务进行登记管理和完善。在流动人口管理中，进一步完善《居住证》管理制度，及时登记和建档850人次，发放居住证850人次，对相关房屋租赁登记进行管理建档，各项业务管理规范、措施到位。

【出入境工作】 县公安局全年共受理出国（境）3628人次，受理公民出国申请材料1744人，受理赴港澳申请材料1533人，受理赴台湾申请材料549人；接待群众口头咨询1010余人次。同时，加强境外人员管理工作，及时上报并完善常住外国人管理档案2人。

【公安行政管理】 2017年，县公安局为加强公共安全监管措施，一是加强执法规范化建设。截至年底，审核裁决行政案件319起，行政处罚392人；刑事案件325起，刑事拘留244人。二是加强"两所"安全管理。拘留所共收拘各类违法人员194人，其中行政拘留179人，司法拘留15人；看守所共收押犯罪嫌疑人119人，办理出所103人。在公安机关"1+8"行动中，看守所主要发挥第二战场的职能，将掌握在押人员新的犯罪线索作为民警日常谈话教育的基本内容，通过管教民警多次谈话教育，上半年，共收集犯罪线索21条，破获刑事案件8起（抓获网上逃犯7人7案）。三是加强内部单位安全管理。县公安局对全县60多家寄递物流业进行一次安全隐患大排查，对其中30多家寄递物流业下发隐患整改通知书；加强对学校及周边治安秩序整治，联合各辖区派出所对全县63所中小学及幼儿园集中开展校园安全隐患排查整治行动，明确各派出所所长为第一责任人，确立责任倒查机制，对校园周边存在的安全隐患进行彻底的排查，下发隐患通知书26家，对14家学校要求立即整改。

检察工作

【捕诉职能履行】 2017年，县检察院共受理各类呈捕案件107件144人；经审查，依法做出批准逮捕决定77件109人；共受理各类移送起诉案件184件285人；经审查，依法提起公诉156件220人。在打击刑事犯罪工作中，一是强化捕诉两部门内部协作，相互通气、相互配合，严把事实关、证据关、定性关，目标直指危害社会安全、侵害人民生命财产安全的黑恶势力犯罪、严重暴力犯罪、多发性侵财犯罪，共批准逮捕各类严重刑事犯罪29件，提起公诉30件。工作中，及时在第一时间深入发案现场，尤其是命案现场，做到现场监督及时、沟通交流及时、引导侦查及时、甄别证据及时、做出决定及时，做到打击有力。同时，在诉讼环节，推行司法责任制，明确检察官及辅助人员权力清单，减少行政干预、减少审批环节，注重执法过程全程留痕，注重推行办案质量终身负责制，确保办案质量。二是在检察环节，参与优化经济环境专项整治，打击非法集资、金融诈骗等涉众型经济犯罪，参加整顿规范市场经济秩序工作，严厉打击制假、售假等刑事犯罪，最大限度地保护县域经济发展。同时，推行释法说理，为企业追缴损失。2017年对丰喜泉稷被诈骗一案推行释法说理，耐心说服嫌疑人亲属，为企业追回损失300万元，类似个案，共办理3件，为东方铁合金、丰喜集团等追回损失330万元。三是在捕诉环节，注重推行刑事和解，对轻伤害案件、交通肇事案件、毁坏公私财物案件重点关注，在第一时间启动促调机制，争取在短时间内消除社会矛盾，及时采取电话咨询、登门促调、律师参与等方式，促成捕前和解、诉前和解。7 月份，李某、郑某等 4 人在民乐园桥洞下对滕某等人寻衅滋事，造成滕某轻伤害，县检察院及时促调，双方达成和解协议，对两名青少年做出不诉决定，在检察环节上，促青少年及时回归社会。四是坚持“案结、事了、人和”的原则，推行联合接访、联动接访、点名约访等创新机制，做到释法及时、转办及时、答复及时，接待群众来访 52 件。加强刑事执行检察力度，坚持每半年对社区矫正进行专项检查，对财产刑执行情况进行专项检查，发现问题及时纠正，确保各项社会治安综合治理举措在检察环节落到实处。

【刑事诉讼监督】　县检察院为维护司法公平公正，强化对侦查活动监督，对侦查机关匿案不报、以罚代刑、不当立案等情形进行监督，监督立案 5 案 5 人；监督撤案 5 件 6 人；介入命案勘验 2 次；依法不捕 36 人；依法追捕 2 人；纠正侦查活动中的违法情形 28 件。强化审判监督，强化对量刑畸重、畸轻案件的抗诉力度，依法提起抗诉 1 件，被法院采纳，已改判，加强量刑建议指导，依法提出 159 人，被法院采纳 150 人，依法不诉 14 件 23 人，注重对审判活动中存在违法情形进行监督，依法发出纠正违法情形 15 件。强化对刑事执行活动监督。开展羁押必要性审查工作，建议公法部门变更强制措施 5 人，及时对社区矫正情况进行全程监控，对财产刑执行情况进行监督，共发出纠正违法通知书 68 份，对刑事执行违法情形进行彻纠。

【新型检察业务拓展】　2017 年是全国检察机关全面推行公益诉讼的开局之年，为做好民行检察工作，县检察院提出“先行先试，先走一步”的工作思路，着力推进民行检察工作。全年共受理各类案件 33 件，按照服判息诉原则，及时息诉服判 19 件，提出支持起诉 1 件，提出检察建议 2 件。公益诉讼监督取得突破，发出诉前检察建议 5 件，被相关行政机关采纳 2 件，具体做法为：一是先后向县委、县人大对公益诉讼工作进行专题汇报，赢得支持，10 月份，受县政府的委托，在政府相关部门会议上，检察长对公益诉讼工作进行全面解读，并组织相关负责人赴市院进行培训，及时为开展公益诉讼工作夯实基础。二是针对人民群众反映的热点问题，及时了解，掌握一手资料，7 月份对土地出让金存在监控漏洞进行检察监督，及时纠正，走在全市前列，着力关注环境污染等行业，深入摸排，经过筛选，立案 6 件，被市院批准监督 5 件，相关部门回复 2 件，国家利益和社会公共利益得到有效保护。三是捕诉两部门注重在办案执法过程中，留意国家利益、社会公共利益受损案件，及时发现、及时通气，在两起非法拆卸废旧电瓶、非法提炼金属铝的案件中，认为污染环境没有及时整治恢复，向民行部门提供案源，公益诉讼工作形成全院重视的局面。五是针对涉农款项网上公开，便于群众查询的阳光百姓工程，党组高度重视，检察长与分管领导亲自深入相关部门进行协调，明确专人，并进行培训，形成网络，使此项工作有序进行。

【内部监督规范化推进】　县检察院为推进内部监督规划范，一是加强案件管控预警。对案件实施轮盘分案制度，第一时间公开案件信息，第一时间公开案件文书，对整个办案过程进行全程掌控、问题预警、质量评估、业绩考核，坚持每月分析办案数据，做到吃透短板，查找弱项，对整体业务工作起到督促作用。二是认真评查案件。对不诉、不捕、社会反映强烈、未成年人犯罪等案件进行重点评查，先后评查 20 案，及时评查出共性问题和个性问题，大会评析，使办案人员防微杜渐，始终紧绷案件质量这根弦。三是强化涉案款物管理。设立专门管理室对涉案款物进行统一编号、统一入库、统一销号，保管的案款 4.95 万元、物品 179 件，均按要求出入库，无一遗失现象发生。四是注重保障律师执业权利。及时开通线上线下两个渠道,全程接待律师阅卷、复制卷宗,最大限度地提供方便,全年接待律师39次,其中网上预约16次,在检察环节上保障了诉讼当事人的合法权益。

法院工作

【司法公信提升】 2017年,县法院坚持优化管理,一是优化审判执行团队,使人员配备更趋合理。基本保障一审一助一书,抽调富余人员充实到执行局。二是建立健全以司法责任制为核心的审判运行机制。先后制定《专业法官会议议事制度》《审判委员会工作制度》《案件质量评查制度》等,成立案件质量评查组,实行逐案评查,一月一评查,一月一讲评,一季一分析,进一步促进案件质量提升。三是推进繁简分流,大胆适用小额速裁。坚持调解优先,诉调对接,形成人民调解、司法调解与小额速裁一体化工作机制,推进和完善诉调对接多元化纠纷解决机制,实现简案快审、繁案精审;在小额诉讼中力求"便民多元化、送达多元化和调解多元化",创新司法为民措施,提升小额诉讼案件质效;做到开庭更为灵活,简化文书制作,严格小额诉讼案件审理流程,简化庭审过程,提高办案效率。11月3日,在垣曲县召开的全市法院小额诉讼工作推进会上,县法院作为代表介绍经验,受到好评。四是推进审判辅助事务集约化管理,成立司法辅助中心。统一管理诉讼材料收转、邮件收寄、外出送达、司法委托、向公安机关查询拟公告案件的当事人信息等。为法官减负增效,让法官专司审判。以司法责任制为核心的审判机制的运行,促进县法院审判质效各项指标的持续提升。审判质效各项约束性指标居全市乃至全省法院前列,执行绩效指标在全市法院提升幅度最大。五是打造阳光司法,司法公开进一步拓宽。全年共编写信息64期,借力山西法制报、生活晨报、山西高院等省级媒体发表稿件40余篇,宣传力度不断加大;打造稷山法院网自媒体,开通官方微信、微博,全年微信公众号共发布84期223篇,法治宣传步入"官网+官微+官博"三位一体"微时代",法治稷山影响力明显增强;推进互联网+司法公开,在中国裁判文书网公开裁判文书4913篇,上网率达到125.17%。案件网上庭审直播214件,实现直通现场,直通一线,司法透明度明显提高。

【依法履职】 县法院全年共审结各类刑事案件150件,审结各类民商事案件2388件。为发挥审判职能,提供优质高效司法服务,在全县虎榜企业调研的基础上,制定出台《稷山县人民法院发挥审判职能推进稷山经济社会高质量发展的实施意见》,制定工作目标,进行任务分解,责任明确到人,坚决做到:依法支持行政机关发挥经济调控、市场监管、公共服务、社会管理等职能,切实监督行政机关依法行政,维护法治政府形象,平等保护各类市场主体,最大限度发挥诉讼对各类社会矛盾的化解能力。

【解决执行难题】 县法院全年共受理执行案件1453件,结案1386件,结案率达95.39%。按照山西省基本解决执行难工作推进会议精神,多次召开专题会议,对市中院关于执行工作的33条措施逐项落实。严格落实中院各项要求,完善内外沟通协调联动机制,与县公安局联合印发《关于开展司法拘留社会矛盾化解工作的实施细则》,与县检察院、公安局联合印发《关于拒不执行判决裁定罪协调配合机制》。政法委牵头,建立起执行工作联席会议制度,专门研究解决执行工作中遇到的困难和问题,推动形成解决执行难的整体合力。持续开展"清理积案"活动、"让老赖过不好春节""涉民生案件执行""执行开放日"等,采取司法拘留、罚款、搜查、上失信名单等强制措施。调整执行干警下乡办案工作时段,利用当事人早上6点半之前晚上7点之后大多在家之际下乡执行，促进工作开展，提高案件质效。拍摄并播放法治微电影《围猎老赖》，使广大人民群众更加了解和支持执行工作，进一步提升司法公信力和执行的威慑力。成功召开执行联席会议。11月21日，召开执行联席会议，全县20余家职能部门参加，形成"党委领导、人大、政协监督、政府支持、政法委协调、法院主办、部门配合、社会各界参与"的执行工作格局，推动执行工作健康顺利开展。首次召开新闻发布会。12月8日，召开首场新闻发布会，邀请多家新闻媒体参加，和县电视台长期合作，滚动播放失信被执行人名单，稷山报社、县电视台微信公众号、稷山法院微信公众号同步播出，在失信被执行人所在村庄、小区等张贴名单，形成全覆盖、全曝光、无死角，营造执行声势，督促被执行人主动履行。

【智慧法院建设】　县法院成立信息技术中心，负责网络建设和网络发展总体规划，完整、准确、详细地统计记录各项办案数据，培训指导各审判执行团队熟练运用办案系统。设立审判信息中心、执行指挥中心、执行查控中心，联通雪亮工程网络，远程指导基层调解组织工作。按照最高人民法院3.0版智慧法院要求以及新出台的各类审判业务用房的技术规范，对诉讼服务中心、审判信息中心、执行指挥中心、监控中心、视频会议室、12个审判法庭等业务用房的信息化应用进行总体规划设计。

【接受各界监督】　县法院加强与人大代表、政协委员的沟通联络，主动邀请参与法院重大活动、旁听案件审理、现场监督执行、视察法院工作。9月21日，运城市人大代表调研县法院执行工作，11月1日，县人大代表视察法院《刑事诉讼法》贯彻实施情况，11月29日，县政协委员调研法院工作，代表和委员们对法院的成绩给予肯定，县法院对代表和委员们的意见和建议进行了针对性地研究，积极采纳，并制定相关措施，加以实施。

【基础建设】　县法院审判法庭建设项目于2011年立项，在几经变更建设地址，两次增加建筑面积，在县委、县政府的支持下，2017年7月中旬完成招标，8月下旬开工建设。总建筑面积1.08万平方米，工程设计概算核定为2950.29万元。年底工程进度已经处理完地下基础。

司法行政工作

【普法依法治理创新】　2017年，县司法局全面推进"七五"普法工作开展。一是结合重要时间节点，开展"四下乡""3·15""花海清河、非遗之乡"桃花节普法宣传、"国家安全教育日""全国助残日""12·4国家宪法日系列宣传"等活动，发放各类法治宣传资料5万余份，受教育人数达2万余人次，提高基层群众的法律素养。二是结合青少年法治教育，先后深入稷王中学、稷山中学、西社镇办中学等进行法治专题讲座10余次，发放青少年普法宣传材料1万余份。三是结合普法短剧制作开展宣传，为进一步创新普法短剧制作，5月底，县司法局与县电视台召开普法短剧座谈会，进一步激发短剧的生命力。截至年底，共制作播放普法短剧22期，总计70期。在此基础上，进一步深化"谁执法谁普法"工作机制，与县委宣传部、县综治办联合下发文件并召开工作推进会，为各单位安排制作播放时间表，各执法单位都能积极完成任务。11月份，县人大对县司法局普法依法治理工作开展情况进行视察调研，对县"六五"普法实施和"七五"普法开展情况给予高度评价。

【法律援助工作】　市委、市政府将法律援助列为当年全市民生实事工程(6+5)之一。县委、县政府对此项工作十分重视，县委书记廉广锋、县长吴宣、县政法委书记赵永刚先后对法律援助工作做出重要批示。县司法局从构筑网络、建立示范、完善服务、强化宣传四个方面入手，打造法律援助"民心工程”。一是结合省级示范化司法所建设、美丽乡村建设和公共法律服务体系试点等现有的法律服务资源，确定太阳乡、稷峰镇加庄村等六个法律援助工作站点，并加强试点软硬件建设，做到牌子、人员、电话、场所、固定宣传栏、办公设备“六有”。二是确立各乡镇及工会、残联、妇联等机关法律援助工作站27个，各行政村联络点200个，使“法律援助免费咨询全覆盖，工作机构覆盖所有农村、社区及困难企业”成为现实。三是软件方面，强化法律援助联络员培训，将法律援助流程进一步规范，建立完善“一次性告知”制度和限时办理制度，对咨询群众一次性告知全部办理流程及需要准备的材料；明确法律援助审批指派制度，做到责任到人。硬件设施方面，强化法律援助“三大平台”建设，县司法局对200平方米的法律援助大厅进行全面改造，设立等候区、接待区、咨询区、受理区、私密会谈室等多个办公区域，开通5522348法律服务热线，搭建集法制宣传、律师服务、公证服务、人民调解、司法鉴定、基层法律服务为一体的公共法律服务平台，结合法律援助远程服务系统，向群众提供更优质、便捷的法律援助服务。全年全县共办理各类援助案件245件，受援人数达3945人，接待咨询及代书3100人次，为贫困、残疾、弱势群体提供法律援助，切实维护贫弱群众的合法权益。

【人民调解工作】　县司法局以“抓队伍、建机制、抓培训、树典型”为工作主线，推进大调解机制建设。首先，不断加强人民调解队伍建设。特聘21位热心人民调解工作且群众威信较高的人员进入专职调解员队伍，定期发放生活补贴和案卷补助，规范各乡镇人民调解委员会和县矛盾纠纷调解中心的公章，使得每个调解员能安心扎根基层，服务群众。其次，不断提升人民调解员业务培训水平。县司法局在每月第一个周一召开专职人民调解员例会，会上加强对调解员业务指导和学习。使每位调解员都能总结工作，交流经验，共同提高。当年，西社司法所专职调解员权小黑被司法部评为“全国模范人民调解员”。第三，推进“五调对接”机制。在县政法委的支持下，县司法局建立“五调对接”工作机制。在县法院设立人民调解工作室，确定专门调解人员，制定完善法官业务指导、矛盾纠纷移交等制度，工作开展有条不紊。年底，县政协对矛盾纠纷调解中心开展调研时，对县司法局民调工作给予高度评价。维护稳定“护城河”行动开展以来，县司法局组织全县各级人民调解组织排查辖区内各类矛盾纠纷，截至年底，共排查各类矛盾纠纷1984件，成功调解1927件，调处成功率达97%，为稷山的和谐稳定提供助力。

【法律服务水平提升】　县司法局为提升法律服务水平。一是持续推行法律顾问制度。发挥职能优势，为全县各部门聘请法律顾问提供资源支持，年底，全县14个党委部门、23个政府所属部门、7个乡镇、29家教育系统、12家卫生系统、20家事业单位全部完成法律聘任工作。二是服务城市建设提升改造。抽调专门力量组成拆迁工作组，对大佛路职工新村棚户区7户居民做耐心细致的思想工作，进行评估，签订拆迁补偿合同。三是组织律师参与化解和代理信访，服务全县稳定大局。组织和引导律师、法律服务人员参与涉法涉诉信访工作和社会矛盾纠纷化解工作，引导群众依法表达利益诉求，维护好社会弱势群体合法权益。截至年底，全县律师、法律服务工作者共调解纠纷85件，从源头上预防和减少社会矛盾的发生和激化。四是举行“公共法律基层行”活动。组织力量，利用一个月时间，深入到20多个机关、乡镇、村庄、学校开展法律法规宣传、法律知识讲座、现场调解、现场公证、播放法治微电影等。共举办专题讲座10余场，现场调解矛盾纠纷40余起，播放《融冰》《网吧少年》等法治微电影10期，发放普法资料5万余份，接受群众法律咨询3000余人次，在全县营造“办事依法、遇事找法、解决问题用法、化解矛盾靠法”的良好法治氛围。五是推进公共法律服务体系建设。为使公共法律服务更加便捷、高效,县司法局“县乡村”三级联动,高标准建立县级公共法律服务中心、各乡镇公共法律服务站和10个公共法律服务示范村,使群众的法律问题在家门口就可以得到解决。

【社区矫正工作规范】　县司法局按照上级要求,按照“八室一站一中心”的标准规范建设县社区矫正中心,中心设有报到室、监控室、讯问训诫室、警务室、心理矫治室、档案室、宣告庭、阅览室、法律援助工作站、视频监控中心,功能齐全,设施一流。人员配备上,成立由法院、检察院、公安局、司法局专人组成的工作团队,强化社区矫正人员监管力度,规范了社区矫正监管流程。严格社区服刑人员周签到、月汇报制度,认真落实社区服刑人员请销假外出制度,严把移交、宣告、监管三关,进行“GPS”定位跟踪,纳入社区矫正“电子围墙”监控。为提升监管效果,县司法局还配备心理测试软件,培养了4名国家二级心理咨询师,对服刑人员实行入矫测评和季度测评,适时进行心理干预。截至年底,共开展调查评估113件,新接收社区服刑人员122人,全县177名社区服刑人员全部实行人脸识别、指纹签到和手机定位跟踪,依法严格管理社区矫正人员,切实做好特殊人员的精准监管工作,严防脱管、漏管,确保无一人重新犯罪。

农　业

农业生产

【粮食总产增长】 2017年全县夏粮收获面积35.8万亩，总产1.28亿千克。秋粮播种面积29.45万亩，其中玉米28.85万亩、杂粮0.6万亩，总产1.11亿千克。全年粮食总产2.39亿千克，超全年的任务1.8亿千克的32.7%。

【农产品加工销售收入增加】 2017年，全县共有各类农业产业化加工企业134个，市级以上龙头企业26个，当年新申报8个市级龙头企业。共涉及农产品加工、畜禽养殖、农产品储藏和包装等行业，承担着全县粮食、板枣、中药材、水果和畜牧养殖产业的发展带动作用。

【农村人居环境改善成效初显】 在美丽宜居示范村建设上，清河镇马家庄村被确定为2017年省级美丽宜居示范村，蔡村乡段家堡村被确定为市级美丽宜居示范村，稷峰镇杨赵村被确定为县级美丽宜居示范村。

【农产品质量安全监管】 县农委综合执法大队对全县农药、化肥、种子市场先后进行定期不定期检查，涵盖全县80余家农资市场，保障农业投入品的安全。质监站5批次实地抽查了20个蔬菜样本送市农委进行化验，农药残留检测合格率达到96%。

【农业面源污染防治工作】 县农委推进及实施节水农业、化肥零增长行动、农药零增长行动、畜禽废弃物污染防治、秸秆综合利用、农膜回收利用生态循环农业示范建设、耕地土壤环境调查与监测、农村能源建设、农业标准化生产及禁(限)用农药管控等11项重点工作。

【农业法治健全】 2017年执法大队、质检站通力合作，抓源头、建台账、实施规范监管。人员到岗率100%，案件查处率100%。截至年底，共出动专项农业行政执法人员15次，检查各类农业生产基地十多次，农药生产经营企业12次，抽检农产品20多批次，无农药超标事件。全年没有发生较大及以上农产品质量安全事故。

【农业现代化工作推进】 2017年，县农委投资200万元的滨河葡萄示范园6月开工建设，年底，连栋温室、单双层连栋和基础设施建设完成；均安村高标准农田建设项目，机井配套设施全部到位，秸秆还田项目完成，田间道路基础竣工，工程进入扫尾阶段；清河镇秦家庄村的10个高标准温室大棚建设全部完成，西红柿种植长势良好，桃苗栽植开春完成；西社镇范家庄村播绿合作社20亩冷棚建设完成，葡萄种植效益良好；上李村菇尔康3个大型养菌大棚投入使用。重点打造的18个标准化现代农业示范园建设，提档升级、管理规范，促进现代农业大力发展。

【农产品三品认证、出口平台建设】 全县“三品”

产地认证面积达1100亩；晋龙集团发展“三品”养殖规模60万只无公害鸡，任务超额完成；新认证“三品”4个，其中葡萄品种2个，桃1个，食用菌1个。依托国家级农业产业化龙头企业山西晋龙集团，在农业部认定的“晋龙牌”无公害农产品的基础上，先后与欧美多个国家签订对外贸易，出口“晋龙牌”无公害农产品40万吨以上，山西菇尔康菌业有限公司完成“稷之源”品牌注册，正在进行无公害视频认证。全县食用菌产业是新兴产业，发展迅速，较上年同期增长34.5%；双孢菇、草菇总产650吨，较上年同期增长66.8%，上半年香菇总产800吨，同时打开国外市场，年底第一批香菇出口韩国。

【农产品品牌示范带动】 西社镇范家庄村的圣王葡萄专业合作社生产的“稷圣”牌红提葡萄，含糖量高达20%，出口越南、马来西亚等东南亚国家；太阳乡小阳村的向阳山楂合作社首创“以枝换果短枝型修剪法”，生产的无公害“晋楂稷”牌山楂直径达4厘米以上，商品率达95%；蔡村乡东蒲村的泰丰果蔬专业合作社建设现代水果观光示范园，注册“泰丰水果”；太阳乡白池村的果农段志仁申报“暑脆红”鲜桃新品种，通过了省林业厅审定。截至年底，全县注册登记种植、贮藏、加工果业龙头企业、合作社180余家。

【稷山板枣申报中国重要农业文化遗产通过】

稷山板枣生产系统成功入选第四批中国重要农业文化遗产，全国共有29个传统农业系统被评为第四批中国重要农业文化遗产。稷山板枣生产系统是山西唯一成功入选的重要农业文化遗产，实现山西省零的突破。

农业综合开发

【跨年度工程完成】 稷山县2016年度国家农业综合开发高标准农田建设项目涉及稷峰镇的西薛、西店头、马家巷、关家窑四个行政村。项目总投资1230万元，建设高标准农田1.0万亩，其中：中央财政资金800万元，省级财政资金320万元，市级财政资金24万元，县级财政配套资金56万元，农民自筹资金30万元。实施的主要工程有：新建提水泵站3座、修复配套2座，更新机井6眼，新建井房4座，旧井修复配套16眼，架设输变电线路3.35千米，安装变压器9台，埋设地下PVC塑料管道23.2千米，消力池150座。新建防渗渠道11.39千米，渠系建筑物632座。改良土壤0.67万亩。整修拓宽硬化田间道路22.5千米，营造农田防护林110亩，栽植国槐1.06万株，红叶李450株。项目建成后顺利通过市农发办验收。并荣获运城市农业综合开发管理工作综合考核第一名的成绩，获得以资代助奖励20万元。项目区建成田成方、林成网、渠成系、路相通、旱涝保收、科技配套的农业综合开发新格局。

【高标准农田建设项目】 稷山县2017年度国家农业综合开发高标准农田建设项目，经实地勘测、认真评估和科学论证后确定为太阳乡的董家庄1个行政村，项目区规划建设面积6620亩。总投资993万元，其中：中央财政资金660万元，省级财政配套264万元，市级财政配套20万元，县级财政配套46万元，自筹资金3万元。实施的主要工程有：更新井6眼，修复配套机井15眼，新建井房、井台14座，配套变压器1台，架设输电线路0.5千米，铺设输水管道37千米，消力池390个，构筑渠系建筑物268座。改良土壤6600亩。建设机耕路22.1千米，其中水泥路8.58千米，砂石路13.52千米。新建农田防护林网138.6亩。小麦叶面“三喷”4500亩，培训农民1000人次。年底，该项目按照市农发办批复文件启动，工程正在实施中。

【农业产业化龙头企业扶持】 县农发办采取多种措施，结合县产业化资源优势，想方设法向上级要项目、跑资金。争取回两个产业化项目：稷山县资农红枣专业合作社的新增200吨板枣粗加工生产配套设施扩建项目和山西稷王现代农业发展有限责任公司的稷山县3920立方米果蔬贮藏冷库建设项目。两项目总投资392.32万元。

国土资源管理

【县域经济建设服务】 2017年,县国土局为省道233环西社园区线路争取500亩土地规划指标,并进行了实地选址。完成清河镇正南甲城中村改造、翟店园区印刷包装文化产业技术中心等建设项目拟占用52亩建设用地的上报审批工作。完成中电投50MW光伏发电项目拟占用12亩建设用地的报批工作。对稷山县县域农村生活垃圾治理工程建设项目、稷山县妇幼保健院综合楼建设项目、稷山县太阳乡中心卫生院修善分院业务用房建设项目、稷山县县直小学(育英小学)建设项目占地进行预审批复。完成国有土地供应22宗169.2亩。其中以划拨方式供地3宗38.87亩;以招拍挂方式出让国有土地10宗105.59亩,收缴出让金1680.1万元;划拨转出让9宗24.7亩,补缴出让金491.71万元。

【国土资源管理】 县国土局把依法行政工作摆在重要位置,完善各项工作机制,扎实履行部门职责,依法行政水平进一步提高。一是严格规范征地管理,全年共征收土地331.60亩,支付征地补偿款1908.96万元,支付地上附着物补偿款416.14万元。在土地征收中,大力推行阳光征地,坚持“三公开”制度,提前摸清项目用地情况,对出现的问题与矛盾早处理、早解决,并聘请法律顾问提供法律保障,圆满完成年初预定的土地征收任务。二是严格落实责任,从土地整理和执法监察两方面入手,组织动态巡查305次,现场制止109宗,立案查处117宗,下达处罚决定117起,收缴罚款223万余元;积极实施土地开发整理项目,全年新立项土地整治项目5项,建设总规模1494亩,项目总投资675.80万元,项目完成后可新增耕地1181.85亩;强化卫片执法检查工作,变更调查合法图斑56宗,面积225.37亩,伪变化图斑309宗,面积2249.49亩,违法图斑4宗,面积25.54亩,2016年下发的遥感监测图斑369宗全部整改到位,确保县47.30万亩耕地和41.56万亩基本农田面积不减少,实现耕地总量动态平衡。

【地质灾害防治】 县国土局不断加强地质灾害防治工作,完善地质灾害应急预案,发挥地质灾害应急指挥平台的指挥作用,做到及时预警及处置。全年共发布预警40次,及时有效地提醒乡镇政府及各国土所提前组织防范,配合各乡(镇)政府转移群众15人,开展地质灾害应急调查28次,出动应急人员108人次,有效的保障人民群众生命财产安全,地质灾害防治管理水平整体提升。年底稷山县地质灾害防治高标准“十有县”建设工作顺利通过省厅验收。全面完成县各个矿山企业及砖瓦窑的矿山地质环境调查。并督促各个矿山企业按照《矿山地质环境保护与恢复治理方案》进行恢复治理,截至年底,县7家矿山企业恢复治理总面积达44.1亩,投资33.56万余元,矿山环境得到改善。

【矿产资源管理】 2017年全县矿山企业省级发证的共1个,市级发证的7个,全部进行了公示。县级发证矿山企业64家(其中砖厂57家、砂场7家)全部过期,已经移除1个,非申请注销63个。县本地数据与网上数据库不一致数据对比25个已全部上传。为稷山县西小河杂岩采矿场、稷山县石板沟铁矿分别进行短延和顺延。

【信访维稳工作】 县国土局不断加强矛盾排查及信访维稳工作力度,成立了矛盾纠纷排查委员会,突出重点,强化责任,将信访问题解决在萌芽状态。全年共受理信访案件32件,化解率达到100%。其中省厅市局转来14件,监督热线9件,12336电话举报4件,接待群众来访5件。

【基础工作完成】 县国土局统筹基础业务完成《稷山县土地利用总体规划2006—2020年》编制工作,并上报给省国土资源厅,等待省厅评审批复;完成稷山县永久性基本农田划定工作,通过省、市验收并上报国土资源部;完成2015年度耕地质量等别更新评价和2016年耕地质量监测评价工作;完成全县8家非煤矿山企业土地复垦任务调查摸底工作;两权发证工作稳步推进,数据入库工作全面完成;不动产信息平台建设初步完成;编制完成稷山县2017年度国有建设用地供应计划。

林 业

【国家重点造林工程完成情况】 2017年,全县营造林总任务9001亩,其中:三北防护林2000亩、中央造林补贴5000亩、新一轮退耕还林376亩、天保人工造林1500亩、森林植被恢复125亩,年底全部完成。

【县级重点工程完成情况】 2017年3月2日,县林业局组织县四大班子成员及全县88个单位的4000余名干部职工开展义务植树,共栽植苗木1万余株;村庄绿化工程,全县新建园林村2个、新建小游园4个;道路绿化工程,完成通道提档升级100余千米,栽植苗木5万余株;环城绿化工程,苑曲坡一、二、三、四、五期绿化工程,柳沟坡绿化工程,贾峪村北环城绿化工程,共栽植苗木6万余株。

【森防检疫体系完善】 县林业局为搞好全县的有害生物防治工作,做到科学防治,设立10个有代表性的测报点,编制《森防简报》5期,600余份,宣讲病虫防治知识培训15余场次,受训人数达5000余人,散发技术资料6000余份,悬挂桃小、绿盲蝽象、天牛诱捕器90套,对工程造林实行检疫,共检疫各类苗木260余万株,3月份对运稷一级路草履蚧进行防治。

【森林管护完善】 全县森林管护总面积27.78万亩。为落实管护任务,县政府与各乡镇及国有林场签订天保二期工程建设目标责任状,完成森林管护项目申报书。国有林场对15名森林管护人员实行GPS巡检系统进行巡护,刷写森林防火标语300条。制作固定标牌30块,完成彩旗500面,发放宣传材料8000余份,投资30余万元对三界庄管护站进行修建,强化全县森林资源保护力度。

【林木经济发展】 县林业局协调县财政局、保险公司,对全县符合条件的9.7万亩公益林办理森林保险,其中,国有4.98万亩,集体4.72万亩。并对稷山县汇丰园中药材种植专业合作社2016年实施的100亩双季槐矮化密植丰产园项目进行验收,全县1家合作社被评为省级示范社。

【森林执法】 县林业局全年共办理林业行政案件3起,对12户木材加工户进行整顿,打击取缔30余座死灰复燃或新建的非法烧制木炭窑。森林防火期内组建30人的防火专业队,坚持建立24小时值班制度。印发宣传单3万余份,火灾案例宣传单2.5万余份,宣传围裙1万个,宣传纸杯1万个,宣传袋1500个,在全县重点林区设立防火宣传牌450块,防火宣传彩旗6000个,储备200套防火服,50台风力灭火机,20台油锯,50把铁扫把,100把铁锹。3月7日,在稷山县召开吕梁山四县森林防火联防会,共筑森林防火"防护墙"。

【野生动植物保护工作】 县林业局结合"爱鸟周"和"禁猎期"野生动植物保护宣传活动,在县城和乡镇村庄进行宣传。制定湿地公园巡护员职责,对巡护员进行培训,完成河道疏浚工程,举办"山西稷山汾河湿地公园摄影展",加大湿地公园的乱砍滥伐制止力度。

【育苗工作】 2017年,全县育苗面积1800余亩。培育主要品种有国槐、柳树、红叶李、油松、法桐等,主要分布在稷峰、清河、太阳、化峪、蔡村5个乡镇,全年办理换发林木种苗生产经营许可证3户。国营苗圃育有速生法桐21万株，国槐5万株，白蜡5万株，红叶石楠/高秆冬青球5000余株，提高苗圃的生产经营能力，争取上级资金35万元，完成道路硬化400米、线路改造520米、管道更新800米，争取林地防护网建设资金35万元，年底通过采购中心，向社会公开招标，抓紧施工。

畜　牧

【各项考核指标完成情况】　2017年，县畜牧兽医发展中心全年开展技术培训30余场，年培训人员1万人次以上，利用现代网络手段，为全县养殖户随时提供技术服务、市场价格等信息。发展适度规模养殖，加快畜牧业转型跨越发展。全县蛋鸡存栏达1350万只，生猪存栏12万头，羊存栏6.8万只，牛存栏2300头。全县畜禽肉类总产量2.29万吨，禽蛋产量11.96万吨，奶类产量0.12万吨。全县改良绵羊5.9万只，改良山羊0.8万只，推广三元优种猪7万头，全县共有各类规模养殖户3500余个，畜牧养殖专业合作社发展到150余个。

【动物疫病防控】　县畜牧兽医发展中心为提高动物疾病防控水平，一是落实防控责任制，抓好重大动物疫病免疫工作。按照农业部和山西省制定的免疫方案实行定期集中免疫和全年补免相结合，及时提供疫苗，保证免疫密度和免疫质量，各种畜禽的免疫率均达到应免数的100%。二是进一步规范畜禽防疫档案。按照“县不漏乡、乡不漏村、村不漏户、户不漏畜（禽）、畜（禽）不漏针”的防疫要求，进一步规范畜禽防疫档案。三是做好抗体监测和流行病学调查。为更好了解畜禽免疫效果，预测可能出现的疫情，县畜牧兽医发展中心对全县蛋鸡进行抽样监测。共做鸡高致病性禽流感H5抗体监测1.07万余份，新城疫抗体监测762余份，鸡禽流感H9抗体监测762余份，H7监测516份。抗体效价全部超过国家标准，圆满完成省、市下达的年度监测任务。四是抓好消毒灭源工作。根据县养殖数量大、密度高的现状，要求平时做好消毒灭源工作。据统计，全县共发放消毒药品9.3吨，保障全县养殖业的健康发展。

【畜产品质量和生产安全监管】　县畜牧兽医发展中心为加强畜产品质量和生产监管工作，一是加大对饲料兽药等投入品的监管。每周对全县7家饲料生产企业进行一次监督检查，签订安全生产承诺书，对各饲料企业所生产经营的各种产品进行随机抽样监测100余份。每月对全县13家兽药经营门市部进行一到两次监督检查，并现场查验农业部公布的假冒伪劣兽药产品。组织经营许可证到期的兽药经营门市部进行换发工作，并验收通过3家兽药经营企业。通过加大对饲料、兽药等投入品的监管，保障畜产品的质量安全。二是做好动物卫生监督各项工作。全县屠宰检疫、产地检疫、养殖环节的监管全部达到100%；加大养殖环节病死动物无害化处理，完善畜禽发病死亡报告制度和现场监督无害化处理制度，做好病死畜禽无害化处理工作。三是抓好生猪定点屠宰管理执法工作。坚持日常监管和专项整治相结合，加大对屠宰违法行为的查处力度。对生猪屠宰情况进行全面摸底调查，坚决打击私屠滥宰和生猪注水等违法行为；对全县范围内的肉品市场进行全面排查，严厉打击未经检疫上市销售的肉品。对通过日常监管、监督检查、集中整治、群众举报等方式发现的违法线索，追根溯源，一查到底，确保动物产品的安全，保障人民群众的身体健康和生命安全。四是加强奶牛养殖环节及生鲜乳质量安全监管，不定期对奶牛养殖户的免疫、消毒等工作进行监督检查。定期进行三聚氰胺和黄曲霉素检测，检测合格率达100%。五是规范养殖档案，狠抓安全生产。全年共新备案蛋鸡养殖场（户）2户。对全县已备案的养殖场（户）进行不间断的检查，督促养殖户完善档案，规范填写生产记录、用药记录、消毒记录、免疫程序等，进一步推进健康养殖。

【重点项目完成情况】　2017年，稷山县着力推进“三个一百”重点项目顺利实施，提升县畜牧业规模化、标准化、产业化水平。一是稷山昌宏30万只蛋鸡养殖和饲料加工项目。项目总投资3500万元，占地55.55亩，总建筑面积2万平方米。项目完成投资3500万元，建成标准化鸡舍11栋，共计1.1万平方米，年底存栏蛋鸡15万只。二是晋龙集团100万只蛋鸡养殖项目。项目总投资1.2亿元，占地100亩，建设100万只蛋鸡鸡舍、办公场所及配套设施。完成投资1.2亿元。三是昊鑫蛋鸡养殖项目。项目总投资1000万元，总占地48亩。项目完成投资1000万元，建成办公设施400平方米，现代化标准化鸡舍4栋4000平方米，存栏蛋鸡15万只。

农　机

【农机化综合示范县乡村工作创建】　2017年，稷山县继续被省局确定为全省“率先实现农业机械化综合示范县”项目建设县。县农机发展中心科学规划安排，依法依规建设，精心组织落实，进展情况良好。截至年底机耕道建设任务（投资40万元，总长度为4.6千米），在示范区内确定的建设单位，完成实地勘察，图纸设计，专业造价，财政评审4项基础工作，另外，通过工程招投标工作确定了施工单位，7月份工程启动，年底完成建设任务；机库棚建设任务（投资46万元，总面积2080平方米），根据实际确定7家建设单位，采用“统一设计，统一标准，统一施工”的建设办法，8月份启动建设，年底完成建设任务；农机GPS卫星定位系统建设任务（投资16万元，安装80台套），采取“政府采购招标、项目资金奖补、专业合作社自筹”的办法，年底完成建设任务；果园全程机械化建设任务（投资8万元），选择条件具备的清河二虎专业合作社作为建设单位，采用“协议对象自筹资金购买，县局项目资金政府采购”的办法，年底完成建设任务，共完成9类17台件果园全程机械配置，实现稷山果园全程机械化作业“零的突破”，填补稷山县的一项空白。在全面实施“率先实现农机化综合示范县项目”的同时，县农机发展中心根据省市局安排，开展农机化综合示范县乡村三级联创活动，进行农机化综合示范乡村创建考核命名工作。在农机化综合示范县乡村创建中，稷峰镇、西社镇被市局命名确定为示范乡镇；稷峰镇的西薛村、小杜村，西社镇的西社村、中社村4个村被县农机发展中心命名确定示范村。

【“三夏”农机化生产工作】　县农机发展中心“三夏”期间，共组织485台联合收割机参加夏收作业，35台小麦联合机参与跨区作业，参与夏收作业的各类运输机械共560台；另外，组织拖拉机1200台，免耕玉米播种机653台，旋耕播种机134台，深松整地机210台，投入玉米夏播生产。总计完成小麦机收面积35.8万亩，机收率达98%；总计完成玉米机播面积31万亩，机播率达100%；共完成深松整地面积2万亩，工作成效明显，农民群众十分满意。6月13日至14日，农业部农机司“三夏”农机化生产督导组和省市有关领导，到县督导工作，对县“三夏”农机化生产工作给予高度评价。

【农机安全生产】　县农机发展中心严格安全监管，抓好机车检审验。农机监理站全体工作人员，分别到全县7个乡镇，采取“进村入户”和“联片集中”相结合的办法，共检审验各类农业机械1447台，发放各类农机具安全检验标识1447张。检审验率达到在册机车机具的90%，同时，拖拉机、联合收割机挂牌87台。在机关和乡镇农机站建立农机安全生产和农机检审验台账，杜绝事故隐患。严格安全培训，开展安全生产检查。县农机发展中心利用农机培训校，共举办各类型农机具驾驶员宣传培训会议17次，培训各类技术人员1347人次，共深入实际检查安全生产5次。在培训宣传和安全生产检查中,共发放各类农机安全宣传资料1.3万余份。加强农机质量监督。农机质量监督站全体工作人员,开展"3·15"农机质量宣传活动,3月15日在县委广场利用标语、版面、宣传材料、设立咨询台等形式,向群众宣传农机质量以及相关的法律法规和政策,强化广大群众的农机质量意识。另外,采取随机抽查、电话核实等方式对农机具进行质量核查,对农机具的型号、出厂编号、有关证件进行质量审查,确保农机具的质量标准和农机生产的安全性,同时,加强农机质量投诉受理工作,及时处理13起农机质量投诉问题,为农机安全生产打好基础。严格专项整治,抓好"变拖"监管。5月下旬,根据市局要求,以稷农机字〔2017〕3号文件,下发变形拖拉机专项整治工作方案,开展"变拖"专项整治工作。截至年底全县共摸底登记变拖514台,查封注销变拖308台,注册登记运营206台,年底,尚有61台正在整治之中。

【农机"双新"推广工作】 县农机发展中心为提升县农机化水平,一是依托项目加快推进小麦全程机械化步伐。当年县申报小麦全程机械化项目示范园区1万亩,为确保该项目顺利实施,选择基础较好的稷峰镇兴斌农机专业合作社在稷峰镇西薛村、史册村、马家巷村、关家窑村、阳史村、西店头6个村实施该项目,利用项目补贴资金引进购买山东潍坊爱地3wp—700型高低隙植保机械1台,购买开原泰斗HGT—100型粮食烘干设备1套。二是引进先进果园管护机械,填补果园管护机械空白。根据市局关于做好农机科技推广创新工作的要求,利用示范县项目资金8万元与清河镇二虎农机专业服务合作社合作,共同购买9大类17台果园全程机械化生产设备(项目资金购买7大类11台,合作社见习大类6台)。重点引进果树施肥机械、机械化采摘运输、中耕除草机械、喷雾喷药机械等薄弱环节的技术装备,填补县果园全程机械化管护的空白。三是建设安装GPS定位系统。为加快推进"智慧农机"发展步伐,利用示范县项目资金16万元,开展精准农机试点。为全县14个农机专业合作社玉米收获机购买安装卫星定位GPS监牢前端设备80台。

【农机社会化服务工作】 县农机发展中心本着"先发展、后规范、边发展、边规范"的工作思路,坚持"农民自愿、因地制宜、积极引导、服务发展"的基本原则,努力扶持建立各种类型的农机专业合作社,并强化规范化管理和运行。截至年底,全县农机专业合作社的总数已达32个,社员总人数达537人,其中规模较大、功能较强、效益较好、经营比较规范的有14个,社员人数达324人,拥有大中型拖拉机183台,配套农具540余台(套),小麦联合收割机82台,玉米收割机85台,工程机械6台;合作社固定资产达到5200余万元,年作业面积达21.3万余亩,年收入1280余万元,流转土地4000余亩。4月,县人大组织省、市、县三级人大代表200余人,对县农机发展中心的农机社会化服务工作和农机专业合作社建设工作进行专题视察,人大代表对县农机专业合作社的建设和发展给予充分肯定和高度赞扬。

【农业机械装备工作】 县农机发展中心申请国补资金450万元(其中深松资金67.5万元),农机补贴资金416.5万元。截至年底,已落实使用资金372.55万元,补贴机具403台,收益农户达341户。

【新型职业农民培训工作】 新型职业农民培训是有效提高农民素质,提升农机操作人员业务水平的重要途径。县农机发展中心全年共培训农机管理人员、技术人员38人,农机作业人员107人,共计培训145人,为农机具更好地投入农业生产奠定坚实基础,受训农民农业机械操作技能和维修技能显著提高,农机具使用率提升,农民农机经营效益显著增强,农机安全事故显著减少。

【保护性耕作示范区建设】 2017年,县农机发展中心在连年实施保护性耕作建设基础上，以农机化综合示范县项目建设为依托，加大保护性耕作示范区建设，在稷峰镇下庄村创建农机化综合示范县项目区，建设保护性耕作示范区2000亩，充分发挥保护性耕作示范区的示范辐射和引领作用，促进机械化保护性耕作技术在全县大面积推广应用。全年完成深松旋耕保护性工作作业面积8.26万亩，小麦秸秆还田33.5万亩，玉米秸秆还田39.5万亩，机播小麦种肥同种23.5万亩，机播玉米种肥同种15.3万亩。

水 利

【农村饮水安全工程】 2017年，县水利局投资100万元，解决13个贫困村1.2万人的饮水安全问题。主要建设内容为：新建蓄水池3座，修复蓄水池1座。铺设输配水管网11.75千米，新建旱井5座，修复旱井22座，硬化集雨场6000平方米，总工程量1.15万立方米，其中：土方0.98万立方米、砼0.15万立方米，砖0.02万立方米，投工0.95万个。投资50万元，完成12个村1.5万口人饮水安全突发问题，主要建设内容为：修复配套水源井3眼，修复蓄水池1座。铺设输配水管网15.07千米，总工程量1.45万立方米，其中：土方1.4万立方米、砼0.03万立方米，砖0.02万立方米，投工0.45万个。

【汾河流域生态修复综合治理工程】 3月17日，在运城市水务局基建科组织下，县水利局完成工程勘测及设计招标，山西省水利水电勘测设计研究院中标。9月7日，山西省发改委以晋发改设计发〔2017〕761号文进行工程初设批复。根据县政府常务（扩大）会议研究，项目采用PPP融资模式。当前已开工建设，初步计划2018年汛期前完成主体工程建设。

【产权制度改革和农业水价综合改革】 县水利局在产权制度改革上，根据省水利厅、财政厅和发改委《关于稷山县农田水利设施产权制度改革和创新运行管护机制试点实施方案的批复》（晋水农水〔2014〕441号）文件精神，稷山、临猗、清徐、汾阳4县（市）被列为全国农田水利设施产权制度改革和创新运行管护机制试点县，提出“构建三大平台，推进改制进程；明确四权两责，构筑体制框架；筑牢五大支撑，完善运行机制；坚持五个注重，全面服务民生”的工作思路，开创性提出“审核确权机制、责任追究机制、权力衍生机制、奖励惩罚机制”四大管理机制，开设“水利医院”，组建水利服务中心，为改革工作注入强大活力。2017年10月30日至31日，通过市级验收，2017年11月22日至23日，通过省级验收。农业水价综合改革上，根据省水利厅《关于稷山县农业水价综合改革实施方案的批复》（晋水农水〔2017〕385号）文件精神，稷山、洪洞两县被列为全省农业水价综合改革试点县。县水利局经过基础调查，科学分析，提出“探索七大机制，实现三大效益，创新管理模式，实现人水和谐”的工作思路，共涉及43处工程，27个农民用水协会，灌溉面积6.8万亩。截至年底，改革工作已挂网，进入招投标阶段。

【禹门口东扩稷山水源工程】 禹门口东扩稷山水源一期工程总投资830.19万元，铺设直径1.6米的PCCP管道5.6千米，涉及仁义、桐上、贾峪和桐下4个村庄，共涉及占地256.27亩。工程已完成管道沟槽开挖4千米，安装管道3.3千米，土方回填3千米，12月底全面完成工程建设。

【西范东扩稷山段工程】 西范灌区东扩工程在稷山县域内主要有：二级总干渠8.15千米、三级总干渠、坞堆泵站、汾南灌区南部灌溉片区的干、支渠等工程内容。其中2016—2017年度建设内容为：二级总干渠稷山县境内渠道长3.9千米（其中隧洞长2.4米，干渠长1.5千米）。隧洞建设已完成2.4千米，干渠开挖1.5千米，年底全面完成工程建设内容。

【李铁河上游沟坝地治理项目】 李铁河上游沟坝地治理项目总投资201万元，主要建设内容为：完成土地整治面积255亩，其中平整田块面积214亩，新增田块面积124亩，修筑排洪渠670米，新修道路2300米。年底全面完成建设任务。

【水毁工程修复】 县水利局共完成3处水毁工程修复：一是蔡村乡底史村取水口修复，工程总投资7.3万元，土方开挖260立方米，浆砌石210立方米。二是稷峰镇下费村马壁峪入汾口桥涵工程，工程总投资24.33万元，总工程量1631.67立方米，新建跨河桥梁采用平板结构，桥墩采用浆砌石砌筑，跨度为9.25平方米，桥板采用C25钢筋混凝土浇筑。三是稷峰镇吴城村水毁路面修复，共完成路面修复40米，土方200立方米。用水总量控制在1亿立方米以内；万元地区生产总值用水量降低3.6%；万元工业增加值用水量降低2.5%。完成固定资产投资任务26341.1万元（其中：水价改革900万元，汾河生态修复24842万元，其他水利工程599.1万元）。完成招商引资任务21342万元（汾河生态修复融资）。水政执法、水产养殖、移民扶助、水质监测、水资源管理等工作取得新进展。在“1·18”粗苯泄露突发事件中，县水利局成立党员先锋突击队，连夜对武城桥、上费桥、柴村桥实施铁丝网支架、水泥管筑坝、活性炭过滤等防控办法。

【河长制推行】 县水利局把推行“河长制”作为保护水环境、改善水生态的重要举措，全面建立县、乡、村三级河长，对全县6条河流建立和编制“一河一策”“一河一档”，为河长制全面推行奠定基础，12月5日顺利通过市级验收。

【涉水环境整治】 县水利局共完成全县涉水环境整治任务18项，清理河道垃圾7000余立方米，永久性封堵不达标排污口7处。打造太阳乡均和村美丽乡村蓄水池配套工程、翟店镇东小翟村抗旱应急水源周边美化工程、稷峰镇下费村堤防硬化绿化工程等3项示范样板工程，带动全县涉水环境集中整治攻坚行动顺利开展。

【水利发展规划编制】 县水利局提出“打破水瓶颈，创优水环境，建好水生态，提供水支撑”工作要求，科学编制《稷山县县域小水网规划》《稷山县城镇水利规划》《稷山县水保治理十年规划》《稷山县西范东扩水利工程建设规划》《山西大水网禹门口东扩稷山供水规划》《稷山县移民后期扶持规划》《稷山县水利风景区规划》等7大规划。

【党建发展】 县水利局着重抓好3方面工作：一是做学以致用表率。机关党支部被评为先进基层党组织，受到县委表彰。水利局党总支制作《学用结合促发展 勇站前列谱新篇》专题片在全市展播，并代表县委接受市委组织部检查。二是做三基建设表率。根据上级党委要求，把“基层组织、基础工作、基本能力建设”作为党建工作重要内容来抓，规范各项基础工作，各股室对照自身职能对应上级部门要求，按照水利行业特点，梳理编制水利局基础工作目录，制定工作流程图17个，明确权责清单，加强规范性建设，被确定为三基建设市级示范点。为确保三基建设落到实处，县水利局全面推行“五个一线工作法”，用事实来检验工作，识别干部。8月5日，组织全体党员在翟店镇东小翟村蓄水池施工现场召开组织生活会。三是做精准扶贫表率。县水利局提出农户经济发展与乡镇产业规划相结合、传统发展模式与创新发展模式相结合、家庭自主创业与政策扶持相结合、优化资源配置与产业结构调整相结合的工作思路，探索产业扶贫、劳务扶贫、政策扶贫、兜底扶贫、资金扶贫5条脱贫路径。先后2次为贫困户送去化肥，保证春耕秋播用肥。在蔡村乡南埝村为13户栽植优质花椒苗木1600余株；在西社镇仁义村，为10户贫困户人均购买1只山奶羊。

【廉政建设】 县水利局年初定任务，年中查进度，年底大评比。从“德、能、勤、绩、学、廉”6个方面全面考核全体机关干部，开展为期50天的纪律作风大整顿。9月27日，机关全体干部到青龙寺廉政教育基地接受教育，收到良好效果。县水利局制定工作守则和办事流程，共设置工作岗位32处，制定岗位职责164条，制定规章制度37项，制定办事流程17条，完善和健全规章制度，规范和理顺办事流程，明确和细化岗位职责。

黄河提水

【农业灌溉管理】 2017年，黄河提水稷山管理处紧抓主导产业，争取农业灌溉取得良好效益。4月份和5月份稷山境内降雨量偏多，第2次春浇用水量大打折扣；10月份降雨量是历年降雨量的2倍还多（稷山历年10份降雨均值为39.21毫米，2017年是82.5毫米），第1次春浇时，供水520多万立方米；夏季农灌弥补第2次春浇不足，全局机80天，有效灌溉时间累计45天，农业供水量达到1365万立方米；全年农业灌溉用水量达2300万立方米。

【灌溉面积扩大】 宁翟扬水泵站是稷山境内新建的一处再扬泵站，控灌面积在万亩以上。黄河提水稷山管理处在第1次春浇和夏浇期间，进行2次试机运行，累计运行33天，上水50.3万立方米。协调完成投资120万元的南位小型提水泵站工程，扩浇10号西支渠末端南位村以南2800亩农田。协调完成投资80万元的第16号支渠维修改造工程，改善太杜村灌溉面积6500亩。完成二级干渠稷山段总投资1200万元的19.9千米渠道加高改造、15千米巡渠路硬化、3座机耕桥和公路桥抬高改造及1千米干渠安全护栏安装等基建工程协调任务。

【灌区发展推进】 黄河提水稷山管理处完成稷山境内灌区基本情况摸底普查；配合总工办，完成稷山境内全部支渠系列渠系维修改造的测量规划，完成张家堡站阳平村输水支管项目、九支、十东支、十一东支、十一西支、十三支、十五西支、十五东支渠和胡家庄干斗管涵等维修改造项目申请报批，并部分开始进行实施。协调引进稷山水利局小农水建设项目，在仁义村新建小型提水泵站一座，埋管道2500米，改善灌溉面积400亩，新扩面积600亩。在刘家庄村埋设输水管道1200米，可改善灌溉面积800亩。上水前或上水期间在稷山电视台广告部和《枣乡视点》栏目组以及手机微信上进行上水安全通知和注意事项宣传。配合干渠管理处和稷山县防汛抗旱指挥部加强夏季防汛应急安全管理。协助化峪镇政府调解解决宁翟村群众因争水与水管人员打架事件。化解路村庄2家小型泵站之间矛盾纠纷。支持西社镇政府采取的对李老庄村水管员工作临时代管的管理措施。协助工业供水公司联系稷山县政府参与组织“稷山工业供水调蓄水池提高蓄水水位”专家论证会。

汾南扬水工程

【工程项目建设】 2017年，汾南灌溉管理分局共完成四项工程。一是2016年维修养护工程，总投资150万元，该工程已全部完成。二是汾南灌区2015年维修养护工程，总投资230万元，已全部完成。三是2016年中央财政农田水利设施维修养护工程，总投资800万元，已基本完成。四是禹门口灌区节水改造工程2016年汾南灌溉片建设工程，总投资6900万元，干支渠工程量按设计已基本完工，斗农渠因受到设计图纸和连续阴雨天气、环保检查没有碎石、附着物赔偿等诸多因素影响，未能全部完成。

【工程施工管理】 汾南灌溉管理分局在抓质量管理方面，要求监理及施工员亲临施工现场，该旁站的必须旁站，对质量不合格的工程拆除重建。施工中严格按照国家规范标准施工，严把质量关。在工程安全管理方面,一是专门成立安全生产管理机构,编制安全生产实施方案,及时有效消除各种安全隐患。二是施工单位配备专职安全管理人员,在工程现场醒目处树立安全警示标志,机械操作人员要求持证上岗,严禁违章操作,保证工程安全施工。三是文明施工,规范管理。施工现场堆放整齐,整洁卫生,施工道路定时洒水,文明施工,保证工程零事故。

【提水灌溉工作】 汾南灌溉管理分局疏通渠道,做好上水准备。一是组织全体职工参加9次集体劳动,对三级西干1300米总干渠道进行清淤,并对桥洞进行疏通;二是清理四级西干2800米渠道,夏浇前全部清理到位;三是清理董家庄渠段1500米灌木、垃圾、淤泥,使渠道通水。同时,抢时间、抓机遇,适时灌溉,效益稳步提升。春浇灌溉从2月5日开机,3月2日停机,历时26天,提水222.4万立方米,配水158.4万立方米,水费收入43.08万元。夏浇从6月27日开机上水31天,累计上水221.7万立方米,配水135万立方米,回收水费35.74万元。冬浇从12月22日开机上水,截至年底,已提水89.6万立方米,配水67.1万立方米。夏浇灌溉提水增量,20余年未通水的三级东支、西支和四级东支、西支全部过水,收到良好的社会效益和经济效益。

【机关管理规范】 汾南灌溉管理分局强化机关管理。一是抓培训,强素质。组织机电科5名技术人员进行为期9天业务培训,办理了电工高低压进网工作证,做到了持证上岗。组织机关23人参加由上海叶阿次教授主讲的管理知识培训,提高机关管理人员的能力素质和管理水平。二是抓考核,促效率。在考勤上,机关及泵站实行签到制度;在日常工作监督上,总支班子成员不定期进行工作督查。三是抓制度,严管理。全年共修订完善党建制度等10项制度。四是抓收支,促保障。先后征收3.1万元的门面租金,全部用于日常办公水、电、燃气开支。同时,在5月1日出台出差报销制度,节约开支。11月,对全局退休人员和遗属补助人员进行年审工作,有效防止资金意外流失。五是抓环境,促发展。先后组织全体职工对机关沉积二十多年的垃圾进行彻底清除;先后维修改造卫生间、会议室,刷新机关门窗更换玻璃,处理楼房屋面防水350平方米,机关食堂天然气改造等。六是抓宣传,树形象。市、县两级电视台先后5次对该局工程建设及灌溉情况进行相关报道,宣传并提升禹门口的知名度。七是抓作风,严纪律。先后制定机关“八个”不准和开会“五条”纪律。

粮　食

【粮食购销】 2017年,县粮食局指导全社会收购粮食1.8亿千克,销售粮食1.65亿千克,购销总量全市名列前茅,超额完成市、县下达的粮食购销任务指标。全年轮换收购粮食500余万千克,解决农民卖粮难问题。

【储粮安全】 县粮食局储存保管粮食4500万千克、市县级应急成品粮55万千克,储存量在全市排名第一。在春季各市交叉检查、秋季市局检查中,受到省市粮食局领导好评,维护全省储粮红旗县称号。在储存管理中,一是落实粮食安全检查清单制,要求各库点对照清单,维护设施安全;二是实施电子监控,实行专人、专仓、专账管理,保管员直接管理到仓,建立数量、质量档案,“一符六无”粮仓达标率96%以上“三专四落实”达到100%;三是开展粮食安全“一规定两守则”培训,发放口袋书50余套,建立专题培训群,在全国组织的测试中,25人全部过关。

【粮食供需平衡】 县粮食局落实《国家粮食流通统计制度》,全县粮油统计网络直报达到80%以上;每年随机抽取60户城乡居民为调查对象,完成全社会粮食供需平衡调查任务；建立粮油应急供应点7个、玉米价格监测点1个，为上级决策提供数字依据。每年春节前夕，以低于市场价格向广大城乡居民让利供应优质粮油，受到城乡居民一致赞誉和好评。

【市场监管】　作为全国粮食流通监督检查示范单位，县粮食局坚持依法行政、依法管粮，严格执行《粮食流通管理条例》以及国家有关粮食政策及法律法规，认定和办理粮食收购许可资格企业22家；平均一年开展粮食市场监督检查30余次，维护全县粮食市场流通秩序，保护广大粮农利益。

【粮食调研】　县粮食局加强粮库建设，以城关中心粮站为申报点，将粮食智能信息化列入重点工作。县粮食局将全国粮食系统开展的"深化改革、转型发展"大讨论活动与"万名干部大调研"活动融合开展。活动中，就如何进一步提升基层安全储粮管理能力、国有粮食企业发展来调研，找准阻碍基层粮食部门发展的痛点和堵点，探求定位基层粮食部门发展的方向和目标。撰写《"三必须三强化"提升基层储粮安全能力》和《出好三张牌才能找准新路子》两个调研报告，在全市作为典型发言。《晋粮经济》第3期以《撸起袖子加油干、不忘初心谋发展》长篇文章反映县粮食局近年来典型经验和调研成果。当前，全县仓容量0.85亿千克。其中，储备库、路村存粮4500万千克；7073、蔡村、清河、修善、下迪、管村基层粮库闲置仓容4000万千克。

【"中国好粮油"专项行动】　县粮食局紧跟省、市局部署安排，聚焦"保障安全、提升品质、改善营养"，抓好三方面工作。一是建设粮食产后服务体系。4月份，按照省局培训会议精神，在全县有实力承担这项工程的企业和经纪人中进行严格筛选，最终确定以晋龙饲料公司为申报点，向省粮局上交申请资料和项目资金预算500万元。二是完善粮食质量安全检验监测体系。严格把控粮油在调拨、储存、供应等各个环节的质量监督和检测，在储备库成立粮食质量检测中心，完成资料报送、土地评估，落实负责人员，以县政府名义向省、市粮食局报送配套资金承诺函。三是提升放心粮油工程建设。全县配送中心1个，放心粮油示范销售店有7个，经销网点128个（摘牌6个），年销售放心粮油500余万千克。

【精准帮扶】　县粮食局成立精准扶贫工作领导小组，确定由局机关15名干部职工与21户贫困人口建立结对帮扶，由班子成员乔会杰担任帮扶队长，书记李雁生协同配合，组织大家到各帮扶户商定精准扶贫工作发展规划和年度工作计划，签订帮扶责任书，建立完善结对帮扶档案，了解掌握帮扶村动态信息和村民个人信息，做到精准定位扶贫。主要办了3件实事，一是联系种子公司，为每个贫困户发放1000千克优良小麦品种；二是和民政局联系，协商解决提升低保标准问题；三是逢年过节，都为贫困户和留守儿童送去党和政府的温暖和祝福。

【红楼管理】　全年营业收入1200余万元，接待人次10万余人次，接待省、市、县大型会议、活动30余次。

【招商引资】　县粮食局以化峪粮站为载体，引进山西世纪浩天房地产开发有限公司开发保障性住房项目，完成招商引资项目0.2亿元。

【大佛文化园拆迁】　按照县政府统一部署安排，县粮食局完成6户拆迁任务。接到任务后，成立拆迁工作领导小组，确定专人负责，完成搬迁任务。同时完成涉军维稳、植种造林、优秀公务基层挂职等工作。

住建　环保

住房保障和城乡建设

【各项任务完成情况】　2017年，县城绿化覆盖率37.72%，固定资产投资完成1亿元，市政公用设施投资完成1亿元，建筑业增加值达6%以上，实现住建工作持续快速发展。

【城乡规划建设】　县住建局强化规划引领作用，实现城乡规划全覆盖。一是按照省委省政府《关于开发区改革创新发展的若干意见》要求，对《稷山县城市总体规划》《稷山县域村镇体系规划》进行修编，初稿已基本完成。二是根据县城规划修编要求，对县城主城区基础地形图进行全面测绘，测绘面积约40平方千米，测绘成果已交付使用。三是根据工作需要，依法对《稷山县城老城区稷王路、稷峰街上两地块控制性详细规划》进行调整，已经县政府批复使用。四是对县人民政府拟出让的位于稷峰东街、大佛路上的两地块控制性详细规划进行修编，修编稿已经过专家评审。五是出台《稷山县城乡规划公开公示制度》，初步实现城乡规划全覆盖，规划工作走在市前列。

【省、市考核指标完成情况】　省政府考核指标有1项。保障性住房建设任务：棚户区住房改造开工529套，棚户区住房改造基本建成339套。进展情况：棚户区住房改造开工559套，建成559套，完成投资2.12亿元。市政府考核指标有5项。一是集中供热全覆盖。全面启动城市集中供热，开工建设。全县天然气供热普及率达91%；根据稷山实际，采取天然气分户取暖替代集中供热，县政府已上报市政府。二是小街小巷修补建设。完成小街小巷道路平整，路灯照明，视频监控摸底统计，全年完成小街小巷修补建设总任务50%。进展情况：完成崇文街、南街村大十字、郑家巷、稷王市场西侧南北巷等7条小街小巷提升改造工程，完成投资180万元。三是乡镇垃圾中转站建设工程：用两年时间完成农村乡镇垃圾中转站建设任务，全年建设5座。进展情况：按照省政府叫停政府购买服务模式全部采用PPP模式投资建设要求，完成项目识别、项目准备工作，完成咨询公司招投标工作，启动5座中转站建设。四是“三供两处理”建设及运营管理。进展情况：“三供两处理”运营状况良好，市政公用行业重特大事故发生起数为0，垃圾处理场5月份通过总体工程竣工验收，8月12日通过省建设厅垃圾处理工程等级评定，煤改气完成2200户。五是建筑业增加值增长6%左右。进展情况：建筑业增加值保持持续稳定增长，12月底前全面完成增长6%的目标。

【重点工程完成情况】　县住建局共实施19项住建重点工程。环卫设施配套建设工程：转运站2座、环卫站1座、公厕20座、环卫车辆等，总投资1000万元，全年投资500万元。进展情况：垃圾中转站项目完成批复、可研、环评、设计等前期工作，正在办理土地征用手续，环卫设施采购完成18套、596万元，果皮箱135个、9.1万元。城市污泥集中处理处置工程：日处理污泥50吨，总投资1600万元。进展情况：主体工程和设备安装已完成，进入单机调试阶段。大佛北路拓通改造提升工程：道路改造460米，总投资1000万元。进展情况：完成铁路桥南东西两侧非机动车道和人行道的路基大部分取土外运，完成东侧非机动车道和人行道下水道工程。与铁路部门多次协商，正在办理铁路电杆、电缆迁移和涵洞八字口施工等相关手续及铁路北东西两侧房屋拆迁，完成投资300万元。供排PPP项目。完成自来水公司、污水处理厂PPP模式合作运营。进展情况：4月28日在运城交易中心完成咨询公司招标，完成财务审计、资产评估、可研及立项工作，实施方案、财政承受能力评价、物有所值评价（简称“一案两评”）通过专家评审工作。滨河文化广场建设工程：广场、绿化、亮化、雕塑等，总投资1500万元，全年投资1000万元。进展情况：主体工程全部完工，硬质铺装结束，正在进行广场五谷主雕塑和管理用房建设。城乡供热供气项目：主干管网229千米，调压站一座，总投资1.34亿元，2017年完成投资5000万元。进展情况：城乡天然气管网铺设60千米，辐射稷峰镇、西社镇、翟店镇、蔡村乡、太阳乡5个乡镇35个村，居民安装用户达6037户，完成投资5000万元。农村危房改造工程：完成116户农村危房改造任务。进展情况：116户任务全部开工建设，竣工116户，完成总投资464万元。城乡清洁工程：落实乡村清洁工程县级配套资金453.59万元，完成所有行政村乡村达标村创建工作，建设乡镇垃圾中转站5座。进展情况：完成PPP咨询机构招标工作，正在进行市场调研及“一案两评”编制工作。简易中转站建设工作完成3个乡镇。万汇世纪广场建设工程：城市综合体，总投资1.5亿元，全年投资0.8亿元。工程全部完工。排水管网雨污分流改造工程：雨污水管道改造，总投资2500万元，全年投资2000万元。进展情况：建设路雨水通河管渠建设工程完工并投入使用，城东泄洪道雨水专用管道建设工程基本完工，污水截流干管工程正在施工，完成投资2000余万元。城东水系音悦公园建设工程（二期）：广场、绿化、亮化等景观提升工程，总投资2800万元，全年投资2000万元。进展情况：完成绿化、道路铺装、路灯安装和桥梁修建等附属配套设施建设，完成投资1000余万元。稷峰街改造提升工程：全线路面维修；稷圣路—振兴路人行道改造，总投资3500万元，全年投资1000万元。进展情况：完成三线入地和部分铺装工程，完成投资1000万元。稷峰东街亮化提升：投资20万元更换中华灯82盏，全部完工。劳动路拓通暨棚户区改造建设工程：道路及附属配套工程；征地拆迁；棚户区改造，总投资3.0亿元，全年投资7000万元。进展情况：完成规划和方案制定，正在进行棚改前期调查，近期启动项目立项。森林县城建设工程（2017年）进展情况：完成城市绿化面积10.21万平方米，完成投资774万元。康复街改造提升工程：道路及附属配套工程；征地拆迁，总投资1120万元，道路建设850万元，征地拆迁270万元。进展情况：雨水管道铺设、安装、回填完成，两道污水管铺设和污水箱涵浇筑回填完成及道路水稳基层，民乐园至劳动路段6厘米沥青铺筑和侧平石安装完成，完成投资700万元。城西水系民乐园提升工程：水系及景观提升，总投资1908万元。进展情况：运动健身区、地下管线工程完工，地面工程进行中，河道生态区树木移栽清障完成，土方工程建设进行中，完成投资300万元。保障性住房建设工程：2016年工程项目。进展情况：续建方面，清河正南甲完成招投标，正在进行地基建设；官社巷开工建设；大佛文化产业园棚户区改造项目完成共拆迁征收232户，完成棚户区改造任务559套。数字化城管工程：启动智慧城市建设工程。进展情况：完成资料收集,制定实施方案,县政府常务会已通过,专家评审结束,正在进行招投标。

【“五城同创”工作推进】 全县“五城同创”动员大会之后,按照县委、县政府的统一安排部署,县住建局积极行动,取得明显效果。环境卫生整治方面:截至年底,全局共出动人员8560余人次,机械1826台次,清理汾河坝、体育场、育英街、建设路等处积存垃圾6430余立方米,修补破损路面、下水道口2165平方米,修复水毁排水管道1600余米,路缘石375米,整治规范违章占道375处,清理“牛皮癣”小广告2万余条,拆除城南街等处违章搭建17处,更新破旧门头牌匾89块,规范稷王路、稷峰街、两红市场农贸市场3处,签订“门前三包”责任书1800份,张贴“门前三包”责任牌1000户,设置垃圾警示牌11块,修剪道路两侧、广场、公园等处绿化带近4万平方米,建筑工地围栏577米,喷划全城15条街道道路标线和人行道自行车停放标线共计2.7万余平方米,对县城稷峰街、稷王路、大佛路、稷南大街、丰喜路等主干街道树木、路缘石进行刷白,铺装人行道700余米、路面提升改造2100平方米,县城环境面貌得到初步改善。拆违治违方面,按照“违章建筑”治理实施方案,重点对城西108国道入城口违建进行拆除整治。一是拟定《稷山县违章建筑治理实施方案》和《城西入城口108国道整治方案》;根据城市总体规划,划定整治范围,确定拆除补偿标准,制定补偿协议。二是按照规划要求,对整治范围内所有建设情况进行测量和评估,对每户拆迁户进行拆迁登记。三是配合稷峰镇、公路段、国土局等单位对每户拆迁户进行补偿协议签订,截至年底,签订22户中的20户。通过近三个月工作,共完成22户各类房屋建筑及构筑物拆除3万余平方米,其中房屋建筑1.5万余平方米。省级园林创建方面,2月23日,召开创建省级园林县城推进会,成立“创建领导组”,启动城北生态绿化工程、城东民悦园建设工程、桥西游园续建工程和各街道补植补栽工程等城市绿化重点工程,全面提高绿地率、人均公园面积。

【安全生产】 县住建局全年共组织安全生产宣传3次,一线从业人员安全教育培训2次,企业内部安全警示教育1次,安全应急演练2次,召开施工现场安全例会20次,与全县8家建筑企业签订《安全生产目标责任书》,制发安全生产文件29份,全年共办理安监注册手续10家,监督工程15家,监督房屋建筑面积15108.6平方米,市政道路1792米,燃气管道安装44千米,开展12次安全生产专项检查,下发《限期整改通知书》33份,排查各类安全隐患300余处。

【招标投标】 全年依法公开招标建筑工程21项,自主招标备案12项,中标价共计2.54亿元,报建率达100%,招标代理率达100%,招标备案率达100%。

【节能减排】 在节约用电方面,县住建局对稷峰街陈旧老化的中华灯进行改造,灯杆由原来的8米更换成现在的10米,双臂路灯功率由原来每盏耗电400瓦减少为每盏灯耗电180瓦,亮度比原来提高两倍,在实现节能减排同时提高光照度。在污水处理方面,全年共处理城市生活污水约450万吨,削减COD约1120吨,氨氮170吨,压滤清运填埋泥饼2990吨,污水处理率为91.06%,中水回用率为25.08%,安全达标运行362天。在供热供气方面,按照市县要求,全县全年居民供热要完成煤改气、煤改电2500户,截至年底,全部完成城乡燃气工程共计燃气入户3.13万户,通气1.65万户,新增集体供热面积10万平方米,集中供热普及达88%,燃气普及率达93%。在房管工作方面,按照国家不动产登记整合要求,全县成立不动产登记中心,房管中心停止发放房屋产权证书,改为出具登记确认单。全年共办理房屋权属登记确认单966宗,其中初始登记确认单44宗,商品房转移登记确认单98宗,存量房转移登记确认单80宗。城中村改造方面,对大佛文化产业园职工新村进行拆迁改造，共涉及拆迁245户，经过3个多月奋战，完成动迁238户，其间没有发生一起群体性上访事件。

【扶贫攻坚工作完成】　县住建局先后为帮扶村翟店镇东大有村提供价值5万元的绿化苗木，拨付2万元解决村日间照料中心附属设施建设，协调县林业局为村解决林业苗木700棵，协调县残联为贫困户黄因虎解决残疾补贴3000元，协调县体育中心为村文化活动中心解决篮球架1座，筹资为贫困户杨志庆购买6只羊。为翟店镇宁南村提供价值1万元的核桃苗，为村中环境卫生大整治解决资金1万元，协调县体育中心为村文化活动中心解决篮球架1座，协调县残联为蔡村乡薛家堡村贫困户薛家东解决残疾补贴3000元。年初对所帮扶的4个村贫困户进行慰问，为他们送去米、面、油等生活必需品。

环境保护

【市环保考评指标任务完成】　2017年，全县在空气质量考核方面，实现二级以上优良天数295天，其中优级56天，良好239天，全年优良天数比例达到80.8%（考核要求达72.4%），PM2.5（大气中直径小于或等于2.5微米的颗粒物）年平均浓度50微克/立方米（考核要求达到54微克/立方米以下）。在地表水断面水质考核方面，汾河稷山出境断面（柴村桥）水质月度监测全年8次达标，4次超标。

【“铁腕治污行动”开展】　县环保局组织环保执法人员深入开展全县生态环境自查自纠工作，对排查出的195个生态环境突出问题进行依法处理，全面整改。采取执法人员驻重点企业监管、组织联合执法行动、开展专项督查、约谈企业负责人等多种方式，共对5家企业经济处罚37万元，对3家企业采取停建措施，对2家企业负责人进行约谈，对10名“三烧”行为责任人进行传唤教育，对49个土小企业实施强制捣毁措施，使其彻底丧失生产能力，有效地保障整治任务圆满完成。

【大气污染防治】　县环保局对中央环保督察组进驻山西期间交办的涉及全县30件（11件重复）群众举报案件，采取相应处理处置措施，依法实施责令停产、限期整改、行政处罚、组织约谈、问责处理等。其中，责令停产40家企业，限期整改15家企业，行政处罚21家企业291万元，约谈10人，问责18人。为确保后续整改工作到位，县环保局组织力量展开蜜饯行业、造纸行业污染整治专项行动，同时紧盯重点企业突出问题整治不放松。在蜜饯行业整治方面，县环保局业务骨干外出考察，筛选方案，加强指导，严格把关，全县拟保留的32家蜜饯加工企业通过合建或独建的方式共建成污水处理站15座，总投资达1500余万元，全部投入使用。与此同时，县环保局不断加大执法巡查，打击遏制无治理措施的企业违法生产；在造纸行业整治方面，重点抓燃煤锅炉烟气治理提标改造，全县保留的12家造纸企业，有10家拥有燃煤锅炉，2家使用集中供热（由华明热力公司供给），目前，10家企业燃煤锅炉烟气治理提标改造工程全部完成（含1家煤改气）；在重点企业整治方面，重点抓永祥煤焦公司和永东化工公司，其中，永祥煤焦公司投资1000余万元的脱硝工程（低氮燃烧工程）、脱硫废液提盐工程、中水回用工程建成投运，投资5000余万元的原煤、精煤堆场封闭工程正在加快进行。永东化工公司总投资3800万元的锅炉烟气脱硝工程和脱硫改造工程及挥发性有机物治理工程均建成投入使用。县环保局狠抓冬季大气污染综合治理攻坚行动任务的落实，按照省市2017—2018年秋冬季大气污染综合治理攻坚行动电视电话会议部署，全县于10月18日召开全县落实中央环保督察反馈整改暨秋冬季大气污染综合治理攻坚行动动员会，并出台

《稷山县2017—2018年秋冬季大气污染综合治理攻坚行动方案》及相关工作量化问责规定等文件。一是“煤改气、煤改电”工作推进，在县政府高度重视下，会同住建局狠抓各项措施落实，有序铺开建成区9个城中村、10个城边村“煤改气、煤改电”工程，共计完成煤改气2502户、煤改电12户，保障市环保局确定的全县2500户任务顺利完成。与此同时，组织力量对建成区有关单位和经商企业燃煤锅炉淘汰情况进行巡查监管，确保2016年10吨以下燃煤锅炉取缔成果得到巩固。二是加大“散乱污”企业整治力度，对全县摸排出的192家“散乱污”企业，组织联合执法行动，强制取缔129家，达到“两断三清”标准，对其余63家进行规范化整治。三是组织修订全县重污染天气应急预案。

【重点项目建设】 县环保局加强重点项目建设推进力度。一是汾河稷山段水环境综合治理工程，完成设计和审批等前期准备工作，已启动实施；二是加油站双层罐或防渗池改造稳步推进，县环保局通过对全县28座加油站（中石油3座、中石化12座、社会13座）下达限期治理通知，开展现场检查，督促指导，认真审核整治方案。截至年底，社会加油站地下油罐防渗池或双层罐改造完成12座，有1座正在落实，中石油和中石化公司正在对其下属4座加油站实施改造；三是对向汾河直排生活污水的西社搬迁区、荆平村、苑曲村、下费村住宅区拟投资1000万元实施4个小型污水处理站工程项目启动。为争取上级环保专项资金支持，多次与市环保局领导进行沟通，组织力量完成可研报告编制、项目方案设计、勘探等前期准备和资金申报工作。

【危险废物监督管理和土壤污染防治】 县环保局对辖区10家涉危企业进行检查整改，其中8家全面达标，2家基本达标。按照省、市土壤污染防治工作部署，组织完成全县土壤污染源企业遥感核查，共计确定29家土壤污染企业，其中，重点监管企业4家，开展全县农用地土壤污染状况详查点位核实工作。同时，完成全县土壤环境保护和综合治理实施方案编制工作。

【化工企业水污染风险防控】 县环保局依法督促阳煤丰喜泉稷能源公司和永东化工公司两个煤化工企业，进一步完善各自环境风险风控应急预案修编工作，完成水污染三级防控设施建设，并定期组织开展环境安全事故应急演练。

【环境信访及污染纠纷投诉处理】 县环保局高度重视省委、省政府环保督察组交办案件的处理工作，充分发挥“12369”环保热线作用，落实环境信访工作制度，严肃查处环境违法行为。全年共接到省、市、县交办转办的环境投诉信访举报案65件，全部在规定时限内得到协调解决处理。

工　业

经信工作

【经济指标完成】　2017年，全县21家规模以上工业企业累计完成工业总产值92.54亿元，同比增长35.05%；1—11月份，完成工业增加值16.88亿元，同比增长4.86%；完成销售收入83.11亿元，同比增长28.7%。1—11月份，完成利税5.96亿元，同比增长191.88%。其中利润总额4.04亿元，同比增长931.4%；税金总额1.92亿元，同比增长16.2%；亏损企业亏损总额204.6万元，同比下降98.5%。1—11月份全县限额以上消费品零售总额完成9.81亿元，同比增长7.8%，增幅居全市第三。1—11月份完成进出口总额10.44亿元，同比增长20.91%，其中出口3.31亿元人民币，同比增长71.36%。开发区经营收入（市指标71亿元）：1—12月份，开发区经营收入完成75.13亿元；入区企业数（市指标：49个）：入区企业数71个，其中西社园区28个，翟店园区43个。开发区投资强度（市指标：200万元/亩）：全县开发区投资强度213.8万元/亩。

【重点项目进展】　2017年全县重点项目共6个：一是山西永东化工股份有限公司18兆瓦炭黑尾气发电项目，总投资9747万元，截至年底，项目全部完工，准备试运行；二是山西永东化工股份有限公司30万吨/年煤焦油深加工联产8万吨/年炭黑项目：总投资3.64亿元，炭黑8线9线主体已基本完工，设备正在安装中；三是山西东方资源发展有限公司80平方米烧结机工程项目：项目总投资1.2亿元，项目于7月1日竣工投产；四是天圣制药集团山西有限公司口服固体制剂生产线GMP技术改造项目：总投资为1.2亿元，主体工程完工，正在安装调试设备；五是晋武公司二期建设20万吨/年清洁型煤项目：总投资8千万元左右，已完工，正在试生产；六是东方公司48万吨岩棉项目：项目利用公司高碳锰铁生产过程中产生的工业废渣，投资13.8亿元建设25条岩棉生产线，建成两条生产线，正在试生产。以上6个项目总投资21.6亿元，全部建成后，年可新增产值30.58亿元，利税2.18亿元，成为全县工业经济新的增长点。

【“龙腾虎跃”发展计划实施】　全县成立工业企业“龙腾虎跃”转型发展计划实施工作领导小组，县长担任组长，分管副县长担任副组长，成员由县直有关单位和部门负责人组成，领导小组下设办公室，办公室设在县经信局，办公室主任由县经信局局长担任。领导小组坚持每两个月召开一次例会，主要对重大事项进行决策，对重大问题进行协调处理。全县建立“龙榜”“虎榜”企业培育领导包联制度。对全县重点培育的6户“虎榜”企业，分别由县委书记、县长、县人大主任、县政协主席等主要领导进行包联，进一步加强跟踪协调服务。县经信局制定金融支持、转型支持、环境支持、项目支持、创新支持、信息支持、人才支持、要素支持、管理支持、党建支持等10项支持措施。并加强宣传报道，在县电视台、《稷山新闻》报开辟专栏宣传实施“龙腾虎跃”发展计划的重大意义和重要举措，宣传工业发展中先进典型和有效做法。向市电视台推荐稷山龙虎榜企业，扩大宣传面。

【服务企业常态化工作推进】 县经信局在县政府网站开通“服务企业之窗”专栏，全面受理企业各种问题和诉求，宣传各项惠企政策措施，提高扶持政策在企业的知晓度和覆盖面；实行领导干部包联帮扶企业制度，县四大班子领导不定期深入所帮扶企业采取调研、现场办公等形式解决企业存在的各种困难和问题；实行“一账三卡”管理制度，对企业网上诉求的问题和现场收集的问题，分别建立台账，用《问题交办卡》交给相关部门解决，限期不能解决的，用《问题督办卡》进行督促，解决完成填写《问题办结卡》；定期召开会议研究解决涉企重大问题，有效推进服务企业常态化工作。

【安全工作落实】 县经信局贯彻落实上级安全生产工作会议精神，与纳入经信局监管的工商注册备案的170家生产经营单位负责人签订安全生产目标责任书，组织机关全体人员深入到规模企业、电力企业、通讯企业、加油站和废品回收站等企业进行3次现场检查，共查出安全隐患280多条，提高企业对安全生产工作重要性认识。制定稷山县经信局2017年“安全生产月”活动方案，并以稷经信字〔2017〕27号文件下发《关于做好2017年“安全生产月”活动的通知》，在经信局分管范围内开展“安全生产月”活动。监管范围内企业全年没有发生一起安全生产事故。

【商务工作加强】 县经信局加强对汽车零售商监管。7月《汽车销售管理办法》出台后，摸清全县汽车零售企业底数，转发对标检查通知，开展监督检查，全县7家汽车零售商完成网上备案。启动二手车交易信息采集工作。指导和督促全县3家二手车市场完成网上备案，并进行网上申报业务。“双打”工作协调有序。协调“双打”各成员单位及时将阶段性成果上报市“双打”办。加强对单用途商业预付卡日常监管。现场检查2次，留取相应资料，并督促3大超市按季在网上及时申报。推进电商工作。向农村和企业推广电商，农村方面，支持云尚云业务在稷山发展，成立稷山县云尚云网络科技有限公司。全县所有乡镇和行政村在云尚云建立网页，其中22个村有板枣等土特产网上销售；企业方面，邀请阿里巴巴集团，向全县企业宣传推广阿里巴巴集团“1688商贸平台”经营新模式。组织5个电商企业代表和2名农村第一书记参加市第一期电子商务高级管理培训班，组织电商企业申请山西省电子商务专项资金和现代服务业发展引导专项资金，组织企业申报2017年夏秋季农产品网上购销对接会、组织企业申报“省级电商示范企业”等。完成4家外贸企业备案。盛斌金刚石工具公司、杰傲雕刻工具公司、松洁金刚石工具公司和山西茹尔康菌业公司完成进出口备案，取得自营进出口权。加强成品油企业监管。对成品油企业“脏乱差”现象、油品质量、油气回收装置以及双层罐改造进行督查，对存在问题及时提出整改意见，各成品油企业环境得到有效改善，10月1日后全部销售国六标准汽、柴油，双层罐改造12家完成10家。

【开发区建设推进】 县经信局将县西社新型煤焦化循环经济示范园区与稷山县翟店印刷包装文化产业园区进行整合，设立1个省级经济技术开发区——稷山经济技术开发区。开发区规划面积为20平方千米，其中西社园区规划面积为17平方千米，翟店园区规划面积3平方千米。重点发展分布式精细化工、合金材料、彩印包装3个产业，建设山西南部分布式精细化工、高碳锰铁和中西部纸制品彩印包装3个基地。县委、县政府领导高度重视开发区改革创新发展工作，省市会议之后，成立由县委书记廉广锋和县长吴宣担任组长的开发区改革创新发展领导组;确定开发区体制机制改革和规划调整、可研编制工作;设置开发区领导班子和内设机构,制定稷山县开发区改革创新发展实施方案;协调其他相关部门对开发区改革创新工作任务进行分解,逐项推进落实。《稷山开发区改革创新发展实施方案》出台,并申请市政府批复,省、市商务部门组织有关部门和专家召开开发区可研报告评审会议。市政府出文将设立稷山经济技术开发区的申请文件上报至省商务厅和省政府待批。

【巡察整改】　7月11日,县委第一巡查组对县经信局党组巡察情况进行意见反馈,通过两个多月集中整改,对巡察反馈的5方面15个问题,整改到位12个,1个正在整改,2个需长期坚持。

【扶贫工作】　县经信局针对不同贫困户精准施策,具体帮扶。贫困户姚旭红从小患有小儿麻痹,行动不便,县经信局联系县残联,为其协调解决1辆价值900余元轮椅。贫困户李振平孩子骨折,住院治疗花费1万余元,全局组织1次爱心捐助,共捐款1000元于4月13日,把爱心捐款送到孩子手中。针对麦收期间实际情况,县经信局党组经研究,给予贫困户每亩小麦20元机收补助,帮助贫困户战胜困难。6月13日,2128元机收补助款发放到贫困户手中。

中小企业管理

【小升规企业培育】　2017年,市政府下达全县小升规企业培育户数1户。县中小企业局确定专人,摸清底子,确定培育重点,培育稷山县锦兴纺织有限公司、山西峨眉岭中药材有限公司。截至10月底,两家企业销售收入分别为:山西峨嵋岭中药材有限公司2976万元;稷山县锦兴纺织有限责任公司1785万元。稷山县中能达光伏发电有限公司销售收入2650万元,截至年底,该企业相关资料正在核审之中。

【"五小企业"群星灿烂计划推进】　全市"五小企业"群星灿烂计划会议召开之后,县中小企业局立即召开局机关工作会议,传达会议精神,并结合全县"五小企业"发展实际,一是按照目标任务要求,结合每个乡镇的产业特点,进行细致分解;二是局机关成立综合组、信息收集、宣传报道、督查四个组,同时实行机关工作人员包联乡镇、包项目的工作机制。

【助保贷业务合作】　6月,县中小企业局获得省中小企业局助保贷奖励资金277万元。按照省财政厅、中小企业局专项资金管理办法的要求,全部注入助保贷资金池中,同时县财政注入资金23万元,放贷资金达到6000万元额度,有力支持企业发展。截至年底,正在与县农商银行进行"助保贷"业务合作事项洽谈。

【小微企业孵化】　县中小企业局开展培训、送服务工作。一是于10月下旬与太原小微企业培训公司联合开展企业管理、创业辅导为主题的培训,参训企业人员达150余人,提升企业管理人员的能力和水平;二是开展3次"送政策、送专家、送法律"的"三送"服务,编印政策宣传资料800余份;三是6月27日是联合国首个"中小微企业日",县中小企业局组织部分企业、乡镇企管站、服务机构上街宣传,悬挂标语20条,现场解答咨询135人次,印刷宣传资料3000余份。全县孵化小微企业(含个体工商户、专业合作社)167家,超额完成工作任务。

【服务模式创新】　县中小企业局依托印刷包装产业窗口服务平台积极为企业开展政策、市场信息等服务。1—10月份,累计发布信息191条,在县级以上报刊、新闻媒介上发布11条企业、工作信息。11月14日,在省局举办服务体系建设培训会上,县中小企业局举办的稷山印刷包装产业窗口服务平台作为服务中小企业典型代表做典型发言;10月,组织全县山西紫薇工艺品有限公司参加第十四届（广州）中小企业博览会，该公司以其产品工艺精湛、传统技艺在博览会上绽放异彩。在本届中博会上，先后与韩国、俄罗斯、迪拜等的客商签订总金额为620万元的购销合同，得到省市中小企业部门一致好评。

【重点项目实施】 4月18日，山西世纪龙盟日化有限公司年产2000吨日化系列产品项目在翟店园区正式投产。该公司于2015年11月在翟店园区投资3000万元建设年产2000吨日化系列产品项目，主要生产易楚品牌洗涤液、洗涤皂两大系列20余种日化产品，主要销售区域为山西、河南、陕西、河北、内蒙古等地。项目投产达效后，可完成年产值2000余万元，实现利税100万元．稷山县杰傲金刚石工具有限公司二期工程在翟店园区开工建设，正在进行设备选型工作。8月上旬，项目停工5年之久的山西艾瑞孚公司年产10万吨精密铸件项目，与江苏吴江方面于9月下旬再次合作建设。截至年底，该项目工程正在进行车间改造、完善，部分设备运抵项目建设工地。

【产业集群发展】 3—4月，县中小企业局先后组织县主要领导、运城市中小企业局和全县部分超硬材料工具企业负责人赴河南郑州市、商丘市柘城县等地进行考察、学习。超硬材料工具创业基地选址位于稷峰镇桐上村，规划占地200亩。其中一期规划80亩。县中小企业局对接郑州国机精工有限公司，并邀请该公司业务、技术负责人先后两次来稷山县进行实地考察，提出发展意见，经县政府同意，确定该公司为稷山县编制超硬材料产业集群发展、创业基地等规划。规划编制的各项资料正在收集整理之中。县中小企业局抽调业务骨干，赴清河镇段壁村等超硬材料工具集聚乡村进行摸底调查，摸清底子，掌握存在问题以及加工户需求，撰写出翔实、有指导作用的《小商品 大产业 大市场》的调查报告。同时，进行超硬材料工具产业双创基地整体规划（一期）工程项目招投标的办理程序。10月，申报稷山县印刷包装小企业创业创新示范基地项目。

【安全生产】 县中小企业局强化安全生产责任制，明确机关安全生产工作的责任人、责任股室。先后对印刷包装、蜜饯加工等行业进行安全生产工作检查，提出整改意见28条，帮助35家企业建立安全生产工作制度，消除安全隐患8处，保证全县中小企业安全生产无事故发生。6月，邀请太原消防培训机构对蜜饯加工行业进行食品卫生、安全生产培训，收到良好效果。

城镇集体工业

【工美行业发展】 2017年，县城镇集体工业联合社组织全县螺钿漆器研究中心、禹龙工艺美术厂、益泰永木雕有限公司、杰忠金银铜器研究中心4家工美企业赴运城等地参加工美展览，提高全县工美行业知名度。利用现有工美行业资源优势，接待中外友好人士、省城联社人员及社会各界人士参观访问3次。多次接待全国美协美术高研班、上海大学美术学院、中央美院、清华美院、山东美术学院、太原理工、中北大学等名校大学生实习交流，加强技术合作。

【扶贫工作开展】 按照县扶贫办安排，县城镇集体工业联合社帮扶西社镇张家庄贫困户（15户）。通过入户调研、走访，根据贫困户实际情况因户施策，制定扶贫措施。一是产业结构调整：联系农委专家，对张家庄村进行实地考察，请临猗县冬枣专家指导，在张家庄村发展冬枣30余亩；二是对口帮扶：协调医院、残联等部门帮助赵铁山办理残疾证，协调教育局对贫困户中在稷山中学读书的1名学生实施教育扶贫等；三是物资帮扶：为贫困户送去扫帚，簸箕、洗衣液等工具，帮助贫困户清扫屋内院落卫生3次，春节前夕为贫困户送去面粉、大米、食用油、麻花等慰问品。2017年如期脱贫4户，剩余9户。

【配合中心工作】 县城镇集体工业联合社配合县委、县政府实施原二轻局家属院“棚户区改造”，协调拆除9户居民房屋，还有12户未拆，已进行评估。

交通　邮政　电力

交　通

【党建工作推进】 2017年,县交通局制定学习计划,每周一集中学习,创新开展党员戴党徽"亮身份",挂牌设岗"亮职责"、公开服务"亮承诺",从严监督"亮标准""四亮"行动,开展"优秀共产党员"评选和"'五城同创'比贡献、立足岗位争先锋"活动,公开设置"撸起袖子加油干光荣榜",推选"党员先锋岗"31个、先进典型13名。组织全系统广大干部职工参加由山西省委组织部联合山西广播电视台在全省党员群众中举办的"两学一做"学习教育系列知识竞答活动。在精准扶贫工作中,全系统65名党员分成3个扶贫队59组,带头走访群众20余次,制定帮扶措施138条,扶持帮扶村修建道路3千米,解决突出问题20余件;帮助贫困村修建通村路36千米,安装道路安全防护栏25千米;客运监管服务和执法检查中,先后开展政策宣传、送温暖送服务68次,发放法治宣传资料3000余份,开展安全检查和打击非法营运行动23次。

【重点工作落实】 县交通局投资1000余万元完成11辆新能源纯电动公交车更新工作。吉河高速稷山连接线长14.11千米,工程可行性研究报告送省厅评审,正在办理审批手续。闻合高速互通至稷王山中华农耕园、清河七级温泉疗养区2条旅游路建设工程完成立项、环评、土地、施工图设计等前期工作,并列入全县"四好农村路"建设专项规划中。环城生态旅游观光道是县经济工作确定一项重点工程,规划总里程35.45千米。环城生态旅游观光道规划编制文本草本完成。

【"平安交通"创建活动开展】 县交通局围绕"平安车""平安站""平安公路""平安文明工地"建设,深入开展"平安交通"创建活动,全面加强以治理"四违""六乱"为重点,以"两打"为专项行动的安全执法工作,实施道路运输市场专项整治活动,建立隐患排查登记台账、销号台账和督办卡,在检查中发现问题及时下发整改通知书,共下基层检查46次,发现隐患66处,已整改完毕。坚持日常宣传教育,开展主题为"压实企业安全生产主体责任,助力平安交通纵深发展"的"安全生产月"活动,在公交车悬挂宣传标语、出租车LED顶灯以及车站悬挂横幅开展宣传活动。6月10日集中在县委广场参加县政府安委办组织的"宣传咨询日"活动,悬挂宣传横幅,制作版面4块,现场发放宣传资料1000余份,接受过往群众现场咨询100余人,增强全民安全意识。坚持强化基础抓安全,重新修订《农村公路防汛应急预案》,落实应急值班制度,重要节假日、重要时段实行24小时领导带班在岗值守。7月3日,组织与交警队、医院、保险公司和中天出租公司，在县城稷峰东街举行道路交通事故应急救援演练。出租车全体驾驶员观看交警大队制作的“遵守交规、警钟长鸣”事故案例警示教育版面，对全系统新办省证13人基本情况进行登记、造册。组织开展年度行政执法评议工作，对全系统执法人员上半年开展2次法律法规及能力业务素质提升考试，及格率100%。

【运输市场秩序维护】　县交通局提升路政执法水平，保障道路畅通。一是加大公路巡查，持续开展“六乱”治理工作，公路控制区无新增违章建筑，公路沿线无非法设立的非公路标志。共出动132车次、600余人次；制止清理乱堆乱放、摆摊设点、乱挤乱占100起；清理制止非公路标志31处；损坏公路附属设施8处；消除安全隐患17处；消除私挖乱建15处；治理公路环境污染25起；制止打场晒粮27处；办理道管站移送2起；办理公路赔偿案件3起。路政案件发现率达95%，查处率、赔偿率、结案率达98%。二是与交警、公路部门密切配合，采取全天候定点蹲守和流动稽查相结合的办法，增加重点路段稽查频次，最大限度地对非法超限超载车辆进行打击，使非法超限超载车辆得到遏制。三是开展好公路水路安全联防工作。对辖区公路存在的不稳定因素进行认真梳理、排查，及时发现隐患和苗头，并做出风险评估报告。以打击非法营运为重点，全面加强运输市场管理，创优公共服务环境。开展旅游市场专项整治、城市客运市场整治、驾培市场专项整治、非法营运专项整治等专项行动，共出动执法车辆206车次，出动执法人员1261人次。在各类专项整治中，宣传相关法律法规，打印并散发法律、法规宣传材料2500余份，非法营运宣传悬挂横幅标语5处；查出未取得道路运输经营许可。擅自从事道路运输经营案3起；未携带从业资格证和营运证1起；客运车辆未携带营运证4起。未经许可擅自从事机动车驾驶员培训案4起。

【环境卫生集中整治】　县交通局按照“四治六化”城乡环境集中整治攻坚行动要求，开展以农村公路治乱、治垃圾为抓手，以绿化为目标，以县道沿路为重点，明确整治范围、内容和要求，掀起大整治。共出动56车次，人员280余人次，对全县6条县道120余千米的建筑控制区以内的白色垃圾进行清理；出动执法车辆30余车次，人员300余人次，对全县6条县道违章建筑等违法行为摸清底数，建立违章建筑等违法行为数据库281起，下发责令改正通知书98余份，配合化峪镇政府拆除县道沿线违章建筑4处；对全县6条县道路面、路肩和边沟进行整修，出动养护人员1147余人次，清扫路面、清理路肩边沟杂物1045余千米，出动铲车46台次，拉运车25台次，清理垃圾540余立方米；出动养护工人155人次，打草机155台次，对县道105千米的养护路段进行全面打草修整；对县道稷西线梁村、稷仁线均安和闻苍线五里井等2500余米隔离墙进行粉刷；对稷仁线均安段2处13米的隔离墙进行修复；对运稷一级路汾河桥及两侧800余根警示桩进行粉刷；对县道稷西线、管化线、稷仁线、宁仁线闻苍线等路面病害进行修复，共修复路面坑槽7500余平方米；对管化线化峪过镇段排水渠600余米、路面500余平方米水毁进行修复，实施宁仁线坑东坡水毁路面98平方米；对县道管裴线南吴口至太宁，稷仁线高速口至大佛寺段共8.1千米、6.13万平方米进行中修罩面；实施县道稷仁线、稷西线、管裴线等路段43.7千米标线；对县道闻苍线、稷仁线等路段缺失损坏15块标志牌进行补栽。

公路段工作

【人员基本情况】　山西省稷山县公路管理段（简称公路段）设两股一室一大队，下设城关道班和马家沟道班。现有干部职工47名，其中，编制内人员28名，段签订合同14名，临时用工5名，担负着国道108线24千米、省道营万线28千米，共计52千米的公路建管养任务。

【工作完成情况】 2017年，公路段全面落实规范化管理，优良路率达91%。在日常养护方面：平台打草96.6万平方米；路基整修322千米/7次，清理垃圾1095立方米，疏通涵洞78道/3次，疏通边沟1.86万米；开挖边沟2720米，边沟恢复230米，维修桥梁3座。在路面养护方面：人工+土工格栅油补坑槽1.02万平方米，裂缝处治2.2万米，人工+土工格栅刷油2.27万平方米；处理隧道、拥包1.13万平方米。在隐患处治方面：营万线水毁恢复2处，自然灾害恢复26处。在绿化补植方面：栽植桧柏250棵。在设施维护方面：隔离墙125米，边沟230米，道口标柱240根/4次，增设标志4块、划设标线2.86万平方米，修建桥涵防护网12米、导向标40套、广角镜13套、警示灯20套，购置防撞桶100个、附着式轮廓标300个、柱式轮廓标150根。提升一座三类桥。在路政管理方面：全年累计共发生路政案件585起，其中路赔11起，许可1起，收到路赔款42.5325万元；拆除违章建筑288处(其中房屋73户)起，清理各种堆放物、垃圾1928平方米/279起，拆除非公路标志238块；散发宣传单2000余份，张贴宣传标语48份。在财务资产管理方面：截至11月底，基本支出预算支付率达90%；项目支出预算支付率达98%。

【标准化养护】 在"品质工程"创建前期，公路段先后采取"走出去，引进来"的办法，组织相关人员赴晋中、临汾、长治等地参观学习，针对实际吸取好经验和好做法，助推公路段标准化养护工作开展。按照"八比八看"要求，制定工作目标、细化工作措施、落实工作责任、强化工作考核，做到预防养护和科学养护相结合。在路面养护中，该帖缝、灌缝的不刷油，该刷油的不罩面，该罩面的不加铺，该加铺的不挖补，使养护资金、技术方案、养护效果"三统一"，达到养护效能最大化。同时按照《运城国省干线公路路面病害处治工序、工艺及质量验收标准》组织施工，确保路面养护作业规范化、标准化。通过"分段养护、责任到人"方式，对各养护路段进行评比。结合"四治六化"，采取与沿线门店商户签订"门前三包协议"，与当地政府"路地联管"，对过村镇路段全面治理，取得良好效果，108线干线公路通行环境得以提升。

【标准化大道班建设】 在道班设施创建方面，公路段从办公、生活环境改善及使用功能完善方面入手，对道班大院进行硬化，办公楼进行全面改造刷新，安装取暖设施，设置可容纳70余人的大会议室、用于日常工作交流，学习的小会议室、班长及副班长工作室；设置道工生活厨房、餐厅、标准化宿舍和洗手间、浴房；设置文化活动室、图书阅览室和安全应急库；设置德孝礼仪、社会主义核心价值观、雷锋精神、焦裕禄精神等内容的楼道文化框60余幅；设置专门服务于过往司乘人员的临时休息室和24小时开水供应房，在后院搭建机械设备棚。在内业管理方面，公路段细化养护管理，设置资料室，各种图表张挂上墙，台账资料专人负责，及时分类整理、入柜存档。在养护机械管理方面，高起点、高标准，科学合理选购配置路面养护、应急抢险、道路清扫等大型机械及环保设备，提高机械化养护水平，健全设备台账，实行强制保养，确保性能完好。

【路产路权维护】 公路段做好路政基础管理。实行巡查与案件处理相结合，实现办案程序化、资料档案化、人员军事化。对辖区108线、S233线路产工作进行全面清查登记。开展"路域环境综合治理"专项行动和"四治六化"城乡环境集中整治攻坚行动。公路段解决沿线及穿村(镇)路段门店前脏、乱、差现象，路域环境整治有大改观。开展"路政宣传月"和"关于进一步加强货车超限超载治理工作，确保公路运输秩序和交通安全"宣传活动。利用广播、电视、报纸等宣传媒体开展宣传。加大公路"三乱"治理力度。完善组织机构，开展公路执法专项整治行动。规范公路执法行为，杜绝公路“三乱”现象发生。优化审批流程，提高办事效率，落实“13710”办事工作机制。建立行政许可审批事项监管记录台账。推进法治建设，健全法治建设组织机构，组织开展“4·15”为重点的普法宣传教育活动及“七五”普法工作，举办法律讲座。

【安全生产】　公路段坚持“以人为本”的理念，为职工做好“五险二金”工作。落实安全生产责任，按照“党政同责、一岗双责”“一票否决”的要求，签订安全生产目标责任书、安全承诺书，推行干部安全述职，提升安全履责意识。坚持“逢会必讲安全”制度，坚持安全工作与中心工作同部署、同安排，利用各类会议研究部署安全工作。加大安全生产教育和宣传力度，举办安全工作规程培训，组织观看《火场自救与逃生》教育影片，提高全体职工安全意识和操作技能。开展安全生产专项整治，按规定足额提取安全生产费用，落实安全生产隐患整改资金，制定专项整治方案，建立隐患排查治理台账。坚持做好路政养护联合日常排查、分管领导每月不少于4次、主管领导每月不少于2次的安全生产隐患排查检查及“五一”“十一”等重点时段节点各类专题专项整治活动。加强应急管理工作，坚持24小时应急值班制度。完善各项应急预案，储备应急物资，保障人员、车辆、机械等物资到位。组织开展防汛应急演练、除雪打冰应急演练等，检验应急预案可行性，提高应急反应能力。推进安全生产文化建设。利用楼道版面、专栏、报纸、网络等，展示和传播公路段安全文化理念，将安全文化融入职工日常生产生活。开展“安全生产月”等活动，以职工喜闻乐见的形式，宣传安全文化。

【精神文明建设】　公路段成立精神文明创建工作领导组，制定创建实施方案。开展主题活动，举办“道德讲堂”“三八”女职工爬山活动、“五一”“五四”职工文体活动；举办“人在路上、路在心中”主题演讲及“爱我中华、传承文明”诗文朗诵比赛。开展“读一本好书”和“读书交流”活动。开展学雷锋志愿活动，观看红色现代剧《党的女儿》演出。开展创建健康促进和全民健康生活行动方式行动单位活动，倡导“日行万步”健步走；坚持天天做工间操。开展“冬送温暖、夏送清凉”活动。春节前对退休干部职工进行慰问，对贫困职工进行慰问。炎炎夏日，对一线养护员工进行慰问。组织职工进行体检，关注职工身体健康。为残疾人薛好旺送去轮椅一副，为八十岁高龄的宁雪兰送去助行器一台。做好精准帮扶脱贫工作，对稷山县蔡村乡柴村贫困户“一对一”结对帮扶，节日期间送去慰问品。5月，筹集资金3万余元，对柴村进村路汾河桥两头300米严重沉陷进行处治，解决村民出行大问题。

综合执法大队工作

【路政管理】　2017年，全县路政案件发现率达95%，查处率、赔偿率、结案率达98%；开展“六乱”治理工作，公路控制区无新增违章建筑，公路沿线无非法设立非公路标志。县交通综合执法大队主要从4个方面开展工作。一是明确管理责任，层层传导压力。二中队、三中队2个中队实行分片到队，划路到人，层层签订责任书，月月督查考核，6条县道，5条乡道，共计121.83千米(养护路段)责任到人，对责任路段乱堆乱放、乱挤乱占、乱搭乱建“六乱”违法行为查处不力的，要进行问责和经济处罚。二是强化宣传造势，营造护路氛围。县交通执法大队先后编印散发宣传材料3000余份，在全县6条县道上刷写固定标语26条，录制车载宣传U盘，在沿路村庄和在路政巡查中滚动播放123次。利用公路沿线66个村庄签订路政协议书，并利用村庄喇叭进行广播宣传，在夏收、秋收前夕，以“路政宣传月”为契机，分别制作横标30余条，悬挂在全县160余千米县道上，张贴宣传通告43份，深入公路沿线村民家中面对面交流、宣传200余次,在《稷山新闻》报刊发2期。三是开展分类普查,完善管理数据。在2016年普查基础上,查漏补缺,月月核实,对全县6条县道160余千米的公路等级、里程、路面、路肩及公路用地、建筑控制区附属设施、平交道口、公路标志和非公路标志、违法栽设电杆、建筑物、店铺进行全面回查登记,夯实基础数据。同时,对6条县道路进行分类普查登记,建立分类台账,形成完整数据库,为查处违法行为提供翔实依据。四是加大巡查力度,制止违法行为。县交通执法大队坚持周二、周五定期巡查、风雨天气加大巡查频次的办法。并以夏收、秋收季节为节点,6月至10月,组织开展路域环境专项整治行动。全年共出动132车次、600余人次;发现制止责令改正涉路违法行为221起,清理乱堆乱放58处,乱挤乱占15起,乱搭乱建27起,打场晒粮27处;清理制止非公路标志31处,损坏公路附属设施8处;消除安全隐患17处;消除私挖乱建15处;治理公路环境污染22起;督办涉路许可11处;办理公路赔偿案件3起,处罚4586元,维护路产路权。五是参与全县"四治六化"环境整治活动。发放宣传材料200余份,车载宣传57车次,统计县道两侧建筑控制区违规建筑434处,并移交至乡镇政府,发放责令改正通知书223份,配合乡镇政府、村委拆除违法建筑181处。

【治超工作推进】 县交通执法大队以多种形式开展宣传,在全县开展整治货车非法改装违法超限超载行为和车辆运输违法运输行为专项行动,与交警、公路部门密切配合,采取全天候定点蹲守和流动稽查相结合的办法,增加重点路段稽查频次,最大限度对非法超限超载车辆进行打击,使非法超限超载车辆得到遏制。非法超限超载率控制在0.2%以内。

【公路水路安全联防】 县交通执法大队加强隐患排查治理。对辖区公路存在的不稳定因素进行梳理、排查,及时发现隐患和苗头,并做出风险评估报告。对存在的隐患和问题及时进行整改,堵塞漏洞,把隐患消除在事前。突出重点工作防范,加强重点部位、要害目标的安全防范工作,进一步强化对交通干线及大型桥梁、隧道、涵洞等交通基础设施的力度,加大公路重点部位安全防范力度。强化责任监督落实,按照"平安公路"建设要求,针对在公路安全保护区内违法修建建筑物、构筑物、广告牌以及乱堆乱放、打场晒粮等影响公路良好、安全、畅通的行为,依法进行专项治理。加大爱路护路宣传教育,采取多种形式,开展爱路护路宣传教育活动,进一步增强公路沿线企业、厂矿和广大群众的爱路护路意识,为实现"保稳定、保安全、保畅通"的工作目标打下坚实基础。

【运输市场管理】 县交通执法大队加大交通法律法规宣传力度,创新法律法规宣传方式,营造良好的执法环境。组织开展旅游市场专项整治、驾培市场专项整治、非法营运专项整治、"两客一危"专项整治、维修市场专项整治等专项行动,全队共出动执法车辆206车次,出动执法人员1261人次,在各类专项整治中,大力宣传相关法律法规,打印并散发法律、法规宣传材料2500余份,非法营运宣传悬挂横幅标语5处,全年共办理运政案件21起,罚款3.78万元。开展城市客运市场整治,维护城市客运市场秩序。办理未取得道路运输经营许可,擅自从事道路运输经营案3起,罚款1.5万元;客运车辆未携带道路运输证4起,罚款800元。对旅游企业客运车辆4家进行监督检查。严厉打击各类非法营运行为,全力维护道路运输市场秩序,重点加强"两客一危"车辆查处力度。查处未经许可擅自从事机动车驾驶员培训案4起,罚款1.2万元;配合公安查处办理物流企业案件10起,共计1万元;将2016年吴春来非法驾培点违法案件移交法院,并已结案。针对南关汽车站大量客车未进站经营问题,县交通执法大队组织人员进行解释、劝说制止,效果有所好转。

【案件办理】　县交通执法大队完善网上办案程序，实现所有交通行政处罚、行政强制案件全部在网上办理；对各执法中队文书制作工作给予经常性检查和指导，发现问题及时解决；对重大、复杂或者可能给予较大数额罚款的行政处罚案件，严格执行集体讨论制度研究做出决定。对于在现场执法检查对发现的违法行为，需立即当场实施扣押车辆、设备、工具等行政强制措施案件，要求必须向负责人报告，经负责人批准同意后，及时补办审批手续；严格执行罚缴分离制度，实行收支两条线，不准巧立名目，私设小金库，严格按规定使用路产赔（补）偿费票据；落实所有行政处罚信息公开制度，各种法律、法规及图板上墙，做好普法宣传工作，以规范行政处罚和行政强制行为；贯彻执行《交通行政处罚行为规范》，在做出行政处罚决定时，必须告知当事人权利，行政处罚决定书上载明申请行政复议或提起行政诉讼法律救济途径；按照“六权治本”工作要求，细化工作流程，对执法步骤、执法时限、形式等都做进一步明确，并报县局及县审改办备案，进一步规范行政执法行为，有效保障公民、法人或其他组织合法权益。全年共办理案件24起，其中，运政案件21起，路政案件3起。全年无行政复议或行政诉讼案件败诉行为发生。

【执法基础工作加强】　县交通执法大队提升全员素质，组织全员集中学习，制定政治理论、业务知识全年学习计划，坚持周一、周四集中学习，重点篇目专题辅导、定期测试，每季度进行一次法律法规和业务知识闭卷考试，先后参加县局、支队法律法规考试3次，均取得良好成绩，并对全员学习笔记进行一次展评。提升管理能力。针对交通综合执法实际和特点，结合“三问四比”活动，县交通执法大队从“党的建设、行政事务、交通执法、安全生产”4方面制定和完善规章制度，有效解决“牛栏关猪”问题，使各项工作有章可循。成立由支部书记为组长的“工作考核组”，参照《岗位目标责任制》《落实党风廉政建设主体责任制》和《安全生产目标责任制》，采取听汇报、看进度、查资料的办法，对各队（室）工作任务完成情况进行月度、半年督查落实，肯定完成任务好的队（室），督促完成任务差的队（室）。提升执法水平。按照交通运输部行政执法及素质提升工作要求，开展全体人员轮训，利用每周四开展法律法规业务知识学习培训活动。系统学习公路路政管理、道路运输管理方面各项法律法规及规范性文件，有效提高执法人员业务水平和法律素质。

【公路“三乱”治理】　县交通执法大队按照“公路三乱”专项治理活动要求，签订《“公路三乱”承诺书》，开展治理公路“三乱”专项整治学习活动。日常工作中，加强对执法人员教育管理，确保在执法活动和日常工作中严格落实行政执法规范及禁令。制定管理制度，加强对执法人员执法标志和证件管理，做到持证上岗。有效规范执法人员执法行为，杜绝违规上路，下达或变相下达罚款指标，随意和双向拦截车辆进行检查，以罚代纠及不消除车辆违法行为而放行，只罚款不开票据等违规违法行为。全年未发生“公路三乱”行为。

【森林防火】　县交通执法大队赴西社沙沟村参加森林防火2次，巡查沙场森林防火30余次。

【政务信息】　县交通执法大队信息化建设中，制订年度目标任务和工作计划，成立信息报道组，确定信息人员，每月报送信息2篇以上，共报送22篇，信息化建设不断推进，交通综合执法工作得到社会认可、理解和支持。

【“三问四比”大讨论大竞赛活动】　5月25日，县交通执法大队组织全体人员，以“立足岗位创佳绩”为题，进行演讲比赛，取得良好效果。开展庆“七一”系列活动和扶贫帮困主题实践活动。6月12日，全体党员自带镰刀到西小郝村，为帮扶贫困户收割小麦，使贫困户和广大群众深感温暖。开展党徽闪闪演讲活动。6月22日，组织全体党员聆听由先前演讲比赛选拔出来的演讲能手王静的演讲，进一步激发全体党员工作热情。开展“七一”专题党课，6月28日，组织全体党员干部和职工参加，党组成员、副局长穆建敏以“扎实推进‘两学一做’学习教育常态化制度化”为题，为全体人员上了一堂党课。召开组织生活会。6月28日，支部以“维护核心见诸行动整改问题树形象”为题，召开组织生活会。会上，全体党员针对“三问四比”中揭摆出来的问题，对号入座，从问题产生根源和整改措施等方面认真剖析，并明确努力方向。重温入党誓词。6月28日，全体党员在支部委员刘占明领誓下，面对党旗，紧握拳头，重温入党誓词，激发全体党员不忘初心，继续前进的雄心壮志。

【文明创建活动】 县交通执法大队开展“共产党员先锋岗”创建活动，每个党员在各自具体工作岗位开展创建活动，立足岗位比拼业绩，争做贡献，营造“行行争先进、人人创一流”的浓厚氛围，真正发挥先锋模范作用。开展“文明路段”环境创建活动。路政中队在汾南、汾北分别确定3千米文明路段，实现控制区范围内无违法建筑，无洗车、加水点，无非法广告、标志、标语、破旧广告牌匾，无摆摊设点、乱堆乱放、打场晒粮，无抛洒污染公路现象，确保道路畅通无阻，路产路权完好无损。开展文明机关创建。开展《稷山县市民文明手册》宣传活动，在全大队营造讲文明、讲奉献的良好氛围。形成机关环境齐抓共管，机关形象人人维护的良好局面。同时，编制交通执法文明用语、文明忌语、文明礼貌程度逐步好转。

【安全生产管理】 县交通执法大队以“全面加强安全生产管理”，推进“平安交通建设”和“公路水路安全联防工作”，落实县局和支队安全生产各项管理工作要求，组织、部署和制定实施方案，开展“安全生产大检查”“打非治违”“公路安全联防”等活动，对危及公路完好、安全、畅通的风险隐患开展大排查、大治理，有效杜绝各类安全生产责任事故的发生，主要开展6方面工作。一是签订《安全生产责任书》。从大队长到各队室，从队室到每个人员，人人签订《安全生产目标责任书》，把安全生产落实到人，形成齐抓共管的强劲态势。二是坚持重点时段，重点领域安全检查。县交通执法大队在对公路安全隐患排查整治的同时，在节假日和恶劣天气等重点时段，对汽车站、县道进行安全检查，发现问题，当场能整改的立即整改，当场不能整改的设立警示标志，并抄告机关单位限期整改，有效预防各类安全事故发生。三是打造高效应急队伍。县交通执法大队制定应急预案，成立应急队伍，组织和参加应急工作。四是做好应急值守。坚持每天领导带班制度，坚持24小时应急值守，通信工具24小时开通，为安全应急提供保障。五是全面开展“平安交通”创建活动。坚持依法治路，开展公路路域综合治理。严格建筑控制区管理，及时发现和查处在公路控制区内修建违法建筑及在公路建控区内穿、跨越管线、电缆等违法行为。清迁影响占用、利用公路及公路附属设施违法行为，将违法行为消除在萌芽状态，全方位改善农村公路环境，着力建设安全、畅通的路域环境。严格落实省市县专项行动部署，定期或不定期地开展客运市场、出租车市场、货运市场、驾驶员培训市场监督检查力度，对违法行为进行清理整顿。加大对非法营运车辆管理、处罚力度，重点打击非法营运行为，收到显著成效。六是公路水路安全联防工作。为全面落实2017年公路水路安全联防目标责任制，县交通执法大队以确保公路完好、安全、畅通为目标，层层签订《公路水路安全联防目标责任书》，将公路安全联防工作与“平安公路”建设工作相结合，开展日常巡查、重点时间、部位加密巡查，在涉路沿线村庄开展宣传活动及涉路矛盾排查治理工作。

邮　政

【经营指标完成情况】　2017年，县邮政分公司全年总目标3086万元，完成3102.51万元，完成全年计划的100.53%。邮务类业务总收入目标计划744万元；截至12月底完成721.15万元，完成全年计划的96.92%。全面完成通信服务质量指标，社会用户满意度达到90分以上。全局金融总资产累计完成2.17亿元，其中储蓄余额累计增长1.43亿元，保险完成7429.88万元。储蓄收入全年累计完成2109.22万元，完成年计划2117万元的99.63%；保险收入全年累计完成272.14万元，完成年计划225万元的120.95%，金融类业务实现收入2381.36万元，完成年计划2343万元的101.68%。

【金融业务发展】　县邮政分公司多措并举，推动金融业务发展。一是月度例会实现科学部署、有效检视。每月定期组织召开月度经营分析会，分析查找全局及各网点在经营发展中存在的短板和差距。每月定期召开代理金融月度激励会，对综合排名优胜的网点及单项个人营销精英现场颁发奖励，提出下步如何规避同类问题发生及改进措施。二是转型工作实现日常管理、过程管控。网点厅堂氛围营造温馨，给客户提供一个良好的用邮环境，增强客户体验感。转型基本动作执行到位，网点各岗位员工服务技能提升。分群分类分级实现有效管户，进一步拉近网点员工与客户之间距离。加强对个人营销系统中金卡级及以上客户的联络与维护，提升高端客户网点增值服务体验，用最小的成本拉动网点产能提升。抓保险期满客户的再开发。建立好保险客户台账，详细记录客户的联系方式、购买的险种、期限等基本信息，为后期的客户"二次开发"做好信息收集。做好到期客户的营销，主动告知客户产品到期信息，主动邀约期满客户到网点查询保费，及时把握时机，做好客户的再次营销，力争将到期客户营销为新的保险客户。绩效管理激励员工积极性。网点每月根据各岗位员工转型动作、服务规范、销售业绩等进行绩效核算。三是活动开展促进目标完成、产能提升。2017年首季，组织开展积分回馈及存款抽奖等活动，积分回馈贯穿整个首季，吸引一部分他行客户将存款存入该行，拉动余额和保费的增长及项目发展。通过关爱留守儿童公益活动的开展，彰显国企担当，履行社会责任，提升邮政品牌形象。开展大型公益类"幸福生活在三晋"广场舞艺术节活动、"借力引流"回馈活动，增强客户体验感、提升客户资产。利用节日时机提前做好氛围营造和宣传，强化存量大客户、网点周边的中小商户、农村务工人员的维护，实现余额、保险的快速发展。四是实行案防基金延续化，强化内控管理。坚持每月组织召开内控管理会议、恳谈会，对当月内控检查发现的违规问题进行通报，对于发生差错的网点和个人进行剖析发言，大家现场讨论提出解决办法和下步规避措施，避免类似问题重复发生。

【廉洁风险防控】　县邮政分公司根据市分党委关于廉洁风险防控工作要求，从思想道德、制度机制、岗位职责、业务流程和外部环境等五个方面，全方位开展廉洁风险排查，找出行使权利过程中容易诱发廉政风险的薄弱环节。明确风险等级，针对查找出的廉政风险，根据权利的重要程度、腐败现象发生的概率及危害程度，确定了高风险7项，中风险3项，低风险8项。建立《岗位廉洁风险点自查分析表》和《廉洁风险目录表》。

【素质提升工程推进】　县邮政分公司扎实推进素质提升工程，实现企业员工和谐发展。一是做好人力资源政策宣传，调动职工参与营销、主动营销、投身营销的积极性。二是抓好技能鉴定工作，抓好营、储、投三大工种的培训工作，提高所有工种技能鉴定合格率。三是拓展新的学习渠道，引导员工利用网络渠道进行学习，提升员工整体素质。四是关心、关爱职工,解决职工实际工作中存在的问题,改善一线员工的生产生活和学习条件,为困难职工办实事、解难事。

移动稷山分公司工作

【各项指标完成情况】 2017年,移动稷山分公司收入累计完成1.27亿元,收入市场份额达到61.2%。2017年稷山新增用户4.41万户,新增市场份额为57.86%,净增2.55万户,净增市场份额为67.75%,10元以上通信客户份额达到76.56%。4G用户达到13.89万户,4G渗透率达到65.53%,100兆以上4G客户数11.58万户,100兆以上4G渗透率达到54.66%,超挑战目标1.63%;4G客户中38元及以上全网统一套餐客户占比58.4%。宽带净增用户7566户,用户到达2.56万户,完成年度挑战任务111%。宽带魔百盒客户到达6887户,魔百盒搭载率24.6%,超挑战目标0.2%。集客指标完成情况。移动稷山分公司截至11月底完成集团信息化收入283.3万元,完成率69.1%;重点产品收入完成85.5万元,完成率57.54%;IMS(IP多媒体子系统)及无线固话收入完成55.92万元,完成率81.99%。网络指标完成方面。2017年宽带建设任务共计151村庄/小区建设任务,共计建设端口1.42万个;全县共梳理小区105个,其中A类小区40个,B类小区65个,A类小区已覆盖9个,11个已立项18年第一季度施工,完成60%覆盖任务。B类小区覆盖41个,完成80%覆盖任务。无线方面,截至12月底共开通4G基站44座,2G补充5个站点。新建开通室分站点6个。14个RRU(远端射频模块)站重新签订转供电协议并开通。OTN(光传送网)下沉环路调测工作4个环均已完成。全城范围内安装满格宝10处,基站调整超过百次,全县城区与乡镇4G覆盖率达100%。

【客户经营】 移动稷山分公司2017年客户经营宗旨是细分客户市场,向市场要份额、向市场要收入,紧抓返乡务工、异网挖转、老人市场、儿童市场4大市场,紧抓节日、节气时间节点如暑期、秋收等,深入学校、田间地头开展现场营销工作,提升新增市场份额、新增客户价值,拉动收入。

【4G经营】 移动稷山分公司提升4G客户价值、扩大4G客户规模、注重2、3客户的迁转。重点将移动实体渠道、所有一线员工打造成移动4G传播、使用、指导的媒介,以点带面扩大4G影响,迅速提升4G客户价值。

【宽带经营】 移动稷山分公司打破固有模式,探索承包机制。结合渠道、维护、村代、家客人员力量,将已改造的217个村庄及小区实行专人承包制,承包人员在自己承包区域内发展,在规定时间内完成公司任务,承包人与稷山移动签订《稷山移动宽带发展合作协议》,明确双方的权利和义务,以督促承包人发展宽带业务,同时制定《稷山移动宽带承包考核办法》,明确规定相关处罚措施。明确标准要求,完善整体流程。要求承包人员在规定时间内完成摸排工作,要求摸排区域内常住用户数、移动宽带和无线用户数、友商宽带和无线用户数,同时在摸排过程中绘制整村箱子覆盖图。每周至少开展2次现场营销活动,使用村中大喇叭宣传至少5次、在承包区域微信群中每天至少宣传3次、海报张贴村庄为5张、小区为2张。为避免撤单和无效工单,首先遵循正装机流程,开户人员操作时端口选择必须正确,对跨大路、可否增加分光器、距离超过150米等现场问题及时沟通,确保开户准确性。联动全员发展,制定竞赛方案。竞赛方案涉及市场、网络相关职能部门,完成则奖励相应绩效分值,未完成则否决相应绩效分值。对完成且排名靠前的渠道、家客小组、渠道经理实行奖励机制,对未完成且排名靠后的给予相关处罚。

【集客业务】 移动稷山分公司在新建政府

"13710"项目时,电信客户经理也进行报价,且价格非常低,通过县委领导及各种打包赠送设备等吸引客户。针对这一情况,移动客户经理多次上门拜访,利用各种关系,对客户提出的各种要求一一进行上报请示解答,最终从竞争对手处拿回14条专线,一次性收取3年费用,带来收入6万元。东方公司新建350部IMS电话。从最初勘察设计,到施工开始,客户提出各种要求,对设计方案进行3次修改,与施工过程中及时与客户沟通、施工方协调。在客户规定时间内按时完成施工、调测、开户,赢得客户好评。

【渠道服务价值双提升】　移动稷山分公司做好渠道管理。根据渠道态度配合度、业务发展能力、所在区域特征(城市或农村、专营店或卖场),将全县43个专营店、卖场划分为4个小组,开展小组竞赛,奖优罚劣,形成各渠道间比、超、赶、学的良好氛围,有效调动各渠道间积极性。同时做好服务提升。紧抓现场服务流程、现场环境卫生、现场服务细节,规范电话营销服务流程、口径;综合打造实体渠道服务流程化、电话营销服务规范化、现场环境温馨一致化的标准服务体系。

【网络支撑能力提升】　移动稷山分公司加快4G基站建设,保证无线网络稳定运行,持续强化网络支撑能力,加快城市小区建设,确保宽带发展网络能力。加快弱光整治,提升客户上网感知,提高宽带用户满意度水平。组织内部员工、代维人员每月定期开展网络知识交流学习,不断提高网络技术与实践综合能力。定期与市场一线人员就网络覆盖盲区,用户投诉热点区域进行沟通交流,第一时间及时回复并予以妥善解决。

【党建引领】　移动稷山分公司坚持开展"党员培养成骨干,骨干培养成党员"的双培工作。7月26日到9月25日开展的支部主题活动,市场线条党员发挥党员先锋作用,带领3个区域向党组织靠拢,冲到营销第一战线,共计完成新增宽带用户2148户,使稷山县分公司宽带发展排名进步4名,圆满完成任务。网络线条党员参与建设PON村庄改造和小区摘牌,完成151个村庄和小区建设,行政村宽带覆盖率达到97.5%。移动稷山分公司应用"承诺、践诺、履诺"三诺工作法,号召党员争做发展先锋,为完成县公司经营目标做贡献。7月成立4G渗透率提升专项小组,党员带头深入各中小集团、市场商铺、农村田间,游走于街道社区、乡镇集市、广场公园宣传和引导用户,4G渗透率提升5%,新增百兆渗透用户1200余户。

联通稷山分公司工作

【基站建设】　2017年,联通稷山分公司建设78套基站。分别是LTE40套、GL双模32套、GU双模2套、室分1套、微站1套、自建站2套,主要覆盖在翟店16套、清河12套、化峪12套、西社8套、蔡村9套、城区21套。基站优化升级123套。单模U900升级GU双模86套,GL升级共8套,G900分布式利旧共5套,U900与U2100共址搬迁5套,主要分布在蔡村19套,清河18套,化峪18套,西社20套,太阳19套,翟店15套,稷峰1套,管村1套,下迪1套,城区11套。建设主干光缆48芯,共43.78千米,分布在县城—管村、管村—西社、县城—下迪、下迪—化峪、清河—修善。

【驻村帮扶】　4月,联通稷山分公司聘请农业技术员向贫困户宣传讲解科技知识,帮助其学到致富技术、掌握致富技能。同时送去化肥等农资物品。下半年,加大扶贫力度,专门抽调2名专职人员负责段壁村扶贫工作,每月专职人员驻村时间不少于4天,共计慰问困难户3次。12月,对贫困户进行"四好"上门服务,贫困户一起劳动、一起搞卫生等。县联通分公司自筹资金,先后给贫困户送去毛巾、米、面、油等6000余元的慰问品。并按时让19户贫困户脱贫,达到既定的脱贫目标。

【中心任务完成】　联通稷山分公司完成县政府办公大楼的线路整治,美丽乡村线路整治,康复路线路迁改,共投资约70万元。为确保党的十九大顺利召开,联通分公司在维稳方面做大量工作,更换公司大院及办公楼的监控、各个单元均实行日隐患大排查,加强机房巡检,加强电路及设备的监控,做好十九大期间的通信重保。

电　力

【主要指标完成】　2017年,国网稷山县供电公司(简称供电公司)紧盯目标任务,实现全面发力、多点突破的新局面。售电量累计完成5.32亿千瓦时,同比增长5241.55万千瓦时,提高10.92%;平均电价累计完成515.35元/千千瓦时,比计划的490.55增加24.8元/千千瓦时;线损率累计完成10.96%,比计划指标11.2%降低0.24个百分点;安全生产实现连续6707天,多项指标位居省市公司前列。

【安全生产】　供电公司全面细化岗位安全职责和考核办法,层层签订各级人员安全生产责任书,在故障抢修、大修技改、配网工程等各类作业现场开展全过程痕迹化管理,使安全工作主体责任和监督责任得到有效加强。深入开展"安全整顿周""安全生产月""电力建设施工安全年"专项活动,深刻学习"5·20""8·11"网省公司安全生产电视电话会议精神,开展安全教育培训,全员安全意识进一步增强。

【电网建设】　供电公司紧盯稷山经济发展形势与重点工程建设,超前谋划电网建设,滚动修订"十三五"期间电网发展总体规划。220千伏寺庄变电站可研报告编制完成,110千伏廉城变电站纳入项目储备库,35千伏南位变电站土地预审通过,具备开工条件。克服时间紧、施工难度大等困难,提前完成总投资1.5亿元的机井通电、小城镇(中心村)电网改造以及动力电不足治理工程,累计改造机井647眼、变压器779台、线路431.76千米,完成27个中心村改造,解决1个村动力电不足问题,把国家惠民政策真正惠及老百姓。

【经营业绩提升】　供电公司开展"百线千变"专项整治活动,台区线损合格率始终保持在95%以上,排名稳定在全省前列。作为市公司试点单位,率先解决6个新建住宅小区配套供电工程历史遗留问题。完成25个老旧小区8163户合表打开任务,超额完成年度目标的227%,实现"零合表县"目标提前5天实现电费结零目标。连续6年保持市公司第一。联合公安部门在全县范围开展"反窃电防外破"专项行动,重点核查106个台区,查处窃电2起,追补电量3384千瓦时,挽回经济损失4842.5元。

【服务能力增强】　供电公司开展秋季大走访活动,累计走访各类客户177户,全面了解电力市场需求,为公司优化供电服务环境,提高供电服务水平提供决策依据。推广智能交费业务,率先在运城公司完成智能交费,纸质协议签订及营销系统维护任务,签约率100%,签约客户12.01万户。实行"网格化"管理,建立"台区微信群",畅通与客户联系渠道。服务新能源发展,全年并网、结算分布式光伏114户。助力精准扶贫攻坚,帮扶工作队深入刘村、西店头村22户开展帮扶慰问活动,全年入户154人次。

【运维管理水平提升】　供电公司统筹大修、技改、农网工程、线路消缺以及廊道清理等多项工作,组织实施3座35千伏变电站综合大检修和26条10千伏线路集中式检修,完成35千伏太郝站综合改造等大修工程6项。开展高掉闸线路治理活动,10千伏线路故障停运率同比下降40.53%,供电可靠性稳步提升。积极应对夏季高温大负荷,面对负荷连创新高的严峻形势，各级人员坚守岗位，迎峰度夏期间共出动车辆96次，故障抢修120余次，确保电网平稳运行。

【基层基础夯实】　供电公司加强财务预算管理，严肃财经纪律，严控成本费用开支，严格“三公”经费管理。整治公司生产办公环境，更换办公桌椅。优化供电所机构设置，调整充实骨干力量，实现营配末端融合。深化“全能型”及星级供电所创建，西社供电所被省公司命名为“全能型”供电所，清河、蔡村供电所被市公司命名为四星级乡镇供电所。加强小型基建管理，翟店、蔡村供电所环境得到全面治理，西社供电所土地证办理和化峪供电所土地外扩工作完成。通过积极争取，供电公司生产综合楼项目获批。

石油　烟草

石　油

【经营指标完成情况】　截至2017年11月底，中石化山西运城稷山石油公司（简称县石油公司）零售累计完成1.48万吨，较上年同期1.57万吨减少857吨，减幅5.5%。其中，汽油完成9200吨，同比增加274吨，增幅3.1%；柴油完成5621吨，同比减少1131吨，减幅16.8%。高标号汽油完成2714吨，较上年同期2321吨增加393吨，增幅17%。

【点对点零售竞争】　新一届省公司领导班子针对黑窝点盛行现状，配合地方政府打黑，成品油市场得到进一步净化。并针对不同意油价回归合理良性竞争层面的个体油站，采取针对性的点对点竞争策略，有效遏制零售量下滑趋势，扭转市场竞争的被动局面。4月以来，县石油公司先后在桥口、贾峪、城南、秦晋站实施汽柴油点对点营销措施，经过全体员工努力、微信客户群大力宣传，零售量迅速提升，日均销量由原来的32吨增加到43吨左右，6月日均销量保持在52吨左右。11月日均销量在45吨左右。先后开展加油卡专项营销、油非互促、高标号汽油促销等系列活动，零售市场份额逐步回归正常，IC卡发卡量明显提升。

【加油站硬件提升】　在优质服务月活动中，县石油公司统一购置专用油漆，对所有站的付油场地车道线重新进行规划，为加油车辆准确入位提供明确指引，提高加油效率。并多方筹措资金，统一购置照明灯具，对加油站实施亮化工程。高渠加油站95汽油加油机附近局部地面出现塌陷，县石油公司发现后立即按加油站自然灾害受损上报市公司，经上级公司批准立项后，于8月进行施工治理，对塌陷地面进行重新夯实，罩棚立柱加固底座，重新安装加油岛，隐患得到及时治理。同时对西社加油站罩棚进行重新更换，对破损立柱进行标准装修，并在罩棚正面、两侧"中国石化朝阳标识"处安装射灯，提高顾客辨识度。

【非油品销售】　6月13日，县石油公司组织辖区4座大站站长及员工到盐湖、禹都公司学习非油品销售经验，特别是燃油宝的销售技巧。为更好地调动一线员工销售积极性，县石油公司多措并举，克服资金困难，集中为4个便利店站垫付资金，用于员工销售商品奖励。根据员工个人销售重点商品数量，当日下班现返员工，在员工之间、班组之间形成"比赶超"销售氛围，非油品现场销售额得到质的飞跃。

【双层罐改造】　县石油公司在营的12座加油站需全部进行双层罐改造。为确保该项工程顺利实施，县石油公司安排专人与市公司法规科对接，负责上报相关改造资料，做到及时上报，早批复早开工；同时县石油公司指定专人负责施工现场安全监管，严格按文件要求，完善各项施工手续、相关作业票及监督检查台账，并组织落实好施工人员的二、三级安全教育。辖区桥口、西社2座加油站已开始改造施工。桥口站在12月25日左右实现正常加油作业。在改造施工中，县石油公司向市公司争取支持，给桥口站打咸水井一眼，满足日常清洁、厕所用水需求；对西社站油罐区上方的高压线进行移除；针对各站空气能取暖用电需求，向上级公司申请，分别给桥口、城西、贾峪站安装独立变压器，确保经营取暖用电正常。

烟　草

【经营指标】　2017年，县烟草专卖局共销售卷烟1.12万箱，完成全年目标1.05万箱的106.84%；销售收入2.3亿元，完成全年目标1.9亿元的121.05%；全年上缴利税1430万元，完成年目标1100万元的130%。

【终端建设】　根据市局（公司）《现代卷烟零售终端示范店建设运行管理办法》要求，县烟草专卖局（营销部）建立零售终端示范店75户，实际运行73户，另外2户，1户注销、1户处于暂停状态。根据《2017年零售终端示范店及消费环境建设实施细则》，在辖区选取3户门面大、店堂环境好、硬件设施符合标准、配合度高的零售户，作为重点建设示范店客户，并为这3个零售户提供标有“晋心晋力”的亚克力标识、收银机1台、多线扫描平台1台、茶具1套，切实提升零售终端形象。

【品牌培育】　县烟草专卖局分别与工业企业合作召开好猫（招财猫）、真龙（凌云）细支、芙蓉王（硬细支）、红河（A7）4个品规的新品推介会，总计邀请224名零售户参加。

【价格自律推进】　根据市局（公司）《卷烟零售客户自律互助小组建设指导意见》，全县成立8个自律互助小组，成员共79户（原80户，有1户因许可证到期未延续，取消），覆盖总有效户971户的8.14%，均签订《加入自律互助小组申请书》，零售客户1份，县烟草专卖局（营销部）留存一份，并下发《零售客户自律互助小组章程》《零售客户自律互助小组公约》。每季度至少开展1次自律互助小组建设评价工作，总结小组建设过程中出现的问题和困难，收集自律互助小组成员意见和建议，完善工作方法和推进方式。

【经营行为规范】　县烟草专卖局（营销部）对辖区客户进行筛选，对年龄偏大、家中没有电脑、不会用电脑等不能自主完成订货的客户进行整理统计，共对44户零售户由网络订货变更为电话订货。每月初严格按照限量标准对大、中、小户进行总量设限。对部分客户因库存不足卷烟需求量增加、月限量不足情况，月底由客户经理填写《手工调整零售客户月商定总量表》，以客户真实需求、卷烟落地销售为主，附加需要调整的情况说明，报内管部门签字备档后，再予以调整，全年共调整167次。每月3日前通过V3系统查询月均销量在千条以上、且月订购量超本县当月户均订购量5倍以上的客户名单，填写卖烟大户信息，报同级专卖部门监管。对专卖部门在市场检查中发现销售串码烟及省外反馈真烟外流涉及的客户，根据频次及数量在原评价基础上再降5—15档。

【专卖打假】　县烟草专卖局发挥多部门联动机制作用，加大公安、工商、交警联合工作力度，对全县交通要道开展严打、严查、严堵行动，不放过任何一个可疑车辆和线索。与省邮政局联合出台《寄递业涉烟监管指导意见》，加强对互联网售烟行为监控，打击“互联网＋寄递业”涉假行为，以最大力度挤压辖区非法卷烟生存空间。根据省、市局工作安排，部署开展“四部门联合打击物流”“两节专项行动”“违法大户治理专项行动”等。县烟草专卖局全年共出动稽查员2702人次，车辆580余车次，检查经营户数1200多户，共查获各类违法卷烟47.9万支,涉案总标值约23.71万元,其中:真烟共查扣33.96万支,假烟走私烟查扣13.94万支;共立案50起,结案50起,结案率达到100%;共上缴财政罚没款1.44万元。

【涉案物品管理】 县烟草专卖局对涉案物品施行分库制、双锁制、双人管理制,并根据要求建立相关台账,规范对涉案物品鉴定提取、库存保管、销毁处理程序和行为;严格按照涉案物品管理流程出入库,每月月底对库存进行盘点,做到账账相符,账物相符。全年移库销毁1次,走私、假冒案件61起,品种33个,数量19.54万支,涉案标值16.8万元。其中:走私烟36起,数量6.82万支、金额3。75万元;假冒卷烟25起,数量12.72万支,金额13.05万元。

【市场监管强化】 县烟草专卖局以市场监管为载体,通过创新监管模式、强化市场检查、开展专项行动等,进一步提升卷烟市场净化水平。一是加强市场走访。市管员根据客户分类情况对辖区零售户进行走访,并养成"带着问题访市场"的习惯,将路线走访和市场检查有机结合,收集有效案件线索,随时掌握市场动态。二是突出重点监管。对辖区内车站、高速路口、物流、娱乐场所和重要卡口等重点部位进行监管,做到重点监控、重点打击;整顿乱渠道进货、名烟回收和无证经营等行为,注重从中挖掘线索。三是利用专卖信息系统提取数据,对销量异常客户进行重点检查,提高市场监管效率。

【学习教育强化】 县烟草专卖局健全学习制度,制定学习计划,丰富学习形式,明确学习内容,每月组织开展两次学习活动,做到有记录、有签到、有影像资料。截至年底,共开展集中学习22次,自主学习8次,下发学习资料46篇。

【廉政建设推进】 县烟草专卖局(营销部)结合工作实际,于年初召开党风廉政专题会议,对党风廉政建设和反腐败工作进行安排部署。一是研讨党风廉政目标责任,对目标责任进行任务分解,层层签订责任书。二是严格执行《关于制止大办婚丧喜庆事宜和借机敛财行为的暂行规定》制度,规范党员、干部职工操办婚丧喜庆事宜,严格落实报告制度,坚决刹住不良社会风气。三是通过文件传达、班子成员辅导、观看专题教育片等形式开展党风廉政学习教育,强化干部职工纪律观念,增强自我约束能力和廉政勤政意识。全年,共组织开展廉政教育18次,其中,集中学习8次、自学8次、观看警示教育片2次,下发学习资料22篇。

财税　金融　保险

政府财政

【财政收入完成】　2017年,全县财政总收入超计划完成。财政总收入完成4.55亿元,占年度预算4.42亿元的103.03%,超收1340万元,比上年同期增长14.09%,增加5620万元。任务进度全市排名第9,增幅全市排名第7。提前45天完成一般公共预算收入全年任务。截至11月16日,全县完成一般公共预算收入1.84亿元,占年度预算1.83亿元的100.50%,超额完成92万元,提前45天完成全年任务。全年完成一般公共预算收入2.03亿元,占年度预算的110.74%,超收1971万元,比上年同期增长16.29%,增加2845万元。任务进度全市排名第6,增幅全市排名第6。

【财政支出】　全县支出规模扩大,一般公共预算支出累计执行14.97亿元,比上年同期14.72亿元增长1.66%,绝对额增加2447万元。支出进度全市排名第5,增幅全市排名第5。及时足额拨付干部职工工资。每月10日前,按标准将财政供养人员工资足额拨付到个人账户。兑现2016年起执行的冬季取暖费提标政策。加大科技投入力度,全县财政对科技投入761万元,占一般公共预算支出比重为0.51%,达到市考核指标科技支出占一般公共预算支出比重0.5%的要求。农业支持保护补贴、低收入农户冬季取暖煤货币化补贴及时发放到农户,共计发放农业支持保护补贴资金4805.78万元,发放低收入农户冬季取暖用煤货币化补贴资金1928.66万元,均通过"一卡通"发放到农户手中。加强社保资金管理。县级一般预算支出中,城乡居民养老保险支出681.59万元,城乡居民医疗保险支出2341.11万元,单位职工医疗保险支出2261.39万元,困难群众生活救助支出1950.49万元,就业支出1.56亿元。

【财政存量资金盘活】　为提高财政资金使用效益,按照上级精神,县财政局对全县预算单位财政资金使用情况及时调查摸底,盘活存量,全年共盘活存量资金1.56亿元。

【PPP推广应用】　县财政局多渠道筹集资金加快基础设施建设,全县加快PPP项目建设步伐,共有PPP项目2个,总投资约3.6亿元。其中,汾河流域生态修复汾河干流稷山城区段综合治理工程PPP项目总投资2.4亿元,已经通过"一案两评",进入施工阶段;稷山供排水PPP项目总投资1.2亿元,通过"一案两评"初步报告。

【"一事一议"推进】　全县共有99个行政村申报村级公益事业"一事一议"财政奖补资金项目99个,项目涉及街巷道硬化、日间照料、污水排放、绿化亮化、垃圾处理等,受惠群众15万人,项目总投资1560万元,村民筹资758万元,财政奖补资金802万元。

【政府采购规范】 全县政府采购预算为1.52亿元,实际采购金额为1.37亿元,节约资金1506.5万元,资金节约率为9.92%。

【教育投入加大】 全县教育经费投入3.85亿元,比去年同期增长7.06%;政法工作经费按人均9200元足额保障到位。

【工程评审】 2017年共评审完成工程项目72个,评审金额4.82亿元,审定金额4.33亿元,审减金额4889万元,审减率达10%。从2010年5月评审中心成立以来,全县共评审工程项目286个,评审金额17.83亿元,审定金额15.19亿元,审减金额2.65亿元,审减率达15%。

【监督管理】 县财政局对政府及部门2016年决算和2017年预算公开情况进行专项检查,共检查预算单位73个。扩大国库集中支付范围,全县实现国库集中支付县乡全覆盖。控制“三公经费”,2017年支出651.86万元。

【内控报告编报】 从年初开始,由财政部门牵头,在全县首次开展2016年度行政事业单位内部控制编报工作,围绕财政资金分配使用、国有资产监管、政府采购等12类36项内容进行编报工作。全县114个行政事业单位内部控制报告编报工作全部完成。

【招商引资】 县财政局全年共向上级多争取资金2.93亿元。其中,美丽乡村市局补助1000万元,上级补助7275万元,新增地方政府债券1亿元,大佛文化产业园建设专项贷款资金1.1亿元。

【美丽乡村项目建设】 3月,全县在全市13个县市区参与的美丽乡村公开竞争立项会上,以第2名成绩与盐湖、万荣被省、市财政部门确定为2017年美丽乡村建设试点县,获得上级财政1000万元专项补助。9个多月来,县财政局将试点7个村分成4大类型(两园区、两中心),足额落实专项资金1000万元,有效整合部门资金7800余万元,撬动社会资金3.23亿元,实施项目54个。省财政厅农改处副处长张军民到县加庄、姚村、陶梁3个美丽乡村进行调研,对稷山县原生态5万亩板枣园林进行高度评价。

【中心工作完成】 县财政局对清河镇荆庄村、北辛庄村,太阳乡刘家坪村、长岭村贫困户进行“一对一”帮扶,帮助解决实际困难,制定实施脱贫计划。协助清河镇荆庄村、北辛庄村,太阳乡刘家坪村、长岭村,于12月6日圆满完成村委换届。做好森林防火工作,对西社镇马家沟段国有森林进行3个月定期巡查,维护森林安全。完成大佛文化产业园拆迁任务,在规定时间内完成包联的8户拆迁任务。

国家税务

【依法治税】 2017年,县国税局完成税收收入3.15亿元,同比增长22.13%,增收5703万元。县国税局开展税收执法大督察。研究制定《稷山县国家税务局关于开展税收执法大督察工作的通知》,展开全面自查,共筛查7条问题。开展税收执法大督察“再落实、再排查、再整改、再提高、再反思、再问责”的“回头看”行动。对发现的2项问题全部整改。强化税收风险管理,共完成省市局风险应对任务10批次、38户纳税人。同时加强走逃(失联)企业管理,已确定为走逃(失联)的2户企业的所有销项发票,通过核查系统向下游企业推送核查任务。落实税收优惠政策,强化税收优惠政策执行,做好优惠政策落实情况跟踪问效。享受各类税收优惠政策的纳税人共1.72万户次,减免税款1.81亿元。

【征管改革深化】 县国税局定期开展重点税源调查和实地走访,掌握主体税源生产经营情况,做到重点税源实时监控。完善税源专业化管理。县国税局根据上级有关文件精神,按照基础管理与风险防控并重原则,对税源管理部门职能进行调整,对稽查局职能进行转换。转换职能后,从事基础管理职能的税源管理部门按“行业＋规模＋属地”进行分工，对重点行业进行重点监控，实施专业化管理。落实一般纳税人责任制管理。县国税局落实垣曲会议精神，以风险管理为导向，按照基础管理和风险管理相结合、参与与监督相结合、管理与服务相结合原则，对管辖的一般纳税人实行责任制管理，制定《稷山县国家税务局一般纳税人责任制管理实施方案》。市局局长王旭斌对县国税局方案做重要批示，副局长李军带领业务科室人员到稷山调研指导。截至年底，在风险防控责任人和管理责任人共同努力下，共有6户风险纳税人做进项税额转出，转出税额420.62万元；共有3户风险纳税人补缴税款，共计292.57万元，加收滞纳金23.75万元，向公安部门移交涉案企业3户次。

【纳税服务提升】　县国税局自助办税厅运行平稳收效明显。已实现专票代开、普票代开、专票发售、普票发售、申报认证等功能全覆盖，满足纳税人涉税需求，释放办税窗口压力，提高纳税人满意度和获得感。完善纳税信用管理。根据信用评价工作安排，对2016年信用评价结果应用情况进行一次梳理，同时加强信用评价结果应用，结合一般纳税人责任制管理，特别是对C级、D级纳税人逐条对照落实。县国税局参评纳税人423户，其中A级纳税人16户，B级纳税人336户，C级纳税人61户，D级纳税人9户。4月20日，按照要求在办税服务厅公告栏对A级纳税人进行公示，同时对外公布信用等级查询平台，方便纳税人及时查询。全面推行“网上预约办税”，借助“互联网＋纳税服务”，通过微信、微博等新媒体宣传预约办税流程，同时在办税服务厅发放预约办税宣传资料、专人现场演示预约流程，全部实现纳税人代开专用发票网上申请、自助机取票。落实办税服务厅全月领导值班制。实行“值班领导＋业务部门骨干＋全月”值班制，向纳税人耐心宣传解读政策，合理引导纳税人。推进“千名税干入企调研服务”专项行动，入企小组送去“暖心”服务。开展“造环境，促转型”政策宣讲会，国地税干与企业成功对接。入企小组主动上门为企业宣传党的十九大精神，发放《税收优惠政策汇编》，宣传网上预约办税、自助办税等便民办税措施，听取纳税人意见，全面收集纳税人建议，并按时上报汇总各小组入企服务调研情况，助力企业转型发展。

【队伍建设】　县国税局严格选人用人，建立健全干部选拔使用制度。根据《公务员法》和《干部任用条例》等有关规定，制定《稷山县国家税务局股级干部职务选拔任用工作实施方案》经报名和资格审查、组织考察、党组讨论决定拟任职人选、任前公示、决定任用等程序，最终选出3名正股级干部、5名副股级干部。根据《运城市国家税务局关于在全市国税系统开展劳动用工清理整顿工作的通知》有关要求，于6月30日将超过60周岁、未与有资质的劳务派遣公司签订合同人员全部清理整改完成。并以劳动用工清理整顿工作为契机，规范县国税局劳动用工。开展领导班子家访活动。县国税局党组2次召开会议研究家访活动，制定《稷山县国家税务局关于开展领导班子家访活动的实施方案》，由5位局领导带队，分5个工作组共家访干部职工61户，共收集到意见和建议13条。组织开展文体活动。连续两年春节期间举办特色文艺晚会，全体人员自编自演，邀请家属前来观看节目。“七一”前举办“党徽闪闪”演讲比赛、知识竞答、重温入党誓词等活动。参加市局举办的“喜迎十九大，共筑中国梦”运城市国税系统首届篮球比赛，并取得第3名。

【文明创建】　县国税局以文明创建工作为抓手，软硬件条件大幅提升。一是办公环境、办公设施、卫生条件有效改善。二是安装暖气，调整炊事员，修建职工浴室、洗衣室等设施，提升全局税干归属感。三是创建2016—2017省级文明单位标兵，顺利通过验收，同时办税服务厅省级青年文明号顺利通过验收。在文明创建过程中,县国税局成立以人事教育股带头,办公室、监察室、纳税服务股配合的文明创建团队。

【服务升级】 县国税局深入落实国地税合作规范,推进基本合作事项和创新合作事项全面落地,加强国地税纵深合作。在前期联合设立、变更、注销税务登记,合作征收税款,代开服务业和建筑业发票,征收国税代开发票部分应附征的各项地方税费基础上,新增联合纳税信用评价、联合推进银税互动、协同管理非正常户、共享双方内部涉税信息、联合税收宣传、共同入企服务等合作事项。整顿和规范税收秩序,堵塞征管漏洞,强化税收源泉管控,提高征管质量和效率。国地税联合召开“造环境、促转型”政策宣讲会。由国地税业务骨干详细解读118号文件,国地税入企干部和24户服务对象成功进行对接。对企业开展“一对一”个性化服务。针对不同企业,安排有针对性入企人员,对不同服务对象讲解不同政策,对企业个性需求开展个性化服务。针对市委、市政府提出的“三个发展计划”专门编写“服务企业转型发展,助力稷山经济腾飞”的系列丛书——《税收优惠政策汇编》。分为“龙腾虎跃”发展计划篇、群星灿烂育苗计划篇、“凤还巢”计划篇和涉农企业篇4本,方便企业查阅和学习。

地方税务

【税收收入】 2017年,县地税局共组织各项税收收入1.04亿元,其中省级地方公共财政预算收入完成7115万元,占年度计划5900万元的120.59%;市县地方公共财政预算收入完成6437万元,占年度计划5400万元的119.2%。县地方公共财政预算收入完成6098万元,占年度计划5150万元的118.41%。非税收收入累计完成1872万元。

【税源管理清查】 县地税局以重点税源直报系统为抓手,每月采集重点税源财务数据,实时掌握税源变化情况。完善重点税源户联系制度,实时掌握企业入库税收及其他相关财务情况,对被省局列入重点税源监控的37户企业,进行数据采集,上报准确率达100%。

【稽查工作开展】 县地税局落实“黑名单”和联合惩戒制度。按照国家税务总局关于修订《重大税收违反案件信息公布办法(试行)》的公告要求,5月,对1起虚开发票案件进行重大税收违法案件信息公布,并将其列入“黑名单”。共检查立案8户,结案8户,自查12户,自查入库税款及滞纳金187.36万元,检查入库税款、滞纳金及罚款8303元,合计入库188.19万元。

【房土两税清查】 县地税局通过清查房产税,共有31户房产原值发生变化,清查后应缴房产税131.03万元,查补房产税5.35万元,其中入库房产税25.82万元。土地使用税通过清查,共有183户土地面积发生变化,清查后应征土地使用税额(含减免)222.7万元,清查后减免土地使用税额5.6万元,年增收土地使用税26.38万元。

【水资源税与环保税开征】 县地税局推进水资源税改革,召开水资源费改税联席会议,与稷山县水利局建立工作配合机制,按时完成纳税人信息交接、涉税信息交换,开展“零点行动”,对水资源税纳税申报表进行讲解,完成信息采集表填写工作。县地税局做好环境保护税改革前期工作,确保改革如期有效实施,向分管县长汇报相关工作取得领导支持,同时主动与财政、环保部门沟通,取得相关部门配合。成立水资源税试点改革及环境保护税改革工作组,以政府名义发文,建立环保税协作工作机制,明确并细化相关部门的工作职责,提出具体工作要求。开展环保税政策宣传与培训。通过印制宣传手册(口袋书)、微信群、办税大厅电子屏等多种形式对政策进行宣传;组织已识别的所有环保税纳税人和税干进行政策辅导培训。由财政部门牵头，环保与税务部门联合开展环保税调研与识别工作，确保基础数据准确。同时与环保局进行管户移交，共移交39户纳税人，与纳税人核实，最终确定39户纳税人为环保税纳税人。

【所得税管理】　县地税局完成企业所得税汇算清缴工作，全年应汇算企业137户，其中，查账征收85户，应税所得率52户，以全部汇算，汇算率100%。应纳所得税额3945万元，已缴所得税3471万元，应补474万元，已补缴入库企业所得税额474万元。抓好全员全额明细申报，每月定期通过金三系统对个税全员全额明细申报情况进行查询，掌握个税申报整体情况，在10月取得全员全额明细申报率100%。按照市局对年所得12万元以上个人所得税自行纳税申报工作安排与要求，结合全县实际，做好服务，严把审核关，定期督促，完成12万元以上个人所得税自行纳税申报工作。共受理纳税人自行申报88人次，补缴税款2.91万元。

【税收征管改革】　县地税局税收征管改革“变道并轨”工程经过试点运行、全面入轨试行两个阶段，取得明显成效。优化人力资源配置，加强专业化人才培养，同时明确管理所、评估所权限和责任。国地税合作逐步深化。根据上级文件要求，做好国地税管户核实工作。深化国地税合作机制，实现联合办理设立登记、变更登记、注销登记、大厅办税服务、纳税信用评价、合作征收税款、共享双方内部涉税信息等项目，实现本地宣传资源最佳共享。金三数据核实运用。从源头改善数据质量水平，对上级下发的问题数据清册进行核实修正。实行税收管理员专网身份认证。结合金三软件系统，对纳税人信用进行评价，运用纳税人信用评价模块，把D级信用纳税人列入重点监管服务对象。风险管理加强。制定《2017年度税收风险管理工作计划》，开展风险任务识别扫描和推送工作，完成各项风险任务，主要涉及2325户次，其中纳税评估317户，提示提醒2008户，完成1613户，其中纳税评估317户，提示提醒1296户，共入库税款862.18万元，滞纳金4.91元。

【税收政策落实】　县地税局组织学习宣传《运城市财政局、运城市国家税务局、运城市地方税务局关于营造“四个环境”服务“三个计划”推进大运城建设的实施意见》和省局118号文件精神，通过微信公众账号、办税大厅电子显示屏、税收政策公告宣传栏、深入企业宣讲等多种形式，多渠道宣传《实施意见》和118号文件主要内容。主动向稷山县委常委、常务副县长费克仁做汇报。县地税局对照《实施意见》进行逐条梳理，对影响较大的税收优惠政策进行分析测算，为后续税收任务预测和指导性计划下达奠定基础，并就部分税收优惠政策如何具体落实进行研究探讨。房、土两税困难性减免由“先征后免”改为经审批后直接减免，税收优惠流程进一步优化。工业园区企业享受房、土两税困难减免，推动企业走出困境，降低执法风险。县地税局组织开展“万名税干下基层”入企服务活动，通过“一对一”服务帮扶，帮助企业享受到各类税收优惠政策。组织成立政策宣讲团，奔赴辖区各企业进行税收政策宣讲，向业主进行宣讲，就118号文件中具体细节向企业财务人员做详细解释，特别就涉及企业自身利益的房产计税余值的扣税标准等内容进行具体说明。联合县国税局，举办“造环境 促转型”政策宣讲会，辖区24户重点企业负责人分别与国地税包企税干进行对接，国地税分别结合工作实际，就相关条款进行深入解读。配合市局做好重点企业的调研与政策宣讲，12月5日，运城市局直属一分局局长陈瑛琴一行莅临稷山调研指导工作，在企业调研完毕后，召开万名干部大调研税企座谈会，全县20家重点企业负责人就相关问题展开咨询，与此同时，征求企业对税收征管和纳税服务方面意见和建议。

【绩效管理落实】　县地税局根据省市局绩效工作安排，按时完成全年绩效管理相关工作。下发考评细则及加减法项目考评规则，并针对绩效考评进行1次全员培训，按季召开绩效讲评会。对“双百双轨”绩效考评办法进行升级完善，将党风廉政建设、劳动纪律、干部队伍管理、业务考核、调研信息等工作内容纳入考核办法。科学制定考核标准，量化指标，落实责任。“双百双轨”考评办法得到市局认可，并进行转发。

【精神文明创建】 县地税局开展以“送祝福、送温暖”为主题的慰问帮扶活动。举办稷山县文明单位学雷锋志愿服务先进事迹报告会。组织全体女税干到永济市神潭大峡谷进行户外拓展活动。组织人员参加市局“花开税苑一路芬芳”三八节主题活动，代表县地税局参加手工品和制作技艺。组织乒乓球爱好者参加健身养心活动，赴河津市局参加北片区的乒乓球比赛活动，取得好成绩。举办健康知识和中医养生专题讲座。开展慰问留守儿童关爱活动，到西社中心校慰问留守儿童。举办传统文化知识专题讲座，呼吁全体税干进行家风建设。

【“三基建设”加强】 县地税局以强化基层组织为关键，逐步夯实党建基础。严格执行“三会一课”组织制度。重大决策，及时召开局长办公会，并邀请党员代表列席。规范各支部民主生活会和党建工作版面。派出10名党员干部，助力非公党建。定期对党费收缴工作“回头看”。以做好基础工作为路径，提升工作效能。所有工作内容实行量化考核，与工资奖金挂钩，建立目标式跟踪落实的工作制度，逾期完成或完成效果不达标的及时在绩效讲评会上通报。发挥办税服务平台、税收优惠政策宣讲、纳税人学堂的作用，推动各项税收政策落实。做好欠税清缴、管户信息修改等基础工作，做好“微服务·金点子”对接，深化国地税合作互动。以提升基本能力为手段，推进“优生态”建设。将党的理论知识和地税业务知识纳入培训计划，采取多种培训形式，重点提高贯彻执行党的路线方针政策、推动地税事业发展、做好群众工作能力。截至年底，累计培训次数8次，参加人数300余人次。开展道德讲堂，讲座5期。加强对3名新录用公务员培训教育。

【党建工作加强】 县地税局挖掘局机关冯效慧、姚玉民等党员先进事迹，向市局《党员境界》推荐。实施“优培优进”工程，严格发展党员程序，共发展党员2名，入党积极分子2名。对空缺的正股级和副股级岗位进行竞争性选任，11名政治素质好、工作能力强的干部脱颖而出。实行“一岗双牌”和党员“亮身份、亮职责、亮形象”，发挥党员先锋模范作用。在全局开展对联征集，刘新旺同志编写的对联“铁律治吏光社稷　忠心向党写华章”“党风正江山一统 吏治严民乐万年”被《稷山新闻》报等媒体选用刊登；参加市局“七一”表彰活动，组织力量编写报送以《奉献小苹果》为主要内容的歌词。向贫困村派驻扶贫工作队和第一书记，选拔年轻党员干部参加驻村扶贫工作队，成立“新媒体 好声音”活动小组，利用微信朋友圈发表、微信群转发等多种形式进行宣传。将临时党支部常态化，先后2次成立临时党支部，对外出党员干部进行统一管理。

【主体责任落实】 县地税局召开大会，学习贯彻省市局党风廉政建设会议精神。严格执行“一岗双责”，先后召开党风廉政建设部署会议2次、中心组扩大会议5次。运用“四种形态”，开展“三种”方式约谈。根据市局重点工作安排，开展“中梗阻”专项整治工作，制定《党风廉政建设约谈办法(试行)》开展约谈工作，党组书记约谈(单独约谈)5次5人；纪检组长约谈(单独约谈)1次1人；其他班子成员约谈(集体约谈)1次16人；其他人员约谈(集体约谈)1次61人，累计开展约谈89人次，实现约谈工作全覆盖。

【监督责任保障】 县地税局支持纪检监察组工作和办案，对2名同志违规经商问题进行查处和处理。开展节前廉政教育，严肃节假日纪律，实施公车封存，开展节点督查，严防“四风”反弹。开展“关键词”解读学习活动,《〈条例〉解读学本2.0版》出来以后,纪检组长原伟龙组织专题培训,对相关章节进行专题解读。根据县委安排,开展为期50天作风纪律大整顿活动。落实11月2日驻省局纪检监察组集体约谈会议相关要求,先后2次召开专题党组会,对进一步落实全面从严治党,强化监督执纪问责进行研究部署。出台《中共稷山县地方税务局党组关于进一步落实全面从严治党 强化监督执纪问责的实施方案》。专门组织力量编写《六大纪律监督工作手册》,召开监督工作约谈会。

国际金融

【精准扶贫开展】　2017年,县国际金融组织贷款管理局(简称县国际局)精准扶贫工作涉及2个乡镇2个村庄28户78人,即:翟店镇北小宁村15户32人,精准扶贫户8户20人,帮扶户7户12人;太阳乡丁庄村13户46人,精准扶贫户6户22人,帮扶户7户24人。对北小宁进行产业扶持资金2.1万余元,其中,侯英杰4700元,侯红喜4200元,徐道生4400元,刘红峰5530元。对体弱多病无劳动能力的段桂香、侯保来2户发放基本生活补贴2000元。给予精准扶贫户任红秀扶持蛋鸡养殖贷款6万元。对太阳乡丁庄村精准扶贫户6户进行产业扶贫,投资2.57万元,种植核桃树30.7亩、1178棵。

【大佛文化园工程拆迁工作】　8月11日,县政府召开大佛文化园工程建设拆迁工作专题会议。按照县政府统一工作部署,县国际局组成拆迁工作小组参加拆迁工作,完成7户拆迁动员户,工作步骤共分动员摸底、签订合同、拆迁完工3个阶段县国际局抽调以副局长杜登云为组长的4人小组,到职工新村第一线,一户一户作宣传工作,讲政策,想办法,解难题,在县政府计划安排的第一批搬拆时间内,全面完成合同签订任务,并顺利进行全部拆迁。

【亚行贷款回收再利用】　县国际局根据晋财际〔2016〕11号、稷财字〔2016〕67号文件精神,结合全县项目提前回收贷款再利用的实际情况,2017年共拨付贷款再利用108户881万元,促进稷山县蛋鸡养殖产业发展。

【亚行贷款回收管理】　县国际局抽调大量人员成立专门收贷收息工作组,由副局长李红瑞挂帅,分成2个小组,任务到人,覆盖全县每个项目户,采取集中下乡催收和电话催收相结合方式,以保证贷款和利息顺利回收。共收回本息770万元,其中,收回本金570万元,利息200万元。县国际局采取多种措施抓贷款回收。对个别贷款户不讲信用,不按合同结清贷款本息,在工作人员多次上门讲政策、但仍没有按合同规定还本付息的,县国际局按照合同规定起诉法院进行依法回收。全年共起诉法院19案。

【百万只商品蛋鸡项目建设】　县国际局新申报的亚行包容性农业产业融合发展项目——山西晋龙养殖股份有限公司新建100万只商品蛋鸡建设项目,顺利通过土地、城建、环保和发改等有关部门审核工作,在此期间多次接受亚行总部、省、市各级领导和专家调研、审核及评估工作,并于6月份通过对晋龙集团资产信誉等级审计评估,签订反担保协议,县政府、财政局批复配套资金承诺。新项目申报所需资料和保证承诺全部完善。7月项目通过亚行专家和省、市项目办审核,项目可行性研究报告已经批复,8月省项目办统一上报财政部和发改委,12月底与亚行总部谈判确定。山西晋龙养殖股份有限公司,根据市场调解需求,于7月破土动工,全面启动百万只蛋鸡项目建设工程。

中国人民银行稷山县支行

【内部管理加强】　2017年,中国人民银行稷山县支行(简称县人行)对各项内部管理制度和业务操作规程进行全面梳理,认真查找现行制度办法和上级行规定不一致、不衔接等情况,以及现行制度中存在的流程不清晰、操作不明确、制度与业务操作系统或实际操作脱节等问题。对已经过时、交叉重叠、相互矛盾的制度重新进行整合,对内容缺失、覆盖不全的制度进行补充完善。加强培训教育,培育职工行动自觉。开展"两学一做"学习教育。开展以"强化基层组织、做好基础工作、提升基本能力"为主要内容的"三基建设"。组织召开中心组学习会,第一时间组织学习习总书记视察山西的讲话精神。组织学习中支纪委下发的《警示快递》,全年共学习13期。开展廉文荐读,班子成员每人撰写一篇心得体会。开展"弘扬传统文化、传承良好家风、共创廉洁家庭"专题系列活动,以家风促行风、带政风。组织观看十九大开幕式,聆听习近平总书记的工作报告。组织学习总行纪检组长徐加爱在电视电话会议上的讲话精神。加强绩效考核,激发干事创业动力。研究出台《中国人民银行稷山县支行2017年绩效工资考核办法》,下发各部室征求意见,并在行务会上研究表决。将党风廉政建设、劳动纪律、干部队伍管理、业务考核、调研信息等工作内容纳入考核办法。科学制定考核标准,量化指标,落实责任。加强编外用工管理,全部实行劳务派遣,降低基层央行用工风险。编外用工与在编人员同步考核。深抓关键领域,把握好人财物重点环节。加强干部日常监督管理,做好劳动工资管理和养老统筹工作。推进会计财务工作转型,严肃财经纪律,严控"三公经费",严防财务风险,深度介入全行事务,切实加强对固定资产、基建项目、集中采购的监督管理,为全行算好账、管好钱、理好财。完成财务基础数据采集及风险监测评价系统的测试工作,完善会计综合业务系统(AIIS)的参数设置,完成会计档案清理工作。提高后勤服务与管理水平,推进节能减排工作,发挥服务保障职能。加强安全保卫标准化建设,提升办公运转效率,围绕全行中心任务和全局工作,规范、顺畅沟通协调和上传下达机制,加大督查督办力度,提高政务信息和新闻宣传工作水平,做好舆情监测和网上舆论引导。抓好政务公开和档案管理。严格落实保密、密码工作制度,做好信访工作。加强文化建设。举办2017年"元宵节"趣味运动会,与运城中支女工委联合组织开展"登山踏青 展现自我"为主题的登山活动,在五一劳动节和五四青年节,组织开展以"中国梦 央行梦"为主题的朗诵活动。开展"红五月"职工教育专题活动,组织观看以郭明义同志先进事迹改编的同名电影《郭明义》。号召人员参加爱心传递活动,有的结合精点扶贫为贫困家庭跑贷款,跑项目,有的到农村金融服务站和电商户进行金融知识宣传,了解实际困难。八一建军节,走进稷山县公安消防大队慰问消防官兵,弘扬"军民鱼水一家亲"的优良传统。组织全体干部职工到姚奠中艺术馆和故居参观学习。组织全体党员赴"西柏坡""大寨"开展以"重温红色经典 弘扬大寨精神"为主题的红色革命教育活动。

【基建修缮】 县人行营业用房于1993年竣工并投入使用,由于使用年限过长,出现了很多问题及安全隐患,办公房地板砖大面积破损、爆裂,外墙瓷砖多处脱落,上下水管道老化,墙体暗装线路老化,经常发生漏水、电路短路等故障。消防管道与防雷设施不符合标准要求,直接影响到全行业务工作的正常开展。2017年2月8日,县人行邀请山西省侯马市司法鉴定中心对大楼进行实地勘察,并与其签订司法鉴定委托书,对大楼抗震性能及节能保温情况进行鉴定。2月27日,县人行向运城中支上报关于稷山支行营业用房加固修缮项目的请示。5月22日,由运城中支《关于2017年县支行维修改造项目的批复》(运银复〔2017〕6号)的文件批复组织实施。8月7日,里外墙面拆除后,侯马司法鉴定中心对大楼进行第二次鉴定,综合评估后出具司法鉴定意见书。县人行做好项目组织管理。按照有关程序进行办公楼安全结构鉴定、项目设计单位、施工单位和监理单位招标、设计方案审查、设计图纸核查等。对设计施工、监理的招标向运城市中支进行请示，对可行性报告、施工方案、图纸效果、工程清单等向运城市中支进行报批。施工前期，多次召开施工、监理及建设单位三方会议，结合支行办公楼的实际状况，召开支行基建领导小组会议，制定《稷山支行营业用房加固维修改造项目方案》，对工程建设提出可行的意见、建议和具体要求，为工程有序进行提供保证。成立稷山支行营业用房加固维修改造项目领导组及办公室，明确责任，建立制度。3月10日，邀请山西中方森特建筑工程设计研究院运城华夏所所长李新波等3人对支行营业用房加固修缮改造项目进行现场勘查。3月13日，邀请北京中金万瑞工程咨询有限公司运城经营部对支行加固维修项目进行现场勘查，双方签订工程咨询服务合同。3月15日，北京中金万瑞工程咨询有限公司运城经营部出具稷山支行营业用房加固维修改造项目建议书。3月23日，召开稷山支行维修改造项目设计单位招标会，山西中方森特建筑设计院、山西华鼎建筑设计有限公司和运城市云翔建筑设计有限公司3家设计单位经过资质审查、设计院设计思路、报价、工期的答辩，经过审议和压价表决后，确定设计单位为山西中方森特建筑设计研究院。4月18日，在中支五楼会议室召开稷山支行营业用房设计方案专题汇报会。5月17日和19日，稷山支行营业用房加固维修项目领导组向中支汇报营业用房加固维修项目工程预算及图纸效果。6月10日，稷山支行部分基建办成员到运城中支参加稷山支行营业用房加固维修改造施工单位招标会，确定的施工单位为山西运城建工集团。6月14日，县人行组织营业用房加固维修改造项目领导组成员及3家监理公司负责人在支行3楼会议室召开营业用房加固维修改造项目监理招标会议，确定的监理单位为稷山县春瑞工程监理有限公司。6月23日，召开项目图纸会审会，副行长邓潜贞和科长赵小兰分别就工程进度、执行中央八项规定以及专款专用作具体要求。7月12日，中支党委书记、王东红行长莅临稷山支行就营业用房加固维修改造项目进行调研，并对安全、廉洁自律、执行中央八项规定等方面提出具体要求。项目于7月13日开工建设。县人行对工程项目实行公示制度，制作公开版面悬挂在工地墙上，施工监理、资金管理、竣工验收等内容均列入政务公开内容，主动接受监督。在施工过程中，对工程材料从入口上严格把关，所用建材必须具备出厂合格证、质量检验报告单方可进入建设工地，材料进场后就按要求进行复试检测。县人行不定期召开建设单位、施工方、监理和设计单位4方现场办公会，解决工程施工中出现的新情况和新问题，确保工程进度。11月15日，运城中支对项目进行正式验收，验收结果合格。县人行做好基建档案管理。根据总行《关于加强县支行建设项目的指导意见》的要求，在项目实施中按照《中国人民银行基建档案管理办法》指定专人负责收集管理、保管基建档案资料，对合同、制度、招标等分门别类，加强项目档案资料的管理，创分发挥档案资料在建设、管理、使用、维修、改造中的作用，每天对施工过程进行全程记录(照相)建立施工日志；对土方、钢筋、模板、浇筑、门窗、装饰、保温、屋面、钢结构组装、焊接、涂装等每一项工程都建立纸质档案和电子档案。

【宏观审慎评估管理框架建立】　县人行根据《山西省金融风险监测系统运行管理办法》，指导全县20家金融机构、保险、典当和担保机构，开展系统数据录入工作，通过登录系统及时督促各机构按时完成工作任务。加强日常风险监测，对涉农信贷政策导向效果审慎评估。对各机构数据进行监测分析，按月上报辖区银行业和保险业风险监测月报表。加大对民间融资监测力度，2次对3家企业和1家民间融资中介机构的风险情况进行现场检查。发挥信贷窗口导向作用。围绕稷山县委、县政府“四基地一名城”发展战略的实施,加强信贷投放。向稷山县农村商业银行发放7000万元支农再贷款,用于支持辖区“三农”和“两红”产业发展。组织金融机构召开政银企对接会,推动金融机构接地气、找项目,融入县域经济发展,实现互利双盈。落实信贷资金6亿元。县人行加大对红枣系列小微企业、枣农的金融支持力度,引导全县涉农金融机构推进“红枣贷”信贷产品创新活动。召开“红枣贷”信贷产品创新工作动员大会,对相关事宜进行专题讨论与安排,制定并下发《关于在全县涉农金融机构开展“红枣贷”信贷产品创新活动的实施方案》,并要求各涉农金融机构成立专项工作领导小组,制定“红枣贷”信贷产品创新实施方案。按照方案要求,重点加大对全县红枣种植业、枣业加工企业以及红枣产业链条的信贷资金投入。各金融机构与红枣产业签订意向书金额达1.2亿元,截至年底,落实9863.9万元。加强红枣产业支付结算、现金投放、征信管理等金融服务工作,促进全县红枣产业稳定发展。枣农人均收入预计将达8500元左右。县人行多次向县政府汇报,下发《关于银行业金融机构支持地方经济发展考核办法的通知》,县政府拿出50万元对目标完成较好的金融机构进行奖励。精准对接脱贫攻坚多样化金融需求。做好金融扶贫攻坚工作,通过金融精准扶贫宣传、工作考核、情况通报、现场会议、约见谈话等形式,推动扶贫工作顺利开展。截至10月末,金融精准扶贫完成966.98万元,完成81.73%,全部为稷山农商银行发放。全面落实《稷山县在外经商务工人员关心关爱计划(“凤还巢”计划)》,针对在外经商务工人员返乡创业项目制定相关金融优惠政策。截至11月底,辖区存款总量大幅增加,贷款增幅超过存款,全县金融机构各项存款余额为96.89亿元,各项贷款余额为30.29亿元。推进“两权”抵押贷款试点工作。协调试点小组各成员单位按照责任分工细化措施,做好各项试点配套工作。推进“农村承包土地经营权抵押贷款试点工作”,确保“农权”抵押贷款“放得出、用得好、收得回”。推进金融机构利率市场化建设。加强对存款准备金、利率管理,按时将准备金率调整情况下发给各行社。加强对稷山农商银行存款准备金交存合规性检查、流动性监测分析,按时上报各项报告。贯彻落实好各项利率政策,及时反映社会各界对利率政策变化的新情况、新问题,加强对利率执行情况监测,要求金融机构按时上报各项报表报告。做好金融市场管理和服务工作。支持稷山联社改制工作,稷山县农村商业银行挂牌成立,支持稷山县河东村镇银行筹建工作,召开稷山县河东村镇银行首次见面会,支持企业通过发行短期融资券、中期票据、集合票据等市场工具进行直接融资,配合地方有关部门,做好直接融资市场业务培训和风险提示工作。及时关注跟进山西晋龙饲料有限公司上市的有关工作。帮助稷山农商银行利用自身持有债券、短期限资金、可质押债券等分3次累计向人行太原中支成功申请14亿元常备借贷资金,有效防范流动性风险。

【金融风险监测】 县人行做好资金互助社、小额贷款管理公司、典当公司的网络监管工作,引导金融机构多方位、全面安全地开展业务。修订完善金融机构突发事件应急预案,组织突击性、双盲式演练,落实好防范措施。制定并出台《农村资金互助社管理方案》,在风险补偿金提取、大额同业存款等方面制定具体的管理办法。推进“两管理、两综合”工作。做好农村商业银行、村镇银行开业管理工作,开展综合执法检查与综合评价工作,督促金融机构合规稳健经营。召开2016年度全县金融机构综合评价工作会议,对稷山县金融机构2016年度综合评价情况进行通报,对综合评价为A等的金融机构进行授牌,并与各金融机构签订维护金融稳定承诺书。《存款保险条例》稳步实施。配合参加中支组织开展的2017年地方法人存款保险评级工作,并于5月2日至5月5日对全县农村信用社进行评级。做好存款保险保费核定缴纳、投保机构风险评级和投保机构档案资料库建设等工作。加强存款保险差别费率管理和投保机构风险监测工作,督促投保机构完善存款人资料和存款账户资料,建立同一存款人信息系统,实现同一存款人账户合并计算功能。抓紧抓实互联网金融专项整治工作。结合整治重点和地方实际,加强与金融办、银监等金融管理部门以及工商、公安等部门定期对接,密切协作,开展互联网金融专项整治,打击非法集资。研究完善政策措施,推动建立常态化整治工作机制,发挥人民银行在维稳、舆情监测以及开展摸底排查等方面的关键作用。

【基础金融服务改善】　县人行开展调查研究,班子成员带头撰写调研文章,其中,党组书记、行长王金波撰写的《让核心旗帜高高飘扬》一文推荐到天津分行,撰写的《稷山支行运用支农再贷款支持"三农"发展成效显著》被运城中支采用;党组成员、副行长袁金保撰写的《稷山县农村信用社改制工作中存在的问题及建议》一文被运城中支《支行领导专题调研报告选编》刊载。持续推进支付体系建设。重点改善农村地区支付环境,推进电商平台下基层进度,推动二维码支付在农村地区的普及应用,丰富农村地区支付结算手段。推进农村金融服务站建设,逐步完善农村金融服务站基础功能,为农户提供个性化、特殊权益等综合性服务,探索"互联网+农村金融服务站"发展模式,推动农村金融综合服务与支农惠农政策的有机结合,将农村金融综合服务站打造成兼容性惠农服务平台。充分依托银行卡助农取款服务,形成地方政府支持、金融机构承办、农村服务点参与的多方合作模式,与惠农政策宣传、反假币、金融消费者权益保护、征信宣传、新农合等其他金融服务相结合的特色发展模式,搭起一个"服务功能更全,优势更明显"的便民、惠民、利民服务平台。截至年底,全县227个自然村,200个行政村,已建成农村金融综合服务站279个,其中信用联社200个,邮政储蓄79个。共办理业务30多万笔,交易金额3800余万元,辖区30多万农村人口享受到了不出村、无风险、高效率的现代化金融服务。扎实推进反洗钱工作。制定年度反洗钱工作计划,加大对辖内各商业银行进行督促检查。组织辖区金融机构召开反洗钱联席会议,组织各金融机构进行反洗钱专题培训,组织以"贯彻落实3号令 维护金融秩序"为主题的反洗钱宣传活动,在稷山农商行组织开展反洗钱知识竞答竞赛活动。上半年,辖区无一起洗钱案件发生。县人行履行国库职责。稷山支库是全市第二代国库信息处理系统(TIPS)上线工作的唯一试点单位。为推进第二代横联系统顺利上线,及时组织召开系统上线工作推进会,辖区财政、税务和商业银行分管领导和操作人员参加会议,系统成功上线运行。对农业银行、建设银行,信用联社营业部等8家机构国库经收业务进行监督抽查。截至11月底,协助一财两税共完成各级预算收入5.26亿元,其中:中央级预算收入2.04亿元;省级预算收入5383.4万元;市级预算收入2581.4万元;县级预算收入2.24亿元。一般预算支出14.81亿元。办理各种退税150.8万元,均衡性转移收入11.61亿元。推进国库"直补"工作,通过直补做到拨付款项当天到达收款人账户,深入农村走访群众了解直补工作是否有违纪违法案件,确保资金按时到位,打通服务群众"最后一千米"。截至11月底,县人行发放直补1.07亿元,笔数25.23亿笔。提高征信管理和服务水平。县人行利用元宵节文艺汇演、桃花节等各类有利时机,组织开展包含征信、反假币、国债等金融知识宣传活动,开展金融知识宣传活动进校园,推动辖区社会信用体系建设。其中,以"信用记录关爱日"为主题的宣传活动,辖区各金融机构全部参与。截至11月22日,共查询企业信用报告45次,查询个人信用报告5576次。发放机构信用代码证535张,变更88张。完成小微企业和农村信用信息平台建设任务,共录入农户、贫困户、新农合、种植户等信息共计17.93万。推动小微企业应收账款融资平台建设,建立稷山县支持小微企业应收账款融资专项行动工作协调机制,同时印发《微企业应收账款融资专项行动工作方案》。其中,山西省城镇建设投资有限责任公司通过应收账款融资平台,成功融资1.1亿元,用于棚户区改造。人民币管理及反假货币工作继续推进。选择2家金融机构(县农行、县联社)、5家企事业单位作为人民币收付业务的监测网点,对监测数据进行汇总整理和上报。推动工商银行作为特殊币、污损残损人民币兑换网点开展兑换业务。督促辖区金融机构的ATM机、存取款一体机的布防及贴标完成进度,贴标率均达100%。开展人民币反假主题宣传活动,组织城区所有金融机构及其营业网点,在其营业场所内外开展人民币便民服务活动,共兑换残损人民币2.3万余元,大小票调剂4.8万余元。组织召开人民币管理及人民币反假工作联席会议,加强警银协作,推动综合治理,夯实工作基础,完善长效机制,推动反假币工作再上新台阶。组织召开全辖金融机构关于开展"法轮功"反宣币专项整治工作联席会议,打击各种邪教组织的反动宣传活动,维护人民币正常流通秩序,提升流通中人民币整洁度。组织拍摄一部反假货币微型电视剧,通过微信平台向全县金融机构、向自己的亲朋好友转发,用生动的视觉效果进行反假货币宣传,达到预期效果。按月及时收缴辖内金融机构和公安机关收缴的假币,彻底实现收缴机构月底假币零库存,截至11月底,辖区共收缴假币5.69万元,比上年同期多收缴2340元。完成全县现金收支统计分析工作,11月底,全县金融机构现金总收入55.92亿元,现金累计支出53.46亿元,净回笼现金2.46亿元。有效推进依法行政和金融消费者权益保护。加强基层法治央行建设,全面推进"双随机"工作,进一步完善"监管对象名录库"和"执法人员名录库"。加强金融消费者权益保护监督检查和评估工作,完善优化公共服务流程,做好基层群众政策咨询与服务反馈工作,为群众办事创业提供便利。

中国农业银行稷山县支行

【资金实力增强】 2017年,中国农业银行稷山县支行(简称县农行)各项存款余额达18.5亿元,比年初净增2.93亿元。完成年计划311%。人民币日均核心存款余额16.17亿元,市场份额占比51.36%,同比提高2%,排名第1;日均核心存款净增2.34亿元,完成年计划265.48%,市场份额占比62.64%,同比提高38%,排名第1,实现大幅度提升。

【资产业务突破】 截至年底,县农行各项贷款余额为4.68亿元,增加4.53亿元。累计发放8亿元,为中国建筑股份有限公司、中国电力建设股份有限公司发放银团贷款各2亿元,发放企业流资贷款2000万元,三农贷款65万元。

【营业收入增加】 县农行实现营业收入3852万元,同比增加1071万元;其中利息收入1338万元,同比增加1308万元;中间业务收入640万元,同比增加91万元;实现拨备前利润1884万元,同比增加638万元;实现拨备后利润1265万元,同比增加23万元。

【客户建设水平提升】 县农行信用卡有效客户新增2000户,完成147%,私人银行客户新增14户,对公对私产品覆盖度提升均列全市第1,个人客户建设在全市前3季度考评持续居第1位。

【党团、企业文化建设】 县农行完善建立网点党支部3个,配齐支部委员,抓实中心组学习,各支部开展传达贯彻十九大会议精神学习。团委、工会组织的助力高考公益活动、“三八”游园、“五一”登山、迎“五四”文明服务演讲、市分行第三届趣味运动会均取得成功，获得一致好评。

【网点标准化转型】 县农行全面推进稷峰分理处、翟店分理处2个网点标准化转型工作。一是优化网点硬件环境。3个网点推进网点功能分区，低柜区、展示区、客户服务区、贵宾室发生变化，突出专业特性，符合网点标准化管理要求。二是在6S、绩效管理上推进。按照6S管理要求，完善细节，从钥匙、杯子的存放到箱包摆放，整齐划一，放置有序。完善制定贴近网点实际，具有可操作性的考核办法。6月21日，市分行标准化管理观摩推进会在县农行召开，10月，省分行标准化验收组到县农行指导检查，对提升网点网点标准化管理水平起到促进作用。三是在营销环境打造、活动开展上，主题形式多样化。年初开展“千网项目”培训，3个网点开展进校园、进企业、进社区、进园区、进商场农行产品宣传活动。“农行优选汇”保险主题沙龙、“鑫想事成、福泽万家”客户答谢会、高端客户基金贵金属理财沙龙，让更多客户了解农行产品，密切银客关系。四是服务水平提升。县农行开展文明优质服务，按月开展现场、非现场检查，查找问题，召开服务剖析会，提出整改意见，督促整改。4月、5月，全行开展网点标准文明服务培训、文明服务大讨论、文明服务演讲比赛，提高全行整体服务水平。在“春天行动”综合营销活动中，多项第1名均由县农行网点夺得。当年新增基金1.27亿元，占全市总销量的33%，贵金属销售收入8.23万元，其中白银销量、收入在全市占比均超3成，代理保险2081万元，实现中收78万元，个人理财累计销售19.62亿元，实现中收46万元。

【短板业务加强】 县农行做强公司类业务，实现资产负债齐头并进。由公司部牵头，贴现客户达到4户，当年实现贴现收入668万元，清收不良贷款6.23万元，资产质量有所好转。扩户提质稳步推进，新增有效对公户88户。做强三农业务。在全面代理新农保业务同时，以三农代收付业务为突破，加快支付通等机具布放，优化农村支付环境；加快对产业链客户的梳理、调研、营销，培育三农优质客户，提升三农业务回报。全年代收新农保业务12800笔，金额2500万元；惠农卡存款比年初增加289万元；“e农e商”惠农通管家渗透达到80%。联合汾酒集团，拓展“E商管家”，发展汾酒专卖店渠道商户8户，发展终端商户230户。

【内部管理强化】 县农行一是强化运营基础。以“三化三铁”创建为抓手，不断强化运营监管手段，围绕临柜业务运行中风险事件特点，加强对异地账户、大额资金异常变动的监测检查，按月召开运营风险例会，通报考核情况，对典型案例进行剖析，学习运营管理制度，开展运营档案展评，增强全员风险意识和合规操作理念，将制度执行转化为良好的操作习惯。电子对账签约率全市排名从倒数进入前10。二是强化队伍建设。建立梯次合理的后备干部队伍，通过公开竞聘，选拔出2名年轻股级干部、6名副股级后备干部。充实网点、部室领导岗位，各项业务发展走在全市农行前列。在市分行副科级干部竞聘中，县农行是唯一有2名同志同时成功应聘的农行。三是加强文化建设。全面倡导“快乐工作，健康生活”理念，加强企业文化建设，打造“幸福农行”。设立农行企业文化建设专栏，增加柜员3级考核公示栏，张贴先进模范照片，宣传先进业绩，公示柜员评级分类，树立“行兴我荣、行衰我耻”主人翁意识。开展季度评先奖优工作，激励先进，鞭策后进，营造比学赶超氛围。行领导深入一线，开展谈心交心活动，帮助员工解决实际困难。解决稷峰分理处房屋漏水、线路整改、员工就餐、员工活动场地等实际问题。为全行员工进行体检、设立生日祝福墙，员工生日送上短信祝福和慰问品，表达集体关怀和祝福。组织“三八”女员工游园采摘、“五一”神潭大峡谷徒步走活动，舒缓压力，愉悦心情。9月,市分行举办“第三届趣味运动会”,县农行取得乘风破浪、力拔山河2个项目三等奖。12月15日,召开第十三届二次职工代表大会,对提出的11条职工议案进行答复。12月28日,举办“砥砺前行”迎新年联欢会,员工自编自导自演节目。四是强化案防基础。定期召开案防分析会,开展防暴演练,保安培训。县农行领导坚持每月一次带队到各网点检查安全保卫工作,查找漏洞和薄弱环节,排除隐患,检查制度落实情况、员工安全意识和处理各种突发事件能力。结合市分行“两个办法”学教及违规典型案例警示教育巡回宣讲,县农行机关、网点均组织“两个办法”、《员工行为50条禁止性规定》学习,强化合规意识,明确违规违纪所带来的严重后果,全体人员做笔记,谈心得、谈体会。五是推进“三线一网格”管理模式推广实施。农行成立推广实施工作领导小组,制定出台《稷山农行“三线一网格”管理模式推广实施方案》,召开动员大会,专题研究部署推广实施工作。农行、网点单独建立党支部4个,党委成员包片4个支部。加强基层党建力量,基层党员不够的,由县农行机关调配。基层党组织建设、规章制度建设、网点人员调配和员工行为管理等方面落实到位。确保5月底“三线一网格”管理模式在县农行全面启动实施。新版系统全面推行,全行员工完成“三线一网格”各项任务。

中国建设银行稷山县支行

【小企业信贷业务】 2017年,中国建设银行稷山县支行(简称县建行)新增大数据贷款产品四户,金额185万元,其中为稷山县梓昊电线电缆有限公司办理“税易贷”35万元,稷山县天碧燃气建设工程公司办理“网络循环贷”50万元,稷山县飞凯达食品有限公司“品牌贷”50万元,山西华万能贸易有限公司“税易贷”50万元,办理普惠金融小微快贷15户,授信金额918万元。

【各项指标完成】 截至12月31日,县建行一般性存款余额达到12.38亿元,较年初新增2.05亿元,当地新增占比37%,当地新增排名第二,系统排名第一。个人存款余额为8.50亿元,比年初新增1.24亿元,当地新增占比36%,当地新增排名第二;对公业务存款余额3.87亿元,比年初存款新增8104.28万元;各项贷款2.09亿元,比年初新增1.20亿元,不良贷款824.48万元,不良率3.96%,其中,对公类贷款余额4508.1万元,比年初新增201.1万元,个人类贷款余额1.63亿元,比年初新增1.18亿元(其中个人卡透支9462.28万元),办理贴现135笔金额2.37亿元,办理跨融票通业务4笔1210万美元,开立即期信用证10笔2510万美元,营销对公保障金1.61亿元、质押汇票8403万元、质押个人存款4000万元、单位财产1.99亿元、普惠金融小微快贷15户,授信额度918万元,支用413万元,支用率45%。对公账户总量810户,当年新增183户,全省排名第十,计划完成率138%,总量四行占比47%,心中四行占比69%,对公网络活跃88户,比年初新增21户,完成国再发行610万,郑沪银销售234.87万克,账户金销售为2.09万克,营销实物黄金646克,基金1110万元,保险1155万元,信用卡1943张,分期通完成205笔,1305.8万元,现金分期20笔,金额20.14万元,商户新增35户,慧兜圈57户,账单分期15笔,金额10.39万元,个人网上银行新增3592户,活跃客户新增811户;手机银行新增5167户,活跃客户新增1727户,新签约客户活跃率33.42%;短信银行新增4008户;微信银行新增2614户;移动金融柜面代替率83.96%,提升23.17%;电子银行中间业务收入46.61万元。全行中间业务收入253.82万元,实现利润1538.04万元。

中国农业发展银行稷山县支行

【业务指标完成情况】　截至2017年12月底，中国农业发展银行稷山县支行（简称县农发行）贷款余额3.30亿元（其中统贷1.10亿元），不良贷款余额5961万元，不良贷款较年初下降1598万元，不良贷款率为13.21%，较年初25.20%下降11.99%。至12月末，县农发行贷款利息收回率为65.65%。较同期61.22%提高4.43个百分点，实现利润—468万元，减亏295万元。各项存款余额6055万元，日均余额4758万元，较年初增加3418万元，完成任务3097万元的154.5%。县农发行贷款总余额3.30亿元，较年初2.37亿元增加9362万元。实现中间业务收入1.89万元，其中，代理保险业务手续费收入9200元；结算手续费收入9718元，完成全年任务的101%。

【"基础管理示范行"活动开展】　县农发行加强学习，提升素质，建立学习制度，每周以部室为单位至少进行1次学习，学习内容涵盖相关业务知识、制度、安全防范等。同时举办"微课讲堂"活动，每周要求1名员工进行微课讲授，以此来督促员工进行学习和沟通，举办"微课讲堂"10次，员工参与度极高，45岁以下员工均参加讲授，达到提升员工素质的目的。同时健全制度，狠抓落实。各部室根据上级行规章制度，全部整理装订成册，在制度执行方面，建立考核办法，明确各项工作对应分值，对未达到相关规定的员工，进行违规积分台账登记，当违规积分达到一定分值时，将对其进行处罚，以此来督促制度执行力。建立问题整改台账。台账中明确检查人员、检查时间、检查内容、发现问题、整改情况以及整改内容，对每次内外部检查发现问题进行登记并认真整改，确保每一个问题都整改到位，防止出现类似错误。四是创新工作，亮点纷呈，信贷部在实际工作中为有效防控信贷资金风险，强化基础管理，创新制定"一图、一表、五账"管理方法，实现对县级储备粮库存及储备贷款情况全方位监管，达到"购贷销还、库贷挂钩"封闭运行管理要求。

【不良贷款双降】　年初，县农发行将不良贷款清收作为全行重点工作来抓，制定清收预案，明确目标任务，通过法律手段，依法维护权益。全年现金收回不良贷款1598万元，不良贷款率较年初25.20%下降11.99%，实现不良贷款双降目标，现金清收不良贷款任务名列全省第一。一是依法清收，维护银行权益。企业经营出现风险后，县农发行按照上级行批复及时启动法律程序，依法对借款人和担保人提起诉讼，并对借款人和担保人银行结算账户以及名下资产、股权等进行冻结和查封，避免有效资产流失，确保诉讼时效，依法维护县农发行合法权益。二是排除路障，夯实工作基础。县农发行及时掌握案情瓶颈，开展案情分析会，采取以法律做保障、先易后难、各个击破的方法排除清收路障，为清收不良贷款打开清收通道。依法维权，适时解决案外异议案。在执行案件过程中发生3起异议案件，分别为："冻结担保企业存款账户异议案""查封担保企业资产异议案""抵押资产异议案"。为推进案件执行速度，县农发行与代理律师、法院沟通，明确"搁置争议，分步实施"工作思路，在充分了解到异议案对县农发行案件原裁定结论没有影响的情况下，首先对"冻结存款账户异议案"采取出具担保函形式，依法扣划已冻结的银行存款73万元，并收回贷款；其次对没有异议的抵押资产先进行拍卖，对有异议的资产暂时搁置，最终使案件执行有效推进，依法拍卖部分抵押资产1601万元，并收回贷款1525万元；最后依法维权，针对"抵押资产异议案"，深入企业了解情况、搜集证据，及时应诉，通过2次开庭审理，"抵押资产异议案"最终以县农发行胜诉而告终。及时防控声誉风险。由于在案件执行过程中，县农发行依法扣划担保企业华阳公司存款73万元，企业法人采取不理智行为，威胁县农发行人员，要求放弃执行，否则将以“违法放贷罪”向公安局举报。面对威胁，县农发行明确表示依法推进，并再次希望对方配合法院执行工作。之后担保企业华阳公司在没有任何依据的情况下以“违法放贷罪”将县农发行举报县公安局经侦科。面对即将造成的声誉风险，县农发行针对贷款发放过程对照政策进行全面自查，并将相关情况上报市分行；及时向县委、县政府和银监部门汇报和请示，争取得到支持；主动配合公安局经侦科做好调查工作和政策解释工作。经多方协调和主动作为，有效化解风险，维护县农发行声誉。三是多方协调，清收取得实效。企业部分抵押资产拍卖款1601万元法院划至县农发行账户后，由于拍卖资产尚未过户，法院对拍卖款暂时冻结，导致县农发行无法收回贷款，为尽快收回贷款，县农发行与竞买人、法院、地税局协调，理清思路，打破瓶颈。做好竞买人工作。为尽快将拍卖款解封收回贷款，县农发行与竞买人沟通协调，经多次沟通，竞买人同意协助县农发行做好拍卖款解封事宜。做好税款缴纳协调工作。拍卖土地房产要缴纳税款，缴纳人为山西华南纺织有限责任公司，但该企业不配合且也无能力缴纳税款。经市县行多次与地方税务局沟通，最终税务局同意由县农发行申请先垫付缴纳由山西华南纺织有限公司承担的税款，并出具《房产交易申报单》。协调运城中院解除拍卖款的冻结。县农发行向运城中院提交税务局出具《房产交易申报单》，请求法院解除拍卖款冻结，在竞买人配合下，在市分行支持下，最终法院解除冻结款1544万元，县农发行扣除相关费用后收回贷款1525万元。

【存款营销创新高】 2017年12月末，县农发行存款余额达6055万元，日均存款额达4758万元，较年初增加3418万元，完成任务3097万元的154.5%。日均存款额创历史新高。一是项目营销“拉”存款。抓住县棚户区改造项目的机遇，县农发行与县政府、财政局、城建局等相关部门对接，成功营销稷山县大佛文化产业园棚户区改造项目，使棚改项目资本金2816万元提前存入县农发行，有效拉动日均存款增加770万元。二是服务客户“稳”存款。山西晋龙集团上年已经退出县农发行信贷支持范围，为留住该客户，县农发行主动为客户做好解释工作，希望客户将县农发行账户继续作为结算主办行，截至年底，企业在县农发行日均存款为147万元。三是沟通协调“留”存款。2017年农民直补资金4806万元于7月11日到账后，县农发行与财政局沟通，延长直补资金留存时间，存款余额与日均存款都大幅增加。

【业务发展突破】 县农发行将中长期贷款项目营销作为全行重点工作来抓，制定营销措施，明确责任分工，实施有效对接，使稷山县大佛文化产业园城中村棚户区改造项目中长期贷款1.10亿元于9月28日发放到位，实现中长期贷款项目零突破。一是宣讲政策，达成合作共识。县农发行一方面在分管县长主持下，在县政府召开相关部门协调会，会上对农发行信贷政策进行解读，并解答各相关部门提出的疑问；另一方面进行现场考察，由县农发行领导牵头，县政府、县财政局、县城建局等相关部门负责人一同前往全省棚改先进县长治县、长子县两地进行实地考察，考察期间，稷山县政府主要领导与当地相关负责人就棚改项目政策及项目实施等方面进行沟通，彻底消除思想顾虑，原计划与开发银行合作项目，最终选择县农发行，达成合作意向。二是上下沟通，化解实施瓶颈。在项目调查、审批环节，由于财政资本金没有全额到位以及省城投公司信用等级逾期等原因，导致项目无法及时推进，加之政府对棚户区改造项目拆迁时间已确定，如果项目资金不能按时到位，将给县农发行带来负面影响，同时可能引起群体事件。对此，县农发行高度重视，一方面与政府沟通协调，督促剩余资本金875万元尽快到位，政府、财政、城投公司召开多次协调会议,在项目资料上报前资本金全额到位;另一方面将审批期间存在困难和问题向市分行汇报,市分行领导高度重视,第一时间赶往省分行进行汇报和沟通,经过省分行领导和业务部门协调,以最快方式解决存在问题,贷款得到了批复,确保县棚户区改造项目顺利实施。三是掌握信贷要点,严控资金风险。县农发行在贷款投放前期做好安排。一是廉洁办贷,绿色办贷,要求办贷人员不参与企业吃喝邀请,不接受企业馈赠礼品等,办贷流程畅通,不能以各种理由刁难客户,不能相互推诿扯皮;二是组织信贷部门学习棚户区改造项目贷款操作流程及贷款发放条件和资金支付要求,参加省、市分行组织的棚户区项目贷款业务培训,在具体实施过程中遇到问题及时请示汇报,沟通协调,确保信贷资金支付合规合法。

【利息清收】　2017 年全年计提利息 1080 万元,实际收回利息 709 万元,贷款利息收回率为 65.65%。较同期 61.22% 提高了 4.43 个百分点,其中:县储利息计提 81 万元,收回 81 万元,收回率 100%,三挂利息计提 430 万元,收回 430 万元,收回率 100%,新挂利息 199 万元,收回 199 万元,收回率 100%,自营性贷款利息 368 万元(主要为华南公司不良贷款无法收回)。实现利润 -468 万元,减亏 295 万元。全年利息做到应收尽收。

稷山农村商业银行

【业务经营】　截至 2017 年 12 月末,稷山农村商业银行资产规模达 69.08 亿元,各项存款余额达 42.18 亿元,较年初净增 4.53 亿元,存款市场份额占比 43.32%;各项贷款余额达 20.26 亿元,较年初净增 2.28 亿元,贷款市场份额占比 65.76%,存贷款市场份额位居稷山县金融机构之首;实现各项收入 3.13 亿元,实现经营利润 6384 万元。稷山农商银行被省综治办、公安厅评为“省级平安单位”,被省劳动竞赛委员会授予“山西省五一劳动奖状”。

【农商银行改制】　在县委、县政府和社会各界支持下,稷山农商银行改制圆满成功,7 月 12 日,正式挂牌开业,实现农信社向农商行的转变。

【经营业绩提升】　稷山农商银行各项经营目标全面超额完成,综合业绩考核在全省 110 个县中位列第 10,在全市 13 个县中名列第 1,各项经营指标均创造历史之最,成为全县纳税大户。

【县域经济扶持】　稷山农商银行响应县委、县政府“龙腾虎跃”计划,研发“农、商、企、薪”4 大系列 17 款信贷产品,在全辖推广三级授信体系,建立 1 个授权审批中心、13 个区域办贷中心、82 个村级授信小组,评定信用农户 3.47 万户,完成“三个全覆盖”11.24 万户,举办现场放贷会 12 场。累计向县域优质葡萄核心示范园、万亩板枣观光示范园等示范园区发放贷款 1.61 亿元;支持涉农、包装、加工、小微企业信贷资金 2.63 亿元。

【精准金融扶贫】　稷山农商银行对全县 3998 户贫困户进行建档评级授信,被授予精准扶贫先进单位。推进普惠金融发展,在全辖建设农村金融服务站 200 个,布放自助设备 17 台、POS 机 274 台,开通自助银行 12 处,改善农村支付环境。助力民生发展工程,在全县 21 个网点设立兑付专柜,不计成本完成好粮食直补、取暖补贴等涉农资金发放兑付工作,全年为 5.82 万户农户代发兑付粮食直补款 2760.1 万元,为 9.64 万户农户代发兑付取暖补贴 1928.66 万元,为 1.24 万户低保户代发兑付低保补助 1330.56 万元。

财产保险稷山支公司

【经营指标执行情况】　2017 年,财产保险稷山支公司 6 月底实现“时间过半任务超过半”的既定目标,11 月底,提前 1 个月完成全年企划目标。至 12 月底,累计保费收入 3126.89 万元,同比增收 643.84 万元,增速 25.93%,完成全年企划目标 2963 万元的 105.53%,高于全区平均不平。其中:车险保费收入 2129.41 万元,同比增收 371.32 万元,增速为 21.12%,完成全年车险企划目标 2109 万元的 100.97%。其中家自车保费收入 579.52 万元,同比增收 43.29 万元,增速为 8.07%;农险保费收入 577 万元,同比增收 185 万元,增速为 47%,完成全年农险企划目标 474 万元的 123%,农险增速较大的主要原因是玉米保额加大,促使玉米保费提高;专项健康险保费收入 180 万元,同比增收 10 万元,增速为 7%,完成全年专项健康险企划目标 170 万元的 106%;商业非车险保费收入 240.48 万元,同比增收 82 万元,增速为 52%,完成全年商非企划目标 210 万元的 114.51%,商业非车险增速大主要原因是扶贫险种开发落地及分散性险种拓展工作。10 月底,公司整体保费增速 29.76%,高于当地市场增速 3.33 个百分点,整体业务跑赢区域市场。其中车险保费增速 25.4% 高于当地市场增速 2.74 个百分点,车险跑赢区域市场,家自车保费增速 9.77% 低于当地市场增速 20.01 个百分点,失去家自车市场的主导地位;商业非车险保费增速 45.68%,高于当地市场增速 17.48 个百分点,商业非车险跑赢区域市场。

【农险保费增长】 财产保险稷山支公司确定由一把手专门负责对县政府攻关及对接,定期主动向县政府汇报工作。加大对农村市场的保险宣传力度,在稷山电视台《枣乡视点》栏目连续播出公司在小麦、玉米受灾之后的查勘救灾理赔情况,提升公司品牌的知名度和美誉度。截至 11 月底,共收取政策性农险保费 560 万元,同比增收 183.12 万元,增速 48.58%;收回小麦火灾保费 15 万元、红枣保费 2 万元。

【家自车业务发展】 财产保险稷山支公司落实车险销售费用差异化配置,加大对营运货车管控力度,提升新车保费占比,改善营业货车盈利能力。发展家自车业务,做到存量底数清、续保有专人、遗漏有弥补、新增有目标、天天有部署、日日有进展。加大对车商渠道投入力度,从源头掌控新增车辆,收集新车信息。加强修理厂送修资源与保费配比的管理,强化渠道产出效率。同时走社区、进厂区开展宣传活动,收集车辆信息、发放宣传资料。首次实现车险盈利,车险结构调整初见成效,车险业务步入良性发展时代。

【商业非车险业务发展】 财产保险稷山支公司强化产品联合销售,在投保车险时推介驾意险、司座险、货物险等非车险产品。开展意外险、随车行、家财险等竞赛活动,挖掘潜在客户,进社区、走农村,推广散单团做,提高分散性险种占比。攻关政府相关部门,由公司经理负责与医保服务中心维护好协作关系,收回城镇职工补充医疗保险费 180 万元,同比增收 10 万元,增速 7%;由副经理专门负责与县扶贫开发中心沟通洽谈工作,从国寿财竞回全县贫困户保险扶贫承保业务,截至 11 月底收回扶贫保费 43.56 万元,其中,收回 1674 户贫困户农房保险保费 6.79 万元,收回 7548 名建档立卡贫困人员新农合补充医疗保险保费 13.59 万元,收回 7653 户贫困人口意外伤害保险保费 23.18 万元。

人寿保险稷山支公司

【业务发展】 2017 年,人寿保险稷山支公司业务发展取得较好成绩。个险保费收入 2493.25 万元,完成分公司下达的年保费任务的 101.6%,其中十年交保费 1487.44 万元,比上年同期增长 16.14%;五年交保费 1737.58 万元,比去年同期增长 -29.08%。银保趸交保费收入 1267.99 万元,比上年同期增长 51.43%,期交保费 453.12 万元,完成年保费任务的107.88%，比上年增长32.13%。团险保费收入292万元，完成年保费任务的100%。

【内控管理】　人寿保险稷山支公司建立健全规章制度，加强内控管理，严格执行省公司、分公司相关要求、各项规章制度、内控规定和服务规定，结合保监局标准，对省公司、分公司下发制度进行分类归档；对日常行政办公管理、员工行为等方面进行建章立制，建立公司会议流程、公文、印章及职场管理制度；对公司现有固定资产进行编码登记，建立各类台账。同时，加强队伍建设与管理，营销人力达703人，主管人力65人。

经济管理

计划管理

【考评指标完成】 2017年县发改局牵头、协调的综合考评指标和单独考评指标各5项,均已圆满完成。

【项目审批核准】 县发改局全年共受理审批和核准项目72个,备案项目78个,公函59个,总投资达400亿元。其中重点项目有:总投资36亿元的新建焦炉气综合利用年产100万吨甲醇、总投资13.8亿元的新建利用高炉热熔渣建设年产48万吨无机纤维材料及下游产品产业化、总投资3.7亿元的新建300万只商品蛋鸡养殖建设、总投资1.6亿元的新建年产4万吨萘法制苯酐、总投资1.4亿元的30万吨瓦楞纸等。建立投资项目纵横联动协同监管机制,纵向基本完成与山西省投资项目在线监管平台对接工作,横向联通县有关项目审批职能部门14家,逐步实现网上受理、办理、监管一条龙服务,巩固简政放权改革成果,提升政府部门项目监督管理水平,为企业提供便利,为项目落地创造良好投资环境。全县在线审批平台运行正常。

【重点项目建设】 2017年,全县共确定各类项目76项,总投资276.21亿元,计划投资46.7亿元。其中,在建项目7项,总投资4.54亿元,计划投资2.54亿元;新开工项目57项,总投资49.73亿元,计划投资25.66亿元;规划项目12项,总投资221.94亿元,计划投资18.5亿元。全县接受考核省市县三级重点项目投资完成率达到102.7%,全市排名第二;全年项目开工数31个,全市排名第二;项目总投资全市排名第一,重点项目全年积分排队稳保前三。

【城市基础设施建设】 县发改局完成对稷山县滨河文化广场二期工程建设项目、大佛北路改造工程(大佛寺—富强街)建设项目、稷峰街改造提升工程项目、稷山县民悦园景观二期工程建设项目、稷山县康复街(丰喜路—劳动路)改造提升工程、稷山县城西水系民乐园提升改造一期工程(稷峰街至侯西铁路桥)、稷山县县域农村生活垃圾治理工程(转运站部分)、稷山县县城供水系统改造工程、稷山县污水处理中心改造工程建设项目的批复,推进"五城同创"工作。

【"一区五带"规划完成】 县发改局严格按照上级要求,积极行动,统筹谋划,以"汾河经济带"定位为依托,以"三个发展计划"为既定内容,对全县产业发展情况进行详细摸底和认真梳理,在掌握大量基础数据的基础上,组织相关专家进行审定修改,初步形成《运城市汾河经济带稷山县发展规划(送审稿)》,经县政府扩大会议研究通过,上报市政府。

【新路径探索】 县发改局探索经济转型升级新路径,加快赶超发展。一是推进新能源产业。完善并助推国电投投资20.8亿元的200MW风光互补项目尽早获得省发改委批复；将北山、稷王山风力开发列入山西省新能源建设规划；分布式光伏发电规模逐步扩大；生物质发电有序运行，为全省生物质发电科学管理、健康发展树立标杆。二是依托PPP模式，借力发挥，推进汾河公园建设项目、健康医疗城项目、大县城建设项目、稷山县供排水项目，带动经济飞跃。三是推广医养结合新模式，将康宁护理院和社区护理中心的健康养老新模式打造成示范点，推上新台阶，迈向新高度。

【经济信息服务】 县发改局针对全县经济运行中出现的重点、难点、热点问题，及时调研，掌握实际情况，提出对策建议，截至年底，共印发《稷山经济信息》12期、撰写调研文章20篇，为县委、县政府科学决策提供重要依据。

【价格管理和监管】 县发改局从四个方面做好价格管理和监管工作。一是开展价格监督检查工作。开展涉农价格和收费专项检查；开展旅游行业价格行为专项检查；与人社局、卫计局等部门联合赴运城市盐湖区进行基本医疗保险基金使用管理交叉检查；印制16万张商品标价签，已免费发放12万余张，普及率达100%；开展电力价格专项检查，减轻企业负担38万余元；根据国务院第四次督查反馈意见，对涉企收费单位进行自查和整改。二是开展价格管理工作。开展客运价格及收费调研、水价摸底调研、旅游景点门票价格调研；上报2016年度各收费单位收费情况；每月定期上报县《城市居民食品价格监测品目录表》《涉农产品价格和涉农收费监测品种目录表》及红枣价格；调整一次非居民天然气价格。三是开展12358价格举报中心工作。严格执行上级要求，每天定期在网上会签；对县医院、正身医院的预防性体检收费情况进行检查，制止其违法收费行为，并对违法所得下发退款通知书，责令限期退还消费者；查处家家乐超市、春天大药房、山西省虎头娃娃商贸有限公司、稷山县稷峰王大红食品经销部、天然气公司等10余起价格举报案件，并及时进行处置。四是开展价格认定工作。已办理各类价格认证案件49件，认证标的金额达68万余元，无一例错案发生。

【精准扶贫推进】 县发改局注重扶贫与扶志、扶智相结合，在对太阳乡上王尹村、清河镇店头村、西社镇马家沟村的精准扶贫工作中取得较好成效。一是上王尹村2017年脱贫3户5人。结合市《关于帮扶贫困村发展主导产业的通知》和上王尹村实际情况，制定了上王尹村产业发展规划；完成花椒种植180亩，核桃种植70亩，共计17万余元；成立上王尹村种植合作社，做到统一管理，统一价格，保障种植户利益；完成农村改厕工作50余户，共计3万余元；推进农村环境卫生整治工作；完成10千米田间路修复，共计19万元；完成移动信号塔的安装，解决上王尹村信号盲区问题。二是店头村2017年脱贫4户12人。围绕该村主导产业，新增桃树种植面积380亩，改良嫁接新品种桃树260亩；聘请农业专家开展桃树技术培训3次，筹资16万余元修缮该村池塘，解决雨季防涝；提供信息服务，输出贫困人口劳动力5人，人均年增收6000元；发展养殖户1户，存栏小尾寒羊种羊38只；更新改造深井一眼，增加灌溉面积600亩。三是帮助马家沟村申报日间照料中心和村卫生室项目；帮助申请“中国传统古村落”，配合城建部门，参与专家论证，做好传统古村落规划编制工作；做好马家沟马趵泉村“传统古村落”保护项目的前期立项工作；聘请专家向贫困户张云安传授养蜂技术，将扶贫资金用于养蜂，现已脱贫。

统计管理

【“两个责任”落实】 2017年，县统计局严格落实“两个责任”，净化政治生态。一是加强政治教育。坚持每季度一次专题学习习近平总书记系列重要讲话精神和党风廉政建设理论；利用“三会一课”学习《中国共产党廉洁自律准则》《中国共产党纪律处分条例》等党内规章；利用纪检监察机关查处的发生在群众身边的“四风”和腐败问题典型案例对党员干部进行警示教育。积极参加纪律处分条例考试和廉洁运城微信在线考试。二是履行“两个责任”。认真落实党组主体责任，健全“一把手负总责、分管领导各负其责、班子成员齐抓共管”的领导体制和工作机制，落实纪检组监管责任，推进党风廉政建设。三是严肃执纪问责。完善机关管理制度，不定期对机关工作纪律进行检查，查岗10余次，对缺岗的同志进行诫勉约谈8次，下乡检查、指导扶贫工作6次。撰写各种纪检信息20余篇，机关作风逐步好转。

【精准脱贫工作推进】 县统计局调查研究贫困户状况，精准发力，制定措施，解危帮困，开展系列工作。一是认真落实对接帮扶任务。1月18日、5月19日、5月23日、12月22日，县统计局党员干部集中对佛峪口、刘家庄两个村的贫困户展开慰问活动，自费购买米、奶、麻花、食用油、蔬菜、衣服、鞋等生活用品进行慰问，与对接户拉家常、增感情、讲政策、送温暖，并开展以“衣被叠好、柴草堆好、畜禽管好、卫生搞好”为主题的“四好”活动。同时，为佛峪口村患病贫困户原壮壮捐款5000余元。6月29日，经过沟通协调，刘家庄贫困户刘因山拿到其小儿子迟到13年的户籍簿，使其子能够顺利上学。年底，联系县文化局为佛峪口村送上一场“文化惠民送戏下乡”的蒲剧演出，现场为村民发放统计法宣传画，进行统计普法宣传。多次与教育部门联系，使两村15个贫困户家中的6名学生享受到教育扶贫特惠政策。二是细化建档立卡扶贫资料。多次到刘家庄、佛峪口两村，给贫困户宣讲扶贫政策，对每户的台账资料、扶贫政策牌规范填写、细化核实，确保贫困户资料准确无误，受到检查组肯定。三是督导两村支村委换届选举。帮扶工作队及有关人员督导两村的选举工作。截至12月9日，两村选举工作顺利结束。

【统计调查工作开展】 县统计局做好常规统计，落实专项调查。一是完成第三次全国农业普查各项工作。在县三农普查领导小组的统一指挥下，共完成对7.94万家农户、1405家规模户、808家农业生产经营单位的正式登记。二是开展固定资产投资改革先行先试工作。参加省、市投资改革先行先试培训会，起草《稷山县人民政府办公室关于全县开展固定资产投资统计改革先行先试工作的实施意见》。完成月度投资统计改革的财务支出法数据的上报。三是完成各项常规统计工作。全年开展妇女儿童监测调查，文化产业调查、企业创新调查、月度劳动力调查，完成物价、社会消费品、重点服务业调查月报、季报工作，完成劳资季报、名录库审批工作。完成农业的乡卡、县卡联网直报，粮食抽样调查培训及夏粮的预测实测工作，村卡及畜牧业一套表培训；实施规下企业实行联网直报；完成能源、工业、工业品价格、交通、规下企业月报、季报工作，受到上级主管部门好评。四是开展全国人口变动抽样调查。8月正式启动，共抽中7个乡镇29个调查小区，有70余人参与，涉及2500余户住户、8000余人配合调查。11月1日开始入户登记，经过15天的入户调查和PDA录入，调查数据已全部上报国家局管理平台。五是更新全县基本单位名录库。全县名录单位数为4712个，其中法人单位3411个，产业单位1301个。六是筹划新增三家小升规企业。三家企业分别是峨嵋岭中药材有限公司、唐晋纺织有限公司、锦兴纺织有限公司。峨嵋岭中药材有限公司已通过国家审批，其余两家正在审批中。

【服务工作创新】 县统计局创新服务工作，提高服务水平。一是加强统计监测预警。建立月度调研、部门对接和季度经济形势预判分析制度。每月中旬，组织专业人员深入企业调研，掌握微观经济运行情况；每月下旬，与有关部门对接，共同研判月度经济走势；每季度末，上下联动，参加全市经济形势统计分析会，形成事前预判与事后分析并重的全程监测机制，为县委、县政府提供决策咨询数据。二是开展专项统计调查。开展妇女儿童监测、劳动力监测、公众满意度、党风廉政建设满意度、群众安全感、食品安全感以及工业形势、房地产形势、企业创新、文化产业等多项关户国计民生和社会发展的社情民意调查。三是深化统计服务内容。召开2016年国民经济和社会发展统计公报、人口抽样调查主要数据公报新闻发布会。每月编印《月度经济运行监测》《统计报告》《统计信息》，出版2016年度《稷山统计年鉴》《统计提要》《乡镇统计资料》等。利用政府网站和统计内网，刊登局优秀统计分析资料，拓宽统计服务渠道。四是提升服务决策能力。分析县域经济发展态势，向领导反映热点焦点问题，全年先后向县委、县政府整理提供各种统计数据30余次，为社会各界提供咨询服务50余次，同时参与《政府工作报告》及领导讲话稿的数据审核工作。截至年底，编印《统计快报》13篇、《统计报告》20期、《统计动态》300余篇、《统计分析》200余篇、稷统字文件29起、稷统函文件12期。完成重点调研课题2篇，报送新闻稿件9篇。五是探索服务创新"两会"方式。向县人大、县政协会议提供《2016年统计公报》，为人大代表和政协委员了解全县发展成就，把握发展走势提供参考。

【基础保障强化】 县统计局加强基础保障，提升数据质量。一是更新机关办公设施。对办公室用房、会议室进行翻修，新购置安装电子屏、双视频电视机等设备；投资近19万元进行机房改造，更换服务器设备，实现内外网同时上。二是出台补助激励机制。对乡镇联网直报人员发放补助，对全县200个行政村农业联网直报统计员每月发放50元补助。三是推行数据评估制度。加强企业、乡镇、部门统计工作，建立数据评估制度，将每月预报后的数字及时向相关单位提示，确保相关单位报表的合理性、准确性。同时，将检查、督查、下乡相结合，查实相关报表单位数字。

【统计宣传开展】 县统计局加强统计宣传，强化统计执法。一是加大统计执法力度，坚持统计基础工作检查和执法检查相结合，采取"一听、二看、三查"方式进行。一听即听被检单位的情况汇报，二看即看被检单位统计台账和报表数据质量，三查即查原始记录相关资料，核实报表数据准确程度；查被检单位是否独立设置统计机构和统计人员；查被检单位对《统计法》《统计法实施条例》和《统计违法违纪行为处分规定》学习贯彻情况。全年共随机抽查28家被检单位，对其中报表数据不真实较严重的7家单位进行立案查处，对下迪卫生院、太阳卫生院、修缮卫生院、西社卫生院、结核病院5家单位进行警告并处以经济处罚3000元，对化峪卫生院进行警告并处经济处罚1000元，对精神病院进行警告并处经济处罚6000元。配合纪检委对路村卫生院统计违法案件进行查处。二是开展统计执法培训。加大基层统计人员统计知识、统计法规培训，利用专业工作会时机，宣讲统计法、统计条例。三是加强统计文化建设。制作统计法制宣传微电影《数字的公信力》，在县电视台播放，并拷贝资料上报县普法办和市统计局。制作统计影像纪实专题片《数字背后的统计人》，记录一年来各方面的统计工作。四是强化统计普法宣传。利用"12·4"宪法日、"12·8"统计法宣传日，组织普法宣传活动，设立宣传版面，悬挂横标，张贴标语，散发宣传画和宣传袋，增进社会对统计执法的认知度。五是推行法律顾问制度。按照县委要求，聘请山西汾水律师事务所李喜轩律师担任法律顾问。六是举办统计开放日活动。以"统计新动能、服务新常态"为主题，制作一系列推动新产业、新业态、新商业模式统计监测方面的宣传资料，向社会公众宣讲统计工作。七是完成权责清单编制。

审计管理

【审计作用发挥】 2017年,县审计局共完成审计项目8大类,审计单位41个,查出问题资金3.3亿元,上缴财政41万元,核减投资额515万元,提交审计报告和信息98篇,向有关部门单位提出建立健全机制、完善制度建议59条。一是完成大宁县经济社会发展情况审计和审计调查。该项目属全省统一组织交叉审计,历时三个多月,投入审计力量10余人,从财政、地税、重点工程等九个不同行业的发展情况方面进行了全面审计。审计过程中运用计算机审计手段,树立"大数据"分析理念,找出制约大宁县经济社会发展的问题症结所在,圆满完成审计任务。二是完成12个单位领导干部任期经济责任审计。审计重点关注领导履职期间资产负债增减变化情况、重大项目重大资金投资决策情况、年度岗位目标完成情况以及党风廉政建设情况。审计过程严格执行"一公告双举报"制度,确保审计结果依法阳光、真实有效。三是2月至5月,对县2016年度预算执行和其他财政收支情况进行审计。重点关注财政资金投入项目的建设和绩效情况,瞄准农业林业水利,紧盯教育民政交通,实地查看项目进展和绩效情况,圆满完成审计任务。6月12日,向县人大常委会作了《稷山县2016年度预算执行和其他财政收支情况的审计工作报告》。同时狠抓审计查出问题的整改工作,截至年底,审计工作报告中反映的8个问题的处理、处罚、整改已全部到位。四是完成政府投资审计项目。完成稷山县兴稷大道、振西大街道路绿化工程等6个项目的工程价款结算审计。重点关注工程量情况,运用实地勘验、测量等审计手段和方法,工程送审价4969万元,审定价4454万元,审计核减515万元,核减率11%。五是完成专项资金审计工作。分别完成稷山县2014至2016年全面改善贫困地区义务教育薄弱学校基本办学条件专项资金管理使用情况审计和稷山县新型农村合作医疗机构整体移交情况审计,规范35所义务教育学校专项资金的使用,有效推进新型农村合作医疗机构整体移交。六是完成县医院、妇幼院、蒲剧团等8个单位2015至2016年度财政财务收支情况审计。充分利用财政财务收支监督内容宽泛、审计手段灵活的特点,关注医疗系统和审计盲区,揭示问题,维护国家财经秩序。七是完成审计署统一安排的重大政策措施落实情况的跟踪审计。分期派出20余名审计专业人员参加审计署太原特派办、省审计厅、市审计局实施的大型审计项目。

【审计队伍建设】 县审计局通过公开招聘、优中选优等方式补充审计力量,形成良好的审计梯队,现有高级审计师、会计师5名,中级审计师、会计师6名,注册会计师1名,工程造价师1名、计算机中级1名。同时,持续开展业务培训,采取局内组织、邀请专家、外派骨干等多种培训形式,提升人员业务水平。8月,特邀上海立信会计金融学院教授主讲《政府会计现状和未来》,了解政府会计最新动态,更新知识结构,拓宽审计思路。坚持以老带新,做好传帮带,为审计事业持续发展提供人才保障。

农村经济管理

【确权工作完成】 2017年,县农经中心完成农村土地承包经营权确权工作。农村土地承包经营权确权登记颁证工作开展以来,县委、县政府高度重视,严格按照市委、市政府提出的总体要求,从组织领导、工作经费、人员配备、宣传培训、项目评审、测绘公司招标、调查公示、矛盾排查等方面予以落实。县、乡(镇)、村三级成立领导组,明确主体责任,制定工作方案,全面协调推进落实。在各乡(镇)开展两轮集中培训,共组织17场,培训人员3850次,印发各类宣传材料1.2万余份，编写印发《稷山县农村土地承包经营权确权登记颁证工作手册》5000本，《政策问题解答与说明》2000本。测绘合同每周汇报一次工作进度，实行县、乡（镇）两级确权领导组双重监督。建立半月一监督，一月一报表制度和情况通报制度、情况约谈制度，确权办技术指导组组建微信交流群，对监督中发现存在的问题及时规范、纠正县确权办多次督查，对存在人员不足、进展缓慢等问题的两个测绘单位进行约谈通报。全县共7个乡镇、200个行政村、1134个发包方、国土二调面积56.44万亩。全县涉及土地承包经营权确权登记颁证的土地面积47.74万亩，家庭承包农户6.18万户。除因整体退耕地还林2个行政村（化峪镇开东村、开西村）20个发包方1027户不确权，因城镇建设已无耕地的5个行政村（稷峰镇东街村、西街村、南街村、西北街村、东北街村）26个发包方2373户已无耕地不确权外，实际开展确权193个村1088个发包方。截至年底，全县已完成确权登记入库193个村，占应确权村的100%。实际确权总面积47.57万亩，其中家庭承包面积47.57万亩24.32万块土地。完成确权的发包方1085个，占发包方总数的99.7%；调查农户6.15万户，占涉及农户6.18万户的99.9%；签定合同6.15万份，占涉及农户的99.9%；测绘地块面积53.15万亩，调查地块数3.7万块，化解各类土地纠纷120起。土地确权数据完整性检查和数据库检查通过山西省验收，正申请部级验收。

【农村土地流转依法有序】 县农经中心加强全县农村土地流转工作的引导和指导，全县新增农村土地流转面积3670亩，累计流转面积达到9.17万亩，完成工商资本租赁农村土地的调查工作。

【矛盾纠纷调解仲裁】 县农经中心加强农村土地承包纠纷调解仲裁体系建设，县上成立农村土地承包纠纷仲裁委员会，各乡（镇）成立农村土地承包纠纷调解委员会，设立调解室，各行政村成立农村土地承包纠纷调解小组。依托村协商、乡调解、县仲裁和司法保障的“四位一体”纠纷调处机制，结合农村土地确权工作，全年县乡两级农经部门共调处各类纠纷31起，县级调处2起。

【新型农业经营主体培育】 县农经中心规范农民专业合作社发展。全县在工商部门注册登记农民专业合作社总数达797家，辐射带动2.8万农户，涉及红枣、核桃、水果、蔬菜、粮食、畜禽、中药材、农机服务等主导产业和特色产业。共开展三方面工作：对示范专业合作社开展评分检查；对2016年实施的示范合作社资金使用情况进行专项检查；组织申报省级示范社3家、市级4家，共计7家。同时，开展家庭农场认定工作。完成认定58家，其中，种植业31家，养殖业27家，推荐省级家庭示范农场3家，市级1家。

【农村“三资”规范化管理】 县农经中心以加强农村集体“三资”管理制度化、规范化、信息化建设为重点，主要做好三方面工作。一是加强村集体经济组织收据领用发放、核销的登记管理，规范账簿单据监管。二是开展农村干部经济责任专项审计工作。县委组织部、县民政局、县农经中心印发《关于全面开展农村干部经济责任专项审计工作的通知》（〔2017〕15号）文件，对全县200个行政村、3个社区干部经济责任进行审计，共审计资金总额5.53亿元。审计中发现违反制度金额57.4万元，违纪金额16.7万元，其中违反制度退赔金额0.59万元，违纪退赔金额2.7万元，案件数6个，涉及责任人数8个，受处分人数7个。三是发展新型村级集体经济。县农经中心与县委组织部联合发文《关于做好发展新型村级集体经济有关工作的通知》（稷通组〔2017〕10号），县农经中心与县委组织部、财政局联合发文《关于进一步发展新型村级集体经济工作实施意见》，要求各乡（镇）按照一年破零，两年年收益5万元以上的村达到50%以上的要求落实工作目标。10月底，全县200个行政村集体经济收入全部破零。为发展新型农村集体经济,市、县共投资470万元,为44个行政村安装光伏发电项目,上报、安装工作正在进行。

【农民负担监督强化】 县农经中心建立健全农民负担监督长效机制。严格落实村级组织公费订阅报刊限额制。加强和规范村级管理费的监管。进一步规范财政转移支付村级管理费的拨付、管理和使用工作,维护村级组织的合法权益。开展惠农涉农项目资金拨付情况专项检查。采取核对资金下拨对账单和项目资金下拨文件的方式,对全县2016年惠农资金25项,涉农项目资金86项进行专项检查。2016年惠农资金2.27亿元,下拨资金2.17亿元,2016年涉农资金应拨付1.23亿元,已下拨1.19亿元,未拨付原因是按进度拨付,项目验收后拨付。未发现截留、挪用和抵扣现象。开展2017年农民负担专项治理工作,对2017年度农民负担监管工作进行督导检查。

【阳光农廉网工作开展】 9月,阳光农廉网各级网站及所属栏目进行删减整合改版后,为提升阳光农廉网管理水平,县农经中心印发《关于阳光农廉网网页更新注意事项的通知》(稷农经发〔2017〕36号)文件。县大厅更新66条,乡镇更新1135条。

安全生产管理

【安全生产总体形势】 2017年,全县未发生生产经营性消防火灾事故,同比事故起数无增减;工矿商贸行业生产安全事故发生1起,死亡1人,同比事故起数和死亡人数无增减;生产经营性道路交通事故发生6起,死亡7人,同比事故起数减少2起,死亡人数无增减。全县未发生一次死亡3—9人的道路交通事故,未发生一次死亡10人及以上(含10人)的重大责任事故。

【安全生产责任强化】 县安监局健全责任体系,加强安全生产组织领导。一是完善责任体系。按照"党政同责、一岗双责、齐抓共管、失职追责"的要求,将"党政同责"的责任体系延伸到200个行政村和设有独立支部的企业;按照"管行业必须管安全、管业务必须管安全、管生产经营必须管安全"的原则,重新修订《网格化监管责任体系》,明确划分31家职能部门对全县工商注册登记的12380家生产经营单位的安全生产部门监管责任,并出台《关于切实做好全县安全生产挂牌责任制工作的通知》,对201家企业实施责任制挂牌。按照"全面落实企业安全生产主体责任"的要求,各乡镇、各部门与各企业根据实际情况层层签定安全生产责任书,督促企业严格落实承诺,压实主体责任,形成安全生产责任制纵向到底、横向到边,无缝对接、无一遗漏的安全监管格局。二是层层压实责任。县委、县政府始终把安全生产工作摆在重要议事日程,定期召开县委常委会和政府常务会议,分析安全形势,部署安排工作;县委、县政府主要领导采用"四不两直"方式深入重点企业调研检查,并组织开展一系列联合执法行动,提升安全监管效率;调整充实安委会组织机构,由吴宣县长担任安委会主任,并完善工作制度。2017年,全县共召开安全生产工作会议7次、工作例会10次、专题会议9次。三是强化目标考核。根据县上实际情况修改完善《年度安全生产目标管理考核细则》。通过督促检查、明察暗访和年终全面考核相结合的考核方式,落实安全生产责任,夯实安全生产基础,切实强化各乡镇各部门的安全生产责任意识。四是加大资金投入。加大安全生产预防、职业病防治、事故应急处置等工作所需经费的投入比率,将其列入县财政预算(84万),并按时足额落实。同时,开展专项检查,督促企业将安全生产费用提取和使用作为一项重要任务来抓,确保企业各项安全资金投入落实到位。

【安全生产大检查】 全县成立以县长吴宣为组长、各分管副县长为副组长的大检查工作领导组,制定印发《关于在全县开展安全生产大检查的通知》。按照“全覆盖、零容忍、严执法、重实效”的总体要求，各行业领域主管部门采取条块结合、纵横交叉、明暗互动相结合的方式，强化隐患排查治理，扎实开展大检查工作，为十九大胜利召开创造稳定的安全生产环境。安全生产大检查期间，安监局检查生产经营单位217家，排查隐患324条；住建局检查建筑工地2家、市政设施运营企业5家，排查隐患11条；公安局检查涉爆生产经营单位18家，排查隐患4条；消防队检查人员密集场所167家（次），排查隐患300余条；交通局检查道路运输和农村公路在建工程41家，排查隐患80条；国土局针对7家采石场的24个地质灾害隐患点进行了重点检查；市场局检查特种设备75家，排查隐患42条；经信局检查企业7家，排查隐患7条。截至年底，所有隐患已全部整改到位。同时，强化督查，确保实效。政府督查组对重点部门、重点企业进行督查、抽查，对工作不重视、不到位、不彻底或隐患整改不落实的及时反馈，全县通报，跟踪督办，严肃问责。并要求各监管部门分别建立本部门本行业的“四个清单”，要求企业对自排自查中发现的问题隐患逐项建立台账，列出隐患整改清单，照单整改，逐项验收，进一步落实企业安全生产主体责任。各行业部门已全部建立“四个清单”，并实行动态化管理。

【重点行业领域专项整治】 县安监局扎实开展“反三违”专项行动，严格执行省政府“五个一批”要求，严厉打击非法违法行为。深化重点行业专项治理，针对非煤矿山、危险化学品、八大行业等领域分别出台专项整治方案，制定专项检查表，明确检查内容，并逐项对表检查。各行业共聘请12名专家，对30余家重点企业进行隐患排查。同时，强化安全生产日常监管，各乡镇针对辖区内所有企业进行拉网式摸底排查，对非法违法行为及时向县安委办汇报，安委会各成员单位积极参与行动，全面排查隐患。2017年，全县共检查各类生产经营单位529家1872次，排查安全隐患1241条，按期整改完成率达99.7%。

【安全生产意识提升】 县安监局以强化宣传培训为抓手，提升安全生产意识。一是抓安全文化。定期更新安全文化长廊、育英街“安全文化一条街”、稷王广场和民乐园广场安全生产宣传专栏内容；逢重大节日和关键时段，在县电视台滚动播放安全生产注意事项；为各乡镇配置安全生产宣传专栏20块；开展“安全生产月”活动，发放主题宣传品1万余份，印发安全常识宣传资料2万余份；悬挂大幅横标30余条，为行政村免费发放安全宣传标语横幅200余条，营造浓厚的安全文化氛围。二是抓教育培训。制定针对性强、实用性高的培训计划，督促各类企业对主要负责人、安全管理员、特种作业人员和其他从业人员进行安全教育培训，并对教育培训开展情况进行专项监督检查。同时，就《安全生产法》、安全生产责任进行专题培训，共培训企业各类人员2500余人。三是抓应急管理。重新修订《稷山县生产安全事故灾难应急救援预案》，组织阳煤丰喜泉稷能源公司等5家重点企业开展应急演练，对耐科威建材有限公司等13家企业的应急救援预案进行备案，健全企业应急救援预案备案工作台账，并实施动态管理，提升企业应急救援水平。四是抓综合监管。发挥安监局综合监管职责，对群众举报反映的安全隐患问题，通过召开专题会议、实地调查、信访转办、督办等方式，协调相关部门，及时解决群众反映强烈的安全生产领域问题，确保事事有回音，件件有落实。2017年共下发督办卡27份，已全部落实到位。

【基础建设强化】 县安监局以提升安全水平为关键，全面强化安全生产基础建设。一是构建双重预防机制。组织召开专题会议对全县构建双重预防机制工作进行安排部署，各行业按照时间节点督促指导企业开展双重预防机制工作。阳煤丰喜泉稷能源公司等20余家重点企业已聘请相关专家进行风险点排查评估和风险等级确定。二是强化企业基础能力。督促铭福钢铁制品有限公司等3家企业完成三级安全标准化达标创建工作、鸿运腾汽配等5家企业完成小微企业标准化达标创建工作。督促永东化工等4家企业完成职业卫生“三同时”、世纪水泥等7家企业完成职业卫生现状评价、中石化等41家企业开展职业病危害检测，对2000余名从业人员进行职业卫生体检。对全县84家烟花爆竹经营零售店进行严格审查审批并实施安全许可。三是规范事故查处制度。制定出台生产安全事故报告和调查处理制度。针对各行业领域的生产安全事故，严格按照生产安全事故信息归口统计和联网直报制度，做到及时上报，并坚持“四不放过”和“科学严谨、依法依规、实事求是、注重实效”的原则，对责任单位和责任人严肃问责。

科　学

科协工作

【科普宣传】　2017年，县科协围绕大局，在抓特色、重实效上下功夫，科普宣传实现新提升。一是参与由县委宣传部牵头的“四下乡”活动。1月20日，在翟店镇西位村组织开展“四下乡”活动。县科协从灾害防范、种植养殖、节能保护、破除迷信等方面入手，采取现场互动、发放资料等方式宣传，对当前社会关注度较高的防雾防霾知识进行全面讲解。活动累计发放科普挂图100余份，科普宣传材料200余张，接受咨询30余人次。二是聘请县林业局专家王改娟讲授板枣管理技术。5月26日，到稷峰镇桐下村，以桐下“板枣一号”科普示范基地为依托，从土肥水管理、当前用药、拉枝、开甲、病虫害防治、中耕除草等方面入手，结合该村实际进行讲授，90余名枣农参加。三是到稷峰镇陶梁村宣传板枣管理知识。结合枣农当前实际需求和管理中普遍存在的技术难题，组织专业技术人员编印《板枣管理技术要点》《堆沤腐熟农家肥好处及办法》等宣传材料1000余份，结合科普日系列活动的开展，发动陶梁板枣协会工作人员到该村农资店、板枣收购点、田间地头进行发放。四是聘请县农委专家到蔡村乡东蒲村开展苹果管理技术宣传。

【主题活动开展】　5月20日，县科协在县委广场举行稷山县科技周系列活动启动仪式。科技活动周时间是5月20日—27日，主题为“科技强国 创新圆梦”。活动中发放宣传读本300余册，科普挂图100余张，宣传材料500余份，展出活动版面15块，累计参与群众600余人次。在科普日活动中，紧扣“创新驱动发展，科学破除愚昧”主题，先后开展主题宣传3场次，发放宣传资料500余份，展出版面8块，累计参与500余人次。组织稷山县营养协会主任杨云仙到县西城社区开展题为《我的健康我做主》讲座活动。二是联合县心理卫生协会到稷王小学和稷峰二中开展专题讲座。

【基层科普组织建设】　县科协2017年成功申报国家科普示范基地1个、国家科普示范社区1个、山西省科普示范协会1个，奖补资金均已到位。并进一步监督资金使用，多次到获奖单位实地检查验收。组建近百人的科普带头人队伍。

【科技创新大赛获奖】　县科协组织青少年参加第32届运城市青少年科技创新大赛，在报送及获奖级别和数量上均实现新突破，获省级三等奖2名，市级一等奖15名、二等奖12名、三等奖23名，县科协获优秀组织奖。

防震工作

【地震监测】　2017年，县地震局拓宽监测手段，提高监测水平。地震宏观监测中，在“警犬基地”

"邢堡鹿场"安装远程网络系统,省、市局监测人员可直接接收信息。地震微观监测中,运行仪器运行数据正常达99.7%,居全省第一。6月20日,邀请市局工程师梁建华来县西社镇马趵泉村实地考察马趵泉地形地貌,研讨预将联合省科协利用马趵泉打一口基岩井增设山体形变地震微观监测点。

【地震科普宣传】 县地震局在创新地震科普知识宣传方面下功夫,拟定建设稷山县防震减灾科普教育基地申请材料。开展防震减灾知识"进机关、进校园、进社区、进企业、进农村、进家庭"活动。县地震局工作人员到稷山县社区医院、稷峰一中、县委广场、阳煤丰喜泉稷能源有限公司、太阳乡等,采用讲课、帮助指导地震应急疏散演练等方式开展宣传,特别是抓住"5·12""7·28"宣传周时机,在抓好集中宣传的同时,推进"小课堂"宣讲活动。发动新闻媒体和新媒体开展宣传。联合县电视台、县报纸专版、微信公众号、县政府网站以及部门网站等开展防震减灾知识宣传。并采取悬挂横标宣传、集中咨询。实地宣传、LED宣传车宣传、电梯放置宣传画框、利用公交车电子屏宣传等多种方式和途径开展宣传。开展防震减灾开放日活动,面向社会公众开放运城市地下水物理监测站、稷山县痕量氢监测站,组织运城市东康中学稷山籍学生及其家长到台站参观。7月22日,利用稷山县学雷锋志愿者活动,发放地震科普宣传袋1000个,宣传读物1000本。12月29日,联合住建局在大红楼五楼会议室举办全县农村建筑工匠技术培训会,190余人参加培训。

【地震应急演练】 2月17日,根据县政府统一安排,由县公安局、县教科局和县地震局组织实施,同一时间在全县所有初中、高中开展地震应急疏散演练。分管地震工作的副县长赵军、教科局安全股股长聂建伟集中对太阳初中和清河初中进行观摩。6月26日,县地震局组织阳煤丰喜泉稷能源有限公司进行液氨泄漏安全演练暨环保消防特种设备综合演练。7月11日,开展全省地震系统地震应急演练,检验地震应急预案,熟悉流程,锻炼工作人员业务能力,完善机制。

【精准扶贫】 县地震局抓好精准识别,调查摸底。西位村帮扶对象15户共19人,其中五保户11户,低保户4户。因病致贫13户14人,因灾致贫1户2人,因学致贫1户3人。南堡村帮扶对象6户20人,其中五保户1户,低保户5户。因病致贫5户15人,因学致贫1户3人。局干部职工自愿捐款为贫困户购买米、面、油等生活必需品,发放给帮扶对象。6月6日,与镇民政办为帮扶对象每户发放化肥三袋。对所包村贫困户建立详细、完整的台账,完成贫困户的信息采集、梳理、汇总。

气象工作

【公共气象服务强化】 2017年,县气象局严抓综合业务质量,提升公共气象服务水平。一是综合业务质量稳步提升。全年地面测报无错情,制作报表13份,13个区域自动气象站运行情况稳定,常规气象报告、城镇天气预报资料传输及时率达100%,国家级站数据资料传输及时率达99.9%,定时数据无缺报,区域自动站、土壤水分资料传输及时率达98.9%。12月1日,地面气象观测站正式启用降水类天气现象仪,开始进行降水现象平行观测,标志着地面气象观测自动化水平迈上新台阶。二是决策气象服务及时准确。除准确做好年内重要节日期间的天气预报,还针对强寒潮、严重雨雪冰冻、暴雨、强对流天气,提供准确、及时、优质的气象服务。三是公众服务多措并举。除及时发布最新的天气预报、重要天气报告、预警信息外,还提供与生活、生产息息相关的气象科普知识。全年发布突发气象灾害预警信号73期。四是气象科普宣传形式多样。充分利用"3·23"世界气象日、"5·12"全国防灾减灾日、安全生产月等,开展气象科普和防灾减灾知识宣传活动。充分利用大喇叭、气象显示屏、微信等媒体,加大对大风、暴雨、雷电、高温、暴雪等气象灾害的防灾减灾知识宣传。五是为农气象服务扎实开展。结合天气情况和农户需求,与农业部门合作,做好春耕春播、夏收夏种、秋收秋种的气象服务工作。开展人工增雨作业1次,发射火箭弹5发,并做好板枣气象服务工作。六是从气象设备维护保障为要点,强化突发公共事件应急保障工作。做好全县所有自动气象站和气象显示屏的巡检、维护、维修和应急保障工作。参加阳煤丰喜组织的液氨泄漏应急预案演练。七是注重环境保护工作,被命名为2017年度"运城市园林单位"。

【安全生产工作加强】　县气象局成立安全领导小组,建立安全生产检查工作制度,健全安全生产责任体系,形成齐抓共管安全生产的长效机制。一是开展社会监管职能方面防雷安全隐患大检查行动。对33个危化品经验企业进行防雷安全检查。二是安装全方位监控,加强对单位炮弹库、档案室、观测场、财务室等重要场所的安全防范。三是开展人影工作专项安全检查。严格按规定储存、运输、使用弹药,配齐弹药存储柜。对火箭、弹药库进行定期全面检查,排除安全隐患。四是严格按照《稷山县气象局重大气象灾害预警防御应急预案》要求,及时向县委、县政府及有关部门发布预警信息,为领导提供决策依据。

【汛期气象服务强化】　县气象局按照《山西省气象局汛前检查工作通知》和全县汛期动员会议要求,尽职尽责、通力协作,汛期气象服务各项任务圆满完成。一是做好汛前安排,加强思想、组织、制度、设施、人员、技术、后勤等七个保障;二是制定完善防汛预案、周年服务方案及规章制度,规范工作流程并严格落实;三是准确预报汛期二次局部大到暴雨,并及时开展全程跟踪优质气象服务;四是汛期服务人员昼夜坚守岗位,严密监测天气,严格履行岗位职责;五是强化服务手段和方式,建立气象灾害预警、地质灾害预警服务平台和气象灾害预警信息服务网络;六是制作发布的各类预报服务产品注重精细化、专业化、人性化,并具有针对性、多样性、实用性和可操作性等特点,受到各级领导及社会各界一致好评。

教　育

教育行政管理

【省、市考核指标完成】 2017年,县教育科技局圆满完成五项考核指标,其中发明专利拥有量任务数21件,完成21件;发明专利申请量任务数10件,完成11件;高新技术企业任务数3家,已有4家企业通过省专家评审;工业企业R&D经费投入0.42%,完成3846万元,达到0.51%;技术合同交易额6000万元,完成6270万元。

【党建工作加强】 县教育科技局坚持以党建统领全局,引领发展,做到"三抓一促"。一是抓责任,全面落实管党治党主体责任。成立中国共产党稷山县教育科技局委员会,理顺中小学党建管理体制,实现党委抓党建全覆盖。补齐配强基层学校党支部班子,从严落实党风廉政建设"两个责任",全年共处理11案16人。二是抓学习,筑牢党员干部的思想阵地。坚持党课引领学习、"教育讲坛"集中学习和理论宣讲深入学习相结合,组建局党委委员、基层支部书记(校长)、基层理论宣讲员三支宣讲团队伍,推进"两学一做"学习教育和党的十九大精神进校园,进课堂,在全系统掀起学习党的十九大精神的热潮;创新党建学习方式,利用微信平台开展党建知识每周一测,每月开展主题研讨深化学习,层层开展党建笔记展评、知识竞赛和"党徽闪闪"演讲比赛。三是抓活动,丰富党建主题实践载体。开展"师德标兵"竞赛、"喜迎十九大,我为教育添风采"和"学习核心紧跟核心担当作为、'四大讲四增强'暨学思干讲"等系列活动。在县委党建知识竞赛和演讲比赛中,县教育科技局党委分别获团体二等奖和个人二等奖;在省委"两学一做"系列知识竞赛中,局党委7名党员排在全省前100名,受到县委表彰;稷王小学党支部被确定为"两学一做"学习教育市级示范点,局机关党支部、稷山中学党支部和县直幼儿园党支部被确定为县级示范点。四是促发展,加强"三基建设"。制定出台《关于加强教科系统"三基建设"的实施方案》,编制工作目录、工作规范、干部必备专业能力纲目等。

【教育改革深化】 县教育科技局制定出台《稷山县深化义务教育集团化办学模式改革促进城乡教育一体化发展工作实施意见》和《实施细则》,在全县中小学八大教育集团的基础上,以县城五所小学和城区三所初中分别与农村十所薄弱小学、薄弱初中组成八大教育集团试验校,突出先行先试,试点推进,以优质品牌校为主校,农村薄弱学校为校区的办学模式改革,通过主校输出品牌、办学理念、管理方式、干部和优秀教师,强化以县城5所小学和3所初中为主校的示范和引领作用,创新实施教师交流、教学研究、教育活动、招生管理、考核评价"五统一"制度,带动薄弱学校共同提高,助推县域城乡义务教育一体化发展。

【校园安全管理】　县教育科技局强化校园安全"三化三建设"。一是明确安全责任。从严落实校园安全第一责任人责任,坚持校园安全"一岗双责",安全职责全员化;实行机关人员包校,教师亲情包联学生制度,做到一生一档案,一生一本谈心记录,实现安全管理无缝衔接。二是强化安全教育。坚持安全教育计划、教材、课时、师资、教案"五到位",通过安全课、家长会、主题班会、微信群、安全教育平台等多种形式,加强安全教育,构建学校、家庭、社会共建共管共育的安全体系。三是做好隐患排查。坚持抓工作先抓安全,重点做好安全隐患风险点研判和移交工作,坚持周排查,月报告制。四是加大安全保障力度。2017 年为全县中小学配备专职保安 20 余名,安装高清摄像头 400 余个,更换安保器械 100 余件。五是开展校园欺凌与暴力专项治理活动。通过聘请法制副校长、实行一校一名法律顾问、开展主题演讲、专题报告等方式,开展校园欺凌与校园暴力专项治理,全年无一起校园安全责任事故。

【义务教育发展】　县教育科技局重点从硬件建设、师资配置、教育管理等方面强力推进义务教育均衡发展。一是全面改善薄弱学校。完成 36 所学校运动场地硬化,3 所寄宿制学校浴室建设到位,维修改造校舍 29 所;为 10 所初中购置实验仪器设备,为 109 所学校配备安保设施和图书,为 34 所学校补充更新课桌凳,为 21 所学校购置食堂设施设备,对全县教育城域网和义务教育阶段所有学校校园网进行升级改造,为全县中小学补充配备 94 套电子白板多媒体设备,补充配备电脑 4494 台,首次真正实现"校校通""班班通"。二是加大校长教师交流力度。健全完善校长教师交流机制,以跨区域交流、中心校交流、县城学校对口支教等方式,加大校长教师交流力度。全年共有 37 名校长,141 名教师参与交流,分别占到符合交流条件人数的 23.9% 和 23.7%。三是提升精细化管理水平。11 月,顺利通过"全国义务教育发展基本均衡县"国家督导评估认定,标志着全县教育事业,特别是义务教育发展进入新时代。同时,推进城区小学和城区初中项目建设。城区小学工程项目建设已破土动工;城区初中工程项目建设已进入立项阶段。

【教育统筹发展】　县教育科技局坚持学前教育、基础教育、职业教育、民办教育统筹发展,同步推进。一是加快发展学前教育。启动实施第三期学前教育"三年行动计划",加大公办园建设力度,新建农村幼儿园 2 所,完成太阳乡中心幼儿园收购工作;扶持普惠性民办幼儿园,商业幼儿园等 4 所县级普惠性幼儿园通过初评认定;县直幼儿园、稷王幼儿园成功申报国家"两寻找、三研究"实验园;实施外出参观学习一次,组织观摩一次,跟岗培训一次"三个一"帮扶机制,加大幼儿园规范化管理。二是推进基础教育。落实"阳光招生"政策,确保适龄儿童 100% 就近入学;关爱留守儿童,建立亲情屋,设立许愿树等,为学生宿舍安装电视、空调等;提升高中学校标准化建设水平,稷山中学、稷王中学名校效应逐步显现。三是健全完善职业教育和培训体系。提升职业教育标准化建设水平,安装完成电子及自动化实训基地,建立心理健康教育咨询中心,开展第三届职业教育活动周暨职业中学第九届校园科技文化艺术节;深化校企合作、产教融合,与稷山县螺钿漆器研习中心、飞凯达食品有限公司、奥通汽修厂、育才驾校等多家企业联合办学,拓宽就业渠道;开展农村实用技术培训 1.02 万人次,与人社局联合开展应用技术培训 4 次 235 人,举办 3 期家政服务技能培训和 8 期小微企业创业培训,共 600 余人受益。四是规范发展民办教育。民办教育发展速度和民办效益稳定增长,成为全县教育事业有益补充。

【教师队伍建设】　县教育科技局多措并举,促进全县中小学教师素质整体提升。一是加大教师队伍补充力度。全年分两批次公开招聘中小学教师

135名,包括安置免费师范生5人,调回稷山籍教师9人,招录"三支一扶"人员6名。二是加大教师培训力度。发挥国培项目县优势,采取"走出去轮训学习,请进来同课异构,暑期国培全员参与"的方式,实现教师全员培训,素质整体提升。特别是对新聘教师的岗前培训,《中国教育报》对此进行专题报道。三是加大教师队伍管理。加大乡村教师支持力度,加强教师队伍师德师风教育,实行教师全员竞聘上岗,严格落实绩效考核。

【精准扶贫加力】 县教育科技局做好精准扶贫,帮扶工作成效明显。一是做好新增贫困户对接工作。重点针对新增的35户贫困家庭,进村入户对人员信息、致贫原因、发展现状等情况进行详细了解,填写访谈记录,发放亲情包联卡,摸清家庭实际困难,建立亲情包联关系。二是制定帮扶措施。精准制定2017年帮扶计划和措施,做出帮扶承诺,悬挂帮扶政策牌,建立脱贫帮扶工作日志,完善帮扶台账。三是进行产业资金扶持。配合蔡村乡、稷峰镇政府和小李、马家巷、西薛村村委会为9户家庭发放脱贫产业资金,为其余44户贫困家庭发放扶贫产业资金。四是开展扶贫领域不正之风和腐败问题专项治理。开展扶贫工作集体约谈,针对教育扶贫领域重点人员和重点环节,从严督导检查。五是落实教育扶贫政策。全县贫困家庭学前教育阶段2123名幼儿,义务教育阶段2455名学生,高中阶段1400名学生全部享受国家生活补助,119名优秀高中贫困生享受滋蕙计划,3772名大学生享受生源地助学贷款,全县无1名学生因贫失学。

【教育质量提高】 县教育科技局构建学校、家庭、社会共建共育的德育工作机制,围绕"一月一主题",开展培养民族精神教育、爱国主义教育活动,师生12人次在全市获奖;推进以"钢笔字进校园,诵读进课堂,养成教育抓细节,学校办学理念有特色"为主题的素质教育,提高全县中小学生核心素养;以课堂教学评价为突破口,初步构建有效课堂教学模式,探索阅读教学模式,推进全县阅读工作深入开展,"主题阅读实验研究"课题成效明显。学前教育玩具案例《孩子们的超级高楼》获全国一等奖,并在2017年学前教育峰会上交流分享,图书案例《点点点》《肚子里的肚子里的肚子里有老鼠》获全国三等奖;小学阅读成效显著,蔡村中心校教师宁慧敏获"亲近母语年度阅读种子教师"称号,稷王小学等5所学校在全市首届中小学诗词大赛中获奖;初中教育质量稳步提升,2017年全市教育教学质量推进会上,稷山县获初中教学质量先进县;职业中学中文导游项目在全省第十一届职业院校技能大赛中荣获第一名;全县高考成绩连续四年突破800人大关,2017年文理两大类达线832人,实现稳中有增。

【科技创新工作加强】 县教育科技局重点开展五项工作。一是开展科技下乡服务活动。聘请专家到农业主导产业村开展槐米种植、桃树管理、枣树修剪、猪病防治等科技培训服务活动10场,受益群众3500余人,发放实用技术手册5000余册,发放肥料、疫苗等价值1.1万余元。二是开展知识产权宣传活动。到高新企业、民营科技企业、全县中小学校发放宣传资料2.5万余份。三是创新开展"科技活动周"活动。围绕"科技强国 创新圆梦"主题举办稷山县2017年科技活动周,发放科普宣传资料1.3万余份,宣传袋800余个,制作科普宣传版面12块,为800余人次进行现场咨询服务;举办"山西省科普基地"揭牌仪式和第一届青少年机器人竞赛活动,调动青少年学生创新创造热情。四是开展科普统计调查工作。到25家单位和机构开展全省科普统计调查工作,到全县30余家企业及合作社开展企业科技创新需求调查。五是开展科技创新。促进板枣提质增效综合管理技术和无公害鲜桃标准化生产技术成功申报省级农村承包合同;推动稷山县大鹏饲料有限公司等3家公司成功申报并通过山西民营科技企业认定;组织山西永东化工股份有限公司等4家企业申报并通过山西省高新技术企业认定；组织稷山县兴乡腐植酸肥业开发有限公司等5家企业顺利完成山西省民营科技企业复审工作。

职业教育

【十九大精神进校园活动】 2017年，县职业中学开展十九大精神进校园系列活动。一是在学校电子屏上滚动播出十九大精神要点；开展十九大精神主题平面设计比赛，在校园橱窗展览优秀作品，各部、各班组织全体学生观看。二是校园电视台播放《不忘初心、继续前行》《强军》等专题片，组织学生观看并写出心得体会。各科老师结合学科特点宣讲十九大精神。三是开展十九大精神共青团员专题学习活动。

【教学规范管理】 县职业中学从教师一日常规管理、教研管理、课程管理、实训管理等方面入手，对各项教学管理工作进行制度规范。学校建立教学质量检查制度、教学环节与质量评价体系，制定《教师绩效量化考核实施方案》，从教学管理的各个环节对教师的日常教学工作进行全方位监督、考核与评价，通过教师绩效考核制度有效区分每一位教师的工作数量与质量，奖优罚劣。成立教学工作检查与评价指导机构，对学校日常教学工作逐日进行全程监控与全面督查，确保各项教学活动有序开展。对全校教师量化考核，每周一小结，每月一公示，年底大评比，并评出5名“金钥匙”奖教师。

【教育教学实践】 县职业中学加强专业建设，以实践为载体，用实践点活教育教学。一是强化基地建设。电子电器应用与维修专业实训基地、校园信息化工程成功建成并投入使用，音乐专业实训基地正在建设，电工电子及自动化技术实训基地顺利通过省评估验收。二是强化专业内涵建设。聘请运城市农业机电技术学校孟巧玲老师对机电专业进行指导，围绕学科结构、学科理论、实验实训、教学方法、考核评价、课程管理、质量监控等内容，全面推进学科建设。三是强化实践训练。学校针对各学科实训的特点，制定实训室专人管理制度、实训室出入登记制度、实训记录制度、实训楼卫生管理制度、实训指导教师管理制度；制定实训工作计划，规范实训指导教师实训课教案，重视实训过程中的指导工作，及时听取教师、学生反馈的实训信息，解决实训中存在的各种问题，保障实训教学有效开展。实训过程中，实行模块化教学，逐步形成梯级化课程体系。同时，和企业对接，有序安排学生到企业实践。

【文化建设加强】 县职业中学加强文化建设，建立教书育人、服务育人和管理育人“三重育人”机制。用素质教育带动教育教学。一是抓安全文化常抓不懈。把校园安全作为丰富校园文化和提高学生素养的一项重要内容，把每学期开学的第一月定为安全教育月，第一周定为安全演练周。每学期至少举行2次地震、消防应急演练。以主题班会、升旗仪式、法制图片巡展等方式对学生进行法制教育渗透；邀请法制副校长王丹东、退休老干部荆孔荣对在校学生进行法律知识与案例讲座。开展“亲情包联”工作，开展学生心理健康咨询工作，心理健康咨询中心接待来访学生121人次，团体辅导600余人，并对一年级学生进行心理普测。二是抓社团活动。学校开辟第二课堂，成立书法、管乐、合唱、美术、播音主持等一大批社团。定期举办校园文化艺术节，传播校园特色文化。邀请书法家进校园并展示学校的艺术成果。举办“中华情”师生诵读大赛、校园文明演讲大赛和迎国庆红歌比赛，举办迎元旦文艺汇报表演活动。三是抓校园文化建设。校园电视台定期制作校园新闻，播放励志视频，对学生进行引领。创刊《职善职美》校报，共发行25期。组织开展“双十星”评选活动，从学生中挖掘出学习、安全、文明、体艺、阅读、进步、德孝、勤俭、创新、奉献等方面的先进典型。

【服务能力提升】 县职业中学提升服务能力，以发展为根本，用成效展现职业教育魅力。服务学生方面，一是对口升学成绩初现。2017年我校对口升学达线29人，达线率达48%，其中音乐专业学生排名全省第6，机电专业2名学生分别排名全省第11名和第98名，计算机专业2名学生分别排名全省第12名和第65名。二是技能比赛获奖。全年学校省市技能比赛共获得4个二等奖，12个三等奖，优秀组织奖1个，团体三等奖3个，优秀辅导教师奖6个，其中杨晓娟老师在省导游比赛中获得第一名。学校连续成功举办四届校级学生技能大赛。服务社会方面，一是实行校企合作，拓展多元发展空间。探索教产合作、校企一体化办学新模式，开辟工学结合、校企合作、顶岗实习、订单培养的人才培养新路子，学校与稷山县昕光纸包装有限公司、稷山县合顺汽车电器维修中心、稷山县稷峰伟仁电机维修部、稷山县奥通汽修城、稷山县赵氏四味坊食品有限公司、稷山县螺钿漆器工艺美术厂相互对接，在专业课教学领域探索，逐步施行工学结合、校企合作办学新模式；与江苏昆山电子有限公司、天津一汽丰田有限公司、维斯塔斯风力技术（中国）有限公司、天津三星光电子有限公司、长城汽车股份有限公司天津分公司、天津阿斯莫汽车微电机有限公司、山西捷尔迅汽车修理有限公司、大运汽车、大韵广告等企业合作，对机电、汽修等专业学生实行顶岗实习、订单培养的人才培养模式；创新教学方式，探寻仿真实训教学、模拟教学、项目教学、模块教学等全新教学模式，实现教学过程与生产过程对接，逐步实现学做一体化教学。二是强化培训职能，服务地方发展。发挥自身设备和技术优势，放大职教办学效益，组织多种专业的短期培训。学校联合稷山县人力资源与社会保障局先后组织汽车保养、创业、电子商务、技能认证、小微企业服务等各类社会培训12期，培训各类人员600余人。

稷山中学工作

【师资队伍建设】 2017年，县稷山中学以师德建设为着力点，打造师德高尚、业务过硬的教师队伍。一是以半月一期《我的教学经验分享》为平台，发挥名教师、骨干教师、高级教师的引领作用。二是通过赛讲、基本功大赛、教师比武、教师与学生同堂考试等形式，提升教师基本素质。三是到太原、西安、浙江、晋中等省内外观摩学习。四是对教材进行整合，编写适合学生的校本教材，提升课堂教学时效性。五是通过绩效考核、落实表彰奖惩机制、奖优淘劣、提醒约谈等方式，增强教师忧患意识。建立以教师自我反思，专家引领，同伴互助为主线的教师提升渠道，使一批中青年教师脱颖而出。语文教师陈琳多次受邀赴外地讲课，与语文组教师合编的校本教材《高中三年必须掌握的文化常识》《高中三年必须熟知的名篇名句》《国学经典诵读教材》等在全国各地推广使用；英语组杨水霞、唐义艳老师参加第十一届全国高中英语课堂优质课展评，获一等奖。在第19届“语文报杯”全国中学生作文大赛中，县稷山中学获“全国作文教学先进单位”，共有10名教师获优秀指导奖，24名学生获奖。

【办学条件改善】 县稷山中学在改善办学条件和校园环境、方便师生学习生活、提高安全防范水平等方面做了大量工作。建成心理咨询室，填补心理教育的硬件空白；完成职工宿舍（拐角楼）供暖改造工程，方便教职工生活；建成学校档案室和学校德育展览室；更新篮球架，完善体育设施；改造供电主线、维修深井水塔，确保学校供电供水安全；美化校园环境，维修马路广场、整修花园、补栽苗木，使学校环境更美；加强食堂管理，确保师生用餐安全。

【教学质量提升】　县稷山中学狠抓质量提升。一是抓好教学常规。完善教育教学制度，做好量化管理。注重过程管理，抓好各个环节。二是组织校际交流学习。学校领导及各年级主任、备课组长赴灵石一中教研学习；高三年级组织教师先后赴太原、西安、运城教研学习；英语组到浙江义乌参加全国课堂实录大赛，到太原参加山西省教育科学"十三五"规划课题研讨活动；语文组到太原参加语文年会活动。聘请运城、新绛的专家来校进行教研和指导，聘请优秀校友给高三学生分享学习方法。三是敢于改革创新。高一年级为实行学生"走班制"做了调查了解；高二年级尝试分层教学，重点抓"作业分层设计"；高三年级实行"自习考试化，作业分数化"；教研室实行以"主题"为形式的教研活动，开展青年教师业务提升培训活动，实行"师徒结对"，评选教学能手。县稷山中学被县委、县政府授予"2017年高考先进单位"称号。

【学生管理强化】　县稷山中学强化激励教育、责任教育和细节教育。分年级召开开学典礼、阶段动员，不定期给学生作针对性报告，及时抓思想，抓行为。在学生中开展以"自觉、自主、自律"的"三自"教育，增强学生内驱力。对学生进行心理辅导、法制教育，实施全员亲情包联制，学生就寝就餐专人负责。每次大考后，对成绩优秀的学生进行表彰奖励。组织全校学生参加运城市学校安全教育平台网络学习，加强安全意识教育。学校全年无一起学生安全事故发生，无校园欺凌现象。学校被市教育局授予"平安校园"称号。学校先后开展毕业典礼、校运会、拔河比赛、篮球比赛、英语朗诵比赛和英语书写大赛等活动，展现学生才能。对建档立卡的贫困学生72名，每人发放补贴金5500元，并免除全年学费；对全校公开评选出的550名贫困学生人均发放2000元补助；实施的"滋惠"计划，受惠学生49人，每人资助2000元；学校对家庭贫困的学生170人，免除其全年学费。

【后勤服务保障】　县稷山中学通过公开招标，投资70余万元更新36个教室多媒体，投资10万余元建立学校档案室；投资10万元补充学校图书馆图书；建立学校德育教育中心，给全校教师进行全面体检，建立个人健康档案；学生食堂实行集团化运作，使其饮食安全有保障。

稷王中学工作

【办学质量提升】　2017年，县稷王中学凝心聚力，合力提升办学质量。一是调动老师工作积极性。改进教师管理制度，给予教师更多空间。同时坚持各学科一周一次公开课，一周两次学科教研和一周一次班级教研。二是打造高效课堂。校委会研究制定详细方案，委托大学科组长，带领并指导青年教师研读教材，精心设计教学案，反复讨论方法，推行"361"学案教学和小组合作学习，并通过举办系列青年教师赛讲活动，优秀教学案例和教学反思评比活动，推动高效课堂的建设。三是促进教师专业成长。通过"请进来"和"走出去"方式，为青年教师的成长提供平台和载体。曾邀请山西省实验中学副校长樊玉仙作《班主任的合力效应》专题报告，山西省教科院主任薛红霞作《新高考背景下的选课走班应对策略》专题报告。全年共选派教师外出学习362余人次。四是规范日常管理。在管理中采取“规范和激励”相结合的方式,对规定的课程、公开课、大型教研活动、教案、听评课笔记等进行严格的常规检查,纳入绩效考核,同时鼓励老师开展个人专题讲座,安排新聘教师与骨干教师师徒结对,倡导骨干教师上示范课,鼓励教师开展课题研究等等,并通过绩效进行奖励推进。五是加强师德师风建设。组织教师学习《教师法》《中小学教师职业道德规范》《稷山县教师十条禁令》,开展师德师风专项整治活动,通过阶段性的“学情调查”和“评教”及时发现师德师风问题。各老师签订关于禁止违规补课、办班、收受礼金、不体罚和变相体罚学生等承诺书。对于教师中存在的个别问题,采取逐级谈话的方式提醒和告诫。

【平安校园建设】 县稷王中学多管齐下,全力建设平安校园。一是动员全校师生共同排查隐患。强化全校师生的安全意识,将各种安全隐患排除在萌芽状态。政教、教务、总务分别对各自领域的安全项目进行定期排查,对排查出的问题,责任到人,限期整改。二是对全校师生进行安全教育和应对突发事件的能力培训。通过电子屏幕、版面、国旗下的演讲、主题班会等多种方式给师生普及日常生活中应知应懂的安全常识。特邀法制副校长定期来校开展安全教育讲座。同时,学校对全体师生进行心肺复苏方法、灭火器使用方法等培训,坚持每月一次应急疏散演练。三是严格检查,规范操作,保证师生饮食安全。从餐厅卫生、进货渠道、加工过程、卖饭方式、餐具消毒、食物留样等各个环节对食堂严格把关、登记、要求,并对从业人员进行定期体检,对学校超市定期检查和突击检查,严防“三无”食品进校园。四是对门卫加强管理,严把校门入口关。定期召开门卫保安人员会议,严格来客来访登记制度、学生出入校门登记制度、夜间巡逻制度、周六周日值班制度、外来车辆出入校门制度等。配齐配强门卫保安器械,把好学校安全第一道大门。五是对特殊学生进行特殊关怀。以班为单位,对高一、二学生进行体检,共发现特异体质学生32名,并逐一与家长进行交流沟通,班主任、包联教师、宿舍管理员等共同关注和关心这些学生,确保学生健康愉快学习生活。六是注重全校师生心理健康。投资10万余元建设高标准心理健康辅导中心,有团体辅导室、宣泄室、心理测试系统、情绪调节室等,并配有专职心理教师,定期开展心理辅导课,定时开放接待师生、家长咨询。全年开展班级心理辅导40余场次,接待单独心理咨询百余人次。

【校园文化建设】 县稷王中学坚持立德树人,着力提升学生素养。一是开展校园之星评选活动。二是音体美自主选修,实行分项走班制。三是创设《稷王中学校报》、稷王中学校园电视台、校园歌手大赛、校园田径运动会、篮球赛、拔河比赛、绘画展、英语单词大赛、作文比赛、书法比赛等各种锻炼平台。四是定期召开主题班会。五是评选优秀班级。每月末,根据《稷王中学月评比优秀班级考评细则》,评选出本月优秀班级,并颁发图书、奖状。六是实施师生亲情包联制度,加强亲情沟通和教育引导。七是定期召开家长会,架起家校育人平台。八是开展传统文化教育培养学生优秀品质。利用“端午节”“中秋节”“清明节”等传统节日和“12.9”纪念日、“12月13日南京大屠杀”公祭日等节日,对学生进行节日内涵教育,培养学生爱国情怀和理想信念。

【教学成绩突出】 2017年高考,县稷王中学本科达线532人,文理两大类达线478人(应届本科达线369人,文理两大类达线319人),占全县总达线人数的56.45%。其中109班和110班二本达线率100%,一本达线率分别为54%和48%。荣膺全县文、理科状元。在运城市高考数据分析中,该校各段高考达线人数与中考入学相对比,综合成绩位居运城市市级示范高中第一。该校 2017 年获《中国矿业大学优质生源基地》《山西省教育学位学生生涯规划指导专业委员会理事单位》《高考先进单位》《体育工作先进单位》等称号。绛县教科局、芮城教科局、万荣二中、牛杜中学等来校交流、观摩学习。在二十一届全国教育教学信息化大奖赛中,学校 3 位老师的 7 件作品获省、市一等奖,并入围全国决赛。在"语文报杯"全国中学生作文大赛中,共有 3 名学生获国家级荣誉奖,17 名同学获省级誉奖,10 位教师分别获写作指导特等奖和一等奖。在第 34 届全国中学生物理竞赛中,3 名学生获山西赛区三等奖。在全市中学生运动会上,县稷王中学夺得 2 个单项金牌,并获女团第 3、男团第 5、总团第 4。在全市中学生篮球赛中,学校获第 5 名。

文化　文物　旅游

文　化

【文化惠民工程】　2017年，县文化局以构筑公共文化服务体系为着力点，加强文化基础设施建设，提升人民群众生活幸福指数。一是实施农村电影放映工程。完成农村电影放映工程放映任务2400场，21所农村寄宿制学校电影159场；庆七一“进社区、进学校、进军营、进福利院”放映45场；反邪教影片放映20场。二是完成“戏曲惠民·欢乐百姓”送戏下乡演出活动120场，丰富群众文化生活。组织县蒲剧团移植排演红色经典蒲剧现代戏《党的女儿》，于8月29日应邀参加首届山西艺术节展演活动暨第十五届全省“杏花奖”评比，主演席武英获得十五届杏花奖；9月26日，该团演员许巧凤在济南举行的第三届红梅奖戏剧大赛中荣获金奖；县文化馆秦丽香在运城市文联举办的“迎接十九大戏曲大赛”中获总冠军。三是4月5日—7日，县图书馆在清河镇北阳城村举办“书香沁心脾·相约桃花季”为主题的全民阅读月赠书活动及全民阅读推广活动，为前来游览的群众发放图书500余册。4月21日，在县委广场、稷王广场开展“畅想春天、分享阅读”第22个“世界读书日”宣传活动，发放宣传材料5000余份。四是完成农家书屋图书更新补充工作。2017年为全县200个行政村补充1.88万册图书，每个书屋补充94套图书，共计32.68万元。五是引进中国华夏影业公司在稷山新建华夏影城，投资1800万元并于10月正式营业，繁荣全县文化市场。蒲剧《枣儿谣》电影拍摄，引进运城市蒲剧团投资300万元，正在拍摄中。

【文化展演】　县文化局以组织开展系列群众文化活动为重点，提升群众人文素养，振奋广大干群精神。一是1月20日，参加了县委开展的文化、科技、卫生、法律“四下乡”活动，组织编排鼓乐节目《欢天喜地》小合唱、戏曲清唱、独唱等节目参加演出；组织舞蹈节目《枣乡红满天》、歌伴舞《五谷香自稷山来》参加稷山县2017迎新茶话会演出。二是利用元旦、春节等法定节日，连续举办“澄怀悟道”杨学艺书画展、第三届“百家迎春书画展”，接待周边县市30多个团体及个人5000余人次；在民乐园广场举办第二届“庆新春”广场舞大赛活动；4月28日，《家·春·秋》民俗风物展在文化馆展厅开展，接待各县市5000余人；9月29日，举办“旗帜飘扬”喜迎十九大书画精品展。三是文化馆免费开设声乐、舞蹈、器乐、书法、戏曲等培训课程，特邀运城市群艺馆声乐、舞蹈辅导老师为县基层文艺骨干进行免费培训指导，并于4月21日在文化馆舞蹈厅进行汇报演出。四是组织开展“我有拿手戏”群众文化活动。组织文艺骨干、文艺指导员到全县200个行政村指导参选节目，共520个节目、4000余名群众演员参加“我有拿手戏”群众文艺大展演选拔赛。经过层层选拔，确定46个节目于6月25日—27日在稷峰文化广场进行县级复赛，选拔出5个优秀节目参加运城市举办的总决赛。其中反应稷山农耕文化的《五谷香自稷山来》获得一等奖，《拳板舞》获得二等奖，《稷山美》获得三等奖，同时县文化局被授予“优秀组织奖”。五是于10月8日—17日，在县会议中心举办“喜迎十九大 共筑中国梦 我有拿手戏”稷山县首届“枣花奖”戏剧大展演活动。共展演乡村业余剧团6场，戏曲颁奖晚会1场，县蒲剧团演出3场。六是县文化馆组织党的十九大精神文艺宣传队深入基层，开展文艺巡演。

【文化市场管理】 县文化局以开展系列专项行动为抓手，推进文化市场管理，净化文化市场。一是开展“清源2017”专项行动。严查全县图书出版物市场和各类非法出版物经营活动，共出动执法人员30余人次，对全县出版物市场进行专项检查，共检查经营单位11家，发现2家经营单位存在违规经营行为，对其进行了行政处罚。二是校园周边环境整治专项行动进展良好。将校园周边的网吧和书店作为重点执法整治对象，整顿不良经营行为，净化文化市场环境。三是推进“净网2017”专项行动。重点清查违规网络游戏，以及网上淫秽色情文字、图片、动漫、游戏、音视频等不良低俗信息，同时清查KTV等歌舞娱乐场所是否存在违禁歌曲。四是开展“打击三假”专项行动。联合运稷一级路翟店镇收费站，开展为期一周的执法检查，对使用假记者证件和假采访证件的人员进行集中打击，收缴不规范证件10余件，及时对电视台、报社等新闻媒体传达有关精神，违规现象进行严厉查处。五是开展“固边2017”专项行动。对全县出版物市场、快递行业进行严查，主要对宣传民族分裂、宗教极端思想和暴力恐怖非法出版物及非法印制民族语言类宗教出版物、音视频展开清查整治工作。同时，加大对涉及“藏独”等非法出版物及宣传品的打击力度，集中整治网上有害藏文电子书、音视频。经过集中检查，全县未发现有违禁出版物在市场上销售流通。六是规范审批行为，完善限时办结等服务制度，优化审批流程。全年共受理审批各类行政审批项目17项，其中互联网网吧5项、出版物3项、KTV娱乐场所1项、电影院1项、文化和体育协会3项、体育市场3项、文化演出团体1项，无违法行政收费现象，无群众行政投诉不作为、乱作为案件，行政审批项目办结合格率达100%。

【非遗工作开展】 县文化局从五方面开展非遗工作。一是组织国家级非遗项目《高跷走兽》《高台花鼓》及市级非遗项目《十二生肖花鼓》《西位抬阁》《拳板舞》参加“文明之春”大型社火巡游表演，省非遗中心及中国影视集团实地拍摄了社火进城巡演过程。组织非遗项目《高跷走兽》《高台花鼓》《拳板舞》《北辛祭祀神兽》参加“花海清河？非遗之乡”清河第一届桃花节的非遗文化展演活动，现场演出效果震撼。二是完成稷山酒枣传统制作技艺等16项申报稷山县第5批县级非物质文化遗产项目及代表性传承人工作；经过验收审核推荐《高跷走兽》《稷山传统面点制作技艺》2项国家级传统项目申报运城市第二批非物质文化遗产传习所以及《螺钿漆器髹饰技艺》《金银细工制作技艺》《稷山传统面点制作技艺》3项国家级非遗项目申报国家非遗专项保护资金。三是由山西省非物质文化遗产保护中心主任赵中悦带领10余名专家教授组成的团队前来采访拍摄国家级非物质文化遗产传统舞蹈项目《高跷走兽》，专题片由中国影视集团拍摄打造。四是组织《螺钿漆器》《金银细工》《高跷走兽》《高台花鼓》参加第三届山西文化产业博览交易会，国家级非遗项目传承人李爱珍和马静创作的《锦地茶具》获“神工杯”工艺美术精品奖金奖。组织《螺钿漆器》《金银细工》《根雕》《传统银锁》参加运城市非物质文化遗产传统技艺展示。五是11月12日，组织稷山非遗项目《高跷走兽》《螺钿漆器》《金银器》、杨赵灯笼、戏剧服饰和传统麻花制作技艺参加《枣儿谣》的电影拍摄。

文物旅游

【安全工作加强】 2017年，县文物旅游管理服务中心强化责任意识，抓好安全工作。每周按时召开安全工作例会，安全工作落实到人。一是进一步完善文物保护四级责任体系，形成完备的县、乡、村、文保员四级文物保护体系，明确各自职责。二是对各级文物保护单位的文物安全工作进行不定期巡查，制定安全责任制度，完善全县各级文物保护单位安全系统数据录入工作。三是坚决落实突发事件应急预案的相关要求，坚持统一领导，分级负责的原则，做到早发现，早控制，增设安全检测系统，确保文物和游人的安全。各景点开展自查自纠，消除安全隐患，引导旅行社在节假日科学安排旅游团队行程，确保节假日期间旅游安全。四是完善消防安防基础设施。投资300万元建设稷王庙、大佛寺自动化消防系统，改造完善青龙寺消防系统，投资100万元完善青龙寺、马村砖雕墓、稷王庙的安防系统。同时，执行每月一次的文物巡查制度、不定期检查登记制度，对各处文物安全情况进行检查、督导。对省级以上文物保护单位，发放灭火器等消防器材，实地检查，对存在安全隐患的文物保护单位进行限期整改。五是加大执法力度，规范文物保护管理秩序。调查处理国保单位稷山大佛保护范围内违法建设玉佛阁一案，要求拆除违法建筑，恢复原貌；调查处理清河镇清河村棚户区改造工程违法破坏县保单位清河正南甲堡址一案，依据文物保护相关的法律法规及市专家组意见，做出撤销该县级文物保护单位，并对现存文物进行保护的建议。六是加大旅游安全监管。结合县情及各个假期不同情况，制定下发旅游安全通知，要求各景点开展自查自纠，确保旅游安全。5月，组织学习旅游安全法，并要求旅行社宣传落实。七是规范旅游行业监管。严肃查处没有合法手续的旅行社，禁止利用“打价格战”扰乱旅游市场，并与各旅行社签定安全合同书，对各旅行社进行不定期安全检查。

【扶贫攻坚助力】 先文物旅游管理服务中心成立以党组书记为组长的结对帮扶工作领导小组，明确一名分管领导主抓工作，并专门安排单位下派第一书记负责日常联络，责任落实到人。主要领导每月一次到村检查指导帮扶工作，并要求工作组做到廉洁自律，采取“一对一”的方式，对该村71户特别困难的党员或群众进行结对帮扶，帮助他们理清致富思路，提高致富技能，密切党群关系。健全考勤制度，工作组成员每月必须下乡入户2天以上，帮扶工作队深入田间地头、农户家中，开展进组入户活动，与现任村“两委”班子成员、原村老书记、老党员及村民代表开展谈心活动，理清发展思路，制定发展规划，了解村情民意，进行纠纷调处，确保全村村民安居乐业。并组织开展走基层送温暖活动。在端午、春节等重大节日前夕，分别组织党员干部3次对结对帮扶的困难党员江金生家庭进行走访慰问，并给予贫困家庭经济救助。

【文物保护管理】 县文物旅游管理服务中心贯彻“保护为主，抢救第一，合理利用，加强管理”文物工作方针，做好文物保护管理工作。一是青龙寺文物保护设施建设项目总投资800余万元,自2015年启动以来,进展顺利,工程已进入收尾阶段;二是南阳法王庙文物保护修缮工程已于2月底正式开工,目前正殿、七星殿等主体维修已基本完工;三是投资200万元对范家庄关帝庙进行全面维修,现已竣工;四是省级文物保护单位李老庄玉帝庙全面维修,总投资250万元,已完工,通过验收;五是全面推进《三晋石刻大全?稷山卷》的野外调查、碑文整理、断句、拍照等系列工作;六是配合相关部门做好稷山县马趵泉村申报第五批山西省历史文化名村及第七批全国历史文化名村的申报文本的编撰工作;七是调查、勘测、编制完成运城市第三批文物保护单位稷山县丁庄李家大院的申报文本;八是配合市局对姑射山法宝寺北齐石雕大佛进行实地调查;九是响应落实省政府公布的"文明守望工程",做好苑曲龙王庙的保护工作,已完工,并通过市局专家组验收。十是利用"5·18"国际博物馆日、"5·19"中国旅游日等重大节庆活动,宣传文物保护的法律、法规,提高全社会文物保护、文明旅游的意识;十一是做好县域内地下文物抢险保护工作。十二是配合做好县境内的电力工程、水利工程及县教育、医疗、棚户区改造等工程的选址、前期调查审核工作;十三是做好第一次全国可移动文物普查后续的纸质档案工作;十四是配合住建部门做好县城区域内的古建筑及近现代代表性建筑的调查工作;十五是科学划定第五批省保单位李老庄玉帝庙的保护范围和建设控制地带;十六是以景区和环绕景区周边为重点,开展环境卫生整治,打造环境优美、卫生整洁、服务优良、安全有序的旅游景区。

【优秀旅游城市创建】　2017年,市委、市政府下达稷山县旅游总收入任务14.66亿元,同比增长25%。全年旅游总收入完成15亿元,同比增长27.77%。一是开展旅游宣传推介,开拓旅游市场。整合县旅游资源,开展节假日主题活动,要求各景点负责人及各旅行社做好对外宣传。5月19日,景区实施免门票政策,吸引更多游客。二是响应运城市"花之海,俏运城"活动,制定县赏花方案及赏花线路,召开新闻发布会,并协助清河镇于4月5日—7日举办"花海清河·非遗之乡"首届桃花节。三是配合县委、县政府组织召开创建优秀旅游城市动员会,并对各景点、旅行社、星级宾馆及周边环境大力开展卫生整治活动,努力提升旅游服务质量。四是整合旅游资源,制定发展规划,开展招商引资工作,探索全县旅游发展的新路子。先后完成青龙滩传统文化景区、稷王山农耕文化园、紫金山文化景区、马趵泉传统古村落开发利用等一系列旅游开发项目建设计划,并向社会发布,开展招商引资工作,马趵泉传统古村落开发等3个项目正在洽谈沟通中。五是为运城助力投票。响应市委、市政府和市局的号召,为运城申办"山西省旅游大会发展主办权"进行宣传,发动全县干部群众为家乡投票。

广播电视

【新闻宣传报道】　2017年,县广播电视台创新新闻宣传报道形式,推动栏目改版升级,在重大主题报道、热点民生关注、重点活动服务等方面取得较好成绩。《稷山新闻》播出新闻节目300余期3000余条;《枣乡视点》播出新闻节目160余组320余条。一是服务中心,注重策划。加大对主题报道和重大活动的策划力度,先后策划"学会议精神、鼓工作干劲""喜迎十九大、枣乡新变化""五城同创、我们在行动""项目建设进行时""砥砺奋进的五年"等一批有影响力的专题报道,全面展示稷山干部群众风采。同时,在服务“省级文明县城创建”“ 城乡环境整治”等专项活动中，提前介入，全程参与，专题宣传。二是打造品牌，提升质量。《稷山新闻》先后开辟16个主题专栏，对全县重大活动，重点工作等实行挂牌宣传。《枣乡视点》栏目开播以来共接听群众热线电话1000余个，转化为新闻线索500余条。普法栏目《说事评理》全年制作节目19期，特别是与县林业局、县统计局合作拍摄的《失火者》《数字的公信力》两部短剧，为“谁执法、谁普法”的法律宣传格局打开新局面。自办栏目《小康路上》改版后，播出节目38期。微信公众服务号发布稷山新闻50期，制作和发布《喜迎十九大图片看稷山》系列报道。三是深化外宣，主攻重点。《稷山新闻》市台发稿361条，省台发稿16条，中央台发稿1条；《枣乡视点》市台发稿50条，省台发稿4条。同时，完成《喜迎十九大 航拍稷山》风光片和《省级文明县城创建》《城乡环境整治》等多部专题片的拍摄和制作。

【创收载体提优】 县广播电视台多点发力，完成创收指标。一是创新载体促增收。巩固基本客户，广告人员细化指标，细分市场，做好合同续签、资金到账、市场开拓等工作，对现有广告资源和客户实施定点和跟踪服务。夯实创收载体，创办《枣乡视点》栏目，改版《小康路上》栏目，增办《后稷大舞台》栏目，拍摄“喜迎十九大 航拍稷山”风光片，制作“喜迎十九大图片看稷山图文”。拓展经营空间，开创性地运用友情、亲情、热情招商推介，重点难点联合突破，“量身定做”按需包装等模式，通过给党政机关、企事业单位、学校、个体户等做专题，拓展广告经营新载体。全年广告收入为54.36万元。二是优化窗口服务。网络运营开展“温馨服务日日行”活动，全年共上门维修2264户，维修人员及时办理并逐一回访，为用户排忧解难。新开泽强苑、康宁花园、天逸苑、华丰苑、曙光家园等小区电视信号。在元旦、国庆等节假日开展节庆惠民活动。全年共发展地面数字电视用户280户，有线电视用户258户。三是强化安全保障。做到应急演练常态化。在定期组织技术人员检查设备。基础上，制定周密应急预案，组织技术人员赴省参加应急演练，使值机人员进一步熟悉事故处置流程，提高应对播出事故的快速处置能力。做到技术保障一体化。检修机房设备52次，更换维修设备18台次，更换2000瓦地面数字电视发射机风扇10只，保养维护4次；投资46.8万元，安装高清播出系统，增加频道1个；调整2个数字电视频率。同时，架设电缆干线6925米，新架及迁改光缆线2213米、改迁电缆5534米，熔接光纤132芯。做到安全播出责任化。所有值机人员和技术人员手机24小时开机，做到联络畅通，反应迅速，在节假日和重要节日期间每日实行零报告制度。全年安全播出电视节目共计6000小时。

【队伍建设增强】 县广播电视台以业务培训挖掘潜力，培强人才队伍主力军，为广电事业后续发展注力。一是强化学习提升能力。坚持周一集中学习，每次学习不少于40分钟。开展“两提一创”“三问四比”大讨论活动和“两学一做”学习教育常态化制度化、“维护核心见诸行动主题教育”活动，提升政治素质。二是业务培训挖掘潜力。开展栏目评比活动和技术培训，邀请市台《第一时间》制片人樊俊峰举办题为《新闻采编问题浅析》的专题讲座。三是加强培养激发动力。举办以《我在广电工作》为主题的演讲比赛，选拔出一批优秀人才充实到一线岗位；推荐一名副职晋升到外单位正科，一名股级干部晋升为该单位副科；为全台干部职工、离退休老干部进行健康体检；组织所有新闻人到化峪镇四合庄村开展“宣讲十九大 新闻路上 你我同行”扶贫采风活动。四是“一岗双责”落实有力。组织员工学习《条例》《准则》以及中央八项规定，观看廉政教育片《巡视利剑》8集，组织干部职工到姚天福廉政教育基地参观学习。发挥党支部党风廉政建设主体责任和纪检检查室监督责任，对会议和工作纪律监督检查8次，对违反工作纪律的同志口头谈话15次，责令写出书面检查15份。

【广电文化建设】　县广播电视台加强以责任文化为内容的广电文化建设，以管理出效益，以文化凝聚人，以环境吸引人。2017年，被运城市文明委授予“市级文明单位”称号。一是完善制度规范管理。整合部分科室，安装面部签到设备，制定完善考勤制度、学习制度、请销假制度、设备安全管理制度、新闻中心考核奖惩办法等一系列规章制度，确保工作有章法，纪律有约束，办事有监督，落实有回音，考核有依据。二是丰富文化凝聚人心。以创建市级文明单位为契机，在全台开展“文明办公”主题活动。在一楼大厅设置文明单位创建宣传栏，电子屏幕全天播放文明创建宣传标语，在楼梯口张贴公益广告和“做文明人、办文明事”宣传画，在办公区设置“遵德守礼”提示牌，以书画作品、格言警句等为主题建成机关文化长廊，并开展道德讲堂活动。三是改善环境激发动能。投资12万元硬化发射台大院及门口道路，新建照壁一面、厕所一座，更换单位牌匾；装修四楼演播厅，新安装空调4台。另外在化峪镇四合庄村举办“扶贫礼赞”文艺晚会。发展党员4名，其中转正2名，预备2名。举办“永远跟党走”七一文艺晚会。在大佛文化园棚改项目中，完成分派的6户拆迁任务。

卫 生

卫生行政管理

【县乡一体化改革】 2017年,县卫生计生局持续拓展县乡一体化改革。一是加强组织领导。县上成立以县长为主任的公立医院管理委员会,成员单位包括发改、编办、财政、卫计、人社等部门,负责医疗集团发展规划、章程制定,医疗集团院长选聘、运行监管、绩效考核等重要决策工作。形成办医主体明确、部门协同、决策高效的管理体制。二是组建医疗集团。县政府出台《稷山县县乡医疗卫生机构一体化改革实施方案》,将辖区内的县人民医院和11所乡镇卫生院(分院)组建成立山县医疗集团。10月13日,医疗集团正式挂牌;县公立医院管理委员会聘任集团院长,根据院长提名聘任4名集团副院长;县委组织部批复成立医疗集团党委;按照"集团化运作,标准化打造"思路,实行发展规划、人员聘用、财务运行、资源调配、绩效考核、药品采供"六统一"管理,公立医院管理委员会办公室出台《关于医疗集团所属各医疗机构人、财、物整体移交的实施方案》和《考核医疗集团绩效实施方案》,并于11月22日,完成移交工作;县人社局与医疗集团签署医保打包付费协议,县乡医疗卫生机构一体化改革有了实质性进展。完善集团运营管理,医疗集团设立医保、人力资源、财务、分级诊疗、公共卫生、质量控制、药械采购、科教等"八大管理中心"以及"九大业务中心"。12月15日,包县市级领导市委常委、宣传部部长王志峰来稷调研县乡医疗卫生机构一体化改革,以及医疗集团机构设置、运行机制等方面的情况,对稷山县工作给予充分肯定。三是强化基础保障。医疗集团继续夯实分级诊疗"七个一"。即设立一个分级诊疗双向转诊办公室;悬挂分级诊疗领导组、分级诊疗制度、分级诊疗服务流程一组制度牌子;建立一个分级诊疗双向转诊登记本;填写一式两份的《分级诊疗转诊记录单》;制作一本分级诊疗医师花名册;开设一个新农合分级诊疗双向转诊窗口;运用一个电子屏滚动宣传分级诊疗双向转诊的内容。组建专家巡诊和专家帮扶2个专业团队,先后选派25名医师到乡镇卫生院开展巡诊、坐诊等工作,逐步形成医疗资源纵向流动和业务分工协作的有效机制。截至年底,专家组在卫生院坐诊门诊人次达到380人次,收治入院84人,通过绿色通道上转县人民医院35人,县医院下转乡镇卫生院127人,形成上转有序、下转随访的良性循环。

【健康医疗城项目建设】 健康医疗城项目是稷山县为打造区域医疗大健康产业基地而投资建设的项目,首期项目建设规划占地375亩,主要项目包括县人民医院、县妇幼院的整体迁建以及特色专科城等项目。计划总投资10个亿左右。为破解发展难题,4月,县委书记廉广锋带领相关人员外出参观学习,借鉴先进经验。吴县长带领相关部门对健康医疗城项目进行现场选址,县政府授权卫计局实施健康医疗城PPP项目,成立健康医疗城政府和社会资本合作(PPP)工作领导组,各项工作正有序推进。

【医政医管工作落实】　县卫生计生局做好医政医管工作。一是深化"平安医院"创建工作。加强医疗纠纷"三调解一保险"机制建设,打击涉医违法犯罪,二级医院和乡镇卫生院分院医责险全部缴纳到位;制定出台《稷山县卫生和计划生育局安全稳定隐患大排查大整治专项行动实施方案》,在系统范围内开展安全稳定风险隐患大排查大整治专项行动。截至年底,全县未发生一起上访事件。二是稳步提升医疗服务质量,深化优质护理服务。在全县所有医疗机构开展医疗安全、医疗质量专项整治行动。针对存在问题下达整改意见书,进行整改,不断提升医疗服务质量;在"5·12"护士节等节点,开展护士大比武、大竞赛活动,优化服务质量。三是制定稷山县医疗机构设置规划(2017—2020),开展干部入民营医院服务工作,将机关局班子成员和股室负责人驻派至全县10家民营医院开展服务,促进社会办医。

【人才队伍优化】　县卫生计生局不断深化人才培养力度,分别与8名2017年高考学生签订定向医学生培养协议,与1名2012级农村订单定向医学毕业生签订就业协议书,安置农村订单定向医学生上编等手续已办结,正在山西中医学院附属医院进行培训。同时,加大卫生专业技术人员招聘力度,共招聘卫生专业技术人员10名,进一步充实医疗机构专业人员力量。

【"以药补医"取得突破】　县卫生计生局认真执行国家基本药物制度,对配送企业进行各项指标考核、动态监管。截至年底,基层医疗机构网上采购基本药物达2115.94万元,配送率达95%以上,结算率达98.7%以上。实行药品阳光采购,县级公立医院除麻醉精神药品外,其余药品全部网上进行阳光采购。公立医院都以院为单位制订药品采购目录,目录内容具体到通用名、剂型和规格,相继成立挂网类药品议价小组,保证医用耗材和体外诊断试剂90%在网上实行采购。8月1日起,全县所有公立医疗机构全部实行药品采购"两票制"。

【中医药服务发展】　县卫生计生局开展《中华人民共和国中医药法》的宣传工作,通过媒体宣传、发放宣传资料、举办培训班、研讨会、专题讲座、以赛促学等形式,推进基层中医药服务能力提升。开展中医适宜技术培训,共开展中医适宜技术远程视频培训30余次,网络平台注册239人,注册率100%。夯实基层中医药基础,蔡村乡、西社镇、太阳乡3个基层卫生院中医馆建设已基本完成,基层中医药服务能力取得新提升。

【妇幼服务能力提升】　妇幼保健院综合大楼建设项目于7月26日公开招投标。稷山县应对生育政策调整,发挥妇幼和计生服务资源整合优势,强化出生缺陷综合防治,完善婚前医学检查和孕前检查网络,推进机构标准化建设,提升医疗机构妇科、产科、儿科的服务能力和水平,重点加强危重孕产妇和新生儿急救能力和转诊通道建设。

【疾控工作加强】　全年共完成冷链运转12次,接种各种一类疫苗88505人次,接种率90%以上;全县共报告法定传染病2052例,死亡2例,无甲类传染病报告,传染病个案调查率100%;全年共确诊肺结核病人92例,追踪率100%;累计发现并确认艾滋病感染者/病人135例,其中已发病死亡51例,现可随访管理84例,

76人正进行抗病毒治疗；调整卫生应急防控领导组、专家组及应急小分队，进行专门培训，从全县7支应急队伍中选拔9名优秀人员，参加全市卫生应急技能竞赛活动复赛；食源性病例采集信息共完成160例，为4500名食品药品从业人员进行预防性体检；按照“八个落实”开展精神卫生综合管理工作，稷山县“一站式”服务和精神病院院内康复工作受到上级领导好评，全县严重精神障碍报告患病率名列全市前茅，服药率排名全市第三；稷山县是全省第3家获得“国家慢性病综合防控示范县”称号，2017年管理高血压人数3.41万人，管理率97.3%，控制率72.36%，管理糖尿病人数6193人，管理率95%，控制率为67.2%；稷山县是首批“全国健康促进县”，组织十个健走团队，270余人参与开展第二届“万步有约”激励大奖赛健走活动，获得全省综合成绩第三名；开展健康教育“六进”活动，共印刷健康教育宣传材料3.6万余份，制作健康教育一面墙1400平方米，印制居民健康素养66条2万余册，制作健康教育宣传袋4万个，围裙8000个，开展宣传活动70余次；稷山县基本公共卫生服务工作在全省抽查考核的22个县中排名第六，在运城市抽查县中排名第一。

【卫生监督加强】 全年共检查各类医疗机构260余家，下达整改意见书260余份，取缔无医疗机构执业许可证的非法行医诊所共40家，没收药品9箱，医疗器械21盒，共处罚金3.2万元。受理群众举报6件，全部做到及时处理、及时反馈，有效震慑各类违法违规行为。

【依法行政推进】 县卫生计生局制定出台《稷山县卫生计生系统国家工作人员学法用法制度实施意见》。全面落实法律顾问制度，县级四所公立医院都按要求聘用法律顾问。利用卫生计生重大节日，加大对部门法律法规的宣传教育，提高群众知晓率。邀请专业人士开设专题讲座。

【爱国卫生】 县卫生计生局广泛开展爱国卫生运动。一是创卫工作取得成效。全县召开创建省级卫生县城推进会，制定印发《稷山县2017年创建省级卫生县城实施方案》《纪念爱国卫生运动65周年活动方案》等文件，安排部署省级卫生县城和卫生乡镇创建工作。县创卫领导组组长郝冰副县长与各职能单位签订目标责任书，明确各职能单位职责划分。广泛开展宣传，在稷南大街设立创卫宣传一条街，在县电视台、《稷山新闻报》开辟创建专题栏目；加大督查力度，县政府抽调相关职能部门人员组成督查组，对县直单位和各乡镇巡回督查。同时，翟店镇作为全市确定的创建国家卫生乡镇两个示范镇之一，对翟店镇的创卫工作进行全面督导，11月顺利通过省验收。二是爱国卫生月活动有声有色。同县文联、县作家协会等单位开展“爱卫杯”征文竞赛活动；同老年协会共同组织老年健身舞和木球、地掷球邀请赛；通过努力在全市率先完成乡镇卫生院旱厕改造任务。三是“四治六化”提档升级。明确责任，周密部署，广泛宣传，营造浓厚舆论氛围；并统一目标，明确集中整治标准。

【健康扶贫】 县卫生计生局全力做好健康扶贫工作。一是强化组织领导。制定《稷山县健康扶贫工程实施方案》，成立由政府分管扶贫和分管卫计的两位副县长任组长的“双组长”领导机构。二是核准对象。全县健康扶贫动态管理系统内共收录贫困人口3984户，1.18万人，其中“因病致贫、返贫”重点核准对象1610户，4006人，核准工作已全面完成。其中全县共核准患大病人员110人，患慢性病1388人，患重病34人。三是全面推行“先诊疗后付费”和“一站式”结算。在全县所有医保定点医疗机构开辟贫困人口就医绿色通道。贫困人口持有效证件，可享受免挂号费，优先就诊，住院无须缴纳预付金，诊疗结束后只需支付自付费用等一系列优惠政策。四是全面实施“三保险、三救助”“三个一批”(大病集中救治一批、慢病签约服务管理一批、重病兜底保障一批)行动计划。通过基本医疗保险、大病保险、补充保险和参保缴费救助、辅助器具适配救助、特殊困难帮扶救助等6项措施,基本解决农村建档立卡贫困人口的因病致贫、因病返贫问题,全面有效建立兜底保障机制。截至年底,全县建档立卡贫困人口已完成全部贫困人口签约工作,共签约3978户1.19万人,签约率达100%,计生特殊家庭签约31人,签约率达100%,第一阶段共核准罹患24种大病对象417人,其中正在治疗中201人,治愈7人。五是开展建档立卡农村贫困人口健康扶贫“双签约”活动。共组建187个乡村干部签约团队,45个家庭医生签约团队,全县共完成签约1483户,3862人,签约率达到100%。利用“双签约”入户时机,印制6000本《健康扶贫优惠政策》宣传册,对每户因病致贫、返贫户进行政策宣传和解读。六是开展健康扶贫冬季攻势行动。县医疗集团抽调医疗、医技、护理各专业专家和医护人员,成立20个专家帮扶团队,携带检查、检验等医疗设备,到全县20个贫困村,开展健康扶贫冬季大型义诊活动。同时,为每户贫困家庭发放一本《稷山县医疗集团健康教育宣传手册》,一份《稷山县医疗集团建档立卡贫困人口就诊流程》,一份《稷山县医疗集团建档立卡贫困人口医疗保险帮扶细则》,并为慢性病贫困患者免费发放药品。截至年底,医疗集团已完成8个贫困村的健康扶贫义诊,涉及贫困家庭70户,服务贫困人口160余人,免费发放药品30余盒。

【家庭医生签约服务】　县卫生计生局制定出台《稷山县推进家庭医生签约服务工作实施方案》和《稷山县开展家庭医生签约服务“六个一”活动实施方案》,坚持“四个结合”(基本医疗与公卫服务相结合、普通人群与重点人群管理相结合、签约服务与分级诊疗制度相结合、签约费用保障与服务考核结果相结合),进一步提升服务能力。优先与辖区内的建档立卡贫困人口、计划生育特殊家庭、65岁以上老年人、慢性病患者、孕产妇、儿童、残疾人等愿意接受家庭医生式服务的重点人群签订家庭医生式服务协议书,并根据协议书内容提供建立健康档案、电话咨询、入户访视、健康教育等针对性服务。截至年底,全县参与签约服务工作的医生数342人,组成签约团队86个,已签约服务人数24.67万人,占总人口数69%,已签约重点人群数9.96万人,占重点人群总数90.2%,建档立卡贫困人口、计生特殊家庭签约率达100%。开展“进万家、送服务、保健康”活动,县人民医院抽调各专业专家和骨干医师,成立11个医疗服务团队,县、乡、村三级医务人员共同参与。中医院、妇幼院、精神病医院共同参与。县卫生计生局建立专门的微信工作群,局主要领导及班子成员、各业务股室负责人、各医疗机构负责人和相关工作人员均参与进来,各签约服务团队每天将进村入户开展活动现场影像资料上传到工作群里,供大家互相交流、互相学习、取长补短,相关领导和业务股室及时提出指导意见,不断完善工作,激发各服务团队和医疗机构的工作热情。

【医养结合】　稷山康宁护理院是全省首家医养结合典范,是省卫计委确定的省级医养结合试点单位。康宁护理院从规划设计到设施配套,完全按照建设部有关适老性住房标准科学施工,二期居家养老项目是康宁护理院为满足养老事业的发展而投资扩建的住宅小区。项目总投资8000万元,占地面积9244㎡,建筑总面积1.91万㎡。项目于6月投入使用,可容纳216户家庭居住。社区老年护理院是由稷山正身医院和稷山县城区卫生服务中心为依托联合创办的社区医养结合基地,设置床位200张,已入住老人170多人。稷山康宁护理院、稷山县社区老年护理院分别位于城东、城西,布局合理,均达到标准化建设,环境优美,适宜人居养老,基础设施不断完善。

【惠民实事落实】 2017年,稷山县全面落实市政府确定的卫生计生惠民实事。截至年底,0—6岁残疾儿童筛查任务30,诊断43人,复筛59人,完成率143.33%;产筛任务3050,完成2710,完成率88.85%;建档立卡贫困妇女两癌筛查任务1065人,完成1052(其中死亡13人),完成率100%;宫颈癌筛查任务6500 ,完成6572,完成率103.88%;HPV项目检查任务1000,完成1000,完成率100%;乳腺癌筛查任2000,完成2000 ,完成率100% ,免费孕前孕前优生健康检查任务1200对,完成1207对,完成率100.58% 。

【人口计划生育工作优化】 县卫生计生局从五个方面持续优化人口计划生育工作。一是人口计生工作领导有力。年初与各乡镇和成员单位分别签订《2017年人口和计划生育目标管理责任书》;研究出台《关于坚持和完善人口和计划生育工作目标管理责任制的实施意见》;调整充实县人口和计划生育领导组组成人员,各成员单位结合部门职责先后出台相关优惠文件;在考录公务员、评先评优、干部选拔任用过程中严格执行计划生育"一票否决",全年共审查各类对象317人,否决3人。5月16日,在市政府召开的人口计划生育会上,稷山县获"人口计生目标责任制考核先进县"称号。二是卫生计生资源有效整合。全面完成乡镇计生办更名和职能调整工作。7个乡镇全部整合成立卫生和计划生育办公室,现有工作人员28人。推进村级卫生室和村级计生服务室融合。全县共配备村级卫生人员和计生管理人员531人,共同承担计划生育工作和公共卫生、健康教育、家庭医生签约服务等工作。三是流动人口管理规范。建立健康档案1073份,建档率达85%以上;免费为流动人口提供技术服务436人次,技术服务率达95%以上;每季度定期开展健康教育知识讲座,接受健康教育1080人次;设立流动人口避孕药具免费发放点2个;为流动人口孕前优生健康检查8例,做到应检尽检;为238名流入人口家庭子女办理免费就近入学,与户籍人口子女享受同等政策。四是家庭发展不断完善。启动实施幸福家庭创建活动,在全县范围内遴选出19户幸福家庭,进行表彰。落实奖扶政策方面,通过严格程序,实地走访群众,对新增对象逐户见面核查,做到谁审核、谁签字、谁负责,全年共确定各类奖扶对象6581人,发放奖扶资金448.87万元。五是关怀关爱工作深得民心。开展春节走访慰问活动。对全县20户计划生育特殊家庭进行走访慰问,每户送去慰问金500元。召开"幸福工程—救助贫困母亲行动"座谈会,为16位计生家庭贫困母亲每人发放慰问金200元。推进计划生育家庭意外伤害保险工作,全县共投保3923户,乡(镇)投入资金3.84万元,县级投入资金7.88万元,共计11.72万元。开通就医"绿色通道",出台《关于进一步推进计划生育特殊家庭就医"绿色通道"工作落实的通知》,确定稷山县人民医院作为县计划生育特使家庭就医"绿色通道"定点医院,全县所有公立医院为计划生育特殊家庭开通绿色通道。

县人民医院工作

【业务指标完成】 2017年,县医院主要业务指标稳中有进,手术量增长较快。全年门诊量为15.65万人次,同比增长1.6%;出院病人1.61

万人次，同比持平；手术4081台次，同比增长11%；出院者平均住院日9.59天，同比减少0.37天；全年业务总收入1.6亿元，同比增长3.6%。全年医保补偿金额5560万元，补偿比为55.67%；补偿贫困人口105人，总费用近100万元，补偿比达92.1%。2017年县医院被省卫计委确定为全省五家重点提升服务能力建设医院之一。

【重点学科建设】　县医院坚持把学科建设作为医院发展的重中之重来抓，并纳入医院整体规划及科室发展规划，按照"准确定位、科学规划、突出特色、开拓创新"的基本原则，合理制定学科建设目标和科室发展规划。对重点学科在基本建设、设备更新、人才培养等方面给予优先考虑。同时，对学科建设实行动态管理，即重点科室优先发展，发展受限科室实行优化组合，有潜力的科室扶持其做大做强，年终对学科建设取得突出成绩的科室和个人进行表彰奖励。全院拥有心血管内科、妇科、重症医学科、神经内科、肿瘤科5个省级临床重点专科，心血管内科、妇科2个省市县共建医学重点学科，重点学科位居全省县级医院前列。

【人才建设】　县医院坚持实施人才培养战略和人才兴院战略。一是狠抓学风建设，强化学术交流和进修培训。2017年，全院共派出32名医护人员到省内外各大医院学习培训、进修深造，邀请全国知名专家教授来院坐诊、查房、开展学术交流23次。二是强化人力资源管理，招聘专业技术人才。建立健全人事管理制度，规范用人制度，严格新进人员审核。全年共招聘医学专业研究生2名，医学专业本科生10名。同时，通过考试、考核，对符合条件的54名专业技术人员实行同工同酬。三是开展医护岗位知识技能训练和竞赛活动。在全市应急技能竞赛中，两人荣获个人三等奖。在全省卫生高级专业技术职务任职资格评审中，有95人通过省人社厅卫生高级专业技术职务任职资格评审，其中正高4人，副高91人。全院高级专业技术资格人员达到162名，高级职称人数在全省县级医院中领先。

【医疗联合推进】　12月21日，县医院与北京大学眼科中心举行眼科技术协作授牌仪式，双方正式开展医疗联合。同时，县医院引进德国蔡司显微镜、超声乳化仪等一流的眼科医疗设备，为白内障患者提供目前国内外最先进的白内障手术——超声乳化术。县医院与空军军医大学唐都医院、空军军医大学西京医院、山西省肿瘤医院、山西省心血管病医院、山西医科大学第二医院、运城市中心医院等三级医院建立规范的医疗联合协作关系。双方在医疗教学、技术协作、人才培养、学术交流、双向转诊、学科建设等方面开展全面合作，同时也形成相对稳定、便捷畅通的双向转诊渠道。

【医疗质量和安全提升】　县医院严格落实《医疗质量管理办法》和医疗质量安全核心制度。一是加强全员全面质量管理，严格危急重病人管理和院内外会诊工作，把18项核心制度打印成册，下发科室学习落实。应用质量管理PDCA循环，实现医疗质量的改进和提升。二是以病历质量为重点，强化病案管理。制定病案质控考核细则，每月对全院所有出院病历进行质控，将质控缺陷全院通报，限期整改。出院病历及时归档，3日归档率达90%，7日归档率达95%以上。三是提升检验、医技质量，加强院感工作。检验科不仅参加省检验质量控制中心开展的全部室间质量评价活动，同时还参加国家卫计委检验质控中心组织的室间质量评价，全部达标并获优秀奖。通过加大院感知识培训，修订完善院感管理制度16项、质量考核标准12项，加强医院感染发病率监测、ICU目标监测、消毒效果监测等，加强对医院重点部门的院感管理。

【临床合理用药专项整治】 县医院先后举办2次临床合理用药专题培训，明确临床合理用药管理控制指标，规范抗菌药物和辅助类用药管理。医院成立合理用药领导组、抗菌药物管理工作组，院科两级签订责任书。专职临床药师参与临床查房，现场督导临床合理使用辅助类药物和抗菌药物。同时，每季度出版《药讯》一期。每月对使用辅助类用药金额排名前20位的科室和医师进行排序和分析，运用信息系统对15种药品进行限用和停用，严格控制医疗费用不合理增长，全院药占比明显下降，保障临床用药安全、有效、合理、经济，减轻患者负担。2017年，县医院药占比平均达到29%，获得省、市卫计委合理用药检查专家组好评。县医院荣获2017年度运城市药事管理先进集体。

【优质护理服务】 县医院不断丰富优质护理服务内涵，推出优质护理服务"三主动""三掌握""五声"活动。"三主动"即护士对病人主动接待、主动观察、主动帮助；"三掌握"为掌握病人病情、治疗和检查结果，掌握病人心理状态，掌握病人用药；"五声"就是病人入院有迎声，进行治疗有问声，病人合作有谢声，穿刺失败有歉声，病人出院有送声。提供温馨周到的护理服务。责任护士坚持每天晨间护理，每周进行卫生处置，保证病人"三短六洁"；护士长每天进行护理查房，了解病人护理措施及健康宣教落实情况；护理部定期进行优质护理服务检查，使优质护理服务达到患者、社会、政府及医护人员"四个满意"。2017年，我院患者满意度达99.3%。

【等级医院评审】 2017年，省、市卫计委等级医院评审专家组先后对县医院进行等级医院评审。专家组对照评审标准，到全院各职能科室和临床一线，通过查阅资料、实地考察、现场考核等形式，对县医院医疗、护理、医技、院感、管理、财务及后勤等工作进行检查评审。省、市等级医院评审专家组对县医院近年来在学科建设、人才培养、行风建设、文化建设等方面取得的成绩给予肯定和高度评价。

【行风建设和医德医风教育】 县医院坚持公开值班院长、总值班电话，接受群众监督，处理患者诉求。加强医德医风教育，严格执行国家卫计委的"九不准"规定，落实签订医患双方不收不送红包协议书。规范药品购销行为，严格执行网上采购制度和收费管理制度。县医院专门成立维权部(医患关系办公室)，畅通患者投诉渠道，及时化解医患纠纷。做到投诉处理有流程、有处理意见和改进措施，并坚持做好三级回访制。开展创建文明医院活动，围绕"创建文明医院、争做文明稷医人"主题，举办护士职业礼仪风采大赛。

【公立医院综合改革深化】 县医院严格执行药品零差率销售政策，落实国家基本药物制度，同时在采购方面向基本药物倾斜。2017年，全院基本药物品种使用率达64%，销售金额达46.7%。全院54个病种进入临床路径管理，50个病种实行按病种付费。推进分级诊疗，推进高血压、糖尿病分级诊疗试点工作，基本形成"小病在基层、大病进医院、康复回基层"的就医新格局。对建档立卡贫困人口实行"先诊疗后付费"制度和住院"零押金"、减免挂号费等费用，设立一站式综合服务"绿色通道"，提高精准扶贫力度。从8月起，县医院全面推行药品采购"两票制"，做到合同规范、采购透明、质量透明。同时，成立以院长为组长的院内议价小组，对所有药品进行二次议价，确保药品质优价廉。

【稷山县医疗集团成立】 10月13日，以县医院为核心医院、11个乡镇卫生院(分院)组成的稷山县医疗集团正式挂牌成立。医疗集团领导班子已配备到位，完成医疗集团所属各医疗机构人、财、物的整体移交，成立医保、人力资源、财务、分级诊疗、公共卫生、质量控制、药械采购、科教“八大管理中心”。医疗集团推动优质医疗资源下沉，将全院临床医师分为11个组，分别到11个乡镇卫生院（分院）对口帮扶，制定年度业务发展计划，进行坐诊、查房、授课、健康教育、开展中医适宜技术，并根据实际情况开展新技术新业务。

【脱贫攻坚工作推进】　县医院班子成员和行政职能科室党员干部，与包村点23户贫困户一一结对进行帮扶，坚持每月最少到贫困户家中调研摸底、走访慰问一次。从12月12日起，县医院组织开展家庭医生“进万家、送服务、保健康”活动及健康扶贫冬季大型义诊活动。一是开展“进万家、送服务、保健康”活动。全院成立11个医疗服务团队，县、乡、村三级医务人员共同参与，分赴全县7个乡镇，进村入户，为患病群众开具个性化的健康处方。二是开展健康扶贫冬季攻势行动。全院成立20个专家帮扶团队，携带检查、检验等医疗设备，深入全县20个贫困村，开展健康扶贫冬季大型义诊活动。为贫困家庭居民免费进行B超、心电图、血压和血糖检测等项目检查。同时为每户贫困家庭发放一本《健康教育宣传手册》，一份《建档立卡贫困人口就诊流程》，一份《建档立卡贫困人口医疗保险帮扶细则》，并为慢性病贫困患者免费发放药品。

【新技术项目开展】　县医院全年开展新技术项目78项，神经外科的显微手术切除颞枕叶巨大胶质瘤及颅内动静脉畸形切除术、妇科的子宫动脉结扎术疤痕妊娠切除术、普外二病区的直肠癌后盆腔扩大根治术（含子宫、阴道后壁整块切除）、心血管内科一病区的冠脉左主干病变介入治疗、眼耳鼻喉口腔科的白内障超声乳化人工晶体植入术、骨科一病区的肱骨Ⅱ型带锁髓内针治疗肱骨干骨折、普外一病区的钬激光膀胱肿瘤切除术、肿瘤科的CT引导下纵膈穿刺活检术、重症医学科的CRRT抗凝技术的金标准—枸橼酸抗凝应用于危重病人、骨科二病区的全髋关节置换术后假体周围骨折松动翻修术、神经内科的肌电图在ALS疾病诊断中的应用等12项被评为一类新技术。

【平安医院建设】　县医院扎实开展综合治理，创建平安医院，全年无重大安全责任事故发生。一是在安全保卫上做到“三防”结合，确保全院治安安全、消防安全及财产安全。二是强化医疗护理质量安全管理，狠抓首诊负责制和会诊制度的落实，提高急危重病人的管理能力，开展医疗安全警示教育分析会，防范医疗纠纷发生。三是建立患者投诉管理机制。成立维权部，化解医患纠纷，院班子和行政职能科室人员坚持面对面回访患者，征求患者意见。四是加强药品、特种设备及重点部门安全管理，修订完善各种安全应急预案。

县中医院工作

【爱婴医院管理】　2017年，县中医院规范爱婴医院管理，为迎接市爱婴医院工作领导组的检查，对照标准逐条检查落实，对所有资料分类分册装档；利用门诊大厅电子屏播放活动主题；对全院人员、妇产科医护人员分别进行爱婴医院标准（2014版）的培训及考试；产科护士对孕产妇开展母乳喂养知识宣教等一系列活动，把提高母乳喂养率、降低剖宫产率作为工作重点来抓，形成良好的爱婴医院氛围，并顺利通过市检查验收，获得检查组好评。

【业务查房】　县中医院实行业务查房制度化。每周四上午进行查房，听取科主任意见和建议，针对不足提出改进意见。特别是对重点科室进行检查，一是规范门诊诊疗管理，要求医生规范使用门诊检查单，各医技科室做好门诊登记。二是加强急诊科医生的首诊负责制，规范急诊登记、抢救记录等。三是加强对手术麻醉科监控，包括：术前术后麻醉访视、各种协议签署、手术查对等，在提高科室质量的同时杜绝安全隐患。

【业务学习教育】 县中医院全年共派出70余人参加省、市组织的各种医疗、护理、医技、管理培训班，院内共组织业务学习15次，内容包括：公立医院绩效改革思路、国家卫计委关于河南漯河市中心医院院前急救问题通报、人感染H7N9禽流感诊疗方案(2017版)、电子病历应用管理规范、四川宜宾通报新生儿感染HIV、药械不良反应监测上报培训、人感染H7N9病例诊疗方案和医院感染防控技术培训等。5月23日，特邀市中心医院药学质控部胡咏梅来院进行临床合理用药知识的培训。8月4日，邀请山西省中医院脑病科安亮来院讲述脑血管病临床新进展，使医务人员不断学习掌握新技术和新方法。完成全年继续教育项目的培训及考试，内容包括：心脑血管疾病知识、院内感染知识、传染病知识、卫生法律法规知识，参加人员共110人，培训合格率100%。

【电子病历提质】 县中医院坚持电子病历质量标准化。一是加强环节质量管理。每周对临床科室运行病历进行抽查反馈，重点监控病历书写的及时性、病情告知、手术病历等，提醒临床医生对病历中存在的问题及时改正。二是加强终末质量管理。每月对归档病历进行终末评审，对不合格病历按规定进行处罚。九月，针对病历书写中存在的问题召开科主任会议，会上通报各科室病历书写存在的问题，并下发到各科室进行学习整改。

【出生证明管理】 县中医院自加入山西省妇幼健康信息综合管理服务平台以来，严格落实责任追究制度，按规定签署《出生医学证明》管理人员承诺书，加强空白证申领和管理，做到入库审核，妥善保管，实行证、章分开，专人管理。所有资料整理装订成册，并按要求及时完成各种信息报表工作，做到底清账明。5月18日，通过市出生医学证明专项督导检查。

【抗菌药物临床应用】 县中医院药械科开展抗菌药物、麻醉药品、中药饮片及辅助类用药的专项点评，把门诊处方的点评延伸到住院点评，逐步将处方点评工作提高到新水平。通过处方点评使一类切口手术预防感染用药得到规范，中医饮片处方质量明显提高。

【医联体建设】 1月20日、3月9日，县中医院派医护人员携带心电图机、B超、眼科检查仪等分别到化峪镇卫生院及翟店镇西位村为老百姓进行免费义诊活动。在5月19日"家庭医生签约日"，派医护人员分别到太阳乡卫生院、修善卫生院、蔡村乡卫生院开展家庭医生签约服务"六个一"宣传活动，为老百姓免费义诊、入户签约、发放健康处方等，为实现基层首诊、分级诊疗奠定基础。在"服务百姓健康行动"大型义诊周，该院于9月9日派出5名医护人员到县委广场进行义诊活动；9月12日至14日，派出9名医护人员分别到修善、太阳、蔡村卫生院进行帮扶义诊活动。12月，开展家庭医生"进万家，送服务，保健康"精准扶贫攻坚活动，派出6名医护人员下乡入户，为贫困户送保健、送医疗、送温暖。

【公共卫生服务】 县中医院承担中医药健康管理服务工作，制定工作计划及各项制度，针对0—36个月儿童中医药保健指导、65岁以上老年人中医体质辨识等实用技术进行培训，做到乡镇公共卫生服务人员人人参加培训，人人能独立开展中医药健康管理服务。重点是对乡镇卫生院实施中医药健康管理服务进行督导，对其工作进度、工作质量及档案录入进行抽查，及时发现和纠正工作中存在的问题。

【医师考核】　县中医院严格按照上年末制定的《首次医师定期考核工作的实施方案》要求，统计核对参核人员，组织实施首次医师定期考核工作，客观、公正地做出周期评定，共有53名医师参加考核，包括4名免试人员，圆满完成了首次医师考核工作。11月，开展医师电子化注册信息管理，已进行注册管理的人员有58人。

【信息报表】　县中医院完成全年统计报表工作，全年业务收入1517万元，年门诊5.65万人次，比上年降低2%；住院2703人次，比上年降低8%；病床使用74%，比上年增长3%；平均住院日10.8天；手术252台，比上年减少20%。

【设备投资】　县中医院更换先进的DR设备，经过公开、公平、公正的政府采购程序，投资54.7万元购买一台型号为PLX8500C数字化医用X射线摄影系统，图形清晰、反应速度快，为临床一线提供更为快捷的诊断依据。

【新技术项目开展】　县中医院内科对肺鳞癌病人开展胸腔注射化疗技术。妇科对考虑胎盘残留、胎盘植入的病人开展宫腔镜检查及残留胎盘电切术。口腔科开展种植牙术10余例。外科开展全膝关节置换术、胸锁关节脱位手术内固定术。

【优质护理服务】　县中医院深化优质护理服务，提高护理工作质量。一是抓业务。全年共查房36次，召开护士长例会12次，护理质控检查12次，疑难病例讨论2次，护理业务查房16次，中医知识培训12次，中医操作及考核各4次，西医操作及培训各4次，法律法规培训及考核各2次，三基考核2次。每次考核成绩的团体前三名及个人前三名以简报形式向全院通报表彰。二是抓培训。对招聘的三名新护士进行岗前教育培训。三是抓重点。明确职责，深化责任制护理，要求熟练掌握各专科常见病的护理常规及流程，加强对重点病人的安全管理，对各科室高危病人进行严密监督。四是抓服务。从入院护理、晨间护理、晚间护理、饮食护理、排泄护理、卧位护理、舒适护理、术前术后护理、安全护理、出院护理等方面，向患者做好健康宣教工作，患者满意率达100%。五是抓应急。学习各种应急预案并组织演练。六是抓导向。5月11日，全院护士自编、自导、自演了“天使有爱，人间大美”优质护理服务展示表演晚会。

【院感知识培训】　县中医院加强院感知识培训，增强员工院感意识。一是加强新指南规范工作。根据最新感染指南《口腔器械消毒灭菌技术操作规范》《软式内镜清洗消毒技术规范》《病区医院感染管理规范》《医疗机构环境表面清洁与消毒管理规范》等，重新修订各项制度，规范日常工作。二是加强日常监测工作。全年共采样123件，其中手卫生57件，其中细菌组超标数9件，合格率84%，物表采样37件，细菌超标4件，合格率89%，无菌包采样10件，合格率100%，空气采样19件，合格率100%。12月底，对院50支紫外线灯管进行监测，强度低于70uw/㎝的已更换。三是加强保洁人员管理。对全院保洁人员进行培训，按规范要求进行日常工作。四是加强医疗废物管理。定期检查各科及暂存处的登记及分类情况，防止医疗废物遗漏。加强培训，规范管理，做好移交。全年共派出六名院感专职人员参加省级医院感染控制知识培训，组织全员培训8次，理论考核2次，对新上岗医护人员进行院感知识岗前培训。

【扶贫工作开展】　县中医院落实各项扶贫政策。针对西社镇柴家庄5户、化峪镇开西村12户、稷峰镇吴城村15户因病返贫农户，多次召开院班子成员会议进行安排部署。走村入户，开展以“衣被叠好、柴草堆好、畜禽管好、卫生搞好”为主题的四好活动。12月26日、27日，由院长加因锁、副院长吴进录等带队，组织十三名干部和医护人员，分别深入到稷峰镇吴城村、化峪镇开西村、西社镇柴家庄村集中开展五项帮扶工作。一是给每个贫困户送去洗脸盆、毛巾、香皂等，督促养成良好的卫生习惯；二是为因病致贫户进行诊疗检查，提出诊疗建议；三是帮助打扫卫生，使他们过一个舒适的元旦春节；四是部分帮扶队员自费为贫困户送温暖，药剂科任回亮为稷峰镇吴城村14家贫困户送去麻花14份；五是深入农户召开座谈会，向贫困户宣讲扶贫政策。从2017年2月6日起，凡来县中医院就诊的贫困户患者免除检查费。

县妇幼保健院工作

【年度目标任务完成】 2017年，县妇幼院年度目标工作任务圆满完成。一是农村妇女宫颈癌检查项目，任务数7500例，完成7856例（包括HPV1000例），完成率105%，检查出宫颈癌5例，CIN 2级365例，CIN 1级46例。二是农村妇女乳腺癌检查项目，任务数2000例，完成数2000例，完成率100%，其中钼靶40例，检查出乳腺癌1例。三是免费增补叶酸项目，农村服用任务数3500人，应服4495人，完成服用人数4467人，服用率99.3%。城镇服用任务数500人，实际服用630人，完成率126%，共发放叶酸1.91万瓶。四是《出生医学证明》规范管理，完善各种制度，制定发放流程，采取防水、防盗、防潮等安全措施。全年首次签发出生医学证明4334人，换发40人，补发16人，废证4人，医疗外出生1人。五是完成妇幼重大、基本公共卫生信息上报工作。六是加强新生儿疾病筛查，在原来筛查的苯丙酮尿症、先天性甲状腺功能减低症、先天性肾上腺素皮质增生症的基础上，增加串联质谱和新生儿遗传代谢疾病筛查。全年共进行疾病筛查4006人，筛查率达到96.6%，串联质谱筛查335例。七是体检2017年新入园幼儿3199人，体检率达100%。八是全县共有托幼机构共131所园，管理128所园，管理率97.7%。8月24日，举办托幼儿所保健医培训，共128人参加培训。

【惠民实事工作完成】 县妇幼院承担3项惠民实事，全部顺利完成。一是完成建档立卡贫困妇女免费“两癌”筛查工作。由县卫计局牵头召开民生实事启动培训会和工作推进会，印发宣传资料3万份，制定《稷山县建档立卡贫困妇女免费“两癌”检查实施方案》，明确职责，规范服务流程。除正常筛查外，10月，利用20天时间，走村入户，对全县行动不便的建档立卡的贫困妇女进行免费“两癌”筛查。截至年底，圆满完成建档立卡贫困妇女免费“两癌”筛查任务，共检查1052人。二是产前筛查和诊断工作有序开展。按照《稷山县产前筛查实施方案》，规范产前筛查各项工作，召开全县产前筛查和产前诊断服务工作启动暨培训会，成立领导小组和技术小组，明确职责，层层落实责任，于6月7日、9月24日和11月7日分别召开产前筛查工作推进会，各乡镇早孕建册补助从每例5元提高至每例10元。前后4次对产筛工作进行宣传、动员、督导，截至年底，免费筛查1906例，自费筛查870例，累计2776例，筛查率为91.02%。筛查出高风险孕妇132例，其中21三体高风险119例，18一三体高风险2例，开放性神经管缺陷高风险11例，对132例高风险孕妇及时转诊并进行随访，其中1例自然流产，2例做无创高风险引产，所有高风险和陌陌值异常都签订告知书。三是0—6岁残疾儿童筛查。建立完善残疾儿童“早筛查、早诊断、早干预”的工作机制，重点对视力、听力、肢体、智力以及孤独症五类残疾儿童进行筛查和预防，全年共筛查出0—6岁残疾儿童59人，确诊

43 人。

【公共卫生项目落实】 县妇幼院推进落实所承担的各项重大和基本公共卫生项目。一是落实孕前优生检查项目。共检查 1207 对例，适宜怀孕 1026 对，并给予科学指导，对 181 对暂不适宜怀孕的，提出治疗意见。二是落实预防艾滋病、梅毒、乙肝母婴传播项目。2017 年全县孕产妇艾滋病、梅毒和乙肝检测率达到 94.45%，孕期早检率达 41.08%，全年共发现艾滋病阳性孕妇 2 例，都进行孕期干预，乙肝表面抗原阳性产妇 171 人，孕期梅毒感染孕妇 7 人，仅产时感染孕产妇 2 人，均进行干预服务。三是加强孕产妇健康管理。全年孕产妇共建册 4055 人，孕妇健康管理率达 87.67%，产后访视率达 94.04%，孕产妇系统管理率达 85.08%。

【临床保健工作推进】 县妇幼院在临床工作方面，定期进行院长查房和医务科巡查，坚持每季度院长行政查房，对临床工作中存在的问题及时反馈解决。每月进行处方及病历质控检查，认真执行"十八项核心制度"，对医疗过程中存在的隐患进行查处，及时纠正改进。定期进行抗菌药物使用管理以及临床合理用药培训，强化医疗安全。完善临床路径、分级诊疗、预约诊疗，减少医疗事故和医疗纠纷发生。全年医疗事故发生率为 0%。在护理工作中，深化优质护理服务，开展"三基"培训。"5·12"护士节当天，组织临床科室护士人员进行护理操作比武活动。在保健工作方面，一是做好"三网监测"工作，健全县妇幼三级网络，做到乡有专人报表，村有专人负责，坚持每月召开例会，分别于 7 月 26 日、12 月 27 日，按要求对 5 岁以下儿童死亡和孕产妇死亡进行评审。二是新生儿听力筛查工作展开，制定工作方案，所有在该院出生的新生儿均在出生三天内参加初筛，重症监护病房高危新生儿在出院前进行。各种登记填写及时、准确、完整。截至年底，共进行听力筛查 3692 人，双侧阳性 12 人，单侧阳性 13 人，初筛率 83.6%，活产数 4144 人。三是健康教育宣传丰富多样。利用健康教育大讲堂方式举办宫颈癌、乳腺癌、母乳喂养、妇女病、儿童疾病预防、新生儿疾病筛查、儿童心理和神经问题等专题讲座 60 余场，受教人数达 1300 余人次。并利用微信平台，对主要工作制作美篇进行宣传。四是进行妇幼卫生工作督导。坚持每季度对妇幼工作进行督导，对全县各乡镇卫生院孕产妇和 0—3 岁儿童健康管理工作采取抽查管理手册、随访群众等方式进行督导检查，并对存在问题进行反馈，对工作人员进行现场指导、面对面培训，规范孕产妇和儿童健康管理，完善信息上报制度，并填写督导意见书。

【项目综合楼建设】 6 月底，县妇幼院经过一系列公开招标、投标，完成所有前期手续，于 7 月底，整修一条宽 8 米、长 110 米的水泥路，完成通水，安装 2 台 500 千伏安的变压器，完成基础钢筋制安。截至 12 月 25 日，已完成工程量 690.3 万元。

【西点执行力培训】 10 月底，县妇幼院邀请中山大学工商管理硕士、西点执行力系统专家到院为全体医务人员结合妇幼保健计划生育工作特色，对医务人员素质教育、医院中层干部执行力意识、医院中层干部管理能力提升、医务人员的敬业精神、医院发展策略进行"西点执行力"培训，全院干部职工竞争力、执行力得到提升。

【扶贫工作开展】 县妇幼院开展精准扶贫和健康扶贫两项扶贫工作。一是精准扶贫。化峪镇吴嘱村共有 16 户贫困户 41 人，南位村共有 32 户贫困户 84 人。县妇幼院于 2017 年年初带着米、面、油等慰问品对两个村的贫困户进行慰问。10 月 14 日—16 日连续三天入村入户，再次核实信息、完善资料；为落实脱贫攻坚"冬季行动"要求，于 12 月 24、12 月 26 日再次到两个村进行帮扶。同时,为鼓励贫困户脱贫,对两个村6户脱贫的贫困户在享受国家脱贫政策的同时,每户奖励6袋价值690元的化肥。二是健康扶贫。县妇幼院多次到翟店镇卫生院、各村进行健康扶贫。8月14日,组织8名医生同翟店镇144户贫困户进行签约。9月9日—15日,在服务百姓健康行动义诊活动周,组织内、儿科、妇产科、儿保、妇保科10余名人员在翟店集市中心进行义诊。10月17日,同翟店卫生院同行分2组,一组在翟店卫生院坐诊,一组到东小翟、西小翟、峨嵋村的董忠虎、贺水叶、任志全、任桃枝等户贫困户家中为他们体检身体。12于14日,组成医疗小分队赴西位村开展家庭医生"进万家、送服务、保健康"下乡服务活动。

县精神病院工作

【医德医风优化】 2017年,县精神病院扎实开展学习教育,加强医德医风建设,深化优质服务,开展"三好一满意"活动,严格执行卫计委的"九不准",严格岗位责任制建设,实行民主测评,结果与绩效挂钩。每月召开医患座谈会,进行满意度调查,听取病人及家属的建议。对满意度调查低于90%的,或患者家属对主管医师的姓名不清楚的与医护人员绩效工资挂钩,进行惩罚。。

【医院管理规范】 县精神病院规范医院管理,提高医疗质量。一是强化各项管理。安排部署晋升二甲医院工作,对照标准,完善各项制度,新出台第三版《规章制度》,加强岗位责任制建设,医院各项工作迈向制度化、规范化、科学化。二是规范医护工作。全院每项工作都坚持督查落实制度。医护人员进行防外走、输液不良反应、噎食、防跌倒,以及院感暴发等演练,全员进行成人心肺复苏术的实践演练和考核。并实行预约门诊服务。三是严格医疗文书。对住院病历、病程记录及其相关资料的书写进一步规范,全院连续几年病历回收率达100%,甲级病历达90%以上,处方及门诊病历书写规范,文书档案归类有序,连续多年无医疗纠纷和重大医疗事故发生。全院临床医技人员继续教育覆盖率和年度学分达标率均为100%。四是强化优质护理。健全和完善护理责任制度,护士每天到病房了解患者病情变化和生活所需,经常性开展健康教育活动,加强与患方沟通,完善护理量表的使用。加强手卫生的培训和监督检查,规范对医疗废物的管理,护理文书合理率达95%以上。五是完善依法执业。工作人员中有3人通过精神科医师培训,4人通过医师执业资格考试,3人通过助理医师考试。六是加强科室建设。检验科置换奥林巴斯800速全自动生化检测设备,新开展氢—25维生素D和尿沉渣形态检测项目。严格执行"一人一带一巾一针一管"规定,防止交叉感染。放射科更新放射设备,采购DR设备,规范外院医师工作程序。药剂科坚持"零差率",严格药品采购程序和资质审核,实行网上"阳光采购"和"两票制"。认真执行药品"三统一"政策,公开国家基药价格。严格执行二类精神药品的使用与管理制度,实行"三级管理"和"五专管理",设置药品"高危"警示标签。开展处方点评,建立药物使用评价体系。七是提高信息化工作。新装门诊电子病历、漏费系统、临床路径系统和物资管理系统等,增加和完善全院监控系统。八是强化康复工作。多次派吴征兵、卫晓鹏等同志外出参加有关康复会议和培训,全面掌握康复知识。6月,康复中心投入使用。

【人才队伍建设】 县精神病院注重人才建设,提高服务质量。一是广纳优秀人才。全年共招聘医护技专业人员35名,其中临床医师3名,音乐治疗师1名,康复师1名,护士24名,检验师1名,护工5名。2名同志在全县专业人才招聘考试中入围,杨云入编。二是创建学习型医院。先后选派王瑞金、解红蕊、黄帆三名同志到北京安定医院进修精神科护理培训。全年共计30批次65人次参加国内专业短期培训。国内知名专家来院讲学8次。共组织院内学习近100学时。举办青年医师演讲比赛,任瑛、白高榕、卫效鹏分别获一二三等奖。白高榕参加全省病历演讲比赛获冠军。开展专业知识考试、技术比武、精神科防暴技能培训,提高护理服务质量。加强全员手卫生知识的培训、考核和监测。有2人通过副高考试。三是加强横向联系。与山西省精神卫生中心进行医联体业务合作,签订合作协议,3月,与永济康宁医院签订医联体协议。

【管理水平提升】　县精神病院力抓"四项工作",提升管理水平。一是抓好项目与试点工作。多次接受国家督导和省市检查,参加全国试点总结培训会,"三率"等数据圆满完成国家规定的任务,稷山居运城之首。作为运城市精神病防治办公室领导机关,县精神病院组织相关人员多次参加部、省级的会议、培训等,并对全市各相关单位及县市相关人员进行培训、督导、检查,促进全市工作开展。实行贫困人员家庭签约服务制度,组织医务人员到全县209户建档立卡户家中,了解和掌握第一手材料,送医送药送温暖。二是做好医保工作。加强与各县(市、区)新合办的沟通,开通并不断完善全市参合病人的直报手续,使医保工作迈向规范化。健全和完善"一站式"直报结算服务。出院当天全部直报,结算时间不大于2小时。此模式在全省推广,受到国家督导组的好评。11月,开通除平陆和盐湖区之外的全市各县的民政五保和低保的直报业务,方便更大范围内的患者。三是做好后勤保障工作。1月,封闭七区投入使用。6月,康复中心投入使用。大路维修竣工,更新院牌,对全院外墙和室内破损墙面进行维修,增设便民设施。环评及消防合格验收。四是做好财务管理。严格物价收费标准,严格报销签字审核规定,所有物品采购报销必须由当事人、分管领导及院长三人签字,最后由财务科再行审核。

【两个效益提高】　县精神病院提高社会和经济效益,优化职工待遇。一是社会效益提高。2017年门诊量为3.94万人次,增长13.38%。入院病人1778名,出院1735名。日均住院346.6名,增长14.73%。平均住院日为64.07天。全年痊愈率占7.7%,显进占7.16%,好转占83.14%,无效占0.86%,其他占1.15%。总好转率达到98.07%。实行免费住院。凡有医保证的稷山籍患者,只要持有民政部门颁发的低保证和五保证患者,并有民政部门开具证明的,均能在本院实行免费住院,所有费用实行由医保报销、民政救助、残联补助、医院减免。截至11月底,共为185人次住院提供减免费用31万余元。二是经济效益增强。全年业务收入为3369万元,较上年增长26.9%,创历史新高年。三是固定资产增加266万元,大于5万元以上的主要有:心测软件、音乐治疗仪、空调机房及中央空调移动、新增中央空调模块机、门口大路及立柱广告牌、放射科DR、中联门诊工作站及漏费系统和物资管理、心电图机等。

疾病控制

【党建和党风廉政建设加强】　2017年,县疾控中心党支部高度重视党建和党风廉政建设,严格落实好党支部主体责任和党支部书记第一责任人责任。一是组织全体人员开展推进"两学一做"学习教育常态化制度化、"维护核心见诸行动”“三基建设”“三问四比”等主题学习教育活动。二是突出重点，开展廉政警示教育活动。组织全体人员学习《中国共产党廉洁自律准则》《中国共产党纪律处分条例》《中国共产党党内监督条例》等法律法规，到马家沟红色教育基地学习，参观“运城市纪检委廉政教育网上展馆”，开展警示教育。三是开展纪律作风大整顿活动和中梗阻治理活动，成立领导组，8月29日召开动员会，确定重点解决工作纪律落实不力、工作态度消极等问题。2017年全年无一例违纪违规事件发生。四是进行巡察反馈建议整改工作。5月3日至7月3日，县委第一巡察组对县疾控中心进行巡察，提出工作中存在的“党的领导方面、党的建设、全面从严治党不力和其他”4个方面16个问题和不足，并有针对性提出4项整改建议。县疾控中心先后3次召开班子会、股室负责人和全体人员会议，分析原因，查找症结，落实整改责任人、时间和目标，进行认真整改。进一步完善管理制度和工作职责流程等规范性文件，主任与副主任、分管主任与各科室主任签订《一岗双责目标责任书》，明确中心各类人员责任目标。同时，将机关各项制度与问责追究相结合，用制度切实保障作风建设效果。

【传染病报告与管理】 县疾控中心完成传染病网络直报的医疗卫生机构和报告人员的基本信息登记和系统维护工作，落实网络信息管理和岗位责任制，坚持每日六审核制度。截至年底，全县20家疫情直报单位共报告法定传染病2325例，死亡1例，无甲类传染病报告。对手足口等重点传染病全部进行个案调查和样品采集，达到法定传染病报告单位覆盖率达100%，重点传染病个案调查率达100%。对3起突发公共卫生事件进行规范处置。收到传染病自动预警51起，其中流行性感冒4起、流行性腮腺炎9起、麻疹3起、手足口病2起、其他感染性腹泻32起，全部进行及时核查处理。全年完成传染病信息报告情况专项督导和现场指导，先后3次开展县乡村三级传染病防治知识培训，提高乡村两级人员的业务知识水平，规范传染病报告工作。在艾滋病防控方面，截至2017年12月31日，全县累计发现并确认艾滋病感染者/病人136例，其中已发病死亡54例，可随访管理82例，77人正进行抗病毒治疗。对娱乐场所每月进行一次行为干预，共干预暗娼225人，HIV筛查142人；羁押人员筛查206人；完成大众人群自愿咨询检测600人，完成550人的目标。2017年新发现艾滋病感染者、病人19例，首次随访率100%。对79例HIV/AIDS进行CD4检测，76例进行病毒载量检测，随访检测率96.34%。抗病毒治疗77人，治疗率93.90%。与中国科学院广安门医院合作，为22名CD4较低的艾滋病人进行免费中医诊治和中药治疗。配合智行基金为7名受艾滋病影响儿童发放1.04万元助学金，给5例艾滋病人发放奶粉米油等营养品。配合红十字会为3名生活困难病人发放1500元救助金。在结核病防治方面，截至12月31日，确诊肺结核病人98例，其中：初治涂阳27例，复治涂阳2例，涂阴63例，结核性胸膜炎6例。县疾控中心确定专人对疫情报告中病人进行追踪，共追踪77例，其中重卡18例、住院5例、出院病人4例，追踪到位57例，外单位管理1例，追踪率100%，到位率100%。涂阳病人密切接触者筛查率100%。3月24日，在县委广场进行结核病防治宣传。11月3日，在大红楼对乡村两级241名结核病防治人员就结核病患者管理进行相关知识培训。

【公共卫生事件应急】 县疾控中心组织全体人员学习《山西省突发事件应急预案管理办法》，更新突发公共卫生事件防控应急方案、疫情防控技术方案，调整防控领导组、专家组及应急小分队，对单位全体人员进行专门培训。利用暑假期间教师培训的时机，对小学校长、幼儿园园长等200余人开展专题培训，要求全县各中小学校开展晨检。在应急物质储备方面，购买采样箱、应急服、含氯消杀药品10件，消毒液200瓶及个人防护用品，以应对传染病疫情的发生。

【免疫规划管理】　县疾控中心全年完成冷链运转12次，为各接种门诊提供12种一类疫苗和注射器。全年应接种各类一类疫苗9.49万人次，实际接种各种一类疫苗9.44万人次。各种疫苗报告接种率均达98%以上。对19例疑似疫苗接种异常反应进行规范调查、处置和报告。一年来共开展六项。一是4月25日，开展以“规范接种疫苗，共建健康中国”为主题的预防接种日宣传活动。7月28日，开展以“规范检测治疗，遏制肝炎危害”为主题的“世界肝炎日”宣传活动。二是为全县12个乡镇预防接种门诊统一装备针式打印机，规范预防接种证的填写，减少人为填写错误发生。5月7日—8日，聘请沈苏公司工程师，对全县12个乡镇接种单位的23名免疫规划工作人员就金苗客户端的使用进行系统培训。三是7月5日，对全县12个乡镇接种单位和3个产科接种单位的共180余名工作人员开展了2016版《预防接种工作规范》和《国家免疫规划疫苗儿童免疫程序及说明》的专业培训。四是分别于2月17日—3月1日、3月26—30日、8月8日—21日和11月20日—30日，分4次开展预防接种工作专项督导。督导内容主要包括预防接种服务的适龄儿童建证建卡率、适龄儿童一类疫苗接种率、入托入学儿童查验接种证和疫苗补种情况，对督导发现的问题给予现场指导，并撰写督导报告报县卫计局。五是协调县教科局完成预防接种证查验工作。对全县各学校校长、幼儿园园长、卫生院院长、防保医生共278人在稷峰一中进行《全省托幼机构、学校预防接种证查验和疫苗补种工作方案（试行）》系统培训，进一步明确预防接种证查验工作的重要性和责任主体、具体内容、工作流程等。六是开展适龄儿童疫苗接种率调查任务。11月20日—30日，对7个乡镇、30个村、210名2013年7月1日—2016年6月30日之间出生的儿童进行接种率调查。各种一类疫苗接种率均达到90%以上，超过国家要求指标。

【慢性病管理】　县疾控中心全年登记高血压3.51万人，管理高血压人数3.41万人，管理率97.8%，规范管理2.47万例，规范管理率72.37%，血压控制数2.36万人，控制率74.3%。登记糖尿病6518人，管理糖尿病人数6193人，管理率95%，规范管理4162人，规范管理率67.2%，血糖控制人数3698人，控制率为69.97%。癫痫防治项目2017年筛查病例984例，现入组治疗管理352例。做好“国家慢性病综合防控示范县”工作，组织人员到已经通过国家复核的寿阳县参观学习，持续开展疾病监测工作，报告死亡人数1893例，恶性肿瘤315例。4月25日，举行第二届“万步有约”激励大奖赛活动启动仪式，活动正式比赛从5月11日开始，到8月18日结束，历时100天。全县组织10个健走团队，340余人参与健走活动，通过实地健走、体质测量和知识考核3项活动，稷山县获得全省综合成绩第三名。

【地方病防治】　5月15日，县疾控中心与县盐业公司合作，在县城联合开展宣传咨询活动。县政府副县长史志国参加宣传咨询活动。共出动宣传车3辆，出巡回宣传展板5块，发放宣传海报、宣传围裙、宣传袋等宣传物品及各种宣传资料3000余份，稷山电视台、《稷山新闻》报进行新闻报道。开展碘盐监测活动。4月13日起，通过随机采样采取5个乡镇20个行政村300居民户的食用盐和乡镇零售点的盐样25份，进行食盐含碘监测，碘盐覆盖率67%，合格碘盐食用率67.3%，未达到国家控制指标。从数据上分析，属于历年来最低的一年。在布病防控工作上，制定防治工作方案，实施疫情监测月报告制度。在《稷山新闻》报刊登布病防控知识。截至年底，全县共报告布病22例，全部进行流行病学调查。

【监测工作开展】 在居民饮用水卫生监测工作中，县疾控中心随机抽取5个乡镇、4所乡镇学校和6份城市供水共31个监测点，进行枯水期和丰水期水质分析，数据已完成上报。在食品安全风险监测工作中，进一步健全监测网络，明确哨点医院和乡镇卫生院人员工作职责，建立工作例会制度，收集医疗机构、乡镇卫生院关于食源性疾病和疑似食源性疾病/异常健康事件报表288份，食源性病例采集信息完成160例。食品安全风险监测样品15份送市疾控检测。6月8日，对全县14家医疗机构进行2017年食品安全风险监测方案培训。2017年网报177例病例信息，超过任务数。12月19日，对一起6例因食用自制牛肉亚硝酸盐中毒事件进行调查和网报。为4144名食品药品从业人员进行预防性体检。稷山县是山西省疟疾媒介按蚊监测县。截至10月底，完成11次夜晚监测，通过分类辨别，发现淡色库蚊、骚扰伊蚊、济南库蚊等蚊种，未发现中华按蚊，圆满完成监测任务。

【健康教育和促进活动开展】 县疾控中心开展多种形式的健康教育和促进活动。一是制作并下发"无烟家庭倡议书""三减三健"核心信息传单6种、地方病传染病宣传折页5万份、慢性病防治系列宣传册2万册。制作艾滋病防治知识作文本2万本，下发到中学校在学生中广泛开展艾滋病防治知识宣传。二是在《稷山新闻》报设立健康促进专栏，在县电视台播放慢性病防治宣传片进行宣传。三是利用各种卫生宣传日开展"3·24"结核病日、"4·25"计划免疫日、"5·31"世界无烟日、"9·1"健康生活方式日等主题宣传活动11次。四是设立稷山县疾控中心微信公众平台，向广大群众宣传疾控知识、报道疾控动态。五是开展健康教育"六进活动"，到机关、学校、医院、企业、村(社区)和居民家庭发放健康教育宣传材料、开展面对面宣传活动。

【基础建设】 县疾控中心按照预防性健康检查对实验室的布局要求，完成实验室重新规划改造任务。强化冷链建设，经申请山西省卫计委，为稷山县装备疫苗冷藏车一辆。完成中心预防接种门诊建设。规范档案管理，购买档案柜等设备，设立专门的档案室，对所有资料统一归档统一管理。成功创建市级精神文明单位。

【扶贫工作开展】 按照县统一部署，清河镇吴壁村是县疾控中心定点帮扶村。共建档立卡贫困户34户98人，2017年已脱贫5户17人，死亡1户1人，1户4人，现有五保贫困户5户5人，低保贫困户18户57人，深度贫困户15户27人。为了做好贫困户帮扶工作，我单位一是成立了帮扶领导组，落实了帮扶责任制，组织人员多次进村入户了解贫困户现状、帮助解决生产生活中的困难，宣讲党的十九大精神和国家帮扶政策。二是在2017年春节来临之际，给贫困户发放米面油麻花等生活用品，保障过一个祥和的春节。三是对2户因病致贫，仍需继续治疗的，组织人员捐款5000余元，帮助继续治疗。四是帮助身有残疾人员申请残疾证，为两名残疾人申请轮椅2辆。

卫生监督

【综合监督开展】 2017年，县卫生监督所围绕七大工作目标任务，扎实开展综合监督。一是对全县378家各类医疗机构卫生进行监督检查，其中二级医院3家，专科和民营医院12家，乡镇卫生院11家，村卫生室和个体诊所375家。重点是打击“两非”、整治医疗美容秩序和聘用无医师资格证人员，对存在问题的医疗机构下达整改意见书130余份。全年各类违规处罚10.6万元，做到监督全覆盖。二是对全县199家各类公共场所卫生进行监督检查、量化分级管理，其中，洗浴和美容美发店127家，游泳馆1家，宾馆31家。重点检查卫生许可证和健康证的持证上岗、卫生管理制度及消毒管理制度的落实等，对存在问题的公共场所下达整改意见书360份。结合创建省级卫生县城工作，督促五小场所换证办证53件，整治不达标五小场所50余家。三是对全县121所各类学校卫生进行监督检查，其中小学100所、初中10所、高中4所、民办学校7所。重点检查学校传染病、常见病防控及突发公共卫生事件应急管理、教学环境、生活环境、生活饮用水卫生等。对存在问题的学校下达整改意见书121份。四是对全县41家集中式供水单位进行监督检查，其中日供水千吨以上的7家，自建设施供水8家，农村设计日供水百吨以上的11家，百吨以下的15家。对存在问题的供水单位下达整改意见书41份。五是对单采血浆机构进行监督检查3次。六是对全县19家放射诊疗机构进行监督检查。重点检查放射诊疗机构的《放射诊疗许可证》和《放射工作人员证》办理情况、放射诊疗建设项目职业病危害评价情况、设备状态检测情况和放射工作人员职业健康监护情况、放射工作人员个人剂量监测情况以及劳动合同签订和职业病危害忠告等。下达整改意见书19份。七是对全县1家职业健康体检机构进行监督检查，重点检查机构资质、人员资质、仪器设备技术报告、档案建立、质量管理体系运行情况，并针对存在问题下达整改意见书。八是做好卫生监督协管服务，共组织例会学习12次，收集协管报表144份，下乡指导24次，下达协管意见书24份，协助各监督站整理档案，下发档案明细表12份。收集各种信息214项，全部转交监督科室查处。九是建立信息库，完成各项信息报告，做到监督检查情况和上报信息录入一致。十是完成上级下达的“双随机”监督检查工作任务。

【专项整治推进】　县卫生监督所组织开展了《传染病防治法》等法律法规落实情况的监督检查、生态环境突出问题自查自纠工作、公共场所卫生专项监督检查、城乡供水单位专项摸排整治、学校卫生专项监督检查、打击非法行医专项行动等六个方面专项整治。分别召开专题会议研究部署，制定工作方案，进行专项培训，落实工作责任，严格督促检查落实。在传染病防治法等法律法规落实情况监督检查中，共检查各类医疗机构260余家，下达整改意见书260余份。在打击非法行医专项整治中，取缔无医疗机构执业许可证的非法行医诊所40家，没收药品9箱，医疗器械21盒，共处罚金3.2万元。受理群众举报6件，全部做到及时处理、反馈，有效震慑各类违法违规行为。

【监督水平提升】　县卫生监督所强化5项措施，全面提升监督水平。一是抓培训促学习。扭住理论学习不放松，深入学习习近平系列重要讲话精神、十九大精神党规党纪及，提高全员思想政治觉悟；扭住业务学习不放松，组织内部业务培训每月一次，每次一考，及格率达90%以上。网络在线培训17人，总学分1186.5，人均学分69.7。参加全市卫生计生监督技能竞赛，取得较好成绩。聘请常年法律顾问赵建宏，对行政执法案件进行问诊把脉，培训授课。二是抓廉政改作风。构建风险防控机制，开展纪律作风大整顿活动，以“两学一做”学习教育常态化制度化为契机，推进机关作风建设，制定支部班子成员的主体责任清单和问题清单，查找问题20余条。班子成员带头制定问题整改措施20余项，完善廉政建设制度和作风建设制度10余项。三是抓稽查建制度。开展2017年度行政执法案件评查活动，重点对监督员执法中主体认定、收集证据、程序规范、法律适用、办结时限、自由裁量权标准、着装风纪、文书书写等方面进行集中评查规范。评选出简易程序和一般程序优秀案例5个，优秀科室2个，制定完善稽查工作制度3项。四是抓宣传造氛围。利用法治宣传日，印发宣传手册，出动宣传车进行宣传。突出宣传打击非法行医、打击“两非”、整治违规违法医疗美容、规范职业健康体检行为、规范放射诊疗行为等5个重点内容。同时，在监督执法过程中，对从业单位、从业人员进行现场培训，增强从业人员的法律法规意识，减少执法阻力，提高监督效率。五是抓服务保便民。在省级卫生县城创建工作和公共场所日常监督中，摸索出为从业单位和群众提供一次性告知、一站式办证，一条龙服务的换证办证新模式，督促从业单位人员换证62件，办理健康证208件。

市场和质量监督管理

【监管队伍建设】 2017年，县市场监管局为提升监管队伍整体水平，强化素质能力建设，组织各类法律法规、业务培训46次，参训人员524人次。根据市工商局的要求，全局公务员参加国家工商总局组织的网上业务培训；落实市食药监局开展食品安全标准技能竞赛活动，组织全局执法人员开展网上答题工作；组织全局执法人员利用手机或电脑进行无纸化学法考试；政策法规股组织各所执法人员开展行政处罚案卷相关知识培训，多种形式的业务培训，推动工作高效率、高质量地开展。同时，落实巡察整改工作。接受县委第四巡察组对县市场监管局开展的政治巡察，针对提出的4个方面12项问题，研究制定整改方案，抓好问题整改落实，切实以巡察整改的实际成效推动局机关党的领导、党的建设、从严治党各方面工作的大提升。

【商事制度改革】 县市场监管局继续推进企业“五证合一”和个体工商户“两证整合”改革。截至年底，已为全县2018户企业进行换照，颁发新版个体工商户营业执照1557户。深化“先照后证”改革，减少审批环节，放宽市场准入，激发民众创业热情。全年全县新增各类企业441户，个体工商户1557户，新增食品经营许可证267户。按照国家工商总局相关规定，3月1日起，全面实行企业简易注销登记改革，解决企业“退出难”的问题。全年共办理简易注销36户。推行市场主体全程电子化登记，开展网上核名和网上注册工作，外网注册39户，内网名称审核214户。

【事中事后监管】 县市场监管局加强事中事后监管，维护市场秩序稳定。一是强化信用体系建设。组织商改领导组各成员单位参加“国家企业信用信息公示系统（山西）”业务培训，推进全县市场主体信用信息的互联互通和交换共享。2017年我县36个行政单位归集公示行政许可、行政处罚各类涉企信息2297条，实现涉企信息归集政府部门的总体覆盖率达到70%以上的目标。二是开展市场主体年报公示工作。采取加大宣传力度，加强业务培训，提升服务水平，强化工作督查等措施，稳步推进年报公示工作。截至6月底，全县企业年报率为90.08%，农民专业合作社年报率为76.7%，个体户年报率为86.23%，较上年均有明显增幅。三是开展两次双随机抽查工作。对移出经营异常名录的企业定向综合抽查，对2016年度市场主体年报信息进行双随机抽查，并依法对抽查、检查结果进行公示。四是开展无照经营专项治理。结合“四治六化”城乡集中整治攻坚行动，检查经营户330户，发现证照过期和无照经营20户，督促办照14户，取缔1户。

【食品安全工作强化】 县市场监管局围绕创建国家食品安全城市工作，夯实基层基础，提升能力建设，强化监管措施，推动社会共治，探索出一条“食安稷山”的创建之路。基层能力建设方面，新建规范化、标准化、专业化的基层站所7个，高标准快检室5个，配备执法车辆13辆，公众信息查询台2个，移动执法终端72台。信息化建设方面，依托“互联网+”新理念、新技术、新模式，通过建立“智慧食药大数据综合服务平台”，科学地将移动执法终端、电子公众查询设备、二维码赋码追溯系统与平台进行有效对接，实现对辖区内食品药品安全状况“全方位、全环节、全流程”的立体感知和智能监管。检验检测体系建设方面，国家食药总局区域性食品安全检验检测中心项目正在施工建设中。圆满完成全年各项抽检检测任务，配合国抽省抽30余个批次，市抽205个批次，自主抽检1091余个批次，快速检测食品100余个项目，400余个品种，1020余个批次，超市、农贸市场上传上报食品安全快速检测1200余个批次。食品安全监管方面，在生产环节，同全县食品生产经营企业百分百签订食品安全责任书，强化主体责任落实；为全县80%的食品生产企业安装电子追溯系统，实现产品从原料到销售全过程可追溯；按照“示范一批、许可一批、整改一批、取缔一批”的原则和“三规范四到位”整治标准，对辖区内60余家食品小作坊进行提质达标。先后对辖区内包装饮用水企业开展为期2个月的集中整治，对白酒、食醋、面粉、食用植物油、蜜饯等五类食品生产企业突出问题进行专项整治，开展食品标识标注专项监督检查，针对发现问题，提出限时整改要求，保障群众饮食安全。在流通环节，组织开展“元旦春节”两节市场流通环节专项整治，进口食品专项整治，猪肉市场专项整治，婴幼儿配方乳粉专项检查，流通领域“大排查大整治”，食品经营领域水产品抗生素、禁用化合物及兽药残留专项整治等多个专项整治行动，进一步净化流通领域市场环境。开展流通领域食品安全示范乡村创建工作和“放心肉菜示范超市”创建活动。在餐饮环节，开展学校食堂食品安全集中检查、网络订餐专项整治、学校食堂及周边餐饮服务店专项整治、重大活动及中高考期间食品安全保障工作、网络餐饮食品安全监管，餐饮服务“明厨亮灶”工程建设等多项工作，强化监管，实现餐饮行业食品安全事故“零报告”。坚持“典型引路，示范带动”的思路，开展稷峰街食品安全一条街示范创建工作。抓好城乡集体聚餐的指导管理，采取图文并茂形式，编写简单易懂的城乡集体聚餐食品安全管理知识宣传册；推广使用移动冷藏车和新型清洁移动天然气炉灶；自主研发城乡集体聚餐APP，实现聚餐监管信息化。2017年全县城乡集体聚餐申报备案153户，新增示范点3家，移动冷藏车2辆，使用新型移动天然气炉灶96户次。社会共治方面，利用“12315国际消费者权益日”，“12331投诉举报宣传日”、食品安全宣传周等主题宣传日开展宣传活动；加强与中国医药报、中国网聚焦山西、今日头条等媒体战略合作，宣传报道食品安全城市创建工作；通过“食安稷山”微信公众平台，及时发布食品安全科普知识和创建工作情况；拍摄创建国家食品安全城市宣传短片《追梦前行唱食安》，受到社会各界广泛关注和一致好评。

【公平交易执法强化】 县市场监管局以与人民群众生活密切相关的消费品行业、公用行业为监管重点，开展集中整治仿冒侵权行为专项执法行动;以供电、供水、供热、供气、公共交通等垄断性企业为重点,严厉打击具有独占地位经营者限制竞争行为。开展打击传销、规范直销工作,对以“招聘、介绍工作”为名从事传销活动的行为进行专项整治,排查各类经营单位26户次。加强对直销专卖店、服务网点、经销商的行政指导力度,教育引导直销行业规范经营、健康发展。集中开展整治非法集资行动,建立健全风险隐患台账,做到问题早发现、早处置。

【环境综合治理】 县市场监管局围绕全县环境治理工作,先后开展土小企业整治工作,取缔2户土炼(洗)油;燃煤锅炉整治工作,注销13家10吨/时及以下在用燃煤锅炉;“三治一化”餐饮业整治工作,为城区60多家餐饮户全部安装油烟清洁设备;民用散煤整治工作,取缔70户无照经营户。结合《2017——2018年秋冬季大气污染综合治理攻坚行动方案》,开展成品油市场监管和车用燃油质量检测工作。

【商标广告监管】 县市场监管局通过建立培育帮扶机制、长效监管机制、教育引导机制、行政指导机制,部门协作机制,提升商标监管服务水平。全年培育帮扶企业注册商标25件,转让2件,许可2件,续展4件,推荐山西省著名商标4件。先后对媒体宣称的具有治疗作用的保健用品广告、农资广告、非法集资广告开展专项整治,净化广告市场环境。开展“双打”工作,查处侵犯驰名商标、著名商标、地理标志、涉外注册商标专用权的违法行为和“傍名牌”等不正当竞争行为,围绕农贸市场和食品市场整治工作,对农资经营场所和种子、化肥、农药等重点品种进行整治,严厉打击仿冒知名食品特有名称、包装、装潢等违法行为。

【合同行政监管】 县市场监管局开展合同格式条款专项整治,全年摸底排查保险、物流、快递从业单位166户,检查格式合同96种203份,约谈企业负责人35人次。开展“守合同重信用企业”公示活动,推动企业诚信体系建设。全年通过网上申报、网上审核、网上公示的“守、重”企业21家。规范抵押登记、拍卖备案工作。

【整治检查】 县市场监管局开展各类整治检查,规范药械市场经营秩序。一是严格药械经营审批许可工作。配合市局共完成药品许可事项12家,其中开办1家,GSP认证4家,变更8家;完成器械许可事项6家,办理器械备案5家。二是抓好药械市场专项检查工作。开展透明质酸钠专项检查,药品流通领域专项检查,药品医疗器械冷链检查,规范药械市场经营秩序。三是开展药店诊所药品质量安全集中整治,规范零售药店和诊所药品购进渠道、储存条件及药学服务,查处药品销售使用环节违法违规行为,保障公众用药安全有效。四是坚持风险严控,对辖区内24家药品经营企业进行年度跟踪检查,及时消除药品安全隐患;五是对全县医疗机构在用大型医疗设备开展专项整治,对其管理、使用等情况进行认真检查,确保群众生命安全。

【保化市场监管】 县市场监管局通过开展“3·15”期间保健食品、化妆品夸大宣传、索证索票管理专项整治和以县城区、乡镇及城乡接合部为重点检查区域的食品、保健食品欺诈和虚假宣传专项整治,规范保健食品市场经营行为加强药品/医疗器械不良反应监测工作。做好药品/医疗器械不良反应的宣传培训和药品不良反应信息监测的收集、上报工作;建立药品/医疗器械不良反应监测信息员库;“国家化妆品不良反应监测系统”上线正常运行,全年共上报药品不良反应信息385例,医疗器械不良事件90例,化妆品17例。

【特种设备安全监管】 县市场监管局明确监管责任,落实特种设备安全监管主体责任,与全县235家特种设备使用单位签订《特种设备使用单位安全主体责任承诺书》。年初召开全县特种设备安全会议，与城建、教育、安监和各乡镇签订2017特种设备年度目标任务书，明确行业、领域主管部门管行业管安全的监管责任和属地监管责任。同时加强专项整治，先后开展液化气站和气瓶专项整治、涉氨制冷企业专项整治、燃气管道专项整治、燃煤锅炉及节能工作专项整治、特种设备安全大检查工作，共排查企业235家，特种设备1887台，管道15.98万米。

【质量强县战略实施】　县市场监管局实施质量强县战略，增强计量支撑作用。一是实施名牌战略。做好山西省名牌产品发动、受理、实地初审等相关工作，稷山县"山西晋龙集团饲料有限公司"和"天圣制药集团山西有限公司"两家企业被成功推选为山西省名牌产品；指导办理工业产品生产许可证1家（山西海之通线缆有限公司），申报市级农业标准化示范区项目1家（山西峨眉岭中药材有限公司）。二是开展监督检查工作。对注销生产许可证企业、食品相关产品生产加工环节、监测用计量器具、电线电缆生产企业、能源计量、农资市场、油品市场等多个领域开展监督检查，认真落实质量安全监管责任。三是开展标准认证工作。指导山西阳煤丰喜泉稷能源有限公司建立计量标准，办理管理体系认证企业14户、质量管理体系认证13户、环境管理体系认证5户、中国职业健康安全管理体系认证2户、绿色食品认证1户、有机产品认证2户。四是做好民生计量工作。对全县的电子汽车衡、燃油加油机以及市场流通领域的其他计量器具全面开展检定。

【消费维权力度加大】　县市场监管局围绕"网络诚信 消费无忧"年主题开展"3·15"消费者权益保护日宣传活动，宣传当天现场受理投诉2起，网络投诉1起，电话咨询14起，接待群众咨询200余次。全年依法受理消费投诉35起，成功调解32起，调解率91.4%，为消费者挽回损失8.9万余元。落实消保、消协、12315"三位一体"的保护消费者合法权益机制，畅通电话、网络投诉举报渠道，全年共受理各类消费投诉125件，成功调解103起。在全县流通领域开展打击假冒他人注册商标、仿冒知名商品名称、擅自使用他人企业名称等违法行为，净化流通领域市场环境，维护消费者合法权益。

【稽查执法办案】　县市场监管局先后组织开展春节食药专项、药械专项、保化专项、打击无证经营专项活动，共监督检查从业单位100余户，立案17起，结案16起。对上级移交、部门移交、市县协同的案件坚持第一时间进行查处，共办理移交、协同案件16起，其中，立案2起，结案2起，协助办案14起；同时针对夏季高温时间长的特点，主动出击查处药品配送情况，对发现违法行为的线索绝不放松，立案5起，结案5起，罚没款3.5万余元。联合公安、环保、土地等相关职能部门对县辖区内两家轧钢落后产能企业进行取缔；配合相关职能部门参加政府组织的取缔五小企业行动、"四治六化"行动，取缔土小砖窑行动。开展依法整治源头超限超载专项行动检查各类汽修厂489户次，储售煤场277户次，取缔散煤户48户，办理县治超办转办案件2起。

【非公党建水平提升】　县市场监管局继续扩大"两个覆盖"，提升非公党建整体水平。一是加强非公企业党组织建设。选派118名党建指导员进驻全县85个非公企业党支部开展党建指导工作。二是做好党建基础工作。在非公企业中开展"树旗帜、当标兵""戴党徽、亮身份、做表率"等主题实践活动，发挥党员的先锋模范作用。按照"坚持标准、注重质量、改善结构、慎重发展"的16字方针，全年非公企业党组织新发展党员重点培养对象40名。开展非公企业党组织和党员基本信息采集录入工作，做到底清数明。

开展党费收缴“回头看”工作，规范党费收缴工作。三是强化党员基本能力。全年组织全县8个非公党建指导站负责人，85个非公党组织书记，118名党建指导员以及全体非公经济组织党员，参加为期3天的党务工作者及党建指导员专题培训班。7月，组织非公企业62名党员参加全县基层理论宣讲员培训，11月，由非公企业主办、山西一生情枣业有限公司联合党支部协办“学习贯彻十九大、跟党奋进新时代”宣讲十九大精神主题活动，激发党员干部干事创业热情。

【精准扶贫工作推进】 县市场监管局围绕产业扶持、技能扶持、资本扶持和不断改善贫困群众基本生产生活条件的工作路径，坚持领导带头，以上率下的基本工作方法，全面实施“两包三到”精准帮扶联动机制，推动精准扶贫工作扎实开展。2017年帮扶的5个贫困村，共有25户63人实现脱贫。

社会生活

民政优抚

【日间照料中心建设】 2017年，县民政局新建47个日间照料中心。2月，在县委六楼召开全县农村社区老年人日间照料建设工作推进会，以政府名义出台《稷山县农村社区日间照料中心建设与运行管理办法》和《稷山县农村社区日间照料中心建设与运行绩效考核补贴办法》，制定老年人日间照料中心建设基本标准。由政府督查室牵头，组织进行3次日间照料中心建设专项督查。截至年底，47个日间照料中心均已建设完成并投入运行。9月，全省农村社区老年人日间照料建设推进会在运城召开，稷山县作为唯一一个参观点接受与会人员观摩指导。

【换届选举完成】 县民政局组织人员对全县200个村和3个社区居委会进行村情民意调研，并将调研情况上报县委、县政府主要领导。联合农经、组织、审计等部门对村委干部离任审计工作进行安排部署。开展软弱涣散村级组织治理和"村霸"打击工作，为换届选举营造良好环境。9月，省、市动员会后，起草出台县《第十一届村委换届选举实施方案》和《第六届社区居委会换届选举实施方案》，印制通告1000余份，提醒手册5000余份，培训手册800余份，并于10月24日召开全县村（社区）两委换届选举动员培训会。会后，组织人员先后30余次深入乡村解决问题，处理上访，到12月12日，全县200村全部完成选举。

【涉军维稳工作推进】 县民政局走访820人，逐人填写《退役人员基本情况表》，每人发放200元标准的慰问品。根据走访摸排情况，建立军队退役人员台账，做到家庭情况清、主要诉求清、帮扶需求清、工作措施清。县委、县政府主要领导向全县26名部分军队退役人员重点对象发放"温馨联系卡"，实行"五包一"，落实"五包"责任，逐人逐案化解矛盾。4月，解决档案滞留在县民政局的既不服从分配，又不自谋职业的4名转业士官和1名义务兵问题，通过其档案记录进行量化打分、安置，对全县参战、参试人员进行普遍慰问。为全县优抚对象悬挂光荣牌。解决部分下岗失业破产企业志愿兵职工养老保险缴费问题。对分配到企业的41人没有启动城镇职工养老保险的，给予每人3000元的一次性生活补贴。对70余名生活困难的下岗失业转业志愿兵给予2000—3000元的困难补助，帮助其解决生活、住房、医疗困难。为3名复员干部发放生活补助，每人每月1450元，取暖费每人2400元。通过对涉军人员思想教育和解困帮扶工作，逐人谈心谈话，消除影响稳定的隐患矛盾，确保全县没有出现赴省进京聚访事件发生。

【地名普查工作推进】 县民政局开展第二次全国地名普查工作任务进展顺利。4月,迎接省、市的第一次验收工作,并根据验收提出的8个节点进行充实完善。5月,将完善后的普查资料提交省验收组进行第二次验收,并根据验收结果进行完善。6月,将有关材料递交国普办进行验收。现正在进行地名成果转化的准备工作。

【社会救助体系建设】 县民政局对城乡低保资金按时发放到位。全年累计发放农村低保救助资金1256万元,城市低保救助资金437万元。城乡低保春节前一次性补贴按时发放到位,农村低保发放144万元,城市低保发放40万元。根据《关于提高城乡低保保障标准的通知》(运民发〔2017〕60号),对在册的城乡低保对象均从2017年元月1日起补发40元,提标资金已补发到位。进一步规范城乡低保复核工作,使各乡镇城乡低保复核工作走向制度化。出台《稷山县2017年农村低保扶贫行动计划方案的通知》。医疗救助和临时救助开展,截至年底,共医疗救助925人,发放医疗救助款234.88万元。临时救助1040户次129.1万元,救助流浪乞讨人员427人次,发放救助款20.19万元,接收安置弃婴7名。下拨各乡镇临时救助款28万元用于乡镇临时救助。对全县农村五保对象进行复核审定,共发放五保供养经费244万元。联合消防队、市场监管局先后4次对辖区内所有养老机构和日间照料中心的消防、食品安全防范工作开展全面检查。6月,对辖区内20所养老机构服务质量进行全面检查。

【优抚安置双拥体系建设】 县民政局开展春节、八一期间"解三难、送温暖"活动,共为76名优抚对象发放7.65万元,为全县1144名重点优抚对象发放春节慰问金11.44万元。组织烈士陵园清明扫墓活动和烈士纪念日烈士公祭活动。完成各类优抚资金发放工作,共发放重点优抚对象定补定恤款785万余元、60周岁以上的农村籍烈士子女生活补助17万元、60周岁以上的农村籍退伍军人生活补助103万元。为全县293名义务兵家属发放群众优待金775.9万元,为77名立功受奖的现役军人家属发放奖励金1.7万元。完成全县2016年冬季退役士兵的接收任务,共接收退役军人141人,审核整理登记退伍军人档案141份。按规定发放2016年退役士兵自主就业一次性经济补助324万元。组织50余名退役军人参加省退伍军人培训基地的免费职业教育和技能培训。

【救灾救济工作体系建设】 县民政局对全县冬令、春荒等阶段困难群众维持基本生活的需求进行调查摸底,按照城乡统筹、分类施救,合理救助的原则,共为全县困难群众发放冬令救灾款180万元,春荒救灾款129万元,并完成救助款物的发放台账录入工作。在全县范围内开展一次小麦核产核灾普查活动,摸清全县缺粮情况。制定出台《汛期自然灾害救助应急预案》和《关于建立汛期值班制度和做好2017年汛期救灾工作的通知》,修订完善《稷山县自然灾害应急预案》,保障自然灾害发生后各项措施及时到位。

【专项社会事务体系建设】 县民政局深化民间组织登记、年检改革,全面做好了四类社会组织直接登记和社区社会组织备案登记工作。强化社会组织登记、备案、年检等日常监管,健全第三方评估制度。依法查处社会组织违法行为,更换社会组织统一信用代码66家。根据市局统一安排,配合完成稷山—河津、稷山—万荣界桩的联检、更换工作。规范婚姻登记,完善婚姻状况数据库,截至年底,共登记结婚2534对,登记离婚370对,补领244对。成立社会组织党建工作股,组建稷山县社会组织综合党委,配备专门活动场所和办公场所,召开稷山县社会组织综合党委第一次党员大会,选举产生第一届党委组成人员，督促全县29个社会组织成立12个党支部、3个联合党支部、8个临时党支部，培养树立“学雷锋志愿者”党支部等4个社会组织党建示范点。

残联工作

【教就工作推进】 2017年，县残联围绕市残联教就科下达的工作任务，结合县实际，精心组织，周密部署，有力促进重度残疾人护理补贴等重点工作。一是发放重度残疾人护理补贴。2017年底重度残疾人护理补贴发放1899人，共发放金额112.74万元。其中一级2017年以前发放704人，发放金额42.24万元；2017年新增发放41人，发放金额2.04万元，一级发放745人，发放金额44.28万元。二级2017年以前发放1078人，发放金额64.68万元，2017年新增发放76人，发放金额3.78万元，二级发放1154人，发放金额68.46万元。二是重度残疾人居家托养补助。2017年重度残疾人托养补助共50人，每人发放600元，共计3万元，已全部发放到位。三是开展“阳光家园计划”政府购买重度残疾人托养服务。市残联给县下达的任务是第一批36人，第二批45人，第三批100人。经县残联理事会研究决定，确定县康宁护理院为县重度残疾人托养服务定点机构。结合2017年开展的“三学三建一创优”活动，在进村入户、调查摸底的基础上严格筛选重度残疾人托养服务对象。截至年底，已完成第一批残疾人托养服务共36人，合计金额5.4万元，第二批名单、第三批名单已确定。四是做好基层党组织扶贫。按照党组织扶贫筛查的对象标准，确定30户建档立卡贫困户，名单已确定，材料已上报，县配套资金已到位。五是开展农村实用技术培训。根据残疾人在种养殖方面的情况开展培训，培训70余人，专职委员培训203人。1月18日，县残联邀请市桃树种养植方面的专家到清河镇北阳城村开展桃树种植管理、施肥、嫁接等实用技术培训。3月9日，邀请市残联领导对残疾人进行培训，培训内容重点围绕新形势下残疾人维权工作、如何开展组联工作、提高贫困残疾人实用技能展开。10月26日、27日，县残联组织枣树种植户进行培训，26日在加庄村对枣农进行培训，27日组织集体赴临猗庙上乡观摩枣树种植。

【精准康复工作开展】 县残联周密部署，精准康复工作迈出大步伐。一是托养中心建设取得大进展。稷山县残疾人托养中心建设项目建筑面积2600平方米，占地4.3亩，经县发改委（稷发改字〔2013〕24号）批复后，2016年9月中央拨付资金到位，总投资496万元。在县委、县政府的支持下，经多次沟通协调，现已办理《中华人民共和国不动产权证书》《建设项目选址意见书》《建设工程规划许可证》《建设用地规划许可证》《中标通知书》《施工合同》《监理合同》《施工许可证》等相关手续，工程于7月30日开工建设，现已完成主体工程五分之四。二是开展“精准康复、健康家园”活动。围绕残疾人“精准康复”主题，在全县各乡镇开展“精准康复、健康家园”活动，对全县700名有需求的残疾人进行健康体检，为残疾人提供更好的托养和康复服务，避免发生二度残疾。三是完成民生实事重点项目工程。为94名残疾儿童实施残疾预防重点干预和残疾儿童抢救性康复项目（市任务数77名）。为780余名疑似残疾人提供残疾评定服务（市任务数240名），为44名0—6岁残疾儿童提供抢救性康复服务，为33名0—17岁残疾儿童发放辅助器具。该项工程被市政府书面通报表扬。四是结合活动发放辅助器具。结合“残疾预防日”“助残日”等节日发放各类辅助器具共计500余件。五是扶持残疾人就业创业。为24

名残疾人创业典型每人提供创业资金1000元，共计2.4万元。

【组联工作推进】 县残联创新形式，组联工作取得进展。一是完成动态更新。县残联成立动态更新领导小组，由理事长邢利民担任组长，并于6月28日上午在大红楼八楼举办2017年残疾人数据动态更新工作培训会，完善县、乡、村三级残联组织，县残联根据要求，下乡进村、指导工作，各乡镇残联积极配合、及时联系，各村专职委员负责上门登记、了解情况。建立三个微信平台，同各乡镇残联、各村专职委员随时进行交流。创建稷山县残联公众号，随时随地了解残联工作动态。制作残联宣传手提袋，上面印有县残联联系方式及二维码，方便与广大残疾人沟通联系。二是推动助残志愿工作。为增强全社会扶残助残意识，弘扬人道主义思想，倡导“平等、参与、共享”的现代文明社会观，形成理解、尊重、关心、帮助残疾人的良好社会风尚，稷山县残联依托助残志愿者群体，积极发动组建助残志愿者队伍，通过开展广泛的助残志愿服务，引导全社会关注、理解、尊重、关心和帮助残疾人。3月3日，县残联联合运城市志愿者团队到县特殊教育学校开展慰问残疾儿童活动。5月18日，县青年志愿者联合会协助县残联在县委广场举行第二十七次全国助残日系列活动暨辅助器具发放仪式活动。8月25日，县青年志愿者联合会协助残联在县委广场组织开展第一次全国残疾预防日活动，通过发放辅助器具、盲人按摩展示、文艺表演，多形式推动残疾预防工作。

【维权工作落实】 县残联精心组织，落实好维权工作。一是开展残疾人信访咨询工作，全年无一起残疾人上访事件，为残疾人提供来访咨询120余人次，办理率达90%以上，有效维护残疾人合法权益。二是开展残疾人法制宣传。利用乡镇、社区残疾人协会等组织，利用电视、报刊等媒体，结合重要活动日，开展《残疾人保障法》宣传活动。三是做好残疾人机动轮椅车燃油补贴工作。为68名符合条件的残疾人申报发放残疾人机动轮椅车燃油补贴1.76万元。四是做好无障碍改造工作。对建档立卡贫困户、城市低保户中有需求的残疾人家庭进行无障碍改造，确定13户需要无障碍改造的残疾人家庭。

【“331”活动开展】 为推进残疾人精准康复工作，县残联开展“三学三建一创优”活动。“三学”，即学党章党规、学系列讲话、学业务知识及传统文化。“三建”，即建立和完善残疾人县乡村三级管理平台、建立和完善残疾人基本信息平台、建立残联组织微信交流平台。“一创优”，即创优质服务。县残联成立3个下乡工作队，分别由班子成员带队，进村入户，每组每个星期下乡不少于4天，班子成员每周下乡不少于2天，全面筛查残疾儿童和持证残疾人，认真做好残疾人评定工作。截至年底，全县7个乡镇200个行政村已全部走访完，走访1.2万余名残疾人，并对800余名残疾人进行鉴定，重点统计了0—6岁残疾儿童44名，注销残疾证800余个。同时面对面了解残疾人需求，共统计残疾人有各类辅助器具需求共计1103余件，发放各类辅助器具400余件，了解到有创业就业需求30余人，挖掘残疾人创业典型20余名，为40余名残疾人进行培训需求登记，填写康复精准手册7000余册。

【扶贫工作落实】 县残联对贫困户具体情况，采取多元化帮扶措施，促进阳史村、山底村经济社会健康发展。一是针对困难，有效解决。在山底村五户贫困户中，已脱贫2户，其余3户：王成发是因残因病致贫，王林健是缺乏劳动能力致贫，许书源是因学致贫。在阳史村帮扶的15户中，大部分是家中一人，每户都有重度残疾人，因病致贫，因残致贫。针对每户特点，县残联积极帮扶，多次组织慰问，每户均送去米、面、油、慰问款等价值2800元。二是开展农村残疾人实用技术培训,切实提高农民生存技能。针对王林健家中无固定收入状况,县残联帮助其家人参加养殖技能培训。三是回头查看,落实措施。县残联脱贫攻坚小组多次召开会议,要求各个帮扶责任人明确工作职责,建好基础台账。成立县残联帮扶督察组,对帮扶工作不定期进行检查。

人力资源和社会保障

【目标任务完成】 2017年,县人社局就业工作完成情况:城镇新增就业4802人,完成全年任务的117%;创业就业783人,完成全年任务的111%;失业人员再就业1063人,完成全年任务的110%;就业困难人员就业335人,完成全年任务102%;转移农村劳动力5043人,完成任务的110%;城镇登记失业率控制在1.59%以内。各项社会保险参保人数完成情况:城镇职工基本养老保险参保2.53万人,完成全年任务的108%;企业养老保险参保1.65万人,完成全年任务的104%;机关事业单位养老保险参保8797人,完成全年任务的117%;城乡居民养老保险参保17.49万人,完成全年任务的101%;城镇基本医疗保险参保3.57万人,完成全年任务的100%。失业保险参保1.55万人,完成全年任务的101%。工伤保险参保5.07万人,完成全年任务的100%。生育保险参保1.91万人,完成全年任务的100%。各项社会保险基金征缴收入完成情况:城镇职工基本养老保险基金征缴收入3.76亿元,完成任务的126%;企业养老保险基金征缴收入6606万元,完成任务的130%;机关事业养老保险基金征缴3.1亿元,完成任务的125%;城乡居民养老保险基金征缴收入2311万元,完成任务的134%。失业保险基金征缴收入356万元,完成任务的102%。城镇职工基本医疗保险基金征缴4311万元,完成任务的107%;生育保险基金征缴收入138万元,完成任务的108%。职业技能培训完成情况:技能人才培养(技能鉴定)518人,完成任务的130%;新增高技能人才73人,完成任务的104%;创业培训人数240人,完成任务的133%;城镇失业人员再就业培训694人,完成任务的116%;农民工职业技能提升培训5765人,完成任务的115%;新成长劳动力培训695人,完成全年任务的116%。建档立卡农村贫困劳动力免费职业培训59人,完成任务的149%。城镇居民人均可支配收入增幅7.1%。劳动关系方面:企业劳动合同签订率100%;劳动人事争议调解成功率100%;劳动人事争议仲裁结案率100%;劳动保障监察投诉举报案件结案率100%。能力建设方面:社会保障卡累计发放27.88万个,完成全年任务的100%。

【城乡就业扩大】 县人社局加大SYB创业培训、“建档立卡”农村贫困劳动力职业培训、农村劳动力技能培训等,利用制作版面、微信公众平台、下乡镇、入社区等形式开展培训工作,利用培训带动创业就业。全年共开展各类培训25期,培训人员1021人。公益性岗位程序进一步规范,对就业困难高校毕业生、“4050”人员、退役志愿兵(士兵)等就业困难人员进行实名制登记,为他们提供技能培训、公益性岗位安置、就业对接等服务。今年开发公益岗位313人,岗位补贴1048万元,社保补贴289万元。对115名退役志愿兵(士兵)进行实名制走访,其中为58人开展培训就业服务工作,为4名下岗失业退役志愿兵(士兵)免费办理职业资格证,为31名下岗失业退役志愿兵(士兵)办理公益性岗位。通过公共就业服务、民办职业介绍等机构,对全县“建档立卡”贫困人员进行就业安置,实现746

人就业，其中省外 14 人，省内 16 人，县内 716 人。

【社保改革深化】 县人社局进一步完善机关事业养老保险制度改革，各项文件细则、业务流程逐步完善。正式结算完成 126 个单位，完成 8796 人，占总任务数的 89%。整合城乡居民医疗保险制度，实现覆盖范围、筹资政策、保障待遇、医保目录、定点管理、基金管理“六统一”和城乡居民医保一体化管理服务。按照全省的统一安排，实现“三保合一”整合，机构设置、人员编制、系统业务全部整合完备。全民参保计划稳步推进。共组织培训 13 次，培训人数达 540 余人，入户调查 4.57 万人。全县总人数为 36.47 万人，导入全民参保登记系统数据 34.67 万人，入库完成率达 95.06%，严格按照市局安排和进度完成全民参保登记工作。

【人才队伍建设】 县人社局深化人事制度改革，加强人才队伍建设。一是按时完成市人社局下达的 2016 年增人计划 25 名和 2017 年招聘计划 122 名。经县委、县政府研究决定，于 2016 年 12 月底向上级人社部门申请增人计划 25 名，公开招聘一批农村小学教师，于 3 月底前全面完成，已全部上岗。其中专科学历 6 人，本科学历 19 人。为教育系统公开招聘中小学教师 94 名，于 9 月中旬全面完成，专科学历 18 人，本科学历 73 人，硕士学历 3 人。为卫生系统公开招聘 10 名专业技术人员，专科学历 3 人，本科学历 7 人。剩余 18 名组织部用于村干部招聘。并开展机关事业单位“吃空饷”专项治理工作，做到有案必查、违纪必究。二是完成对卫生系统 2016 年新招聘专业技术人员试用期满后的考核工作。6 月 14 日至 16 日，采取民主测评、量化考核、座谈会等形式，对 2016 年公开招聘共 31 名新招聘的卫生专业技术人员的德、勤、能、绩进行量化考核。三是加强事业单位岗位管理工作，为 118 个单位 2353 人办理了岗位变更及合同签订手续。四是对事业单位工作人员进行 2016 年度考核。考核事业单位 161 个，人数 2208 人，其中优秀人员 207 人，合格人员 1981 人，基本合格 4 人，不合格 14 人，不定等次 3 人。（2016 年考核不包括教育系统，教育系统自行考核）五是完成 2017 年省里下达的稷山县“三支一扶”服务人员报名初审及面试工作。稷山县服务人员确定 10 人，其中，专科学历 4 人，本科学历 4 人，硕士学历 2 人，已全部培训上岗。六是完成机关事业单位工作人员工资晋升审批工作。截至 11 月底，全县调资共涉及 228 个单位，事业单位共审批 4966 人，月增资 38.12 万元，人均增资 77 元。机关共审批 24 人，月增资 1510 元，人均增资 63 元。级别晋升 25 人，月增资 1146 元，人均增资 46 元。七是做好机关事业单位工人技术等级考核工作，实施工人素质提升工程。截至 11 月底，全面完成工人技术等级报名工作，全县共申报 128 人，涉及 8 个工种，其中，初级工 6 人，中级工 11 人，高级工 36 人，技师 75 人。八是完成 2016 年度行政机关公务员年度考核工作。对上年度全县政府系统公务员及参公单位除工勤人员以外的工作人员进行年度考核，对符合职级晋升条件的人员按规定程序进行审批。并对 2017 年 5 名新录用公务员进行考察，开展公务员年度奖励前期准备工作。

【军转干部维稳解困】 “八一”前夕，县人社局组织全县 41 位军转干部到正身医院进行体检. 根据晋人社厅发〔2017〕75 号和晋军转办字〔2017〕15 号文件精神，为企业军转干部提高生活困难补助标准，补发 2016 年暂定标准和社会平均工资差额部分，共计发放 57.64 万元，并进行社会化发放。对全县 5 名自主择业军转干部进行年度注册，发放冬季取暖费。

【各项待遇落实】 县人社局为全县企业养老

中心5754名退休人员月增加92.68万元,人均增加161元,全县企业离退休人员月人均养老金达到2324元;提高企业离退休人员冬季取暖费补贴标准,从2400元调整到3360元,全部补发到位。机关事业单位退休人员待遇调整共2271人,月增加38.9万元,人均增加172元,于9月全部发放到位。根据省人社厅、财政厅《关于完善乡镇机关事业单位工作人员乡镇工作补贴制度的通知》和《有关问题补充通知》文件精神,共审批1826人,人均月加发125元。于9月15日全面完成并兑现到人。艰苦偏远地区倾斜共审批48人,其中一类审批15人,二类审批33人,人均月增59元。医疗保险待遇进一步提高,城乡居民门诊统筹基金筹资标准统一提高到每人每年105元。城乡居民基本医保财政补助标准由每人每年420元提高到450元,城乡居民住院总费用报销比例达80%,提高15%。用药范围从1500多种增加到2800余种,定点医疗机构大幅扩大。医疗保险服务方面,开通全国联网跨省异地就医结算系统。已为跨省异地就医的30人结算医疗费用,退休人员异地安置就医6人。落实县委、县政府印发关于《稷山县农村建档立卡贫困人口医疗保障帮扶方案》的通知,开展"基本医疗保险+大病保险+补充医疗保险"的"一站式"及时结算服务,保障按照城乡居民基本医疗保险和大病保险报销政策,两次保险分别平均报销75%。同时采用目录外控制比例范围内的费用,由补充医疗保险按85%的比例给予报销,使建档立卡贫困人口最大限度享受医保待遇。截至11月底,全县建档立卡贫困人口共有7635人,门诊9222人次,补偿41.51万元;门诊慢、特病1524人次,补偿25.54万元;住院150人次,补偿9.75万元;大病商业保险赔付3099.25元。

【维权维稳工作开展】 县人社局做好维权维稳工作,构建和谐稳定劳动关系。一是开展农民工工资支付情况专项检查。传达省、市开展专项检查要求,成立"全面治理拖欠农民工工资问题协调"领导小组,发放通知,督促成员单位对所管辖的项目进行检查,按月报送检查资料。二是推进劳动保障监察"两网化"建设。开展2次专项检查,截至年底,检查用人单位586家,采集用人单位"两网化"信息2230家,涉及职工1.5万人次,发放宣传资料2000余份,督促签订劳动合同3000份,规范用人制度30家。三是做好信访维稳工作,落实各类矛盾纠纷和不稳定因素集中排查工作,妥善处理信访事件,抓好军转安置和部分企业军转维稳工作,确保社会和谐稳定。

【"凤还巢"计划实施】 县人社局成立稷山县在外经商务工人员关心关爱计划("凤还巢"计划)领导小组及办公室,基础设施配备到位。10月26日召开"凤还巢"计划领导小组第一次会议,出台印发1个方案和7个配套文件。开办"稷山县返乡人才风采录"专题节目,开通"后稷乡音"微信公众号及网站,开展"微爱服务 接力传递"活动,微信平台关注人数已达1000余人。11月14日,组织"凤还巢"领导小组成员赴万荣进行参观学习,并召开领导小组推进会。为打造稷山特色劳务品牌,特赴福建沙县小吃、江西资溪面包进行考察学习。对稷山县在外经商务工人员进行调查摸底,现已掌握3万余人信息。

图书在版编目（CIP）数据

稷山年鉴. 2018 /《稷山年鉴》编纂委员会编. 一
太原：山西经济出版社, 2018.12
ISBN 978-7-5577-0402-5

Ⅰ. ①稷… Ⅱ. ①稷… Ⅲ. ①稷山县—2018—年鉴
Ⅳ. ①Z522.54

中国版本图书馆CIP数据核字(2018)第251468号

稷山年鉴 · 2018 （JISHAN NIANJIAN · 2018）

编　　者：《稷山年鉴》编纂委员会
责任编辑：熊汉宗
装帧设计：宋伦杰　张翠平

出 版 者：山西出版传媒集团 · 山西经济出版社
地　　址：太原市建设南路 21 号
邮　　编：030012
电　　话：0351-4922133（市场部）
　　　　　0351-4922085（总编室）
E-mail：scb@sxjjcb.com（市场部）
　　　　zbs@sxjjcb.com（总编室）
网　　址：www.sxjjcb.com

经 销 者：山西出版传媒集团 · 山西经济出版社
承 印 者：运城市凯达印刷包装有限公司

开　　本：880mm × 1230mm　1 / 16
印　　张：14.5
字　　数：330千字
版　　次：2018年12月　第1版
印　　次：2018年12月　第1次印刷
书　　号：ISBN 978-7-5577-0402-5
定　　价：288.00元